21世纪全国高等院校财经管理系列实用规划教材

财务管理理论与实务(第2版)

主　编　张思强　卞继红　陈素琴

北京大学出版社
PEKING UNIVERSITY PRESS

内容简介

本书遵循应用型人才培养模式的教育目标，坚持理论与实务相结合的指导思想，力求突破教材编写的传统模式和方法，按照基础理论、筹资管理、投资管理、营运资金管理、利润分配和财务分析等顺序编写而成，具有内容新颖、理论实用、体系创新、结构完整、案例精练5大特点。

本书适用于以应用型人才为培养目标的经济管理类学科本科各专业财务管理课程的教学，也可为从事财务管理实际工作的管理人员和专业技术人员提供学习参考。

图书在版编目(CIP)数据

财务管理理论与实务/张思强，卞继红，陈素琴主编．—2版．—北京：北京大学出版社，2012.4
(21世纪全国高等院校财经管理系列实用规划教材)
ISBN 978-7-301-20407-8

Ⅰ.①财… Ⅱ.①张… ②卞… ③陈… Ⅲ.①财务管理—高等学校—教材 Ⅳ.①F275

中国版本图书馆CIP数据核字（2012）第049253号

书　　名：财务管理理论与实务(第2版)
著作责任者：张思强　卞继红　陈素琴　主编
策 划 编 辑：李　虎　王显超
责 任 编 辑：魏红梅
标 准 书 号：ISBN 978-7-301-20407-8/F・3122
出 版 发 行：北京大学出版社
地　　址：北京市海淀区成府路205号　100871
网　　址：http://www.pup.cn　新浪官方微博:@北京大学出版社
电 子 信 箱：pup_6@163.com
电　　话：邮购部62752015　发行部62750672　编辑部62750667　出版部62754962
印　刷　者：北京鑫海金澳胶印有限公司
经　销　者：新华书店
787毫米×1092毫米　16开本　24印张　555千字
2008年8月第1版　2012年4月第2版　2016年6月第4次印刷
定　　价：42.00元

21世纪全国高等院校财经管理系列实用规划教材

丛 书 序

我国越来越多的高等院校设置了经济管理类学科专业，这是一个包括经济学、管理科学与工程、工商管理、公共管理、农业经济管理、图书档案学 6 个二级学科门类和 22 个专业的庞大学科体系。2006 年教育部的数据表明在全国普通高校中经济类专业布点 1518 个，管理类专业布点 4328 个。其中除少量院校设置的经济管理专业偏重理论教学外，绝大部分属于应用型专业。经济管理类应用型专业主要着眼于培养社会主义国民经济发展所需要的德智体全面发展的高素质专门人才，要求既具有比较扎实的理论功底和良好的发展后劲，又具有较强的职业技能，并且又要求具有较好的创新精神和实践能力。

在当前开拓新型工业化道路，推进全面小康社会建设的新时期，进一步加强经济管理人才的培养，注重经济理论的系统化学习，特别是现代财经管理理论的学习，提高学生的专业理论素质和应用实践能力，培养出一大批高水平、高素质的经济管理人才，越来越成为提升我国经济竞争力、保证国民经济持续健康发展的重要前提。这就要求高等财经教育要更加注重依据国内外社会经济条件的变化，适时变革和调整教育目标和教学内容；要求经济管理学科专业更加注重应用、注重实践、注重规范、注重国际交流；要求经济管理学科专业与其他学科专业相互交融与协调发展；要求高等财经教育培养的人才具有更加丰富的社会知识和较强的人文素质及创新精神。要完成上述任务，各所高等院校需要进行深入的教学改革和创新。特别是要搞好有较高质量的教材的编写和创新工作。

出版社的领导和编辑通过对国内大学经济管理学科教材实际情况的调研，在与众多专家学者讨论的基础上，决定编写和出版一套面向经济管理学科专业的应用型系列教材，这是一项有利于促进高校教学改革发展的重要措施。

本系列教材是按照高等学校经济类和管理类学科本科专业规范、培养方案，以及课程教学大纲的要求，合理定位，由长期在教学第一线从事教学工作的教师编写，立足于 21 世纪经济管理类学科发展的需要，深入分析经济管理类专业本科学生现状及存在问题，探索经济管理类专业本科学生综合素质培养的途径，以科学性、先进性、系统性和实用性为目标，其编写的特色主要体现在以下几个方面：

（1）关注经济管理学科发展的大背景，拓宽理论基础和专业知识，着眼于增强教学内容与实际的联系和应用性，突出创造能力和创新意识。

（2）体系完整、严密。系列涵盖经济类、管理类相关专业以及与经管相关的部分法律类课程，并把握相关课程之间的关系，整个系列丛书形成一套完整、严密的知识结构体系。

（3）内容新颖。借鉴国外最新的教材，融会当前有关经济管理学科的最新理论和实践经验，用最新知识充实教材内容。

（4）合作交流的成果。本系列教材是由全国上百所高校教师共同编写而成，在相互进行学术交流、经验借鉴、取长补短、集思广益的基础上，形成编写大纲。最终融合了各地特点，具有较强的适应性。

（5）案例教学。教材具备大量案例研究分析内容，让学生在学习过程中理论联系实际，特别列举了我国经济管理工作中的大量实际案例，这可大大增强学生的实际操作能力。

（6）注重能力培养。力求做到不断强化自我学习能力、思维能力、创造性解决问题的能力以及不断自我更新知识的能力，促进学生向着富有鲜明个性的方向发展。

作为高要求，财经管理类教材应在基本理论上做到以马克思主义为指导，结合我国财经工作的新实践，充分汲取中华民族优秀文化和西方科学管理思想，形成具有中国特色的创新教材。这一目标不可能一蹴而就，需要作者通过长期艰苦的学术劳动和不断地进行教材内容的更新才能达成。我希望这一系列教材的编写，将是我国拥有较高质量的高校财经管理学科应用型教材建设工程的新尝试和新起点。

我要感谢参加本系列教材编写和审稿的各位老师所付出的大量卓有成效的辛勤劳动。由于编写时间紧、相互协调难度大等原因，本系列教材肯定还存在一些不足和错漏。我相信，在各位老师的关心和帮助下，本系列教材一定能不断地改进和完善，并在我国大学经济管理类学科专业的教学改革和课程体系建设中起到应有的促进作用。

2007年8月

刘诗白　现任西南财经大学名誉校长、教授，博士生导师，四川省社会科学联合会主席，《经济学家》杂志主编，全国高等财经院校资本论研究会会长，学术团体“新知研究院”院长。

第 2 版前言

财务管理学是高等学校工商管理学科各专业学生的主干课程，也是各类经济组织管理人员必须具备的基本知识。纵观近年来国内出版的众多教材，各有所长，其中不乏优秀的财务管理教材，但符合应用型人才培养模式要求的教材并不多。为此，我们本着适应应用型人才培养模式要求的原则编写了本书。

本书力求突破教材编写的传统模式和方法，按照基础理论、筹资管理、投资管理、营运资金管理、利润分配和财务分析等顺序编写而成，具有以下 4 个特点：

第一，内容力求新颖。融入财务管理新理论、新方法，反映了财政部、审计署、证监会、银监会、保监会等 5 部委联合发布的《企业内部控制基本规范》及配套指引对财务管理的要求。

第二，理论力求实用。理论阐述主要包括 3 个方面内容：一是学生毕业后从事实际工作必需的理论知识；二是参加财务会计类各种资格证书考试必备的基本知识；三是后续课程学习必要的基础知识。

第三，结构力求完整。每一章都包括教学目标、教学要求、基本概念、引言或引例、正文(理论阐述、特别提示、应用案例)、习题(单选题、多选题、思考题、计算题、案例分析)等，符合教学规律，便于教师教学和学生自学，加深学生对课堂知识的理解，促进学生发现问题、分析问题和解决问题能力的提高。

第四，案例力求精练。注重教材的实践性、可操作性和趣味性，适时结合内涵丰富的短小案例进行分析和讨论。

本教材各章执笔人分工如下：张思强教授(前言和第 1、2、6 章)，卞继红副教授(第 3、4 章)，陈素琴副教授(第 5、11 章)，陈爱成副教授(第 9、10 章)，吕林根副教授(第 7 章)，谷佩云副教授(第 8 章)，全书由张思强负责拟定编写大纲，并审核统稿。安徽大学王素玲教授、广州商学院陈药教授、江苏盐城工学院夏金海副教授、南京农业大学童霞博士、苏州大学李益娟博士提出了许多宝贵意见，在此表示衷心感谢！

本书适用于以应用型人才为培养目标的经济管理学科各专业财务管理课程的教学需要，也可为从事财务管理实际工作的经济组织管理人员和专业技术人员提供学习参考。

由于编者学识水平有限，书中的缺点和不妥之处在所难免，敬请读者不吝指正。

编　者

2012 年 2 月

目　录

第1章 总论

教学目标

通过本章的学习，理解财务管理的基本概念及其目标，掌握财务管理的基本内容及财务关系，了解财务管理的环节，熟悉财务管理体制与组织的内涵，理解财务管理环境对财务管理的影响。

教学要求

知识要点	能力要求	相关知识
财务管理概述	(1) 理解财务管理的对象 (2) 掌握财务管理的内容 (3) 了解各种财务关系	(1) 资金、资金运动过程 (2) 财务管理的内容 (3) 财务关系
财务管理目标	(1) 了解利益相关者理论 (2) 掌握财务管理的目标及其协调	(1) 利益相关者 (2) 企业价值最大化 (3) 财务管理目标的协调
财务管理体制	(1) 了解企业组织形式 (2) 理解财务管理体制 (3) 掌握财务管理的组织要求 (4) 了解企业内部财务管理方式及机构	(1) 独资企业、合伙企业、公司制企业 (2) 财务管理体制 (3) 一级核算形式、二级核算形式 (4) 财务机构与会计机构的工作职责

续表

知识要点	能力要求	相关知识
财务管理环节	理解财务管理的主要环节	(1) 财务预测 (2) 财务决策 (3) 财务预算 (4) 财务控制 (5) 财务分析
财务管理环境	(1) 了解财务管理的政治环境和法律环境 (2) 理解财务管理的经济环境和金融市场环境	(1) 经济管理体制 (2) 经济结构 (3) 经济发展状况 (4) 宏观经济调控政策 (5) 金融市场环境 (6) 金融市场的分类 (7) 金融市场与企业财务活动 (8) 我国主要的金融机构
利息率	(1) 了解利息率的概念与种类 (2) 理解决定利率高低的基本因素 (3) 掌握未来利率水平的测算	(1) 基准利率和套算利率、实际利率和名义利率、固定利率与浮动利率、市场利率和官定利率 (2) 纯利率、通货膨胀报酬、违约风险报酬、流动性风险报酬、期限风险报酬

基本概念

资金、资金运动；财务管理；财务管理目标；财务管理体制；利益相关者；利息率；财务管理环境

引　　言

在现代市场经济中，财务管理成为现代企业管理的核心。美国财务学博士罗伯特·希金斯教授在其经典著作《财务管理分析》一书中说："不完全懂得会计和财务管理工作的经营者，就好比是一个投篮而不得分的球手。"这一形象比喻充分说明了财务管理在现代企业资源配置和价值创造中的核心作用。

1.1　财务管理概述

1.1.1　财务管理的对象——资金及其运动

1. 资金的本质

任何企业的生产经营活动，都是运用人力、资金与信息等各项生产经营要素进行的，其中包含了生产经营的业务活动和财务活动两个方面，与之相对应，在企业中必然存在两种基本的管理活动，即生产经营管理活动和财务管理活动。企业财务管理(financial management)活动涉及企业资金、资产等基本概念。

资产(assets)和资金(funds)是一组相互联系又相互区别的概念。资产是指过去的交易、事项形成并由企业拥有或者控制的资源，该资源预期会给企业带来经济利益。资产主要包括金融资产(financial assets)，如库存现金、银行存款、应收账款、应收票据、其他应收款、股权投资、债权投资和金融衍生工具形成的资产等，实物资产(real assets)如存货、固定资产、在建工程、工程物资、投资性房地产、油气资产、生产性生物资产等，无形资产(intangible assets)和其他资产(开发支出、长期待摊费用、递延所得税资产等)。资产具有以下基本特征：①资产是由于过去交易或事项所产生的。也就是说，资产必须是现实的资产。②资产是企业拥有或者控制的。③资产能够给企业带来未来经济利益。资金是企业生产经营过程中资产价值的货币表现，其实质是再生产过程中运动着的价值。

资产与资金的关系：资产表现为企业资金的占用形态，是企业资金的使用价值，而资金则是企业资产的价值表现，两者是同一事物的两个不同方面，统一于企业的再生产过程。

2. 资金的运动过程及其形式

企业生产经营的活动过程，是人力资源作用于物质资源的过程。在这个过程中，企业资产经过供应、生产和销售等3个基本阶段，一方面表现为资产形态的变化过程，另一方面表现为资产的价值运动过程，即资金价值的运动过程。因此，企业再生产过程是企业资产使用价值的生产和交换与价值的转移、形成和实现过程的统一。这种价值运动过程和形式如图1.1所示。

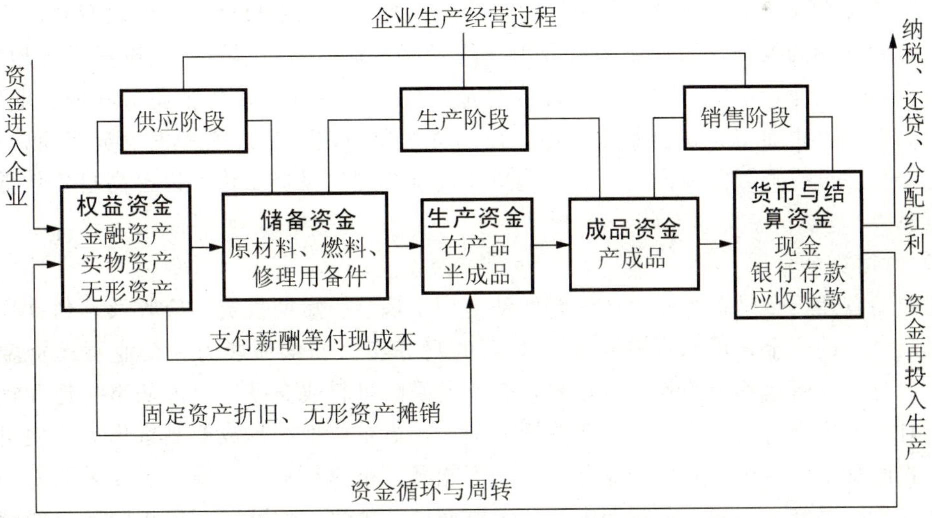

图1.1 资金运动过程和形式示意图

图1.1表明，资金运动不仅以资金循环形式存在，而且伴随着再生产过程的不断进行，表现为一个周而复始的周转过程，在这个过程中，企业必然与国家、投资者、债权人、供应商、消费者、员工等利益相关者发生各种财务关系。因此，财务管理的研究对象包括两个方面：一是研究资金运动，即如何合理配置和有效使用企业资金；二是研究资金运动反映的财务关系，即合理设计财务制度和管理机制结构，妥善处理和协调各利益相关

者的经济关系。因此，企业财务管理的对象可表述为企业生产经营过程中的资金运动及其所体现的财务关系，是组织企业财务活动(finance activity)、处理财务关系(financial relation)的一项经济管理工作。

1.1.2 财务管理的内容

与企业的价值运动过程相统一，企业筹资管理(financing management)、投资管理(investing management)、营运资金管理(management of working capital)和利润分配管理(profit and dividend distribution management)是企业财务管理的基本内容。

1) 筹资管理

无论在企业创立之时，还是在企业追求规模扩张的成长过程中，或者在日常经营过程中，都需要资金。资金是企业的血液。筹资是指企业为了满足投资需要，筹措和集中所需资金的过程，是企业投资活动的基础。在市场经济条件下，企业可以通过吸收直接投资、发行股票、发行债券、银行借贷等方式筹集资金，形成资金流入，企业偿还借款，支付股利、利息以及付出各种筹资费用等，形成资金流出。在筹资过程中，企业一方面要预测确定筹资的总规模，这是制定筹资战略和进行资金规划的主要内容，也是确定筹资方式的基本依据；另一方面要选择筹资的渠道和方式或融资工具，评估融资风险，降低筹资成本，提高融资效果。

2) 投资管理

投资是指企业所筹资金的投放活动，是为了把所筹资金用于生产经营活动以获取收益，不断增加企业价值。按投资的范围可分为对内投资和对外投资。对内投资是对企业自身生产经营活动的投资，如企业把资金用于购置固定资产、无形资产、投资性房地产等；对外投资是以企业合法资产对其他单位或对金融资产进行投资，如企业与其他企业联营，购买政府债券、企业债券和企业股票等。在投资过程中，企业必须考虑投资规模；同时，企业还必须通过投资方向和投资方式的选择，确定合理的投资结构，以提高投资效益，降低投资风险。

3) 营运资金管理

企业的营运资金是在企业生产经营活动中用于现金、短期投资、应收及预付款项和存货等流动资产的资金，可以反映出企业短期的财务实力和偿债能力。企业营运资金的周转，表现为企业营运资金的收付。首先，企业要采购材料或商品，以便从事生产和销售活动，同时，还要支付薪酬和其他营业费用；其次，当企业把产品或商品售出后，便可取得收入，收回资金；再次，如果企业营运资金不能满足企业经营的需要，还要采取短期筹资方式来筹集所需资金。在一定时期内，营运资金周转越快，就可以利用相同数量的营运资金，生产出更多的产品，取得更多的收入，获得更多的收益。因此，如何加速营运资金周转，提高营运资金利用效率，是企业财务管理的主要内容之一。

4) 收益分配管理

企业通过生产经营取得经营成果，获得资金的增值。收益分配就是对经营成果的分配。经营成果表现为企业利润，包括收入减去费用后的净额、直接计入当期利润的利得和损失等。广义地说，分配是指对投资收入(如销售收入)和利润进行分割和分派的过程，而狭义的分配仅指对利润的分配。收益分配管理就是要解决企业获得的所得税后利润中，有多少分配给投资者，有多少作为留存收益用于企业再生产。如果利润分配给投资者过多，会影响企业再生产能力，使未来收益减少，不利于企业长期发展；反之，利润分配过少，又可能引起当前投资者不满，也不利于潜在投资者增加对企业的投入。收益分配决策的核心是确定税后利润的分配比率。影响企业收益分配决策的因素很多，企业必须根据实际情况制定出企业最佳的分配政策。

1.1.3 财务关系

1. 利益相关者理论

企业存在的目的并非仅仅为了增加股东财富，在企业的周围还存在许多关乎企业生存发展的利益群体，如果没有他们的支持，企业就无法生存和发展，这一利益群体就是利益相关者(stakeholder)。弗里曼对利益相关者理论做了较详细的研究，他认为“利益相关者是能够影响一个组织目标的实现或者能够被组织实现目标过程影响的人”。这个定义不仅将影响企业目标的个人和群体看做是利益相关者，同时还将受企业目标实现过程中所采取的行动影响的个人和群体看作是利益相关者，因此，诸如国家、投资者、债权人、雇员、消费者、供应商，甚至是社区居民等都是企业的利益相关者。

正因为如此，企业被西方经济学者看做是利益相关者追求盈利而形成的契约(contract)集合体。阿尔钦和德姆塞茨(Alchian and Demsetz)从企业内部结构的角度指出，企业的本质不是雇主和雇员之间的合作关系(cooperation relationship)，而是一种团队生产(team production)；詹森和麦克林(Jensen and Meckling)认为，企业是劳动、原材料、资本投入者和产品消费者之间的一组多边合约关系。与传统的股东至上(shareholder primacy)理论的主要区别在于：这一理论认为任何一个公司的发展都离不开各种利益相关者的投入或参与。传统的股东至上主义是基于物权的认识，忽视了企业其他利益相关者的利益。而利益相关者理论认为，企业不仅要为股东利益服务，同时也要保护其他利益相关者的利益。因为股东只负有限责任，一部分剩余风险已经转移给了债权人和其他利益相关者，而且股东所承担的风险可以通过投资的多样化来分散。这样，利益相关者参与公司治理(corporation governance)、分享公司利益也就有了依据。这些观点也得到我国主流经济学家的赞同，因此，财务管理的各个环节必须兼顾利益相关者的目标。企业及其主要利益相关者如图1.2所示。

图1.2 企业及其主要利益相关者

2. 企业的财务关系

企业的财务活动是以企业为主体进行的。从现象上看，财务活动是钱和物的增减变动，实质上也反映出企业与内外部各利益相关者发生的经济利益关系，即企业的财务关系。企业的财务关系可概括为以下7个方面：

1）企业与社会管理者——国家之间的财务关系

国家具有维护社会正常秩序、保卫国家安全、组织和管理社会活动等职能。为履行这些职能，国家作为社会管理者，必然无偿参与企业利润的分配。这种关系体现为一种强制和无偿的分配关系。

2）企业与所有者之间的财务关系

企业的所有者主要有国家、个人和法人(artificial person)单位，具体表现为独资、控股和参股的关系。企业作为独立的经济实体，自主经营，自负盈亏，实现所有者资本的保值与增值。所有者以出资人的身份，参与企业的管理和税后利润分配，体现为经营权与所有权之间的关系。

3）企业与债权人之间的财务关系

企业除利用所有者权益资金进行经营活动外，还要借入一定数量的资金，以便扩大企业的经营规模，分散经营风险，降低资金成本。企业同债权人的财务关系在性质上属于债务与债权的关系。债权人作为企业信贷资本的供给者，在平等协商的基础上与企业签订协议，除一般条款外，债权人都约定一些限制性条款，以控制债权风险，并按合同进行监督。与企业所有者相比，债权人投资的风险相对较小，收益也较低。因此，债权人不像企业投资者那样有权直接参与企业经营管理，但在企业破产清算时享有优先求偿权。

4）企业与受资方之间的财务关系

企业与受资方之间的财务关系主要是指企业以购买股票或直接投资的形式向其他企业或经济组织投资所形成的经济关系。随着企业经营规模和经营范围的不断扩大，这种关系将会越来越广泛。企业与受资方的财务关系体现为所有权性质的投资与受资关系。企业向其他单位投资，依其出资额，可形成独资、控股和参股情况，并根据其出资份额或约定参与受资方的重大决策和利润分配。企业投资的最终目的是取得收益，但预期收益能否实现，也存在一定的投资风险。

5）企业与债务人之间的财务关系

企业与债务人之间的财务关系主要是指企业以购买债券、提供商业信用等形式将资金暂时出让给其他单位使用所形成的经济关系，这种关系体现为债权与债务的关系。企业在资金暂时出让的过程中，一方面会产生直接的信用收入，另一方面也会发生相应的机会成本和坏账损失的风险，企业必须考虑两者的均衡性。

6）企业内部各单位之间的财务关系

企业内部各单位之间的财务关系主要是指企业内部各单位之间在生产经营各环节中相互提供产品或劳务所形成的经济关系。在企业内部实行责任预算、责任考核与评价的情况下，各责任中心之间相互提供产品与劳务，应以内部转移价格进行结算。这种在企业内部形成的资金结算关系，体现在企业内部各单位之间的利益均衡关系。

7）企业与经营者、职工之间的财务关系

企业与经营者、职工之间的财务关系主要是指企业向经营者、职工支付人力资本报酬过程中所形成的经济关系。经营者是企业特殊异质型的人力资本，通过其管理活动贯穿生产过程而产生经济效益。企业与经营者之间财务关系的核心是通过选择恰当的契约构造，使剩余控制权和剩余索取权尽量对称，体现经营者报酬与企业经营绩效相对应的分配关系，从而有效地发挥经营者的资源配置能力。职工是企业的一般劳动者，他们以自身提供的劳动作为参加企业分配的依据。企业根据劳动者的劳动情况，根据按劳分配的原则向职工支付薪酬，并按规定提取和交纳各种福利基金，如医疗保险金、养老保险金、失业保险金、生育保险金、工伤保险金等，体现职工个人和企业在劳动成果上的分配关系。

3. 财务关系的协调

企业从事财务管理活动，实现财务管理目标，必然发生企业与各个方面的经济利益关系。在企业财务关系中最为重要的关系是所有者、经营者与债权人之间的关系。企业必须处理、协调好这三者之间的矛盾与利益关系。

1）所有者与经营者的矛盾与协调

企业是所有者的企业，企业价值最大化代表了所有者(owner)的根本利益。现代公司制企业所有权(proprietorship)与经营权(operation right)分离，经营者(manager)不持有公司股票或持部分股票，经营所得只是少部分以薪酬等形式归经营者所有，因此，必然存在委托代理问题(principal-agent problem)。股东是委托人，经营者则是代理人。股东要求经营者增加企业价值，经营者可能在谋取自己的利益，如增加报酬、增加闲暇时间和避免风险等。为协调所有者与经营者的矛盾，防止经营者背离股东目标，一般有以下两种方法：

(1) 监督。经营者背离股东目标的有利条件是信息不对称(asymmetric information)。信息不对称是指某些参与人拥有但另一些参与人不拥有的信息。信息不对称可从两个角度进行划分：一是获取信息的时间不对称，二是获取信息的内容不对称。经营者掌握企业实际的经营控制权，对企业内部信息的掌握不仅时间上早于一般股东，而且内容上远远多于一般股东。为了协调这种矛盾，股东除要求经营者定期公布财务报表外，还应尽量获取更多信息，对经理进行必要的监督。但监督只能减少而不能消除经理违背股东意愿的行为，因为股东是分散的，同时受监督成本的制约，不可能得到充分的信息，因此，代理成本(agency cost)问题实际上无法完全避免。

(2) 激励。激励就是将经营者的管理绩效与经营者所得的报酬联系起来，使经营者分享企业增加的财富，鼓励经营者自觉采取符合股东目标的行为。如经营者股票期权(executive stock option)，授予经营者在规定时间内以行权价格(约定的购买价格)购买本公司股票的选择权。股票价格上升后，经营者自然获取股票涨价收益；或根据每股收益、总资产报酬率、净资产收益率以及资产流动性指标等对经营者的绩效进行考核，以其增长率为标准，给经营者以现金、股票奖励。但激励作用与激励成本相关，报酬太低，激励作用较小；报酬太高，又会加大股东的激励成本，减少股东自身利益。可见，激励也只能减少经营者违背股东意愿的行为，不能从根本上解决问题。

通常情况下，企业采用监督和激励相结合的办法使经理的目标与企业目标协调起来，力求使监督成本、激励成本和经营者背离股东目标的损失之和最小。

除了所有者的激励和监督外，外部市场竞争也能够促使经营者把公司股票价格最大化作为其经营的首要目标。其主要表现如下：

(1) 经理人才市场评价。经理人才作为一种人力资源，其价值是由市场决定的。公司股价高、价值大说明经营者经营有方，股东财富增加，同时经营者在人才市场上的价值也高，聘用报酬也高。此时，经营者追求利益最大的愿望便与股东财富最大的目标一致。

(2) 经营者被解聘的威胁。现代公司股权的分散使个别股东很难通过投票表决来撤换不称职的经营者。同时由于经营者被授予很大的权力，实际上控制了公司，形成内部人控制状态，股东即使发现经营者经营企业不力、业绩欠佳但也常常无能为力。20世纪80年代以后，许多大公司为机构投资者控股，养老基金、共同基金和保险公司在大企业中占有的股份，足以使他们有能力解聘经营者。由于高级经营者有被解聘的威胁，动摇了经营者稳固的地位，因而促使他们不断创新、努力经营，为股东利益的最大化服务。

(3) 公司被兼并的威胁。当公司经理经营不力或决策错误，导致股票价格下降到较低的水平时，就有被其他公司兼并的危险。被兼并公司的经营者在合并公司的地位一般都会下降或被解雇，这对经营者利益的损害是很大的。因此，经营者为保住自己的地位和已有的权力，会竭尽全力使公司的股价最大化，这和股东利益是一致的。

2) 所有者与债权人的矛盾与协调

企业的资本来自股东和债权人。债权人(creditor)作为企业债权资本的供给者，有其自身的终极目标：降低债权风险，按期收回本息。但所有者可能要求经营者将负债资本投资于比债权人预计风险更高的项目，这会增加负债的风险。高风险的项目一旦成功，额外利润就会被所有者独享；若失败，债权人却要与所有者共同承担由此而造成的损失。当企业陷入财务困境时，债权人同样承担了资本无法收回的风险，这对债权人来说风险与收益是不对称的。只有当企业出现财务危机，相机治理(contingent governance)的前提条件才会出现，但债权人相机治理的目标常常是保证信贷资本能够安全退出企业，这与所有者化解财务危机后实现企业持续发展并从这种发展中获取收益的目标相悖。因此，所有者和债权人之间的利益冲突难以避免。

所有者与债权人的上述矛盾的协调，一般通过以下方式解决：

(1) 限制性借款。通过限制借款的用途、设置借款的担保条件和借款的信用条件来防止和迫使股东不能损害债权人利益。

(2) 收回借款或不再借款。这是当债权人发现公司有侵蚀其债权价值的意图时，采取收回债权和不给予公司重新放款的措施来保护自身权益的行为。

除债权人外，与企业经营有关的各方都与企业存在契约关系，都存在利益冲突和限制条款。企业经营者若侵犯职工、客户、供应商和所在社区的利益，都将影响企业可持续增长目标的实现。所以说企业是在一系列限制条件下实现企业价值最大化的。

1.2 财务管理的目标

1.2.1 财务管理目标

任何管理都是有目的的行为，财务管理也不例外。财务管理目标(perspectives in finance)是指在特定的经济体制和财务管理环境中，通过对企业财务工作的科学组织和对资源的合理配置所要达到的具体标准。有关财务管理目标的研究主要有两个学派：一个是新古典产权学派，主张企业的剩余索取权(residual claim right)和剩余控制权(residual rights of control)应当由出资者单方面享有；另一个是利益相关者学派，主张企业所有权应当由出资者、债权人、员工、消费者、供应商、政府等众多的利益相关者分享。与前者相对应的、代表性财务管理目标有利润最大化、股东财富最大化、每股收益最大化，与后者相对应的财务管理目标主要是企业价值最大化。

1. 财务管理目标的特点

财务管理目标一般具有以下特点：

(1) 财务管理目标在一定时期内具有相对稳定性。确立企业财务管理目标，必须把不同时期的经济形势、外界环境的变化与财务管理的内在规律结合起来。财务环境发生变化，财务管理目标也会发生变化，但在一定时期或特定环境下，财务管理的目标应当保持相对稳定。

(2) 财务管理目标具有多元性。财务管理目标的多元性是指财务管理目标不是单一的，而是适应多因素变化的综合目标群。这就要求我们既要了解各目标之间的统一性，又要了解各目标之间的差别性，以主导目标为中心，协调各目标之间的矛盾。

(3) 财务管理目标具有层次性。财务管理目标的层次性是指财务管理目标按一定标准可划分为若干层次。根据财务管理的基本内容可以把财务管理目标划分为由整体目标、分部目标和具体目标构成的层次体系。财务管理目标的层次性要求把财务管理的共性与财务管理具体内容的个性结合起来，以整体目标为中心，做好各项具体工作。

2. 财务管理目标的主流观点

目前，人们对财务管理目标的认识尚未统一，在市场经济条件下主要有4种观点：利润最大化、每股收益最大化、股东财富最大化和企业价值最大化。

1) 利润最大化

西方经济学家以往都是以利润最大化(profit maximization)这一概念来分析和评价企业行为和业绩的。他们认为，利润代表了企业新创造的财富，利润越多说明企业的财富增加得越多，越接近所有者的目标。经济学家弗里德曼(Friedman)生前最富争议的观点之一也许就是“企业的唯一目标是赚钱并向股东提供回报”。但是，会计学家对利润有着严格的定义，即利润等于收入减去现实的成本和费用。用利润最大化来定位企业财务管理目标，简明实用，便于理解。但是，这里的“利润”如果被定义为会计上的利润，则利润最大化目标就具有以下“致命”的缺陷：

(1) 利润最大化是一个绝对指标，既没有考虑企业的投入与产出之间的关系，也没有计量投资者投入资本的成本(机会成本)，因而难以在不同资本规模的企业之间进行比较。例如，同样获得 200 万元的利润，一个企业投入资本 1 000 万元，另一个企业投入 2 000 万元，哪一个更符合所有者的目标呢？若不与投入的资本额联系起来，就难以作出正确判断。

(2) 没有考虑利润的获取时间。投资项目收益现值的大小，不仅取决于其收益将来值总额的大小，还取决于收益获得的时点。因为取得收益越早，就能越早进行再投资，进而越早获得新的收益，利润最大化目标则忽视了这一点。例如，今年获利 100 万元和明年获利 100 万元，哪一个更符合所有者的目标呢？若不考虑货币的时间价值，也难以作出正确判断。

(3) 没有考虑风险问题。一般而言，收益与风险成正比，即企业在追求利润最大化的同时，必然伴随风险的增长，而利润最大化的目标没有考虑企业风险的大小。例如，两个企业各投入 1 000 万元，每年获利相等，均为 200 万元，其中，一个企业获利已全部转化为现金流，另一个企业获利则全部表现为应收款。哪一个更符合所有者的目标呢？若不考虑风险大小，同样难以作出正确判断。

应用案例 1-1

合资企业的收益分配

【案情简介】

甲乙双方为一合资项目谈判，双方各出资 50%，假定每年的净收益相等，甲方提出了分配方案：前 5 年甲方获取收益的 70%，乙方获取 30%；后 5 年乙方获取收益的 70%，甲方获取 30%，项目到期后资产的变现价值平均分配。

【案例点评】

如果考虑货币的时间价值和风险报酬，甲方提出的收益分配方案显失公平。

(4) 利润最大化可能会使企业财务决策带有短期行为，即片面追求短期利润的增加，不考虑企业的可持续成长，忽视核心竞争力的培育。

2) 每股收益最大化

这种观点认为：应该把企业利润与投入的资本相联系，用资本利润率(或每股税后收益)概括企业财务管理目标。因为所有者或股东是企业的出资者，其投资的目的是为了取得投资收益。每股收益最大化(maximization of earnings per share)目标概念明确，可以在不同资本规模的企业或同一企业不同期间进行对比，揭示其盈利水平的差异。但这种观点仍然存在 3 个问题：①没有考虑资金的时间价值；②没有考虑风险大小；③企业财务决策容易产生短期行为。

3) 股东财富最大化

股东财富最大化(shareholder wealth maximization)是指通过财务上的合理经营，为股东带来更多的财富。对股份公司而言，股东财富由其所拥有的股票数量和股票市场价格两方面来决定，在股票数量一定的前提下，当股票价格达到最高时，股东财富也达到最大。所以，股东财富最大化又可以表现为股票价格最大化。

股东财富最大化有其积极的方面，具体内容如下：

(1) 评价标准客观。股东财富可以用股票市价来计量，比较容易量化，便于考核和奖惩。

(2) 科学地考虑资金的时间价值和风险价值因素。因为资金时间价值的高低和公司面临风险的大小会对股票价格产生重要影响。

(3) 股东财富最大化一定程度上能够克服企业在追求利润上的短期行为。因为不仅目前的利润影响股票价格，预期未来的利润对企业股票价格产生的影响可能更大，对投资者而言，买股票即是买未来。

追求股东财富最大化有其优点但也存在一些缺点，其具体内容如下：

(1) 只适用于上市公司，对非上市公司很难适用。即使是西方发达国家，非上市公司在企业数量上总是占多数。因此，股东财富最大化没有广泛性，兼容能力也小。

(2) 股东财富最大化要求金融市场遵循有效市场假说(efficient market hypothesis)。由于股票的分散和信息的不对称，经营者为实现自身收益最大化，有可能以损害股东和其他利益相关者的利益为代价作出逆向选择(adverse choice/adverse selection)。

(3) 对于上市企业，虽可通过股票价格的变动揭示企业价值，但股价是多种因素影响的结果，特别在即期市场上的股价不一定能够直接揭示企业的获利能力，只有长期趋势才能做到这一点。

(4) 为了控股或稳定购销关系，现代不少企业采用环形持股的方式，相互持股。法人股东对股票市价的敏感程度远不及个人股东，对股票价值的大小没有足够的兴趣。

4) 企业价值最大化

企业价值最大化(business value maximization)是指通过一系列合同或契约关系将企业各利益主体联系在一起，采用最优的财务政策，充分考虑资金的时间价值和风险与报酬的关系，在保证企业长期稳定发展的基础上，使企业总价值达到最大。其基本思想是将企业的可持续成长摆在首位，强调在企业价值增长中满足各相关利益主体的利益，承担起应有的社会责任，才能更好地实现企业价值最大化这一财务管理目标。现代财务管理理论认为，以企业价值最大化作为企业的理财目标是现代企业发展的必然要求，是企业财务目标的最优选择，也是衡量企业财务行为和财务决策是否合理的标准。

如何衡量企业价值？目前有许多计量模式，其中贴现现金流量法最为流行。依据贴现现金流量法计算原理，任何资产的内在价值等于预期未来现金流量以适当的贴现率折现的价值，计算的基本模式为

$$V=\sum_{t=1}^{n} NCF_t \frac{1}{(1+i)^t}$$

其中：V——企业价值，可以是总价值也可以是某一时期的价值；t——企业取得现金流量的具体时间；n——企业取得现金流量的持续时间，当计算企业总价值时 n 取∞(假设企业持续经营)；NCF_t——企业第 t 年获得的净现金流量；i——每年所获现金流量进行贴

现时所用的贴现率。

由上述公式可得出3个基本结论：一是企业价值(V)与企业预期净现金流量(NCF_t)成正比；二是企业价值(V)与企业所承担的风险(公式中以贴现率 i 表示)大小成反比，即企业所承担风险越大、投资者要求的报酬率越高、贴现率 i 取值越大；三是企业价值(V)随着企业持续经营时间(n)的增大而增大。该模式既考虑了风险(i)与收益(NCF_t)均衡问题，又考虑了企业取得现金流量的持续时间(n)问题，因此，现金流量法计量模式反映了企业价值是由企业每年获得的净现金流量(NCF_t)、每年所获现金流量进行贴现时所用的贴现率(i)、企业取得现金流量的持续时间(n)3个因素决定的。相应地，便可得出实现企业价值最大化的3大常规途径，即资金成本最小化、现金净流量最大化、持续发展能力最大化。

企业价值最大化目标的优点如下：

(1) 该目标考虑了资金的时间价值和投资的风险价值，有利于企业统筹安排长短期规划、合理选择投资方案、有效筹措资金、合理确定股利政策等。

(2) 该目标反映了对企业资产保值、增值的要求。企业价值越大表现为企业的市场价值越大，利益相关者的认可度越高，企业资产保值、增值的能力和潜力就越大。

(3) 该目标有利于克服管理的片面性和短期行为。企业价值最大化是一个动态指标，可以促使企业在生命周期内追求价值的持续增长，具有长期性、可持续发展性。

(4) 该目标有利于社会资源的合理配置。社会资金通常流向企业价值最大化的企业或行业，有利于实现社会效益最大化。

(5) 该目标能够兼顾企业利益相关者的要求。企业的各个利益主体基于维护自身利益的需要，会使企业形成一个相互制衡的机制，当各自利益均衡时，企业价值达到最大。

但不可否认，企业价值最大化目标也存在缺点，主要是企业价值确定的难度较大。虽然通过专门评价(如资产评估)可以确定其价值，但评估过程受净现金流量(NCF_t)、贴现率(i)、企业取得现金流量的持续时间(n)3个主观因素的影响使估价不易客观和标准，从而影响企业价值的准确性与客观性。因此，企业价值最大化目标一直是理论与实务界争论的焦点问题之一。调查表明，大多数实务工作者将财务管理目标按其重要程度排序：①总资产报酬率最大化；②达到每股收益的预期增长率；③公司当期总利润的最大化；④股票价格最大化。上述4项目标直接决定于利润最大化的实现程度。因此，利润最大化实际上是大多数非上市公司实务工作者的首选目标，而股票价格最大化则是上市公司财务管理的首选目标。

1.2.2 财务管理目标与社会责任

社会责任(social responsibility)是指企业在经营发展过程中应当履行的社会职责和义务，主要包括安全生产、产品(含服务)质量、环境保护、资源节约、促进就业、员工权益保护等。一般情况下，企业价值最大化目标与社会责任目标是基本一致的。这是因为，为了实现企业价值最大化目标，企业在经营发展过程中必须做到以下几点：①企业生产的产品质量必须符合社会需要，这不仅可以满足消费者的需求，而且也实现了企业产品的价值，增加企业现金流量。只有这样，才能向国家交纳更多的税收，向股东分配更多的红利，并向管理者和员工发放更高的薪酬。②企业必须不断引进与开发新技术，拓展企业经营规模，增强企业可持续增长能力，这样就会扩大就业机会，促进员工素质的提高。③企业必须承担环境保护、员工个人发展、消费者权益保护和社区义务的责任，以提升企业的社会认同度，包括国内认同度和国际认同度。如果企业财务管理目标定位不当，或片面追求利润最大化，可能导致企业社会责任意识缺失，如造成环境污染、违背商业道德、不关注社会公益事业、不重视企业持续发展等。因此，企业应当重视履行社会责任，提升企业发展质量，切实做到经济效益与社会效益、短期利益与长远利益、自身发展与社会发展相互协调，实现企业与员工、企业与社会、企业与环境的健康和谐发展。

特别提示

企业至少应当关注在履行社会责任方面的下列风险：①安全生产措施不到位，责任不落实，可能导致企业发生安全事故；②产品质量低劣，侵害消费者利益，可能导致企业巨额赔偿、形象受损，甚至破产；③环境保护投入不足，资源耗费大，造成环境污染或资源枯竭，可能导致企业巨额赔偿、缺乏发展后劲，甚至停业；④促进就业和员工权益保护不够，可能导致员工积极性受挫，影响企业发展和社会稳定。(引自《企业内部控制应用指引第4号——社会责任》第三条)

1.3 财务管理体制

企业建立什么样的财务管理体制，主要取决于企业的组织形式。因此，了解企业的组织形式，有助于确立企业科学的财务管理体制，促进企业财务管理活动的顺利开展。

1.3.1 企业组织形式

1. 独资企业

独资企业(solo proprietorship)在西方又称为个人业主制，是指由一个人独自出资创办的企业，其全部资产和债务由出资者自己所有和偿还。

我国的个人独资企业是指按照《中华人民共和国个人独资企业法》在中国境内设立，由一个自然人投资，财产为投资者个人所有，投资人以其个人全部财产对企业债务承担无限责任(unlimited liability)的经济实体。

1）独资企业的特征

(1) 企业由一个自然人投资设立。个人独资企业在投资主体上具有唯一性，这是区别于合伙和公司等多元投资主体企业的基本属性。

(2) 企业财产为投资人个人所有。个人独资企业的投资人是企业财产(包括企业成立时投资人投入的初始出资财产与企业存续期间积累的财产)的唯一所有者。

(3) 投资人以其个人全部财产对企业债务承担无限责任。个人独资企业债务等于投资人个人债务，投资人以其个人全部财产而不是仅以其投入该企业的财产对债务负责，即承担无限责任。

(4) 依照个人独资企业法设立。我国个人独资企业须依照《个人独资企业法》设立。

(5) 个人独资企业不具有法人资格(legal personality)。个人独资企业是一个经济实体，属于企业的一种形式，有企业名称或商号，有固定的生产经营场所和必要的生产经营条件，有必要的资金和从业人员，并以企业名义从事经营行为和参加诉讼活动，但不具有独立的法人地位，其只是自然人进行商业活动的一种特殊形态。

2) 独资企业的优点

(1) 企业建立比较容易、成本低，不必准备正式的营运章程，受政府管制较少，是创办费用最低的企业组织形式。

(2) 非缴纳公司所得税的主体，出资者只需按企业所得和个人其他所得缴纳个人所得税。

3) 独资企业的缺点

(1) 出资者对债务负有无限清偿的责任，个人资产和企业资产没有差别。

(2) 企业存续期受制于业主本人的生命期。

(3) 筹资较困难，对债权人缺少吸引力，股权没有流通市场。

2. 合伙企业

合伙企业(partnership)是指自然人、法人和其他组织依照法律设立的普通合伙企业和有限合伙企业。普通合伙企业由普通合伙人组成，合伙人对合伙企业债务承担无限连带责任。有限合伙企业由普通合伙人和有限合伙人组成，普通合伙人对合伙企业债务承担无限连带责任，有限合伙人以其认缴的出资额为限对合伙企业债务承担责任。《中华人民共和国合伙企业法》规定，国有独资公司、国有企业、上市公司，以及公益性的事业单位、社会团体不得成为普通合伙人。

1) 合伙企业的特征

(1) 不具备法人资格的营利性经济组织。合伙企业的非法人性，使得它与具有法人资格的市场主体相区别；合伙企业的营利性，使得它与其他具有合伙形式但不以营利为目的的非营利组织相区别；合伙企业的组织性，使得它与一般民事合伙区别开来，从而成为市场经济活动的主体和多种法律关系的主体。

(2) 全体合伙人订立书面合伙协议。合伙企业是由全体合伙人根据其共同意志而自愿组成的经济组织。该组织的设立、经营、变更、解散等一系列行为都必须符合一定的行为规则，而合伙协议就是合伙企业的行为规则。合伙协议必须是书面的。如果没有合伙协议，合伙企业就不能成立，其运作也就无从谈起。

(3) 合伙人共同出资、合伙经营、共享收益、共担风险。合伙企业的资本是由全体合伙人共同出资构成的。共同出资的特点决定了合伙人原则上均享有平等地参与执行合伙事务的权利，合伙人对执行合伙事务享有同等的权利。按照合伙协议的约定或者经全体合伙人决定，可以委托一个或者数个合伙人对外代表合伙企业，执行合伙事务。

共同出资的特点也决定了合伙经营的收益和风险，由合伙人共享、共担。《中华人民共和国合伙企业法》规定，合伙企业的利润分配、亏损分担，按照合伙协议的约定办理；

合伙协议未约定或者约定不明确的，由合伙人协商决定；协商不成的，由合伙人按照实缴出资比例分配、分担；无法确定出资比例的，由合伙人平均分配、分担。合伙协议不得约定将全部利润分配给部分合伙人或者由部分合伙人承担全部亏损。

(4) 普通合伙人对合伙企业的债务承担无限连带清偿责任。合伙企业的普通合伙人对合伙企业的债务承担无限的连带清偿责任，即当合伙企业财产不足清偿合伙企业债务时，普通合伙人对于不足的部分承担连带清偿责任。这样的规定可以使普通合伙人能够谨慎、勤勉地执行合伙企业的事务，使合伙企业的债权人的合法权益能够得到保障和实现。这一特征是合伙企业与其他企业组织形式最主要的区别。

2) 合伙企业的优点

(1) 合伙企业的资本来源比独资企业广泛，可以充分发挥企业和合伙人个人的力量，这样可以增强企业资金实力，使得其规模相对扩大。

(2) 由于合伙人共同承担合伙企业的经营风险和责任，因而其风险和责任相对于独资企业要分散一些。

(3) 法律对于合伙企业不作为一个统一的纳税单位征收所得税，因此，合伙人只需将从合伙企业分得的利润与其他个人收入汇总缴纳一次所得税即可。

(4) 由于法律对合伙关系的干预和限制较少，因此，合伙企业在经营管理方面具有较大的自主性和灵活性，每个合伙人都有权依协议参与企业的经营管理工作，这与股东对公司的管理权利不同。

3) 合伙企业的缺点

(1) 相对于公司而言，合伙企业的资金来源和企业信用能力有限，不能发行股票和债券，这使得合伙企业的规模不可能太大。

(2) 合伙人的责任比公司股东的责任大得多，合伙人之间的连带责任使合伙人需要对其他合伙人的经营行为负责，加重了合伙人的风险。

(3) 由于合伙企业具有浓重的人合性，任何一个合伙人破产、死亡或退伙都有可能导致合伙企业解散，因而其存续期限不可能很长。

3. 公司制企业

公司制企业(limited corporation)是指依照公司法设立的有限责任公司(limited liability company)和股份有限公司(stock limited corporation)。

1) 公司制企业的特征

(1) 独立的法人实体。公司(corporation)一经宣告成立，法律即赋予其独立的法人地位和法人资格，主要体现为公司的成立有严格的法律规范。公司法规定，设立股份公司应当有5人以上为发起人；公司有法定的资本数额，能够独立支配和管理财产。

(2) 持续经营、生命无限。股东投入的资本长期为公司支配和使用。股东无权直接从公司财产中抽回属于自己的投资，更不能直接处置公司的资产。股东只能通过转让其所拥有的股份收回投资。其资本的长期稳定性决定了公司能够独立于股东而持续、无限期地存在下去。

(3) 对债务承担有限责任。股份有限公司的股东对公司经营所引起的债务仅承担有限责任(limited liability)，一般以公司资产为清偿债务的最大限度，股东个人财产不能用以清偿公司债务，降低了股东的投资风险。

(4) 所有权和经营权分离。公司的所有权属于全体股东，并由股东大会行使权利，经营权归董事会和管理部门。公司的最高权力机构是股东大会，股东大会行使财产所有权，董事会行使经营决策权，管理部门行使经营管理权，监事会行使监督控制权。

2) 公司制企业的优点

(1) 公司是资本联合而形成的经济组织。公司是由许多投资者投资，为营利而设立的一种经济组织，具有广泛的筹集资金的能力。

(2) 公司具有法人资格。公司具有法律上的人格(与自然人相对)，使公司像自然人一样，以自己的名义从事经营活动，享有权利，承担义务，从而使公司在市场上成为竞争主体。

(3) 公司股东承担有限责任。这是指公司一旦出现了债务，这种债务仅是公司的债务，由公司这个拟人化的实体对债权人负责，而公司股东不直接对债权人负责；公司的股东对公司债务仅以其出资额为限，承担间接、有限的责任，这就为股东分散了投资风险，使股东在投资中不致影响投资外的个人财产，所以这种责任形式对潜在投资者具有一定的吸引力。

(4) 公司以营利为目的。这是公司和社会组织①的根本区别，也是反映公司基本属性的一个特征。因为投资者投资于公司是基于一定的经济利益追求，希望从公司取得经济回报。从宏观整体来说，公司资产的增值也是社会发展的需要。

(5) 公司实行所有权与经营权分离的企业制度。在有相当规模的公司中，投资者入股仅仅是为了获得投资的收益，而不是为了经营；为了保证公司的发展，委托专业的经营者负责经营。所以公司中的基本关系是投资者出资，从公司获取股利，经营者受托代替股东从事经营，对股东负责。

(6) 公司依照法律设立和运行，是规范化程度较高的企业组织形式。公司的发起设立、对内对外关系、内部治理结构、合并分立等，都是依照法律规范来办理的，公司是一种企业形式与法律形式相结合的体现。

(7) 公司是永续存在的企业组织形式。这就是说，公司投资者的股权可以转让，投资者可以流动，但公司仍然可以作为一个独立的实体而存在，公司仍然可以正常地从事经营活动，公司的存在并不取决于其投资人具体是谁。

3) 公司制企业的缺点

(1) 组建程序复杂，费用较高。

(2) 政府对公司的限制较多。

(3) 保密性较差。

---

① 中共十七大首次用“社会组织”这一定义来涵盖传统的NGO、NPO、第三部门、民间组织等概念。一般认为，社会组织是自然人、法人或者其他组织，以非营利、独立性和志愿性为特征，为实现特定目标而建立的共同活动的社会群体，如民办非企业单位、社会团体和基金会。

在上述3种企业组织形式中，公司制企业最具优势，从而成为现代企业组织的一种典型形态，因此，现代财务管理学主要以公司制企业这种组织形式为研究和分析的基本对象。

1.3.2 财务管理体制

财务管理是企业管理的核心内容之一。财务管理就其本质而言是对各种财务关系的处理。财务关系的具体内容和表现形式是多种多样的，但从根本上说，财务关系的关键是正确处理财务责任、财务权力集中与分散的关系，以及责、权、利的相互配合。各种财务关系的处理必须有一定的规则。当这种规则制度化时，就形成了财务管理体制。因此，财务管理体制(financial management system)的实质，就是通过为财权和财力分配建立一定的制度化规则，正确处理各方面的经济利益关系。

企业内部财务管理体制的建立，其根本目的是为了使企业内部纵向各层级之间、横向各部门之间以及企业与职工个人之间的财务关系得到妥善处理，以便实现责、权、利关系的制度化，从而促进企业财务目标的实现。对于现代企业来说，企业内部财务关系的处理必须通过建立适当的财务管理体制方能有效进行，其原因主要来自两个方面：①企业经营规模的不断扩大。随着社会经济的发展，企业的经营规模具有不断扩大的趋势，企业内部的财务关系也纵横交错，越来越复杂。②管理幅度限制。受到管理者精力及其素质的限制，管理的有效幅度是有限的。因此，随着企业规模的扩大，企业内部的部门划分和层级划分将越来越细，越来越多。协调各部门、各层次之间的财务关系，对企业财务目标的实现关系重大。建立企业内部财务管理体制的基本原则，应该是在划清各部门之间、各层次之间经济责任的基础上，实行责、权、利结合。

1.3.3 财务管理组织

组织(organization)的基本含义是指挥和协调。财务管理组织所依据的基本原理与企业管理组织原理是相通的。从事财务活动并处理财务关系的主体，是企业从事财务工作的人员，称为财务人员。财务管理的对象是财务活动及由此而引起的财务关系。因此，财务管理不仅仅是对财务活动的管理，而且还是对从事财务活动的人的管理。只有借助于一定的指挥系统，对全体财务人员的行为加以协调，以人为中心，重视对人的管理，通过协调财务人员的行为才能实现财务活动的协调，保证财务活动按预定方向发展，最终实现财务目标。这与传统的财务管理组织只重视物的管理，而忽视人的管理，具有显著的区别。

根据以上分析，现代财务管理组织必须满足以下3个基本要求：

(1) 应有明确的财务管理目标。人们从事任何经济活动都有其特定的目标，财务活动也是如此。财务管理目标是财务管理组织行动的指南，在企业目标体系中处于支配地位。只有确定了财务管理目标，财务管理组织才能有目的地运行。所以，明确的财务目标既是财务管理组织运行的基本前提，同时也是财务管理组织运行是否切实有效的判断依据。

(2) 应有合理的责权划分。对财务管理的职责和权力，必须作出合理的划分，否则，财务管理组织的运行将处于混乱状态。划清职责，就是要有一定的分工，并在此基础上明确每个工作岗位所承担的责任。职责划分是否合理的标准包括设岗与工作内容是否吻合、岗位之间是否衔接、全部工作责任是否全部落实，以及岗位的人员配置与所承担工作责任是否适应等。划分权力，就是要根据每个岗位的责任范围，给予相应的自行处理财务问题的权力。权力划分是否合理的标准包括各岗位的财务权力与财务责任是否对应、上下级之间财务权力划分是否清楚，以及各平行工作岗位之间的财务权力是否有冲突等。财务责任划分不合理，将会导致部分财务责任不能落实或不能很好完成；财务权力划分不合理，则会导致权力与责任的不对应或权力矛盾，从而影响财务管理组织的正常运行。

(3) 建立科学的激励约束机制。作为现代企业制度典型代表的公司制企业，以剩余索取权相对分散，所有权与经营权相分离的产权结构为特征，形成了股东(股东会)—董事会—经理这样一种内部层级管理制度。其中，财务管理层次的特征是股东作为出资人，拥有对财务事项的最终决策权，处于第一管理层次；董事会作为出资人的代表及代理人，负责公司重大财务事项的决策和管理，处于第二管理层次；总经理作为受托管理公司的代理人，按照与董事会签订的合同规定的职责权限，行使经营权，处于第三管理层次；财务经理及其财务管理职能部门作为财务决策的执行者及日常管理者，处于第四管理层次。因此，建立何种财务激励约束机制，使各层次代理人有尽责尽力的激励与行为约束，也就构成了建立现代企业财务管理的一个重要问题。

1.3.4 企业内部财务管理组织方式

(1) 在小型企业中，通常采取一级核算方式。财务管理权集中于厂部，厂部统一安排各项资金、处理财务收支、核算成本和盈亏；二级单位(班组或车间)一般只负责管理、登记所使用的财产、物资，记录直接开支的费用，不负责管理资金，不核算成本和盈亏，不进行收支结算。

(2) 在大中型企业中，通常采取二级核算方式。除了厂部统一安排各项资金、处理财务收支、核算成本和盈亏以外，二级单位要负责管理一部分资金，核算成本，有的还要计算盈亏，相互之间的经济往来要进行计价结算，对于资金、成本等要核定计划指标，定期进行考核。

(3) 在实行厂内经济核算制的条件下，确定企业内部财务管理体制主要应研究以下几方面的问题：①资金控制制度；②收支管理制度；③内部结算制度；④物质奖励制度。

1.3.5 企业财务管理与财务会计

如前所述，财务管理的内容包括筹资管理、投资管理、营运资金管理和利润分配管理等，是从企业价值的角度审视公司经营和金融市场运作内在规律的科学。而企业财务会计主要反映企业的财务状况、经营成果和现金流量，并对企业经营活动和财务收支进行监督，包括填制记账凭证、登记账簿、编制报表等会计程序和方法，强调真实、完整和稳健。因此，财务管理与财务会计的主要职责存在显著差异，财务机构和会计机构应分别设置、分别规定职责范围，才能明确财务和会计各自的工作内容，各司其职，而不至顾此失彼，削弱任何一个方面的工作。大中型企业应在总经理领导下设置财务副总经理或财务总监(CFO)来主管财务与会计工作，下设财务处(科)和会计处(科)等具体管理机构，分别由财务主管(treasurer)和会计主管(controller)担任主管人员，其下再根据工作内容设置若干专业科、室。

(1) 企业财务管理机构的主要职责：①筹集资金；②负责固定资产投资；③负责营运资金管理；④负责证券的投资与管理；⑤负责利润的分配；⑥负责财务预测、财务计划和财务分析工作。

(2) 企业财务会计机构的主要职责：①按照企业会计准则的要求编制对外会计报表；②按照内部管理的要求编制内部会计报表；③进行成本核算工作；④负责纳税的计算和申报；⑤执行内部控制制度，保护企业财产；⑥办理审核报销等其他有关会计核算工作。

1.4 财务管理的环节

财务管理的环节是指财务管理的工作步骤和一般程序。企业财务管理一般包括以下几个环节：

1. 财务预测

财务预测(financial forecast)是企业根据财务活动的历史资料(如财务分析)，考虑现实条件与要求，运用特定方法对企业未来的财务活动和财务成果作出科学的预计或测算。财务预测是进行财务决策的基础，是编制财务预算的前提。

2. 财务决策

决策即决定。财务决策(financial decision)是企业财务人员按照企业财务管理目标，采用专门方法对各种被选方案进行比较分析，并从中选出最优方案的过程。它不是拍板决定的瞬间行为，而是提出问题、分析问题和解决问题的全过程。正确的决策可使企业起死回生，错误的决策可导致企业毁于一旦，所以财务决策是企业财务管理的核心，其成功与否直接关系到企业的兴衰成败。

3. 财务预算

财务预算(financial budgets)是指企业运用科学的技术手段和数量方法，对未来财务活动的内容及指标进行综合平衡与协调的具体规划。财务预算是以财务决策确立的方案和财务预测提供的信息为基础编制的，是财务预测和财务决策的具体化，是财务控制和财务分析的依据，贯穿于企业财务活动的全过程。

4. 财务控制

财务控制(financial control)是在财务管理过程中，利用有关信息和特定手段，对企业财务活动所施加的影响和进行的调节。实行财务控制是落实财务预算、保证预算实现的有效措施，也是责任绩效考评与奖惩的重要依据。其中，成本控制是企业财务控制的重要内容。

5. 财务分析

财务分析(financial analyst)是根据企业核算资料，运用特定方法，对企业财务活动过程及其结果进行分析和评价的一项工作。财务分析既是本期财务活动的总结，也是下期财务预测的前提，具有承上启下的作用。通过财务分析，可以掌握企业财务预算的完成情况，评价财务状况，研究和掌握企业财务活动的规律，改善财务预测、财务决策、财务预算和财务控制，提高企业财务管理水平。

1.5 财务管理的环境

企业的创立、生存和发展始终处于一定的环境之中。环境是某项事物周围的境况。财务管理环境是对企业财务活动产生影响作用的各种内外部客观情况和条件，是企业赖以生存和发展的基本条件。研究财务管理环境，在于弄清企业财务管理所处的环境状况和将来的发展趋势，把握开展财务活动的有利条件，提高财务决策对环境的适应性、应变性和对环境变化的预见性，捕捉理财信息，提高财务管理水平，充分发挥财务管理的职能，实现财务目标。

企业财务管理环境按其存在的空间，可分为内部财务环境和外部财务环境。内部财务环境的主要内容包括企业治理结构、企业资本实力、生产技术条件、经营管理水平、决策者素质和企业文化等6个方面。内部财务环境存在于企业内部，是企业可以从总体上采取一定的措施加以控制和改变的因素。而外部财务环境存在于企业外部，对企业财务行为的影响无论是有形的硬环境，还是无形的软环境，企业都难以控制和改变，更多的只能是适应和因势利导。外部财务环境主要包括政治环境、法律环境、经济环境、金融市场环境、社会文化环境、科技教育环境等。本章主要介绍对财务管理影响较大的外部环境，包括政治环境、法律环境、经济环境和金融市场环境。

1.5.1 政治环境

一个国家的政治环境(politics environment)会对企业的财务管理决策产生至关重要的影响，和平稳定的政治环境有利于企业的中、长期财务规划和资金安排。政治环境主要包括社会安定程度、政府制定的各种经济政策的稳定性，以及政府机构的管理水平、办事效率、清正廉洁状况等。

1.5.2 法律环境

财务管理的法律环境(legal environment)是指国家制定的企业财务管理所应遵守的各种法律、规定和制度。市场经济是法治经济，企业的一切经济活动总是在一定法律规范范围内进行。一方面，法律提出了企业从事一切经济业务所必须遵守的规范，从而对企业的经济行为进行约束；另一方面，法律也为企业合法从事各项经济活动提供了保护。不同组织形式的企业所适用的法律不完全相同。因此，不同组织形式的企业在进行财务管理时，必须熟悉法律环境对财务管理的影响，从而作出相应的财务决策。

1.5.3 经济环境

财务管理作为一种微观管理活动，与其所处的经济管理体制、经济结构、经济发展状况、宏观经济调控政策等经济环境密切相关。

1. 经济管理体制

经济管理体制(system of economic administration)，是指在一定的社会制度下生产关系的具体形式，以及组织、管理和调节国民经济的体系、制度、方式和方法的总称。经济管理体制可分为宏观经济管理体制和微观经济管理体制两类。宏观经济管理体制是指整个国家宏观经济的基本经济制度，而微观经济管理体制是指一国的企业体制及企业与政府、企业与所有者的关系。宏观经济体制对企业财务行为的影响主要体现在，企业必须服从和服务于宏观经济管理体制，在财务管理的目标、财务主体、财务管理的手段与方法等方面与宏观经济管理体制的要求相一致。微观经济管理体制对企业财务行为的影响与宏观经济体制相联系，主要体现在如何处理企业与政府、企业与所有者之间的财务关系。

2. 经济结构

经济结构(economical structure)是一个内涵非常广泛的概念，是一个由许多系统构成的多层次、多因素的复合体。影响经济结构形成的因素很多，最主要的是社会对最终产品的需求，而科学技术进步对经济结构的变化也有重要影响。就经济结构的组成而言，它会涉及产业结构、分配结构、就业结构、供给结构、需求结构等。经济结构对企业财务行为的影响主要体现在产业结构上，一方面产业结构会在一定程度上影响甚至决定财务管理的性质，不同产业所要求的资金规模或投资规模不同，不同产业所要求的资本结构也不一样；另一方面产业结构的调整和变动要求财务管理作出相应的调整和变动，否则企业日常财务运作艰难，财务目标难以实现。

3. 经济发展状况

任何国家的经济发展都不可能呈长期的快速增长之势，而总是表现为“波浪式前进，螺旋式上升”的状态。当经济发展处于繁荣时期，经济发展速度较快，市场需求旺盛，销售额大幅度上升。企业为了扩大生产，需要增加投资，与此相适应则需筹集大量的资金以满足投资扩张的需要。当经济发展处于衰退时期，经济发展速度缓慢，甚至出现负增长，企业的产量和销售量下降，投资锐减，资金时而紧缺、时而闲置，财务运作出现较大困难。另外，经济发展中的通货膨胀也会给企业财务管理带来较大的不利影响，主要表现为资金占用额迅速增加；利率上升，企业筹资成本加大；证券价格下跌，筹资难度增加；利润虚增、资金流失。

4. 宏观经济调控政策

政府具有对宏观经济发展进行调控的职能。在一定时期，政府为了协调经济发展，往往通过财税、金融等手段对国民经济总运行机制及子系统提出一些具体的政策措施。这些宏观经济调控政策对企业财务管理的影响是直接的，企业必须按国家政策办事，否则将寸步难行。例如，国家采取收缩的调控政策时，会导致企业的现金流入减少、现金流出增加、资金紧张、投资压缩。反之，当国家采取扩张的调控政策时，企业财务管理则会出现与之相反的情形。

1.5.4 金融市场环境

金融市场是资金融通的市场。所谓资金融通，是指在经济运行过程中，资金供求双方运用各种金融工具调节资金盈余的活动，是所有金融交易活动的总称。

1. 金融市场的分类

(1) 按交易的期限分为货币市场(money market)和资本市场(capital market)。货币市场是指期限不超过一年的资金交易市场。货币市场包括金融同业拆借市场、回购协议市场、商业票据市场、银行承兑汇票市场、短期政府债券市场、大面额可转让存单市场等。资本市场包括中长期信贷市场和证券市场。中长期信贷市场是金融机构与工商企业之间的贷款市场；证券市场是通过证券的发行与交易进行融资的市场，包括债券市场、股票市场、基金市场、保险市场、融资租赁市场等。

(2) 按交易的性质分为发行市场(primary market)和流通市场(circulation market)。发行市场也称为一级市场，是指从事新证券和票据等金融工具买卖的转让市场。流通市场是指从事已上市的旧证券或票据等金融工具买卖的转让市场，也称为次级市场或二级市场。

(3) 按交易的直接对象分为同业拆借市场、国债市场、企业债券市场、股票市场和金融期货市场(financial futures market)等。

(4) 按交割期限分为金融现货市场和金融期货市场。金融现货市场是指融资活动成交后当场或几天之内交割的交易市场。金融期货市场是指买卖双方成交后，在双方约定的未来某一特定的时日才交割的交易市场。

2. 金融市场与企业财务活动

金融市场在一国的经济发展中被称为融通资金的“媒介器”、资金供求的“调节器”和经济发展的“润滑剂”。企业从事投资活动所需要的资金，除了所有者直接投入以外，也主要从金融市场取得。金融政策的变化必然影响企业的筹资与投资。所以，金融市场环境是企业最为主要的财务管理环境因素，它对企业财务活动的影响主要有以下几个方面：

(1) 金融市场为企业筹资和投资提供重要场所。当企业需要资金时，可以在金融市场上选择合适的方式筹资；而当企业有闲置的资金时，又可以在市场上选择合适的投资方式，为其资金寻找出路。

(2) 金融市场为企业的长短期资金相互转化提供方便。企业可通过金融市场将长期资金(如股票、债券)变现转为短期资金，也可以通过金融市场购进股票、债券等将短期资金转化为长期资金。

(3) 金融市场为企业财务管理提供重要信息。金融市场的利率变动反映资金的供求状况，有价证券市场的行情反映投资人对企业经营状况和盈利水平的评价。

另外，金融市场的发育程度、金融机构的组织体制及运作方式、金融工具的丰富程度、市场参与者对报酬率的要求、金融政策导向等，都对企业财务管理产生重大影响。

因此，企业财务管理人员必须熟悉金融市场的各种类型和管理规则，有效地利用金融市场来组织资金的筹措和进行资本投资等活动；同时还要遵守国家对于金融市场的宏观调控和指导，利用金融市场的积极作用，规避其消极作用。

应用案例 1-2

美国老太太和中国老太太

【案情简介】

美国老太太在刚刚结婚时就迫不及待地向银行贷款买房子，为的是使将出生的孩子居有定所，享受生活。然后依靠收入逐月还款，生活没有太大压力，60 岁时还清了贷款。

中国老太太刚结婚时也想买房子，为了实现梦想，她和孩子们住在简易的工棚里，把工资大部分存进银行，剩下一点点钱维持生计。由于物价不断上涨，有时她的积蓄增长甚至赶不上房价增长，勤俭节约一直到 60 岁时终于买到了房子。

【案例点评】

这是一个 20 世纪 80 年代广泛流传于中国内地的故事。人们常常想到中国老太太理财观念落后，但如果结合当时中国的金融市场环境，主要是银行信贷环境，我们就不难理解中国老太太的做法了。针对我国目前的金融环境，你知道应该怎么做吗？

3. 我国主要的金融机构

(1) 中央银行。中国人民银行是我国的中央银行，在国务院领导下，制定和执行货币政策，防范和化解金融风险，维护金融稳定。

(2) 政策性银行。政策性银行是指由政府创立、参股或保证的，不以营利为目的，专门为贯彻、配合政府社会经济政策或意图，在特定的业务领域内，直接或间接地从事政策性融资活动，充当政府发展经济、促进社会进步、进行宏观经济管理工具的金融机构。我国目前有 3 家政策性银行：国家开发银行(1994 年 3 月 17 日)、中国农业发展银行(1994 年 11 月 8 日)、中国进出口银行(1994 年 7 月 1 日)。

(3) 商业银行。商业银行是以经营存款、放款、办理转账结算为主要业务，以营利为主要经营目标的金融企业。我国的商业银行有国有独资商业银行、股份制商业银行。

(4) 非银行金融机构。我国现有的非银行金融机构主要有保险公司、农村信用合作社、邮政储蓄机构、财务公司、投资银行、典当行、租赁公司等。

1.6 利　息　率

利息率是国家对市场进行宏观调控的一种主要手段，以引导经济建设向目标方向发展。因此，利息率是进行财务决策的基本依据。

1.6.1 利息率的概念与种类

在市场经济中，利息是与信用相伴随的一个经济范畴。信用作为一种借贷行为，借款者除要按规定的时间偿还本金外，还要为使用资金支付一定代价，即利息。因此，利息是资金所有者因贷出货币的使用权而从借款者那里取得的一种报酬。利息率(interest rate)是指借贷期内所形成的利息额与所贷资金本金的比率，简称利率，是资金的增值同投入资金的价值之比。从资金流通的借贷关系来看，利率也是一个特定时期运用资金这一资源的交易价格。也就是说，资金作为一种特殊商品，在资金市场上的买卖，是以利率作为价格标准的，资金的融通实质上是资源通过利率这个价格体系在市场机制作用下实行再分配。因此，利率在资金的分配及个人和企业作出财务决策的过程中起重要作用。在发达的市场经济条件下，资金从高收益项目到低收益项目的依次分配，是由市场机制通过资金的价格——利率的差异来决定的。

在利率这个大系统中，按照不同的标准可划分出多种多样的利率类别，下面介绍几种主要的利率类别。

1. 按利率之间的变动关系分类

按利率之间的变动关系，可把利率分成基准利率和套算利率。

(1) 基准利率。基准利率是金融市场上具有普遍参照作用的利率，其他利率水平或金融资产价格均可根据这一基准利率水平来确定。在利率市场化条件下，融资者衡量融资成本，投资者计算投资收益，客观上都要求有一个普遍公认的基准利率水平作参考。所以，基准利率是利率市场化机制形成的核心，在西方通常是中央银行的再贴现率，在中国是中国人民银行对专业银行贷款的利率。目前正在逐步调整为以国债利率作为基准利率。

特别提示

2007年1月4日，中国基准利率雏形亮相，这个由全国银行间同业拆借中心发布的“上海银行间同业拆放利率”(简称“Shibor”)正式运行。Shibor，以位于上海的全国银行间同业拆借中心为技术平台计算、发布并命名，是由信用等级较高的银行组成报价团自主报出的人民币同业拆出利率计算确定的算术平均利率，是单利、无担保、批发性利率。目前，对社会公布的Shibor品种包括隔夜、1周、2周、1个月、3个月、6个月、9个月及1年。Shibor的形成机制与在国际市场上普遍作为基准利率的Libor(伦敦同业拆放利率)的形成机制非常接近。Shibor的推出将理清目前国内凌乱的利率体系，对整个宏观基准面、股市、金融衍生品、债券价格都起到风向标的作用。

(2) 套算利率。套算利率是指在基准利率确定后，各金融机构根据基准利率和借贷款项的特点而换算出的利率。在我国，中国人民银行对商业银行贷款的利率是基准利率，商业银行贷给企业或个人的利率是套算利率。例如，某金融机构规定，贷款给AAA级、AA级、A级企业的利率，应分别在基准利率基础上加0.25%、0.5%和1%，若基准利率是7%，则AAA级、AA级和A级企业的贷款利率应分别是7.25%、7.5%和8%，这便是套算利率。

2. 按债权人取得的报酬情况分类

按债权人取得的报酬情况，可把利率分成实际利率和名义利率。

(1) 实际利率(real interest rate)。实际利率是指在物价不变从而货币购买力不变情况下的利率，或是指在物价有变化时，扣除通货膨胀补偿以后的利率。

(2) 名义利率(nominal interest rate)。名义利率是指包括补偿通货膨胀风险的利率。因为物价不断上涨是一种普遍的趋势。例如，1992～2002 年，中国的年均通货膨胀率为 5.3%，美国的年均通货膨胀率为 2.6%。所以，名义利率一般都高于实际利率，两者之间的关系可以用概略的计算公式表示为

$$名义利率=实际利率+物价变动率$$

但通货膨胀不仅使本金贬值，也会使利息贬值，所以，名义利率还应向上调整。这样名义利率的公式可写为

$$名义利率=(1+实际利率)(1+物价变动率)-1$$

$$实际利率=\frac{1+名义利率}{1+物价变动率}-1$$

市场上各种利率都是名义利率，实际利率不易直接观察到。通常是利用上述公式，根据名义利率和物价变动率推出实际利率。

特别提示

著名的经济学家欧文·费雪第一个揭示了物价变动率预期与利率之间的关系，即当物价变动率预期上升时，利率也将上升。

通俗的解释：假如银行储蓄利率为 5%，某人的存款在一年后就多了 5%。这只是理想情况下的假设。如果当年物价变动率+3%，那他只多了 2%的部分；如果物价变动率是 6%，那他一年前 100 元能买到的东西现在要 106 了，而存了一年的钱只有 105 元，他反而买不起这东西了！

3. 根据在借贷期内是否调整分类

根据在借贷期内是否不断调整，可把利率分成固定利率与浮动利率。

(1) 固定利率。在贷款合同签订时即设定好固定的利率，在贷款合同期内，不论市场利率如何变动，借款人都按照固定的利率支付利息，不需要“随行就市”。过去，利率都是指固定利率，因为这种利率对借贷双方确定成本和收益十分方便，但近几十年来，世界各国都存在不同程度的通货膨胀，实行固定利率会使债权人利益受到损害。

(2) 浮动利率。浮动利率是指在借贷期内可以调整的利率。根据借贷双方的协定，由一方在规定的时间依据某种基准利率进行调整。采用浮动利率可为债权人减少损失，但这种利率的计算手续繁杂，工作量比较大。

4. 根据利率变动与市场的关系分类

根据利率变动与市场的关系，可把利率分成市场利率和官定利率。

(1) 市场利率。市场利率是指根据资金市场上的供求关系，随市场规律而自由变动的利率。在市场机制发挥作用的情况下，由于自由竞争，信贷资金的供求会逐渐趋于平衡，经济学家将这种状态的市场利率称为“均衡利率”。

(2) 官定利率。官定利率是与市场利率对应的，由货币管理当局规定的利率。货币管理当局可以是中央银行，也可以是具有实际金融管理职能的政府部门。官定利率是国家进行宏观调控的一种手段。

我国的利率属于官定利率，由国务院统一制定，中国人民银行统一管理。发达的市场经济国家，以市场利率为主，同时也有官定利率，但一般官定利率与市场利率无显著脱节现象。

1.6.2 决定利率高低的基本因素

在现实经济生活中，影响利率水平的因素主要包括以下几个方面：

1. 社会平均资金利润率的高低

社会平均资金利润率(average social profit rate on funds)是社会生产过程中各部门之间竞争的结果，是社会各部门整体利润相对于整个社会生产的一种平均化和均衡化。计算公式是：社会平均资金利润率＝全社会利润总额/社会总资本。马克思认为，利息是货币资本家从职能资本家那里分割来的一部分利润，而利润是剩余价值的转化形式。因此，利润本身就成为利息的最高限，达到这个界限，职能资本家能获得的利润即为零。但利息不可能为零，因为如果利息为零，货币资本家就不会贷出资本。因此，利率的变化范围一般在零与平均利润率之间。

2. 借贷资本的供求关系

货币市场与一般意义上的商品市场一样，资金供求关系也遵循一般经济规律，即供求决定价格。一般情况下，当资金供不应求时，利率上升，当资金供过于求时，利率下降；同时，利率也反作用于资金供求，利率上升对资金的需求起抑制作用，利率下降，会使资金需求增加。所以，资金供求关系是确定利率水平的一个基本因素。

3. 通货膨胀预期

在预期通货膨胀率上升的期间，利率水平有很强的上升趋势；在预期通货膨胀率下降时，利率水平也趋于下降。因为物价上涨引起的通货膨胀，对于资金的供给方来说，不仅会造成实际利率下降，而且还可能造成借贷资金本金的贬值。因此，在存在较高通货膨胀或通货膨胀预期(inflation expectation)的条件下，资金需求方要获得足够的资金来源，就必须提高合同利率(名义利率)。

4. 货币政策

货币政策是指中央银行为实现既定的经济目标(稳定物价、促进经济增长、实现充分就业和平衡国际收支)，运用各种工具调节货币供给和利率，进而影响宏观经济的方针和措施的总和。利息率政策是宏观货币政策的主要措施，政府为了干预经济，可通过变动利息率的办法来间接调节通货。在萧条时期，降低利息率，扩大货币供应，刺激经济增长。在膨胀时期，提高利息率，减少货币供应，抑制经济的过快增长。

5. 财政政策

财政政策是指根据稳定经济的需要，通过财政支出与税收政策来调节总需求。增加政府支出，可以刺激总需求，从而增加国民收入，扩大投资规模，提高利率水平，反之则抑制总需求，从而减少国民收入，缩减投资规模，降低利率水平。而税收对国民收入则是一种收缩性力量，在既定收入水平下，政府增加税收直接使人们的实际收入下降，减少储蓄和投资，也减少货币需求，当货币供应量不变时利率下降。因此，税收增减往往与国民收入和利率水平呈反方向变化。

6. 国际利率水平

改革开放以后，我国与其他国家的经济联系日益密切。在这种情况下，利率也不可避免地受国际经济因素的影响。因为国内利率水平的高低直接影响本国资金在国内、国际之间的移动方向，进而对本国的国际收支状况产生影响。当国际利率水平较低而国内利率水平较高时，会使外国货币资本流入国内，从而有利于国际收支状况的改善；反之，当国际利率水平较高，而国内利率水平较低时，会使本国的资金外流，不利于本国的国际收支平衡。同时，国际利率水平与国内利率水平之间的悬殊太大，不仅对国际收支产生影响，而且还会影响本国通货的对外价值(汇率)，直接影响本国的对外贸易。所以，为了平衡国际收支，往往参照国际利率水平来调整国内利率水平，以减少国际收支逆差或顺差。

1.6.3　未来利率水平的测算

上述利率水平的运动规律，只是从理论上解释利率发生变动的原因。那么，企业究竟应该怎样测算特定条件下未来的利率水平呢？这就必须分析利率的构成。一般而言，资金的利率由3部分构成：纯利率、通货膨胀补偿和风险报酬。其中风险报酬又分为违约风险报酬、流动性风险报酬和期限风险报酬3种。这样，利率的一般计算公式就变为

利率(指名义利率)＝纯利率＋通货膨胀补偿＋违约风险报酬
＋流动性风险报酬＋期限风险报酬

现将上述利率构成的5个方面分述如下：

1. 纯利率

纯利率(real risk-free rate of interest)是指在不考虑通货膨胀和风险的前提下由供求关系所决定的一个均衡点利率。因此，纯利率的前提条件有两个：一是没有通货膨胀，二是没有风险。纯利率不是一成不变的，它随资金供求的变化而不断变化。精确地测定纯利率是非常困难的，在实际工作中，通常以无通货膨胀情况下的无风险证券的利率来代表纯利率。我国20世纪90年代的纯利率在2%～4%的范围内浮动。

2. 通货膨胀补偿

通货膨胀会降低货币的实际购买力。因此，资金的供应者在通货膨胀情况下，必然要求为弥补其购买力损失而在纯利率的基础上加上通货膨胀补偿(inflation compensation)。

所以，无风险证券的利率，除纯利率之外还应加上通货膨胀率，以补偿通货膨胀所给资金供给者带来的损失。例如，政府发行的短期无风险证券(如国库券)的利率就是由这两部分内容组成的，其计算公式为

短期无风险证券利率＝纯利率＋通货膨胀补偿

当然，利率的变化与通货膨胀率的变化并不是完全同步的，一般而言，利率变化会滞后于通货膨胀率。但随着通货膨胀率的提高，利率有上升的趋势，这一点是毫无疑问的。

3. 违约风险报酬

违约风险，是指证券发行人在证券到期时无法还本付息而使投资者遭受损失的风险，它通常针对债券而言。违约风险反映了借款人按期支付本金、利息的信用程度，因此又称信用风险。为了弥补违约风险，必须提高利率，否则，借款人就无法借到资金，投资人也不会进行投资。国库券等证券由政府发行，可以看做没有违约风险，其利率一般较低。公司债券的违约风险则要根据企业信用程度来定，企业的信用程度可分为若干等级，等级越高，信用越好，违约风险越低，利率水平也越低，反之，企业信用程度等级低，信誉不好，违约风险高，利率水平自然也高。

4. 流动性风险报酬

流动性是指某项资产迅速转化为现金的可能性。流动性风险报酬是指为弥补因债务人资产流动性不足而带来的风险、债权人要求附加的利率。如果一项资产能迅速转化为现金，说明其变现能力强，流动性好，流动性风险小；反之，则说明其变现能力弱，流动性不好，流动性风险大。政府债券、大公司的股票与债券，由于信用好，能够上市交易，变现能力强，所以流动性风险小，而一些不知名的中小企业发行的证券，上市交易比较困难，流动性风险就比较大。

5. 期限风险报酬

期限风险报酬是指为了弥补因偿债期限长而带来的风险。一项负债，到期日越长，债权人承受的不确定因素就越多，承担的风险也就越大。为弥补这种风险，债权人必然要求提高利率水平。例如，银行提供的住房贷款，5 年期以上的利率就比 5 年以下的利率高。当然，在利率剧烈波动的情况下，也会出现短期利率高于长期利率的情况，但这种偶然情况并不影响上述结论。

习　　题

1. 单项选择题

(1) 企业财务管理的对象是(　　)。

A. 资金运动及其体现的财务关系　　B. 资金的数量增减变动

C. 资金的循环与周转　　D. 资金投入、退出和周转

(2) 资金的实质是(　　)。

A. 商品的价值表现　　B. 货币资金

C. 财产物资的价值表现　　D. 再生产过程中运动着的价值

(3) 企业与债权人的财务关系在性质上是一种(　　)。

A. 经营权与所有权关系　　B. 投资与被投资关系

C. 委托代理关系　　D. 债务债权关系

(4) 假定甲公司向乙公司赊销产品，并持有丙公司债券和丁公司的股票，且向戊公司支付公司债利息。假定不考虑其他条件，从甲公司的角度看，下列各项中属于本企业与债权人之间财务关系的是(　　)。

A. 甲公司与乙公司之间的关系　　B. 甲公司与丙公司之间的关系

C. 甲公司与丁公司之间的关系　　D. 甲公司与戊公司之间的关系

(5) 在下列财务管理目标中，通常被认为比较合理的是(　　)。

A. 利润最大化　　B. 企业价值最大化

C. 每股收益最大化　　D. 股东财富最大化

(6) 企业价值最大化目标强调的是企业(　　)。

A. 预期获利能力　　B. 实际获利能力

C. 现有生产能力　　D. 潜在销售能力

(7) 股东与经营者发生冲突的原因可归结为(　　)。

A. 信息不对称　　B. 权益不同　　C. 地位不同　　D. 行为目标不同

(8) 对企业净资产的分配权是(　　)。

A. 国家的基本权利　　B. 债权人的基本权利

C. 所有者的基本权利　　D. 经营者的基本权利

(9) 财务管理最为主要的环境因素是(　　)。

A. 经济环境　　B. 法律环境　　C. 体制环境　　D. 金融环境

(10) 没有风险和通货膨胀情况下的利率是指(　　)。

A. 浮动利率　　B. 市场利率　　C. 纯利率　　D. 法定利率

2. 多项选择题

(1) 企业资金的特点有(　　)。

A. 处于再生产过程中　　B. 必须以货币形态存在

C. 以货币或实物形态存在　　D. 体现为资产的价值

(2) 企业财务活动主要包括(　　)。

A. 筹资活动　　B. 投资活动　　C. 营运资金管理　　D. 分配活动

(3) 利润最大化目标的主要缺点是(　　)。

A. 没有考虑资金的时间价值

B. 没有考虑资金的风险价值

C. 是一个绝对值指标，未能考虑投入和产出之间的关系

D. 容易引起企业的短期行为

(4) 以每股收益最大化作为企业财务管理的目标，所存在的问题有(　　)。

A. 没有把企业的利润与投资者投入的资本联系起来

B. 没有把企业获取的利润与所承担的风险联系起来

C. 没有考虑资金时间价值因素

D. 不利于企业之间收益水平的比较

E. 容易诱发企业经营中的短期行为

(5) 由于(　　)，以企业价值最大化作为财务管理目标，通常被认为是一个较为合理的财务管理目标。

A. 更能揭示市场认可企业的价值　　B. 考虑了资金的时间价值

C. 考虑了投资风险价值　　D. 企业价值确定容易

(6) 为协调经营者与所有者之间的矛盾，股东必须支付(　　)。

A. 约束成本　　B. 监督成本　　C. 激励成本　　D. 经营成本

(7) 为协调所有者与债权人的矛盾，债权人可采取的措施包括(　　)。

A. 规定资金的用途　　B. 提供信用条件

C. 限制新债的数额　　D. 规定担保条件

(8) 对企业财务管理而言，下列因素中的(　　)只能加以适应和利用，但不能改变。

A. 国家的经济政策　　B. 金融市场环境

C. 企业经营规模　　D. 国家的财务法规

(9) 与独资企业和合伙企业相比，公司制企业的特点是(　　)。

A. 以出资额为限，承担有限责任　　B. 股东权益资金的转让比较困难

C. 公司收益重复纳税　　D. 更容易筹集资金

(10) 纯利率的高低受以下因素影响(　　)。

A. 通货膨胀　　B. 资金供求

C. 社会平均利润率　　D. 国家宏观调控

3. 思考题

(1) 简述工业企业资金的运动过程及其形式。

(2) 不同利益主体财务管理目标的矛盾如何协调?

(3) 简述企业价值最大化目标的内涵、优点及其存在的问题。

(4) 简述企业财务管理的内容及必须处理的财务关系。

(5) 简述企业财务管理的环境。

4. 案例分析

鞍钢的选择：以财务管理为中心

曾以“鞍钢宪法”闻名于世的鞍钢，是拥有近50万职工和80年历史的国有特大型企业，为国家创造过600多亿元的利税，有着光辉的业绩。但是，受到市场经济的冲击，使鞍钢原有的管理模式面临严重的挑战。一方面，产品库存显著上升，资金回笼十分困难，全国各地拖欠鞍钢的货款高达50多亿元；

另一方面，调整产品结构需要进行技术改造，而技术改造又缺乏资金。向银行贷款一是没有那么多额度，二是即使能贷款也负担不起大量的利息，企业将不堪重负。鞍钢陷入了资金链的“怪圈”，仅1995年1～2月就亏损了2亿元，且这种亏损局面一直持续了8个月。

经过分析，困扰鞍钢的“怪圈”根源在资金。过去，由于忽视财务管理和资金管理，鞍钢一方面资金严重紧张；另一方面资金“跑、冒、滴、漏”现象严重，资金分散，账号多达800多个。资金使用效率低，各单位只争资金，不计成本，乱投资、乱上项目，有限的资金没有用在“刀刃”上，有的技术改造项目得不到预期的效益，相当一部分资金进入“死点”，无法盘活。为此，鞍钢制定了以资金管理为中心的财务管理制度和以财务管理为中心的企业管理模式。对资金使用引入了市场机制，实行资金限额总量控制，统一信贷，差别利率，有偿使用。限额内占用资金按基本利率计算，超过定额占用资金按超期时间及比例上浮利率计算，对挤占、挪用或违章占用资金的采取罚息或收回资金的措施。

鞍钢在加强财务管理和资金管理的同时，还抓住了成本这个关键因素。公司对各单位按不同类型全面核定目标成本。主业生产单位的目标成本一律采取公司历史上的先进消耗定额水平，并采用“倒推”的办法，即从市场可接受的价格开始，从后向前，测算出每道工序的目标成本，然后层层分解，落实到每个职工，形成“企业重担众人挑，人人身上有指标”的格局。例如，铁厂以矿石成本为基数，加上风、电、水、氧、焦炭等原材料的消耗，加上劳动力成本，折算成内部价格给炼钢厂，炼钢厂再以同样方式算出每吨钢的市场模拟价给下道工序……1995年下半年，这种内部市场机制运转后，全公司一举扭转了成本超支的局面，降低成本3.2亿元。通过严格的成本管理，大力压缩开支，降低成本，使设备改造实现了低投入、高产出。第三炼钢厂的一个技改项目，原来预算为9亿元，经过精打细算后压缩到了7.6亿元，并且保证了质量。

鞍钢确定以精干主体为改革目标，迫使分离出去的单位千方百计寻求新的利润生长点，进行多元化经营。实行分灶吃饭后，干部职工有了一种发展的压力与紧迫感，从而进行相应的转机建制改革。在这里，危机就是转机，压力就是潜力。

经过一系列的运行机制和管理方式的再造变革，到1995年8月，终于遏止了亏损的势头，在上缴利税之后，实现利润3.3亿元，鞍钢重现勃勃生机。

资金是企业的血液，成本是企业的心脏。鞍钢是在资金极度紧张、产品销路不畅、技术改造历史欠账过多、社会负担十分严重的困难条件下推进改革的。鞍钢从资金入手，抓住成本这个关键，以扭亏为盈作为突破口，建立起核算体系、财务体系、考核体系，为初步实现经济体制与经济增长方式的转变创造了条件。

思考题：

(1) 面对企业严重亏损的局面，鞍钢财务管理的主要内容是什么？

(2) 通过本案例分析，谈谈你对财务管理重要性的认识。

（资料来源：张文贤．中国会计案例选．上海：复旦大学出版社，1998.）

第2章 资金时间价值和风险报酬

教学目标

通过本章的学习，理解资金时间价值和风险报酬的概念，掌握资金时间价值和风险报酬的计量原理与方法，并能够在实际中加以应用。

教学要求

知识要点	能力要求	相关知识
资金时间价值	(1) 理解资金时间价值的概念 (2) 掌握资金时间价值的计算方法	(1) 资金时间价值 (2) 复利终值、复利现值、年金 (3) 贴现率、期间和利率的推算
风险报酬的计算	(1) 理解风险报酬的概念 (2) 掌握风险及风险报酬的计量方法	(1) 方差、标准差、标准离差率 (2) 风险、经营风险、财务风险 (3) 期望值、投资报酬率、无风险报酬率、风险报酬率
证券组合投资	(1) 理解证券组合投资 (2) 掌握证券组合投资的风险与风险报酬	(1) 组合投资 (2) 系统性风险、非系统性风险 (3) 证券组合投资的风险与风险报酬

基本概念

资金时间价值；终值；现值；年金；风险；投资组合；系统性风险；非系统性风险；经营风险；财务风险。

引　言

假如有一位 20 岁的年轻人，从现在开始投资一项事业，年投资报酬率为 20%，每年投资 1 400 元，如此持续 40 年后，他能累积多少财富？答案是 1 027.908 万元。回答这一问题的关键是怎样理解和计算资金的时间价值和风险报酬。

本章重点介绍资金时间价值和投资风险价值的概念、原理与计算方法，并对其在实际中的应用做详细介绍。

2.1　资金时间价值

资金的时间价值是企业财务管理的重要基础观念，也是经济活动中客观存在的重要经济现象。企业财务管理活动的诸多领域(如筹资决策、投资决策、股票和债券的估价，资本性租赁等)都离不开资金时间价值观念，所以掌握现代财务管理工具就必须深刻理解资金时间价值。

2.1.1　资金时间价值的概念

资金时间价值(time value of money)，是指资金在生产和流通过程中随着时间推移而产生的增值。人们常说的“今天的一元钱大于明天的一元钱”“时间就是金钱”等，是指资金在生产经营及其循环、周转过程中，随着时间的延长而产生的增值。

【例 2-1】 某人有 10 000 元存入银行，年利率为 6%，存款月息 50 元，日息 1.67 元，换言之，今天的 10 000 元等于明天的 10 001.67 元，或者说今天的一元等于明天的 1.000 167 元，这增加了的 1.67 元或 0.000 167 元就是货币的时间价值。

由此可见，资金时间价值应从以下 6 个方面进行理解：

(1) 资金本身不会自行增值，只有将资金作为资本投放到营运过程中，才会实现资本增值，即体现出资金的时间价值。比如，一笔货币资金，如果把它锁在保险柜里，在不考虑通货膨胀或银根紧缩因素的前提下，无论经过多长时间之后取出，都是同等数量的一笔货币资金，其价值丝毫没有改变，然而，如果把这笔货币资金作为资本投入到生产经营过程之中，就会实现资金增值。因此，资金时间价值是资金在周转使用中产生的，是资金所有者让渡资金使用权而参与社会财富分配的一种形式。

(2) 从实质上看，资金的时间价值是劳动者创造的剩余价值的一部分。根据马克思政治经济学理论观点，资金运动全过程可简括为 $G-W\cdots-P\cdots-W'-G'$。即在一个资金运动周期内，投入资本 G 经过使用，实现了资本增值：$G'=G+\Delta G$，其增值部分 ΔG 即为劳动者创造的剩余价值。

应用案例 2-1

【案情简介】

《圣经》新约全书中的“马太福音”中有这样一个故事：一个国王远行前，交给3个仆人每人一锭银子，吩咐他们去做生意，等他回来时再相见。国王回来时，第一个仆人告诉国王赚了10锭，国王奖励他10座城邑。第二个仆人告诉国王赚了5锭，国王奖励他5座城邑。第三个仆人报告说：“主人，你给我的一锭银子，我一直包在手巾里存着，我怕丢失，一直没有拿出来。“于是国王命令将第三个仆人的一锭银子也赏给第一个仆人。

【案例点评】

这个案例告诉我们，资金本身不会自行增值，只有将资金作为资本投放到营运过程中，才会实现资本增值，即体现出资金的时间价值。第一、二两个仆人赚了银锭，同时受到国王的奖励，而第三个仆人没有将资金投入运营，还受到惩罚。这就是发展经济学中著名的“马太效应”：富者越来越富，穷者越来越穷。“马太效应”说明，贫困不是市场的产物，而是不公平的后果，富人对经济资源配置的控制力是贫困的重要原因。而本例中3个仆人拥有相同的资源和控制力，因此，第三个仆人对自己的受罚难辞其咎。

(3) 资金的时间价值表现在数量方面，与时间长短成正比例关系。因此，资金时间价值可以表述为，资金通过投资与再投资，一定时间后所实现的增值部分。且这些增值，作为剩余价值的一部分，是随着时间的延长而增加的。

(4) 资金时间价值一般表现为社会平均资金利润率(average profit rate on funds)。根据马克思主义原理，部门之间的竞争使利润平均化，因此，投资于不同行业的资金会获得大体相当的投资报酬率或社会平均的资金利润率。在确定货币时间价值时，应以社会平均的资金利润率或平均投资报酬率为基础。当然，在市场经济条件下，投资都或多或少地带有风险，通货膨胀又是客观存在的经济现象，因此，投资报酬率或资金利润率除包含时间价值以外，还包括风险报酬和通货膨胀贴水，而在计算时间价值时，后两部分不应包括在内。也就是说，资金时间价值是指在没有风险和通货膨胀情况下的社会平均资金利润率。

(5) 时间价值应按复利方法计算。马克思认为，在利润不断资本化的条件下，资本的积累要用复利方法计算，因此，资本将按几何级数增长。

(6) 时间价值表现形式。衡量资金时间价值的尺度有两种：①绝对尺度，即利息、盈利或收益；②相对尺度，即利率、盈利率或收益率。

① 相对数即时间价值率，即扣除风险报酬和通货膨胀贴水后的资本利润率或平均报酬率。

② 绝对数即时间价值额，即一定数额的资金与时间价值的乘积。

为便于理解和计算，一般常以贴现率、收益率、资本化率等代表资金时间价值进行运算，以简化其数量描述。

2.1.2 资金时间价值的计算

在投资决策中，通常把投资项目视为一个完整的系统，投入的资金、花费的成本、获得的收益，都可以看成是以现金形式体现的该系统的现金流出或流入。这种在项目整个寿命期内各时间点上实际发生的现金流出或流入称为现金流量。流出系统的现金称为现金流出(cash out flow)，流入系统的现金称为现金流入(cash in flow)，现金流入与现金流出之差称为净现金流量(net cash flow)。

现金流量包括 3 大要素：大小、流向、时间点。其中，大小表示资金数额，流向指项目的现金流入或流出，时间点指现金流入或流出所发生的时间，如图 2.1 所示。

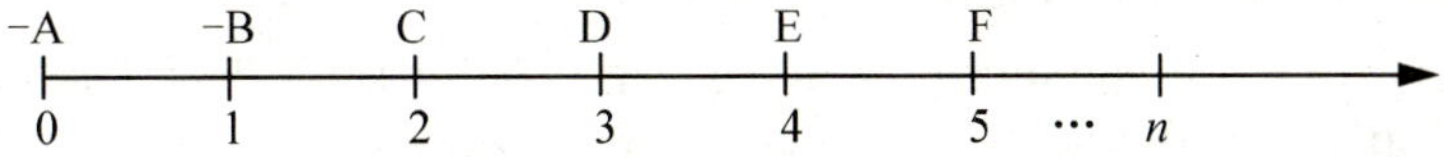

图 2.1　现金流量要素示意图

图 2.1 中数轴下方阿拉伯数字为现金流量发生的时间点，0 为第 1 年年初数，数轴上方的英文大写字母代表现金流量的大小，正、负数为现金流量的方向，正数为现金流入，负数为现金流出。

1. 单利

1）单利终值

单利(single interest)计算是指仅对本金计算利息，而对每期的利息不再计息，从而每期的利息是固定不变的一种计算方法，即通常所说的“利不生利”的计息方法。所谓终值(future value)，是指 n 期以后包括本金 P 和利息 I_n 在内的未来价值，又称本利和。

利息 I_n 计算公式为

$$I_n = P \cdot i \cdot n$$

而 n 期末的单利本利和 F 等于本金加利息，即

$$F = P + I_n = P(1 + i \cdot n)$$

在计算本利和 F 时，要注意式中 n 和 i 反映的时期要一致。

【例 2-2】 有一笔 50 000 元的借款，借期 5 年，按每年 8%的单利率计息，试求到期时应归还的本利和。

【解】 用单利法计算，其现金流量如图 2.2 所示。

$$F = P(1 + i \cdot n) = 50\ 000 \times (1 + 8\% \times 5) = 70\ 000(\text{元})$$

即到期应归还的本利和为 70 000 元，其中利息 20 000 元。

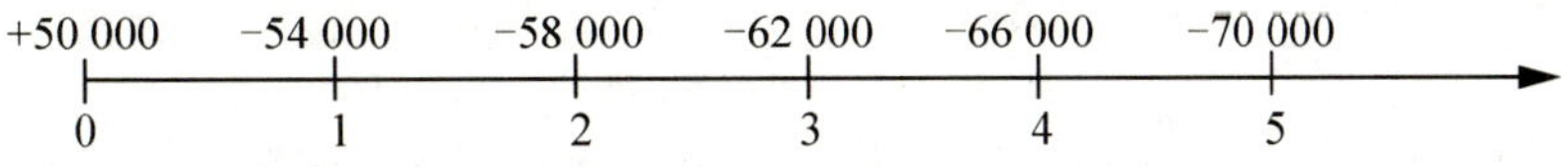

图 2.2　现金流量示意图

2）单利现值

所谓现值(present value)，又叫本金，是指一定量未来的货币按一定利率折算的现在价值。其计算公式如下：

$$P = F/(1 + i \cdot n)$$

【例 2-3】 若某人 10 年后需 50 000 元支付债务，他现在应一次存入银行多少元(假设银行存款利率 10%)？

【解】 $P=\frac{F}{(1+i\cdot n)}=\frac{50\ 000}{(1+10\%\times 10)}=25\ 000$(元)

2. 复利

1) 一次收付款项的终值与现值

(1) 复利终值。利息和利率是衡量资金时间价值的尺度，故计算资金的时间价值即是计算利息的方法。复利(compound interest)是在单利的基础上发展起来的，它克服了单利法存在的缺点，其基本思路是将前一期的本金与利息之和(本利和)作为下一期的本金来计算下一期的利息，也即通常所说的“利上加利”“利生利”“利滚利”的方法。本金100元，利率为20%时的单利与复利比较如图2.3所示。

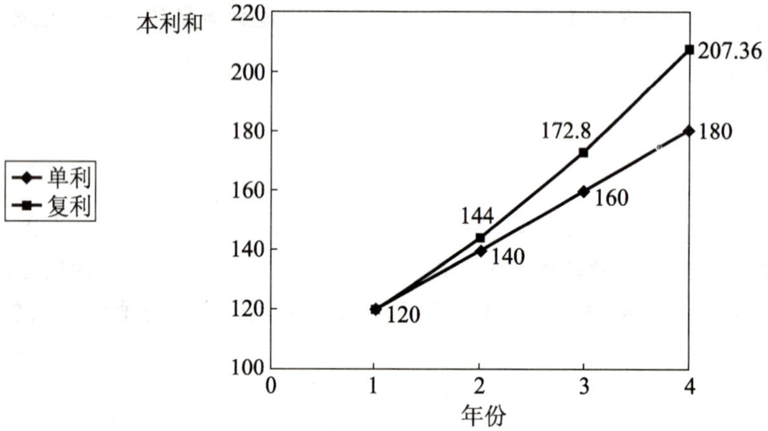

图2.3 单利与复利终值比较示意图

复利终值计算公式为

$$F=P(1+i)^n$$

式中，$(1+i)^n$称为“一次性收付款项终值系数”，简称“复利终值系数”(future value interest Factor)，用符号记做$(F/P, i, n)$。复利终值系数可以通过查阅“一元复利终值系数表”直接获得或运用Excel财务函数计算求得。

计算本利和的推导过程如下：

计息期数	期初本金	期末利息	期末本利和
1	P	Pi	$F_1=P+Pi=P(1+i)$
2	$P(1+i)$	$P(1+i)i$	$F_2=P(1+i)+P(1+i)i=P(1+i)^2$
3	$P(1+i)^2$	$P(1+i)^2 i$	$F_3=P(1+i)^2+P(1+i)^2 i=P(1+i)^3$
…	…	…	…
$n-1$	$P(1+i)^{n-2}$	$P(1+i)^{n-2}i$	$F_{n-1}=P(1+i)^{n-2}i=P(1+i)^{n-1}$
n	$P(1+i)^{n-1}$	$P(1+i)^{n-1}i$	$F_n=P(1+i)^{n-1}+P(1+i)^{n-1}i=P(1+i)^n$

【例2-4】 承例2-2，按每年8%的复利率计息，试求到期时应归还的本利和。

【解】 $F=P(1+i)^n=50\ 000(1+8\%)^5=50\ 000\times 1.469\ 3=73\ 465$(元)

应用案例 2-2

曼哈顿岛

【案例简介】

1626年，荷属美洲新尼德兰省总督彼得·米纽特(Peter Minuit)花了大约24美元从印第安人手中买下了曼哈顿岛。以今天纽约的地产价格与24美元相比，彼得·米纽特无疑占了一个大便宜。

但是，如果转换一下思路，彼得·米纽特也许并没有占到便宜。假设当时彼得·米纽特拿着这24美元去投资，按照11%(美国近70年股市的平均投资收益率)的投资收益计算，到2000年(共374年)，这24美元将变成214万亿美元。如此看来，彼得·米纽特即使占了便宜也不是我们想象的那么大。那么，是什么神奇的力量让资产实现了如此巨大的倍增呢？

【案例点评】

爱因斯坦说过，"宇宙间最大的能量是复利，世界的第八大奇迹是复利"。一个不大的基数，以一个即使很微小的量增长，假以时日，都将膨胀为一个庞大的天文数字。那么，即使以24美元这样的起点，经过一定的时间之后，也一样可以买得起曼哈顿这样的超级岛屿。

(2) 复利现值。复利现值是复利终值的逆运算，指未来一定时期的资金按复利计算的现在价值，或者说是为取得将来一定数额的本利和现在所需要的本金。利息计算有单利和复利之分。当计息周期在一个以上时，就需要考虑"单利"与"复利"的问题。复利是相对单利而言的，是以单利为基础来进行计算的。

现值的计算可由终值的计算公式导出

$$P=F\,(1+i)^{-n}=F\,\frac{1}{(1+i)^n}$$

式中，$\frac{1}{(1+i)^n}$称为"一次性收付款项现值系数"，简称"复利现值系数"(present-value interest factor)或"贴现系数"，用符号记做$(P/F,\ i,\ n)$。复利现值系数可以通过查阅"一元复利现值系数表"直接获得或运用Excel财务函数计算求得。

【例2-5】 若计划在3年以后得到400元，年利息率为8%，现在应存入银行多少元？

【解】 $P=F\,(1+i)^{-n}=F\,\frac{1}{(1+i)^n}=400\times\frac{1}{(1+8\%)^3}=400\times0.7938=317.52$(元)

2) 年金的终值与现值

年金(annuity)是指一定时期内，每隔相同的时间，收入或支出相同金额的系列款项。例如，折旧、租金、等额分期付款、养老金、保险费、零存整取等都存在年金问题。年金具有连续性和等额性特点。按照支付的时间和收付的次数划分，年金有以下几类：普通年金、即付年金、递延年金和永续年金。

(1) 普通年金的终值与现值。

① 普通年金终值。普通年金(ordinary annuity)是指各期期末收付的年金，又称后付年金。普通年金的收付形式如图2.4所示。横轴代表时期的延续，并用阿拉伯数字标出各时点的顺序号；横轴上方与各时点对应的A表示各时点收付的金额。故对普通年金终值的

计算可用图 2.4 进行说明。

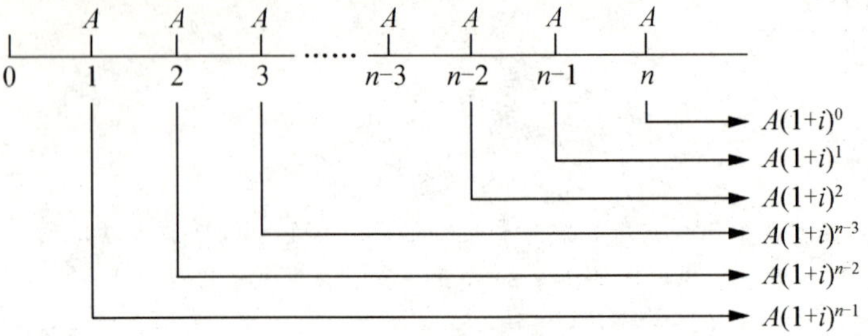

图 2.4　普通年金终值计算示意图

由图 2.4 可知，普通年金终值的计算公式推导过程为

$$F_A=A(1+i)^0+A(1+i)^1+A(1+i)^2+\cdots+A(1+i)^{n-2}+A(1+i)^{n-1} \quad (2-1)$$

将式(2-1)两边同乘$(1+i)$，得出

$$F_A(1+i)=A(1+i)^1+A(1+i)^2+\cdots+A(1+i)^{n-1}+A(1+i)^n \quad (2-2)$$

式(2-2)减去式(2-1)得

$$F_A(1+i)-F_A=A(1+i)^n-A(1+i)^0=A\ [(1+i)^n-1]$$
$$F_A\ [(1+i)-1]\ =A\ [(1+i)^n-1] \quad (2-3)$$

年金终值的计算公式为

$$F_A=A\cdot\frac{(1+i)^n-1}{i} \quad (2-4)$$

式(2-4)中的分式$\frac{(1+i)^n-1}{i}$称做“年金终值系数”(future-value interest factor for an annuity)，记做$(F/A,\ i,\ n)$，可以通过查阅“一元年金终值系数表”计算有关数值或运用 Excel 财务函数计算求得。

【例 2-6】 承本章引言。

【解】 $F_A=1\ 400\times\frac{(1+20\%)^n-1}{20\%}=1\ 400\times7\ 342.2=1\ 027.908$(万元)

【例 2-7】 某企业有一笔 5 年后到期的借款，到期值为 1 000 万元，若存款年复利率为 10%，则为偿还该项借款每年等额形成的存款准备金为多少？

【解】 $A=F\ \frac{i}{(1+i)^n-1}=1\ 000\times\frac{10\%}{(1+10\%)^5-1}=1\ 000\times0.163\ 8=163.8$(万元)

式中，$\frac{i}{(1+i)^n-1}$称为“偿债基金系数”，可通过年金终值系数的倒数推算出来，即偿债基金系数为$1/\frac{(1+i)^n-1}{i}=\frac{i}{(1+i)-1}$。

② 普通年金现值。普通年金的现值是指一定时期内每期期末等额收支款项的复利现值之和。普通年金现值计算可用图 2.5 来说明，用P_A表示，其计算公式为

$$P_A=A\ \frac{1}{(1+i)^1}+A\ \frac{1}{(1+i)^2}+\cdots+A\ \frac{1}{(1+i)^{n-2}}+A\ \frac{1}{(1+i)^{n-1}}+A\ \frac{1}{(1+i)^n} \quad (2-5)$$

式(2-5)两边同乘以$(1+i)$，得

$$P_A(1+i)=A+A\frac{1}{(1+i)^1}+A\frac{1}{(1+i)^2}+\cdots+A\frac{1}{(1+i)^{n-2}}+A\frac{1}{(1+i)^{n-1}} \quad (2-6)$$

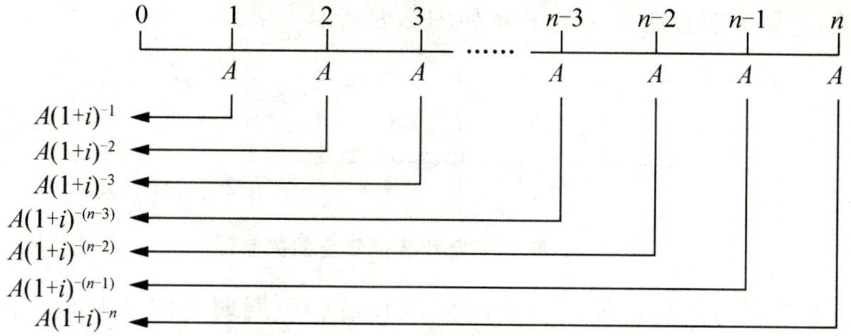

图 2.5　普通年金现值计算图

式(2-6)减去式(2-5)得

$$P_A(1+i)-P_A=A-A\frac{1}{(1+i)^n}$$

整理上式可得

$$P_A=A\frac{1-(1+i)^{-n}}{i}=A\frac{(1+i)^n-1}{i(1+i)^n}$$

式中，$\frac{1-(1+i)^{-n}}{i}$或$\frac{(1+i)^n-1}{i(1+i)^n}$称做“年金现值系数”(Present-value Interest Factor For an Annuity)，记做$(P/A, i, n)$，可以通过查阅“一元年金现值系数表”获得有关数值或运用 Excel 财务函数计算求得。

【例 2-8】 某人出国 3 年，请你代付房租，每年租金 100 元，设银行存款利率 10%，他应当现在给你在银行存入多少钱？

【解】 已知：$i=10\%$，$n=3$，$A=100$，可得

$$P_A=A\frac{(1+i)^n-1}{i(1+i)^n}=100\times A\frac{(1+10\%)^3-1}{10\%(1+10\%)^3}=100\times 2.486\,8=248.68(\text{元})$$

验算，第一年末：$248.68(1+10\%)^1-100=273.55-100=173.55$(元)

第二年末：$173.55(1+10\%)^1-100=190.91-100=90.91$(元)

第三年末：$90.91(1+10\%)^1-100=100.001-100\approx 0$(元)

【例 2-9】 某企业现在借得 1 000 万元的贷款，在 10 年内以年利率 10%等额偿还，则每年应付的金额为多少？

本例已知年金现值 $P_A=1\,000$ 万元，$i=10\%$，$n=10$，求 A。

【解】 根据年金现值的计算公式可得

$$A=P\frac{i}{1-(1+i)^{-n}}=1\,000\times\frac{10\%}{1-(1+10\%)^{-10}}=1\,000\times 0.162\,7=162.7(\text{万元})$$

式中，$\frac{i}{1-(1+i)^{-n}}$称为投资回收系数，可通过年金现值系数的倒数计算出来，即投资回收系数为 $1/\frac{(1+i)^n-1}{i(1+i)^n}$。

(2) 即付年金的终值与现值。即付年金(annuity due)是指从第一期起，在一定时期内每期期初等额收付的系列款项，又称先付年金。它与普通年金的区别仅在于付款时间点的不同。

n 期即付年金和 n 期普通年金的关系如图 2.6 所示。

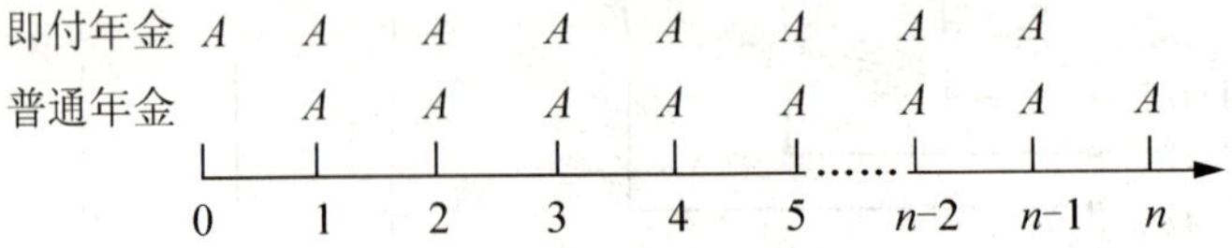

图 2.6 即付年金和普通年金的关系图

① 即付年金终值的计算。即付年金终值是其最后一期期末的本利和，是各期收付款项的复利终值之和。

从图 2.6 可以看出，即付年金与 n 期普通年金的收、付款次数相同，但即付年金的收、付款时间比普通年金早一期，即 n 期即付年金终值比 n 期普通年金的终值多计算一期利息。因此，在 n 期普通年金终值的基础上乘以 $(1+i)$ 就是 n 期即付年金的终值。其计算公式为

$$F=A\frac{(1+i)^n-1}{i}(1+i)$$
$$=A\left[\frac{(1+i)^{n+1}-1}{i}-1\right]$$

式中，方括号内的算式称做“即付年金终值系数”，它是在普通年金终值系数的基础上，期数加 1，系数减 1 所得的结果。通常记为 $[(F/A,\ i,\ n+1)-1]$。这样，通过查阅“一元年金终值表”得到 $(n+1)$ 期的值，然后减去 1 即可得对应的即付年金的终值系数，即

$$F=A\,[(F/A,\ i,\ n+1)-1]$$

【例 2-10】 某公司决定连续 5 年于每年年初存入 200 万元作为住房基金，银行存款利率为 10%。则该公司在第 5 年末能一次取出本利和为

$$F=A\,[(F/A,\ i,\ n+1)-1]=200\times[(F/A,\ 10\%,\ 5+1)-1]=1\ 343.12(万元)$$

② 即付年金现值的计算。如前所述，n 期即付年金与 n 期普通年金收、付款次数相同，但由于其收、付款时间不同，n 期即收、付年金现值比 n 期普通年金现值少折现一期，因此，在 n 期普通年金现值的基础上乘以 $(1+i)$，便可求出 n 期即付年金的现值。其计算公式为

$$P=A\left[\frac{1-(1+i)^{-n}}{i}\right](1+i)$$
$$=A\left[\frac{1-(1+i)^{-(n-1)}}{i}+1\right]$$
$$=A\left[\frac{(1+i)^{n-1}-1}{i\,(1+i)^{n-1}}+1\right]$$

式中，方括号内的算式称做“即付年金现值系数”，它是在普通年金系数的基础上，期数减 1，系数加 1 所得的结果。通常记为 $[(P/A,\ i,\ n-1)+1]$。这样，通过查阅“一元年金现值表”得 $(n-1)$ 期的现值系数，然后加 1，便可得出对应的即付年金现值系数。这时可用如下公式计算即付年金的现值

$$P=A[(P/A,i,n-1)+1]$$

【例 2-11】 某公司决定连续 5 年租用一设备，于每年年初支付租金 10 000 元，年利率为 10%。问这些租金的现值为多少？

【解】 $P=A\left[\frac{1-(1+i)^{-(n-1)}}{i}+1\right]=10\ 000\times[(P/A,10\%,5-1)+1]$

$=10\ 000\times4.17=41\ 700$(元)

(3) 递延年金和永续年金的现值。

① 递延年金现值的计算。递延年金(annuity deferred)是指第一次收付款发生时间与第一期无关，而是隔若干期(假设为 m 期，$m>1$ 且 m 为整数)后才开始发生的每期期末系列等额收付款项。它是普通年金的特殊形式，凡不是从第一期开始收付的年金都是递延年金。递延年金与普通年金的关系如图 2.7 所示。

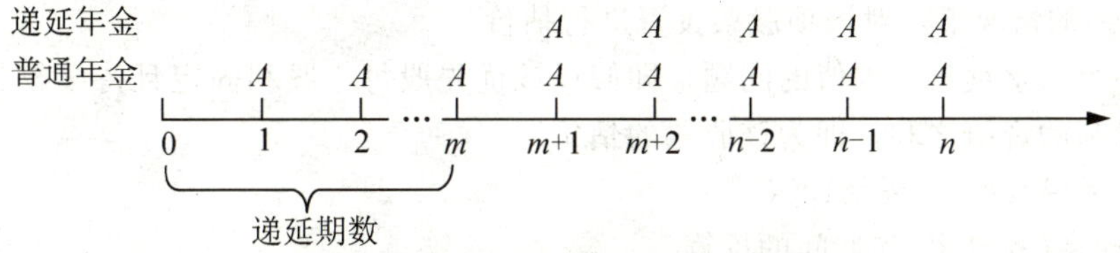

图 2.7　递延年金与普通年金关系示意图

递延年金的终值计算与普通年金计算的原理和方法相同，这里不做介绍。递延年金的现值可按以下公式计算：

$$P=A\left[\frac{(1+i)^n-1}{i(1+i)^n}-\frac{(1+i)^m-1}{i(1+i)^m}\right] \quad (2-7)$$

$$=A[(P/A,i,n)-(P/A,i,m)]$$

或

$$P=A\frac{(1+i)^{n-m}-1}{i(1+i)^{n-m}}\times\frac{1}{(1+i)^m} \quad (2-8)$$

$$=A(P/A,i,n-m)(P/F,i,m)$$

上述式(2-7)是先计算出 n 期的普通年金现值，然后减去前 m 期的普通年金现值，即得递延年金的现值；公式(2-8)是先将此递延年金视为($n-m$)期普通年金，求出在第 m 期末的现值，然后再折算为第 0 期的现值。

【例 2-12】 某人在年初存入一笔资金，存满 5 年后每年年末取出 10 万元，至第 10 年末取完，银行存款利率为 10%。则此人应在最初一次存入银行多少万元？

【解】 $P=A[(P/A,i,n)-(P/A,i,m)]$

$=10[(P/A,10\%,10)-(P/A,10\%,5)]$

$=10(6.144\ 6-3.790\ 8)=23.538$(万元)

或　$P=A(P/A,i,n-m)(P/F,i,m)$

$=10(P/A,10\%,5)(P/F,10\%,5)$

$=10\times3.790\ 8\times0.620\ 9=23.538$(万元)

② 永续年金现值的计算。永续年金(indefinte annuity)是指无限期等额收付的特种年金，可视为普通年金的特殊形式，即期限趋于无穷的普通年金。存本取息可视为永续年金的例子。此外，也可将利率较高、持续期限较长的年金视为永续年金计算。

由于永续年金持续期无限，没有终止的时间，因此没有终值，只有现值。通过普通年金现值计算可推导出永续年金现值的计算公式为

$$P=A\frac{1}{(1+i)^1}+A\frac{1}{(1+i)^2}+\cdots+A\frac{1}{(1+i)^{n-2}}+A\frac{1}{(1+i)^{n-1}}+A\frac{1}{(1+i)^n}$$

这是一个等比数列，依等比数列求和公式得

$$P=A\frac{1-\frac{1}{(1+i)^n}}{i}$$

当 $n\to\infty$时，上式变为：

$$P=\frac{A}{i}$$

【例 2－13】 某人持有的某公司优先股，每年每股股利为 5 元，若此人想长期持有，在利率为 5％的情况下，对该项股票投资进行估价。

这是一个求永续年金现值的问题，即假设该优先股每年股利固定且持续较长时期，计算出这些股利的现值之和，即为该股票的估价。

【解】 $P=A/i=5/5\%=100$(元)

3）贴现率(利息率)和期间的推算

(1) 贴现率(利息率)的推算。对于一次性收付款项，根据其复利终值(或现值)的计算公式可得贴现率(Discount Rate)的计算公式为：

$$F=P(1+i)^n \text{或} P=F(1+i)^{-n}$$

$$i=(F/P)^{1/n}-1$$

因此，若已知 F、P、n，不用查表便可直接计算出一次性收付款项的贴现率(利息率)i。

【例 2－14】 某人将 1 000 元存入银行，按复利计算，10 年后可获本利和为 2 594 元，问银行存款的利率为多少？

【解】 $i=(F/P)^{1/n}-1=(2\ 594/1\ 000)^{1/10}-1=10\%$

永续年金贴现率(利息率)i 的计算也很方便。若 P、A 已知，根据公式 $P=A/i$，即得 i 的计算公式为：

$$i=A/P$$

普通年金贴现率(利息率)的推算比较复杂，无法直接套用公式，而必须利用有关的系数表，有时还会牵涉到内插法的运用。下面着重对此加以介绍。

根据普通年金终值 F、普通年金现值 P 的计算公式可推算出普通年金终值系数$(F/A, i, n)$和普通年金现值系数$(P/A, i, n)$，即

$$(F/A, i, n)=F/A$$

$$(P/A, i, n)=P/A$$

根据已知的 F，A，可求出 F/A 的值。通过查年金终值系数表，有可能在表中 n 行(期数)找到等于 F/A 的系数值，只要读出该系数所在列的 i 值，即为所求的 i：若不能在 n 行找到等于 F/A 的值，根据左右两个临界值，采用内插法计算 i 值。

同理，根据已知的 P、A，可求出 P/A 的值。通过查年金现值系数表，也可直接得到 i 值或采用内插法求出 i 值。

下面详细介绍利用年金终值系数表计算 i 的步骤：

① 计算出 F/A 的值，设 $F/A=\alpha$。

② 查普通年金终值系数表。沿着已知 n 所在的行横向查找，若恰好找到某一系数值等于 α，则该系数值所在的列相对应的利率便为所求的 i 值。

③ 若无法找到恰好等于 α 的系数值，就应在表中 n 行上找与 α 最接近的左右两个临界的系数值，设为 α_1、α_2（$\alpha_1>\alpha>\alpha_2$），读出 α_1、α_2 所对应的临界利率，然后进一步运用内插法，如图 2.8 所示。

④ 在内插法下，假定利率 i 同相关的系数在较小范围内线性相关，因而可根据临界系数 α_1、α_2 和临界利率 i_1、i_2 计算出 i，其公式为

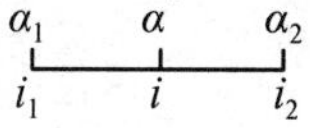

图 2.8　内插法折现率（利息率）推算示意图

$$i=i_1+\frac{\alpha-\alpha_1}{\alpha_2-\alpha_1}\cdot(i_2-i_1)$$

【例 2－15】 某公司于第一年年初获得一笔贷款，合同规定：公司可在第 10 年年末一次性还本付息合计为 10 000 万元，也可每年年末还本付息额为 800 万元，连续 10 年还清。问借款利率为多少？

【解】 根据题意，已知 $F=10\ 000$，$A=800$，$n=10$，则

$$(F/A,\ i,\ 10)=F/A=10\ 000/800=12.5(\text{元})$$

查 $n=10$ 的普通年金终值系数表。在 $n=10$ 一行上无法找到恰好为 α（$\alpha=12.50$）的系数值，于是在该行上找大于和小于 12.5 的临界系数值，分别为 $\alpha_1=12.006<12.5$，$\alpha_2=12.578>12.5$。同时读出临界利率为 $i_1=4\%$，$i_2=5\%$。则

$$4\%+\frac{12.5-12.006}{12.578-12.006}\times(5\%-4\%)=4\%+\frac{0.494}{0.572}\times1\%=4.864\%$$

对于即付年金利率 i 的推算，同样可遵照上述方法。先求出 F/A 的值，令 $\alpha=F/A+1$，然后沿 $(n+1)$ 所在的行横向在普通年金终值系数表中查找，若恰好找到等于 α，则该系数值所在列对应的利率便为所求的 i，否则便查找临界系数值和对应的临界利率，应用内插法求出利率 i。

（2）期间的推算。期间 n 的推算，其原理和步骤同贴现率（利息率）i 的推算相类似。现以普通年金为例，说明在 F、A 和 i 已知的情况下，推算期间 n 的基本步骤。

① 计算出 F/A 的值，设其为 α。

② 查普通年金终值系数表。沿着已知 i 所在的列纵向查找，若能找到恰好等于 α 的系数值，则该系数所在行的 n 值即为所求的期间值。

③ 若找不到恰好为 α 的系数值，则在该列查找最为接近 α 值的上下临界系数 α_1、α_2 以及对应的临界期间 n_1、n_2，然后应用内插法求 n，如图 2.9 所示，公式为

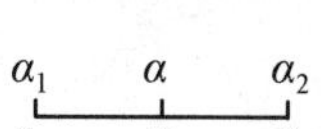

图 2.9　内插法推算期间示意图

$$n=n_1+\frac{\alpha-\alpha_1}{\alpha_2-\alpha_1}\cdot(n_2-n_1)$$

【例 2－16】 某企业拟购买一台柴油机，更新日前的汽油机。柴油机价格较汽油机价格高出2 000 元，但每年可节约燃料费 500 元。若利率为 10%，求柴油机应至少使用多少年才会对企业有利？

【解】 依题意，已知 $P=2\ 000$，$A=500$，$i=10\%$，则

$$(P/A,\ 10\%,\ n)=P/A=2\ 000/500=4$$

查普通年金现值系数表。在 $i=10\%$ 的列上纵向查找，无法找到恰好为 $\alpha(\alpha=4)$ 的系数值，于是查找大于和小于 4 的临界系数值 $\alpha_1=4.355\ 3>4$，$\alpha_2=3.790\ 8<4$，对应的临界期间为 $n_1=6$，$n_2=5$。则

$$n=n_1+\frac{\alpha-\alpha_1}{\alpha_2-\alpha_1}\cdot(n_2-n_1)$$

$$=5+\frac{4-3.790\ 8}{4.355\ 3-3.790\ 8}\times(6-5)\approx5.4(\text{年})$$

或

$$=6-\frac{4.355\ 3-4}{4.355\ 3-3.790\ 8}\times(5-6)\approx5.4(\text{年})$$

特别提示

72 法则是一种基于复利方法计算资金翻倍的快捷方法，即 72 除以年复利率乘以 100，可得到使资金价值翻一倍的年数。例如，年复利率为 12%，则资金价值增一倍的年数为 72/12%×100=6 年。但 72 法则计算的结果只是估计值，与准确值之间会有一定的偏差。

4）时间价值计算中的几个特殊问题

（1）不等额现金流量现值(present value of an uneven stream)的计算。年金是指每隔相同期间收入或付出的相等款项的现金流量。但在财务管理中，经常会遇到不等额现金流量现值的计算问题，这时就需要先对每笔现金流量进行贴现，然后再求它们的和。

（2）年金和不等额现金流量混合情况下的现值。在年金和不等额现金流量混合的情况下，能用年金公式计算现值的部分使用年金公式计算，不能用年金公式计算的部分使用复利公式计算，然后把它们加总，便得出年金和不等额现金流量混合情况下的现值。

（3）计息期(interest bearing period)短于一年的时间价值的计算。终值和现值通常是按年来计算，但在有些时候，也会遇到计息期短于一年的情况。例如，债券利息一般每半年支付一次，这就出现了以半年、一季度、一个月甚至以天数为期间的计息期。当计息期短于一年，而使用的利率又是年利率时，计息期和计息率均应按下式进行换算：

$$r=i/m \qquad t=m\times n$$

式中：r 为计息期利率；i 为年利率；m 为每年计息次数；n 为年数；t 为换算后的计息期数。

2.2 风险报酬的计算

2.2.1 风险的概念

资金的时间价值是指在没有风险和通货膨胀情况下的投资报酬率，所以在阐述资金的时间价值时，是假定没有风险的。但事实上风险是客观存在的，风险(risk)是指人们事先采取某种行为所有可能的后果，以及每种后果出现可能性的状况。

经济学所称的风险包括如下含义：

(1) 如果企业的一项行动有多种可能的结果，其将来的财务后果是不肯定的，就叫有风险。如果这项行动只有一种后果，就叫没有风险。例如，现在用一笔款项购买一年期国债，可以确知一年后将得到的本利和，几乎没有风险。这种情况在企业投资中是非常罕见的，国债的风险固然小，但是报酬也很低，很难称之为真正意义上的投资。

(2) 风险是指决策者面临这样一种确定性状态，即能够事先知道事件最终呈现的可能状态，并且可以根据经验知识或历史数据比较准确地预知每种可能状态出现的可能性大小，即知道整个事件发生的概率分布。而在不确定性状态下，决策者是不能预知事件发生最终结果的可能状态以及相应的可能性大小即概率分布的。

(3) 风险是“一定条件”的风险。例如，在什么时间、买哪一种或哪几种期权期货等衍生金融工具，各买多少，风险是不一样的。这些问题一旦决定下来，风险大小就无法改变了。这就是说，特定投资的风险大小是客观的，而是否去冒风险及冒多大风险，是可以选择的，是主观决定的。

(4) 风险的大小随时间延续而变化，是“一定时期内”的风险。人们对一个投资项目的成本，事先的预计可能不很准确，越接近完工则预计越准确。随着时间的延续，事件的不确定性在缩小，事件完成，其结果也就完全肯定了。因此，风险大小与时间长短呈同方向变化。

(5) 风险可能给投资人带来超出预期的收益，也可能带来超出预期的损失。美国财务会计准则委员会(Financial Accounting Standard Board，FASB)在1981年曾把风险定义为“对企业未来成果的不可预测性的一种表达方式”。未来成果既包括利得又包括损失。而且，与意外收益相比，投资人更关心意外损失。因此人们研究风险主要从不利的方面来考察风险，经常把风险看成是不利事件发生的可能性。从财务的角度说，风险主要指无法达到预期报酬的可能性。

(6) 风险与损失(lose)是有密切联系的，无论对风险怎样进行定义，都离不开损失这一概念，但两者存在显著差异，风险只是“损失的可能性”，或者说是“潜在的损失”，并不等于损失本身。损失是一个事后概念，而风险是一个事前概念。在事件发生以前，风险就已经产生或存在，而损失并没有发生，只是潜在的可能性。一旦损失实际发生，风险就不复存在了，因为不确定性已经转化为确定性。

(7) 风险与危险(danger)是两个既相互联系又有区别的概念。危险一般是指损失事件更易于发生的环境。区别风险和危险的重要意义：①确定风险管理的对策，风险不等于危险，因为风险可能给投资人带来超出预期的收益，也可能带来超出预期的损失，因此对风险不能消极地防御，而应积极地加以利用；②既然危险是影响风险的环境性因素，是导致风险增加的原因，通过控制和消除这些危险因素就可以降低风险水平。

2.2.2 风险的类型

企业面临的风险主要有如下两种分类方法：

1. 按风险是否可以分散分为市场风险和企业特有风险

(1) 市场风险(market risk)是指影响所有企业的风险。它由企业的外部因素引起，涉及所有的投资对象，企业无法控制、无法分散如战争、自然灾害、利率的变化、经济周期的变化等。因此，市场风险又称系统风险或不可分散风险。

(2) 企业特有风险(unsystematic risk or company-specific risk)是指个别企业的特有事件造成的风险。它是随机发生的，只与个别企业和个别投资项目有关，不涉及所有企业和所有项目，可以分散，如产品开发失败、销售份额减少、工人罢工等。因此，这种风险又称非系统风险或可分散风险。

2. 按企业风险形成的原因不同可分为经营风险和财务风险

(1) 经营风险(operating risk)是指由于企业生产经营条件的变化对企业收益带来的不确定性，又称商业风险。这些生产经营条件的变化可能来自于企业内部的原因，也可能来自于企业外部的原因，如顾客购买力发生变化、竞争对手增加、政策变化、产品生产方向不对路、生产组织不合理等。这些内外因素，使企业的生产经营产生不确定性，最终引起收益变化。

(2) 财务风险(finance risk)是指由于企业举债而给财务成果带来的不确定性，又称筹资风险。企业借款，虽可以解决企业资金短缺的困难、提高自有资金的赢利能力，但也改变了企业的资金结构和自有资金利润率，还须还本付息，并且借入资金所获得的经营利润(息前净利润)是否大于支付的利息额，具有不确定性，因此借款就有风险。在全部资金来源中，借入资金所占的比重大，企业的还本付息的压力就大，风险程度也就增加；借入资金所占的比重小，企业还本付息的压力就小，风险程度也就减轻。因此，必须确定合理的资金结构，既要提高资金的赢利能力，又要防止财务风险加大。

2.2.3 风险报酬的概念

一般而言，投资者都厌恶风险，并力求回避风险。那么为什么还有人进行风险性投资呢？这是因为风险投资可得到额外报酬——风险报酬。

风险报酬(risk premium)或风险溢价是指投资者因承担风险而获得的超过时间价值的那部分额外报酬。而风险报酬率(risk premium rate)即为投资者因承担风险而获得的超过时间价值率的那部分额外报酬率，即风险报酬与原投资额的比率。在财务管理中，风险报酬通常采用相对数，即风险报酬率来加以计量。

如果不考虑通货膨胀因素，投资报酬率就是时间价值率与风险报酬率之和。通过风险报酬率这一概念也可以看到，单纯的风险分析并没有多大意义，只有将风险与报酬联系起来，风险分析才具有实际意义。

应用案例 2-3

诺贝尔基金会的启示

【案情简介】

世界闻名的诺贝尔基金会每年发布奖项必须支付高达500万美元以上的奖金。人们不禁要问：诺贝尔基金会的基金到底有多少？事实上，诺贝尔基金会的成功，除了诺贝尔本人在100年前捐献一笔庞大的基金外，更重要的原因是诺贝尔基金会理财有方。诺贝尔基金会成立于1896年，负责管理由诺贝尔捐献的 980 万美元资产。由于该基金会成立的目的是用于支付奖金，管理上不允许出现任何的差错。因此，基金会成立初期，其章程明确规定基金的投资范围，应限制在安全且收益固定的项目上，如银行存款与公债。这种安全至上的投资原则，的确是稳重的做法。但这种做法结果是，随着每年奖金的发放与基金运作的支出，历经 50 多年后，到 1953 年该基金会的资产只剩下 300 多万美元。眼看基金的资产将消耗殆尽，诺贝尔基金会的理事们及时觉醒，意识到投资报酬率对财富积累的重要性，于是在 1953 年更改基金管理章程，将原来只存放银行与买公债的无风险投资观变为以投资股票、房地产为主的风险投资观。资产管理观念的改变，扭转了基金会的命运。1993 年基金会的总资产滚动至 2 亿多美元。为什么诺贝尔基金可以生出更多的钱呢？

【案例点评】

投资股票、房地产的风险显然高于存放银行与买公债，但高风险投资却可得到较高的额外报酬——高风险报酬。

2.2.4　单项资产的风险与报酬

为了衡量风险，需要使用概率和统计方法。

1. 随机事件及其概率分布

随机事件(random event)，是指在一定条件下，可能发生也可能不发生，既可能出现这种结果也可能出现那种结果的事件。所以，一项风险投资决策活动可以看成随机事件。

概率(probability)是衡量随机事件发生可能性及其各种结果发生可能性大小的数值。例如，抛硬币正面(刻有币值的一面)向上、向下的概率各为 50%，从一副扑克牌中抽一张 10，概率 4/54，抽一张黑桃 10 的概率 1/54。

将随机事件各种结果及其可能发生的概率进行连续描述，称为概率分布(probability distribution)。概率分布必须符合以下两个要求：

(1) 所有的概率即 P_i 都在 0 和 1 之间，即 $0 \leqslant P_i \leqslant 1$。通常，把必然发生的事件概率定为 1，把不可能发生的事件概率定为 0，而一般随机事件的概率是介于 0 与 1 之间的一个数。概率越大就表示该事件发生的可能性越大。

(2) 所有结果的概率之和应等于 1，即 $\sum P_i = 1$。

【例 2-17】 甲公司有两个投资机会，A 投资机会是一个高科技项目，如果经济繁荣并且该项目获得成功，能够取得较大的市场占有率，预期报酬率较高，否则收益很小甚至亏本。B 项目是一个老产品且是生活必需品，销售前景可以比较准确的预测。假设未来的经济情况只有 3 种可能：繁荣、正常、衰退，有关的概率分布和必要收益率见表 2-1。

表 2-1　A、B 项目概率分布和必要收益率

经济情况	发生概率	A 项目预期报酬率(%)	B 项目预期报酬率(%)
繁荣	0.3	90	20
正常	0.4	15	15
衰退	0.3	−60	10
合计	1.0		

2. 期望值

期望值(expected value)是随机事件各种结果(数值)及其发生概率的加权平均值，它是反映集中趋势的一种量度。它不是人们通常所说的“希望得到的收益率”，也不是在实际上最有希望或最有可能获得的收益率。它代表着随机事件最合理的(平均)期望结果。

依全概率公式，期望值为

$$\overline{E}=\sum_{i=1}^{n}E_i p_i$$

式中：$\overline{E}$表示期望值；E_i表示第i种结果的报酬率；p_i表示第i种结果发生的概率。

则例 2-17 中 A、B 两项目的期望报酬率为

A 的期望报酬率 $\overline{E}_A=0.3\times90\%+0.4\times15\%+0.3(-60\%)=15\%$

B 的期望报酬率 $\overline{E}_B=0.3\times20\%+0.4\times15\%+0.3\times10\%=15\%$

两者的期望报酬率相同，但其概率分布不同。A 项目报酬率的分散程度大，变动范围在−60%至 90%之间；B 项目报酬率比较集中，变动范围在 10%至 20%之间。这说明两个项目的期望报酬率相同，但风险不同，A 项目风险大，B 项目风险小。为了定量地衡量风险大小，还要使用统计学中衡量概率分布离散程度的指标。

3. 标准离差

标准离差(简称标准差，standard deviation)是用来衡量概率分布离散程度或各种结果与期望值的偏离程度的一个数值。标准离差等于方差(variance)开平方。计算公式为

$$\delta=\sqrt{\sum_{i=1}^{n}(E_i-\overline{E})^2P_i}$$

式中：δ为期望报酬率的标准离差；$\overline{E}$为期望报酬率；E_i为第i种可能结果的报酬率；P_i为第i种可能结果的概率；n为可能结果的个数。

为了解释标准差，我们来看一个简单的例示。

【例 2-18】 假设面临以下两种选择：甲，抛一硬币，若正面向上，得 1 元钱；若正面向下，输 1 元。乙，抛一硬币，若正面向上，得 1 000 元；若正面向下，输 1 000 元。

假定硬币是标准的，所以抛扔硬币时正面向上、向下的概率都是 50%。

先计算两种收入的期望值：

选择甲，收入的期望值 $\overline{E}_{甲}=1\times50\%+(-1)\times50\%=0$(元)

选择乙，收入的期望值 $\overline{E}_{乙}=1\,000\times50\%+(-1\,000)\times50\%=0$(元)

可见，两种选择的收入期望值是一样的，都是 0 元。这意味着，不管选哪种，只要有足够多的次数来尝试，你既不会输钱，也不会赢钱。但在实际生活中，机遇也许只有一次，所以尽管两种选择的期望值相同，它们所代表的风险程度却是不同的。甲种选择，输赢只在 1 元钱上，也就是说实际结果与期望值只差 1 元。乙种选择，输赢在 1 000 元以上，实际结果与期望值之差为 1 000 元。显然，乙种选择比甲种选择风险要大得多。甲乙选择的标准离差计算如下：

$$\delta_{甲}=\sqrt{\sum_{i=1}^{n}(E_i-\overline{E})^2P_i}=\sqrt{0.5(1-0)^2+0.5(-1-0)^2}=1(元)$$

$$\delta_{乙}=\sqrt{\sum_{i=1}^{n}(E_i-\overline{E})^2P_i}=\sqrt{0.5(1\,000-0)^2+0.5(-1\,000-0)^2}=1\,000(元)$$

因为乙种选择比甲种选择收益的标准差要大，所以乙种选择比甲种选择收益的风险要大。一般来说，标准离差越小，说明离散程度越小，风险也就越小；反之标准离差越大则风险越大。

现在计算例 2－17 中 A、B 项目的标准离差：

$$\delta_A=\sqrt{\sum_{i=1}^{n}(E_i-\overline{E})^2P_i}$$

$$=\sqrt{0.3(90\%-15\%)^2+0.4(15\%-15\%)^2+0.3(-60\%-15\%)^2}=58.09\%$$

$$\delta_B=\sqrt{\sum_{i=1}^{n}(E_i-\overline{E})^2P_i}$$

$$=\sqrt{0.3(20\%-15\%)^2+0.4(15\%-15\%)^2+0.3(10\%-15\%)^2}=3.87\%$$

从上述计算可见，A 项目的标准离差 58.09％大于 B 项目的标准离差 3.87％，它定量地说明 A 项目的风险大于 B 项目。

4. 计算标准离差率

标准离差率(又称变异系数，coefficient of variation)是标准差与期望值的比值。当两个事件期望值相同时，仅比较两事件的标准离差即可知道哪个事件的风险大，当其期望值不相等时，则需用标准离差率来比较不同事件的风险大小。通常用 V 来表示，即

$$V=\frac{\delta}{\overline{E}}\times100\%$$

标准离差率是用来说明风险占每一单位期望值的比例。或者说，每获得一单位期望收益要冒多大风险。

现在计算例 2－17 中 A、B 项目的标准离差率：

$$\text{A 项目 } V_A=\frac{58.09\%}{15\%}\times100\%=387.27\%$$

$$\text{B 项目 } V_B=\frac{3.87\%}{15\%}\times100\%=25.8\%$$

这说明，在上述条件下，A 项目的风险大于 B 项目。

再以抛硬币为例，两种选择，A，正面向上，得 4 元；正面向下，输 2 元；B，正面向上，得 8 元；正面向下，输 4 元；仍设正面向上、向下的概率均为 50％，则

$$\overline{E}_{甲}=50\%\times4+50\%\times(-2)=1(元)$$

$$\delta_{甲}=\sqrt{\sum_{i=1}^{n}(E_i-\overline{E})^2P_i}=\sqrt{0.5(4-1)^2+0.5(-2-1)^2}=3(元)$$

$$V_{甲}=3/1=300\%$$

$$E_{乙}=50\%\times8+50\%\times(-4)=2(元)$$

$$\delta_{乙}=\sqrt{\sum_{i=1}^{n}(E_i-\overline{E})^2P_i}=\sqrt{0.5(8-2)^2+0.5(-4-2)^2}=6(元)$$

$$V_{乙}=6/2=300\%$$

虽然乙方案比甲方案收益的标准差要大，但乙方案比甲方案的期望收益也大，两者的标准离差率相等，所以两方案的风险一样大。

5. 计算风险报酬率

1）风险(risk)和报酬(remuneration)的基本关系

各投资项目的风险大小是不同的，在投资报酬率相同的情况下，人们都会选择风险小的投资。也就是说，高风险的项目必须有高报酬，否则就没有人投资；低报酬的投资项目必须低风险，否则也没有人投资。因此，风险和报酬的基本关系是风险越大要求的报酬率越高，这是市场竞争的结果。风险和期望投资报酬率的关系(见图2.10)可以表示为

期望投资报酬率＝无风险报酬率＋风险报酬率

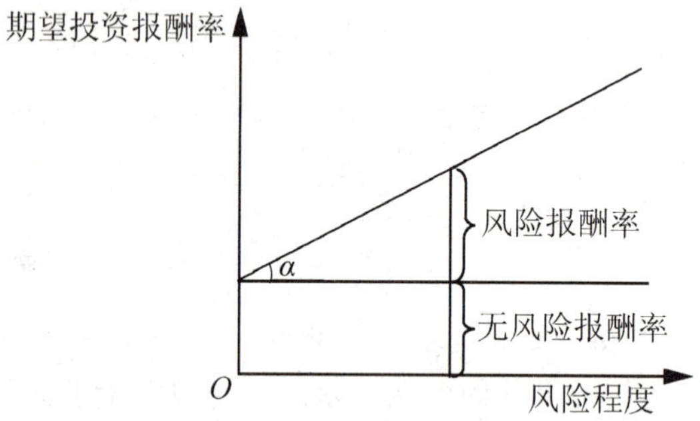

图2.10 风险和报酬的基本关系图

图2.10中，无风险(risk-free)报酬率，如购买国家发行的公债，到期连本带利几乎肯定可以收回。这个无风险报酬率，可以吸引公众投资，是投资者要求的投资报酬率底线；风险报酬率，它与风险大小有关，是风险的函数；若 b 为风险报酬系数(等于 $\mathrm{tg}\alpha$)，R_r 为风险报酬率，V_δ 为风险程度，可用变异系数或标准差衡量，根据风险和报酬的基本关系图，可得

$$b=\frac{R_r}{V_\delta}$$

所以

$$R_r=b\times V_\delta$$

由于投资者要求的期望投资报酬率 $\overline{E}$ 等于无风险报酬率 R_f 和风险报酬率 R_r 之和，所以

$$\begin{aligned}\overline{E}&=R_f+R_r\\&=R_f+b\times V_\delta\end{aligned}$$

假设例2-17中的A、B两项目，我们选定了B项目进行投资，已知风险报酬系数 b 为0.10，国债收益率 R_f 为6%，前面已计算出其风险程度(变异系数)V_δ 为25.8%，则B

项目的期望投资报酬率为

$$\overline{E}=6\%+0.10\times25.8\%=8.58\%$$

2）风险报酬系数的确定

敢于冒险的决策者，往往把风险报酬系数定得低一些；反之，比较稳健的决策者，常常把风险报酬系数定得高些。

6. 对风险的态度

人们对风险的态度是不同的。假定一个投资者面临两种投资选择：政府债券和公司股票。A 代表公司股票，B 代表政府债券。买股票时，这个投资者并不知道将来确切的回报率，所知道的只是股票在过去几年里的平均回报率和回报的方差。但是买政府债券时，投资者可以确切知道回报率。因此，按对风险的态度把人们划分为 3 类：

第一类人叫避险者。这类人希望风险最小化。例如，若公司股票回报率的期望值与政府债券的回报率相等，那么这类人会投资于政府债券，而不会投资于公司股票。

第二类人叫冒险者。他们愿意承担风险，若公司股票回报率的期望值与政府债券的回报率相等，但公司股票回报的标准差大，这类人会投资于公司股票而不是政府债券。

第三类人叫风险中立者。他们只看回报率的期望值，不管风险大小。若公司股票回报率的期望值与政府债券的回报率相等，这类人投资哪个都无所谓。

应该指出，人们对风险的态度不是一成不变的，有时力图避险，有时冒险，有时对风险无所谓。世界上没有不冒险的人，货币投入量是决定人们对风险态度的一个重要因素。回顾一下前面讲过的投硬币的例子。甲种选择其实也有风险，若硬币正面向下，就输一块钱。但甲种选择输赢只在一元钱上，多数人会冒这类险，试一试自己的运气。例如，人们愿意花一两块钱买一张彩票。若中奖了，可得数百万元奖金；若没有中奖，损失很小。而乙种选择输赢在 1 000 元钱，多数人不会冒这个险。因此，人们在面临小额货币投入时是冒险者，在面临巨额货币投入时是避险者，即冒小险，避大险。

2.2.5 证券投资组合的风险与报酬

大多数可用于投资的证券具有不确定的收益，也就是说都有风险。因此，投资者在进行证券投资时，一般并不把其所有资金都投资于一种证券，而是同时持有多种证券，“不要把所有鸡蛋放在同一个篮子里”，这种同时投资多种证券的方法叫做证券的投资组合，简称为证券组合或投资组合。当然，这种组合并非是若干个证券商品简单随意的拼凑，它应体现出投资者的意愿和所受的约束，是经过精心选择和科学搭配的，并可随时调整，使其不偏离投资者的预定目标，也就是在投资收益与风险的权衡中作出的最佳组合。银行、共同基金、保险公司和其他金融机构一般都持有多种有价证券，即使是个人投资者，一般也持有证券组合，而不是投资于一家公司的股票或债券。所以，必须了解证券组合的风险报酬。

1. 证券组合的风险

证券组合(packages of securities)的风险可以分为两种性质完全不同的风险，即可分散风险和不可分散风险，分述如下：

1）可分散风险

可分散风险(diversifiable risk)，又称非系统风险或称公司特有风险，它是指某些因素给个别证券带来经济损失的可能性，这种风险只影响个别证券或板块，为“微观风险”。可分散风险可通过证券持有的多样化来抵消。即多买几家公司的股票，其中某些公司的股票报酬上升，另一些股票的报酬下降，从而将风险抵消。因而，这种风险称为可分散风险。

现代资产组合理论证明，证券组合的风险随着其所含的证券数量的增加而降低。资产间关联性极低的多元化证券组合可以有效地降低风险。将各种资产按不同比例进行组合，在给定风险下能够提供获取更高收益的机会。现举例说明如下：

【例2-19】 假设W股票和M股票构成一证券组合，每种股票在证券组合中各占50%，它们的样本报酬率和风险情况详见表2-2。

表2-2 完全负相关($r=-1.0$)的两种股票以及由它们构成的证券组合报酬情况

年(t)	W股票	M股票	WM的组合Km
2003	50%	−10%	20%
2004	−10%	50%	20%
2005	60%	−20%	20%
2006	−20%	60%	20%
2007	20%	20%	20%
平均报酬率	20%	20%	20%
标准离差(V)	35.35%	35.35%	0

根据表2-2的资料可以看出，如果分别持有两种股票，都有很大风险，但如果把它们组合成一个证券组合，则没有风险。

W股票和M股票之所以能结合起来组成一个无风险的证券组合，是因为两者报酬率的变化正好成相反方向变动——当W股票的报酬下降时，M股票的报酬正好上升；反之亦然。人们把股票W和M叫做完全负相关。这里相关系数(coefficient of correlation) $r=-1.0$。

与完全负相关相反的是完全正相关($r=1.0$)，两个完全正相关的股票的报酬将一起上升或下降，这样的两种股票组成的证券组合，不能抵消任何风险。

实际上，大部分股票都是正相关，但不是完全正相关的。一般来说，随机取两种股票，相关系数为0.6左右的最多。把两种股票组合成证券组合能抵减风险，但不能全部消除风险，不过，如果股票种类较多，则能分散掉大部分风险，而当股票种类足够多时，几乎能把所有的非系统风险分散掉。

2）不可分散风险

不可分散风险(nondiversifiable risk)，又称系统风险或称市场风险，它是指某些因素给市场上所有的证券带来经济损失的可能性，即“谁也跑不了”，为“宏观风险”。这种风险是无法消除的，故称不可分散风险。但这种风险对不同企业、不同产品也有不同的影响。例如，前面所举的甲公司A项目和B项目在经济情况发生变化时，两个项目的风险是不同的。A项目的风险要大于B项目的风险。

不可分散风险的程度，通常用β系数(beta coefficient)来计量。β系数能够衡量出某种证券或证券组合相对于整个证券市场风险的变动程度，它代表了一种证券或证券组合市场风险的相对大小。如果某种股票的风险情况与整个证券市场的风险情况一致，则这种股票的β系数等于1；如果某种股票的β系数大于1，则说明其风险大于整个市场的风险；如果某种股票的β系数小于1，说明其风险小于整个市场的风险；如果某种股票的β系数小于1，说明其风险小于整个市场的风险。在实际操作中，β系数的重要性在于它代表了一种证券对于未来市场变化的敏感度，某种股票的β系数较大，说明该股票在证券市场发生变化时，其价格上下波动剧烈，也就是通常所说的风险较大。

为了方便分析，现代投资学将整个市场的风险定为1，以此衡量某一证券对市场风险的敏感度。例如，悦达股份的β系数值为1.43，表明市场指数收益率变动为1%时，悦达股份的收益率变动为1.43%。β系数越大，系统风险越大；β系数越小，系统风险越小。如果投资者对收益有较高的期望，同时也有能力并愿意为之承担较大的风险，就可以在证券市场上选择那些有较大β系数的证券加到其证券组合中。反之，则可以选择市场上具有较小β系数的证券。β系数一般不需投资者自己计算，而由一些投资服务机构定期计算并公布。表2-3列示了我国几家上市公司2007年11月30日～2007年12月07日的β系数。

表2-3　2007年11月30日～2007年12月07日几家上市公司的β系数表

股票代码	股票名称	β系数
600806	昆明机床	1.911
000751	锌业股份	1.808
600782	新钢股份	1.74
002039	黔源电力	0.048
000887	ST中鼎	0.107 8
000925	ST海纳	0.120 2

(资料来源：http：//www.jajx.com/modules/tinyd5/index.php?id=6.)

证券组合的β系数是单个证券β系数的加权平均，权数为各种股票在证券组合中所占的比重。其计算公式为

$$\beta_p=\sum_{i=1}^{n}x_i\beta_i$$

式中：β_p为证券组合的β系数；x_i为证券组合中第i种股票所占的比重；β_i为第i种股票的β系数；n为证券组合中股票的数量。

至此，可把上面的分析总结如下：

(1) 一种股票的风险由两部分组成，它们是可分散风险和不可分散风险。这可以用图2.11加以说明。

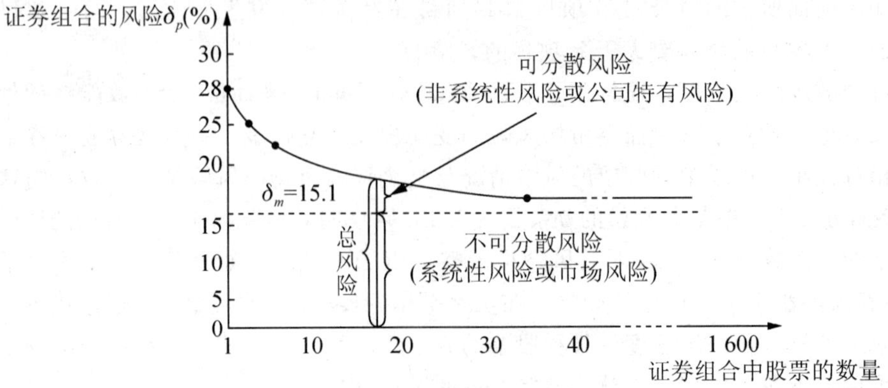

图 2.11　证券风险构成图

(2) 可分散风险可通过证券组合来消减，而大部分投资者正是这样做的。从图 2.11 中可以看到，可分散风险随证券组合中股票数量的增加而逐渐减小。

(3) 股票的不可分散风险由市场变动而产生，它对所有股票都有影响，不能通过证券组合而消除。不可分散风险是通过 β 系数来测量的，一些标准的 β 值如下：

$\beta=0.5$ 说明该股票的风险等于整个市场股票风险的一半；

$\beta=1.0$ 说明该股票的风险等于整个市场股票的风险；

$\beta=2.0$ 说明该股票的风险是整个市场股票风险的两倍。

2. 证券组合的风险报酬

证券组合的风险报酬是投资者因承担不可分散风险而要求的、超过时间价值的那部分额外报酬。与单项投资不同，证券组合投资要求补偿的风险只是不可分散风险，而不要求对可分散风险进行补偿。如果可分散风险的补偿存在，投资者就会购买这部分股票，并抬高其价格，导致可分散风险的补偿消失，因此，最后的风险报酬率仍只反映不可分散的风险。证券组合的风险报酬率(rate of return)可用下列公式计算：

$$R_p=\beta_p(R_m-R_f)$$

式中：R_p 为证券组合的风险报酬率；β_p 为证券组合的 β 系数；R_m 为所有股票的平均报酬率，也就是由市场上所有股票组成的证券组合的报酬率，简称市场报酬率；R_f 为无风险报酬率，一般用国库券的利息率来衡量。

【例 2-20】 强盛公司持有由 A、B、C 3 种股票构成的证券组合，它们的 β 系数分别是 2.0、1.0 和 0.5，它们在证券组合中所占的比重分别为 50%、40%和 10%，股票的市场报酬率为 12%，无风险报酬率为 8%，试确定这种证券组合的风险报酬率。

① 确定证券组合的 β 系数：

$$\begin{aligned}\beta_p &= \sum_{i=1}^{n} x_i\beta_i \\ &=50\%\times2.0+40\%\times1.0+10\%\times0.5 \\ &=1.45\end{aligned}$$

② 计算该证券组合的风险报酬率：

$$R_p=\beta_p(R_m-R_f)=1.45\times(12\%-8\%)=5.8\%$$

从以上计算可以看出，调整各种证券在证券组合中的比重可改变证券组合的风险和风险报酬率。

3. 证券投资组合风险和报酬的关系

在证券投资学和财务管理学中，有许多模型论述风险和报酬的关系，其中一个最重要的模型是资本资产定价模型(capital asset pricing model，CAPM)。资本资产定价模型主要研究证券市场中资产的预期收益率与风险资产之间的关系，以及均衡价格的形成。这一模型为

$$R_i=R_f+\beta_i(R_m-R_f)$$

式中：R_i为第i种股票或第i种证券组合的必要报酬率；R_f为无风险报酬率；β_i为第i种股票或第i种证券组合的β系数；R_m为所有股票或证券的市场报酬率。因此，(R_m-R_f)为所有股票或证券的风险报酬率。

【例2-21】 华林公司A证券组合的β系数为2，无风险利率为12%，市场上所有股票的平均报酬率为20%，那么，华林公司A证券组合的报酬率应为

$$\begin{aligned}R_A&=R_f+\beta_i(R_m-R_f)\\&=12\%+2\times(20\%-12\%)\\&=28\%\end{aligned}$$

也就是说，华林公司A证券组合的报酬率达到或超过28%时，投资者方肯进行投资。

资本资产定价模型的图示形式称为证券市场线(securities market line，SML)，它主要用来说明投资组合报酬率与系统风险程度β系数之间的关系。证券市场线很清晰地反映了风险资产的预期报酬率与其所承担的系统风险β系数之间呈线性关系，充分体现了高风险高收益的原则。根据例2-21绘制证券市场线，如图2.12所示。

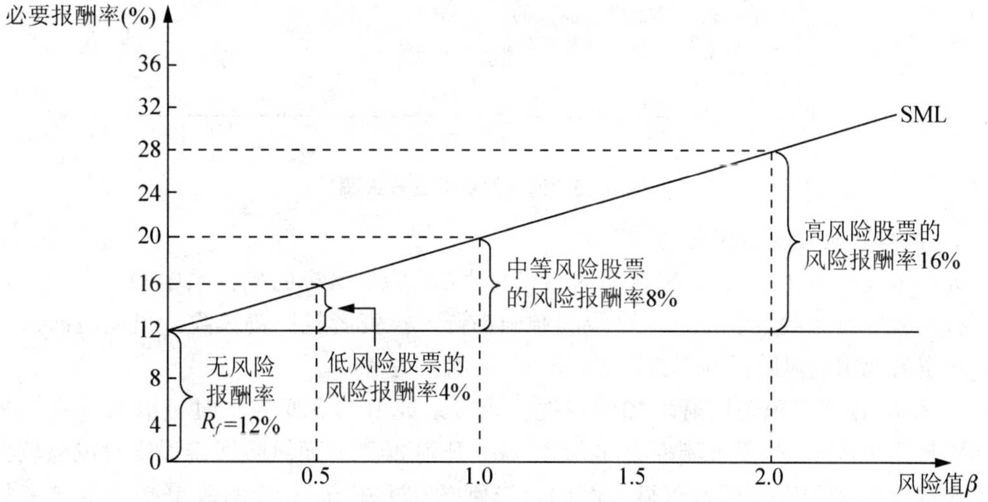

图2.12 证券报酬率与β系数的关系

从图 2.12 中可看到，无风险报酬率为 12%，β系数不同的股票有不同的风险报酬率，当$\beta=0.5$时，风险报酬率为 4%；当$\beta=1.0$时，风险报酬率为 8%；当$\beta=2.0$时，风险报酬率为 16%。也就是说，β值越高，要求的风险报酬率也就越高，在无风险报酬率不变的情况下，必要报酬率也就越高。

当然，证券市场线和必要报酬率在图中的位置会随着一些因素的变化而变化，现结合例 2-21 分述如下：

1）通货膨胀的影响

市场上的无风险利率由两方面构成：①无通货膨胀的报酬率又叫纯利率(R_0)，这是真正的时间价值部分；②通货膨胀贴水(inflation premium，简称 IP)，它等于预期的通货膨胀率。这样，无风险报酬率 $R_f=R_0+IP$。在图 2.12 中，$R_f=12\%$，假设包括 6%的纯利率和 6%的通货膨胀贴水，则

$$R_f=R_0+\mathrm{IP}=6\%+6\%=12\%$$

如果预期通货膨胀率由 6%上升到 8%，这将使 R_f 从 12%上升到 14%。这种变化见图 2.13 中的证券市场线 SML_1 和 SML_2。R_f 的增加也会引起所有股票报酬率的增加，如市场上低风险($\beta=0.5$)股票的平均报酬率从 16%上升到 18%。

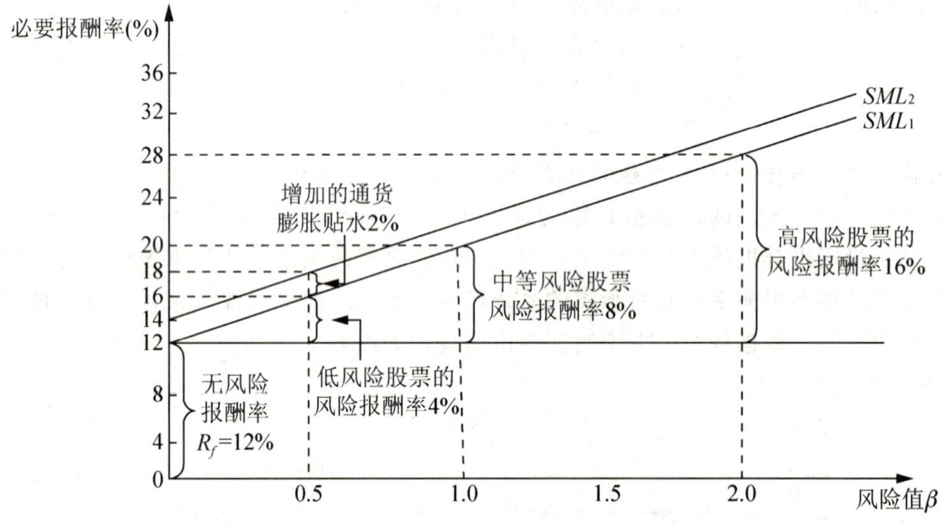

图 2.13 通货膨胀与证券报酬

2）风险回避程度的变化

证券市场线 SML 是必要报酬率为纵坐标、β值为横坐标的坐标系中的一条直线，反映了投资者回避风险的程度——直线的倾斜越陡，投资者越回避风险。当风险回避增加时，投资者要求的风险报酬率也增加，SML 的斜率也增加。

图 2.14 说明了风险回避增加的情况。当β系数由 0.5 变为 1 时，市场风险报酬率从 4%上升到 8%，必要报酬率 R 也从 16%上升到 20%。而风险回避程度对风险较大的证券必要报酬率的影响更为明显。例如，当例 2-21 中$\beta=0.5$的股票必要报酬率只增加了 1 个百分点，如从 16%上升到 17%，此时根据公式 $R_i=R_f+\beta_i(R_m-R_f)$，得到：

$17\% = 12\% + 0.5 \times (R_m - 12\%)$，即 $R_m = 22\%$。所以，当 $\beta = 1.0$ 时股票必要报酬率 $R_i = 12\% + 1 \times (22\% - 12\%) = 22\%$，增加了 2 个百分点，即从 20%上升到 22%；同理，当 $\beta = 2.0$ 时股票必要报酬率增加了 4 个百分点，即从 28%上升到 32%。如图 2.14 所示的证券市场线 SML_3。

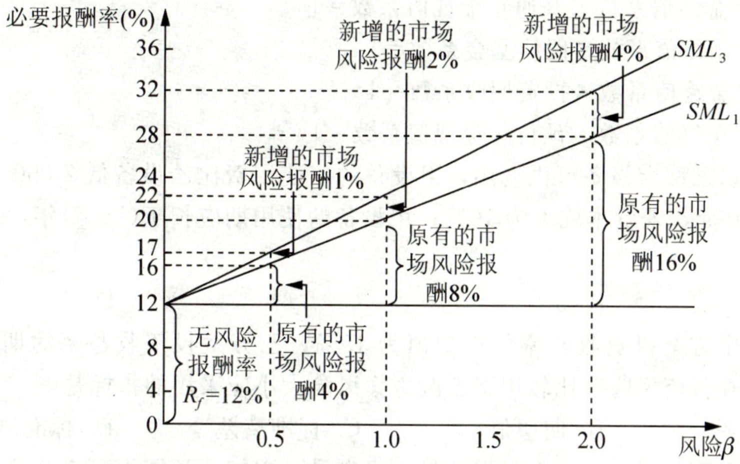

图 2.14　风险回避与证券报酬

3）股票 β 系数的变化

随着时间的推移，不仅证券市场线在变化，β 系数也在不断变化。β 系数的变化会使公司股票的必要报酬率发生变化。假设华林公司 A 证券组合 β 由 2.0 降为 1.0，那么，其必要报酬率为

$$R_A = R_f + \beta(R_m - R_f) = 12\% + 1.0 \times (20\% - 12\%) = 20\%$$

反之，如果华林公司 A 证券组合的 β 系数从 2.0 上升到 2.5，那么，其必要报酬率为

$$R_A = R_f + \beta \times (R_m - R_f) = 12\% + 2.5 \times (20\% - 12\%) = 32\%$$

习　题

1. 单项选择题

（1）甲方案在 3 年中每年年初付款 500 元，乙方案在 3 年中每年年末付款 500 元，若利率为 10%，则两个方案第三年年末时的终值相差（　　）。

A. 105 元　　B. 165.50 元　　C. 665.50 元　　D. 505 元

（2）有一项年金，前 2 年无流入，后 5 年每年年初流入 300 万元，假设年利率为 10%，其现值为(　　)万元。

A. 987.29　　B. 854.11　　C. 1 033.92　　D. 523.21

（3）普通年金终值系数的倒数称为(　　)。

A. 复利终值系数　　B. 普通年金现值系数

C. 偿债基金系数　　D. 投资回收系数

(4) 某永久性奖励基金，计划每年末颁发10万元奖金，若年复利率10%，该奖金的本金应为(   )。

A. 1 000万元　　B. 200万元　　C. 100万元　　D. 90万元

(5) 在利率和计息期相同的条件下，以下公式中，正确的是(   )。

A. 普通年金终值系数×普通年金现值系数=1

B. 普通年金终值系数×偿债基金系数=1

C. 普通年金终值系数×投资回收系数=1

D. 普通年金终值系数×预付年金现值系数=1

(6) 有甲、乙两台设备可供选用，甲设备的年使用费比乙设备低2 000元，但价格高于乙设备8 000元。若资本成本为10%，甲设备的使用期应长于(   )年，选用甲设备才是有利的。

A. 4　　B. 5　　C. 4.6　　D. 5.4

(7) 已知甲方案投资收益率的期望值为15%，乙方案投资收益率的期望值为12%，两个方案都存在投资风险。比较甲、乙两方案风险大小应采用的指标是(   )。

A. 方差　　B. 期望值　　C. 标准离差　　D. 标准离差率

(8) 某企业面临甲、乙两个投资项目。经衡量，它们的预期报酬率相等，甲项目的标准差小于乙项目的标准差。对甲、乙项目可以做出的判断为(   )。

A. 甲项目取得更高报酬和出现更大亏损的可能性均大于乙项目

B. 甲项目取得更高报酬和出现更大亏损的可能性均小于乙项目

C. 甲项目实际取得的报酬会高于其预期报酬

D. 乙项目实际取得的报酬会低于其预期报酬

(9) x方案的标准离差是1.5，y方案的标准离差是1.4，如x、y两方案的期望值相同，则两方案的风险关系为(   )。

A. x>y　　B. x<y　　C. 无法确定　　D. x=y

(10) 如果现行国库券的收益率为5%，平均风险股票的必要收益率为10%，A股票的β系数为1.4，则该股票的预期风险报酬率为(   )。

A. 3%　　B. 5%　　C. 7%　　D. 8%

2. 多项选择题

(1) 对于资金时间价值概念的理解，下列表述正确的有(   )。

A. 货币只有经过投资和再投资才会增值，不投入生产经营过程的货币不会增值

B. 一般情况下，资金的时间价值应按复利方式来计算

C. 资金时间价值不是时间的产物，而是劳动的产物

D. 不同时期的收支不宜直接进行比较，只有把它们换算到相同的时间基础上，才能进行大小的比较和比率的计算

(2) 关于时间价值的正确观点主要有(   )。

A. 在无风险和通货膨胀条件下，今天一元钱的价值大于以后一元钱的价值

B. 资本家和消费者倾向于高估现在货币的价值，而低估未来货币的价值

C. 时间价值是生产经营中产生的，其来源为剩余价值

D. 时间价值可由“时间”或“耐心”创造

(3) 对于资金的时间价值来说，下列(　　)表述是正确的。

A. 资金的时间价值不可能由时间创造，而只能由劳动创造

B. 只有把货币作为资金投入生产经营才能产生时间价值，即时间价值是在生产经营中产生的

C. 时间价值的相对数是扣除风险报酬和通货膨胀贴水后的平均利润率

D. 时间价值的绝对数是资金在生产经营过程中带来的真实增值额

E. 时间价值是对投资者推迟消费的耐心给予的报酬

(4) 某项目从现在开始投资，两年内没有回报，从第 3 年开始每年获利额为 A，获利年限为 5 年，则该项目利润的现值为(　　)。

A. $A\times(P/A, i, 5)\times(P/F, i, 3)$　　B. $A\times(P/A, i, 5)\times(P/\mathrm{F}, i, 2)$

C. $A\times(P/A, i, 7)-A\times(P/A, i, 2)$　D. $A\times(P/A, i, 7)-A\times(P/A, i, 3)$

(5) 下列关于年金的表述中，正确的有(　　)。

A. 年金既有终值又有现值

B. 递延年金是第一次收付款项发生的时间在第二期或第二期以后的年金

C. 永续年金是特殊形式的普通年金

D. 永续年金是特殊形式的即付年金

(6) 下列可看做是永续年金的是(　　)。

A. 普通股股利　　B. 国库券利息　　C. 优先股股利　　D. 长期债券利息

(7) 下列选项中，既有现值又有终值的是(　　)。

A. 递延年金　　B. 普通年金　　C. 先付年金　　D. 永续年金

(8) 下列表述正确的有(　　)。

A. 当利率大于零，计息期一定且大于 1 的情况下，年金现值系数一定都大于 1

B. 当利率大于零，计息期一定且大于 1 的情况下，年金终值系数一定都大于 1

C. 当利率大于零，计息期一定且大于 1 的情况下，复利终值系数一定都大于 1

D. 当利率大于零，计息期一定且大于 1 的情况下，复利现值系数一定都小于 1

(9) 企业要做好财务工作，必须认真考虑以下因素(　　)。

A. 时间价值　　B. 风险报酬　　C. 利息率　　D. 企业内、外部环境

(10) 公司特有风险产生的原因(　　)。

A. 罢工　　B. 没有争取到重要合同

C. 新产品开发失败　　D. 通货膨胀

(11) 企业经营风险是(　　)。

A. 销售量变动引起的风险　　B. 外部环境变化造成的风险

C. 筹资决策带来的风险　　D. 借款带来的风险

(12) 在财务管理中，衡量风险大小的指标有(　　)。

A. 标准离差　　B. 标准离差率　　C. β 系数

D. 期望值　　E. 平均报酬率

(13) 风险和报酬的关系可表述为(　　)。

A. 风险越大，期望报酬率越高　　B. 风险越大，期望报酬率越低

C. 风险越大，要求的收益越高　　D. 风险越大，获得的投资收益越小

(14) 关于风险报酬，下列表述中正确的有(　　)。

A. 风险报酬有风险报酬额和风险报酬率两种表示方法

B. 风险越大，获得的风险报酬应该越高

C. 风险报酬额是指投资者因冒风险进行投资所获得的超过时间价值的那部分额外报酬

D. 风险报酬率是风险报酬与原投资额的比率

E. 在财务管理中，风险报酬通常用相对数即风险报酬率来加以计量

(15) 下列关于β值和标准差的表述中，正确的有(　　)。

A. β值测度系统风险，而标准差测度非系统风险

B. β值测度系统风险，而标准差测度整体风险

C. β值测度财务风险，而标准差测度经营风险

D. β值只反映市场风险，而标准差还反映特有风险

(16) 按照资本资产定价模型，确定特定股票必要收益率所考虑的因素有(　　)。

A. 无风险收益率　　B. 公司股票的特有风险

C. 特定股票的β系数　　D. 所有股票的平均收益率

(17) 以下关于投资组合风险的表述，正确的有(　　)。

A. 一种股票的风险由两部分组成，它们是系统风险和非系统风险

B. 非系统风险可以通过证券投资组合来消除

C. 股票的系统风险不能通过证券组合来消除

D. 不可分散风险可通过β系数来测量

(18) 下列关于项目评价的“投资人要求的报酬率”的表述中，正确的有(　　)。

A. 它因项目的系统风险大小不同而异

B. 它因不同时期无风险报酬率高低不同而异

C. 它受企业负债比率和债务成本高低的影响

D. 当项目的预期报酬率超过投资人要求的报酬率时，股东财富将会增加

(19) 在下列各项中，能够影响特定投资组合β系数的有(　　)。

A. 该组合中所有单项资产在组合中所占比重

B. 该组合中所有单项资产各自的β系数

C. 市场投资组合的无风险收益率

D. 该组合的无风险收益率

(20) 下列有关证券投资风险的表述中，正确的有(　　)。

A. 证券投资组合的风险有公司特别风险和市场风险两种

B. 公司特别风险是不可分散风险

C. 股票的市场风险不能通过证券投资组合加以消除

D. 当投资组合中股票的种类特别多时，非系统性风险几乎可全部分散掉

3. 思考题

（1）简述货币时间价值的内涵及其意义。

（2）简述风险报酬的概念及其意义。

4. 计算题

（1）甲企业欲在5年后购买某设备，设备款为50 000元。从现在起每年末存入银行8 600元，银行复利率为4%。①甲企业5年后能否用银行存款购买该设备？②甲企业每年末至少应存入多少钱，才能在5年后购买该设备？

（2）某公司购置一套设备，供应商提出两种付款方案：①从现在起每年年初支付10万元，连续支付10次，共100万元；②从第5年开始，每年年初支付12万元，连续支付10次，共120万元。假设该公司资金成本率为10%，你认为该公司应选择哪个方案？

（3）两个投资项目投资额均为5 000万元，其收益及其概率分布为：

市场情况	概率	甲项目收益	乙项目收益
好	0.3	6 000万元	8 000万元
一般	0.5	2 000万元	2 000万元
差	0.2	500万元	－500万元

要求：①计算两个项目的标准离差率；②评价两个项目的优劣。

（4）假定某人从银行贷款10万元用于购置房产，贷款期限5年，年利率6%，每年年末等额偿还本金，银行按贷款余额收取利息，请编制如下还本付息表(保留两位小数)。

年度	付款额	利息	本金偿还额	贷款余额
1				
2				
3				
4				
5				
合计				

5. 案例分析

田纳西镇居民的账单

如果你突然收到一张事先不知道的1 260亿美元的账单，你一定会大吃一惊。而这样的事件却发生在瑞士的田纳西镇的居民身上。纽约布鲁克林法院判决田纳西镇应向美国投资者支付这笔钱。最初，田纳西镇的居民以为这是一件小事，但当他们收到账单时，他们被这张巨额账单惊呆了。他们的律师指出，若高级法院支持这一判决，为偿还债务，所有田纳西镇的居民在其余生中不得不依靠吃麦当劳等廉价快餐度日。

田纳西镇的问题源于1966年的一笔存款。斯兰黑不动产公司在内部交换银行(田纳西镇的一个银行)存入一笔6亿美元的存款。存款协议要求银行按每周1%的利率(复利)付息(难怪该银行第二年破产!)。1994年，纽约布鲁克林法院作出判决：从存款日到田纳西镇对该银行进行清算的7年中，这笔存款应按每周1%的复利计息，而在银行清算后的21年中，每年按8.54%的复利计息。

思考题：

(1) 请运用所学的知识说明1 260亿美元是如何计算出来的？

(2) 如利率为每周1%，按复利计算，6亿美元增加到12亿美元需多长时间？增加到1 000亿美元需多长时间？

(3) 本案例对你有何启示？

(资料来源：王化成．财务管理教学案例．北京：中国人民大学出版社，2001.)

第3章

筹资方式

教学目标

通过本章的学习，理解筹资的渠道和方式，掌握企业资金需要量预测的基本方法，熟悉筹资组合及其策略，理解筹资业务流程，掌握各种筹资方式。

教学要求

知识要点	能力要求	相关知识
筹资渠道和方式	(1) 理解筹资的概念和种类 (2) 熟悉各种筹资渠道和方式 (3) 理解筹资渠道和筹资方式的关系 (4) 熟悉筹资业务的流程	(1) 筹资 (2) 筹资渠道 (3) 筹资方式
资金需要量	掌握资金需要量预测的基本方法	(1) 因素分析法 (2) 销售百分比法 (3) 回归分析法
筹资组合	(1) 理解筹资组合的影响因素 (2) 掌握筹资组合策略	(1) 正常筹资组合 (2) 冒险筹资组合 (3) 保守筹资组合

续表

知识要点	能力要求	相关知识
股权性筹资	(1) 理解投入资本筹资的含义和类型 (2) 熟悉股票的种类、股票发行的条件及方式，理解股票上市的意义，掌握普通股发行的定价方法 (3) 理解并掌握投入资本筹资和普通股筹资的优缺点	(1) 内部筹资、外部筹资、筹资渠道、筹资方式、筹资组合 (2) 普通股、优先股、记名股票、无记名股票、始发股、新股 (3) 包销、代销 (4) 未来收益现值法、每股净资产法、清算价值法、市盈率法
债权性筹资	(1) 熟悉债权性筹资的种类 (2) 理解债券发行的条件，掌握债券发行价格的计算方法，了解信用评级的内容 (3) 了解长期借款合同的内容 (4) 掌握融资租赁租金的计算方法 (5) 理解银行短期借款、货币市场信用和商业信用筹资的方式和优缺点	(1) 抵押债券、信用债券、记名债券、无记名债券、固定利率债券、浮动利率债券、可转换债券、不可转换债券、可提前收兑债券、不可提前收兑债券、上市债券、非上市债券 (2) 债券发行价格、债券信用等级 (3) 政策性银行贷款、商业性银行贷款和非银行金融机构贷款、抵押贷款、信用贷款 (4) 经营租赁、融资租赁、直接租赁、售后租回、杠杆租赁 (5) 平均分摊法、等额年金法 (6) 生产周转借款、临时借款、结算借款、卖方信贷、信用借款、担保借款、票据贴现 (7) 商业票据、银行承兑汇票、应收账款保理
混合性筹资	(1) 了解混合性筹资的种类，理解各种混合性筹资的特点 (2) 理解并掌握各种混合性筹资的优缺点	(1) 累积优先股、非累积优先股、可转换优先股、不可转换优先股、可赎回优先股、不可赎回优先股 (2) 可转换债券、认股权证

基本概念

筹资；筹资渠道；筹资方式；普通股；优先股；商业票据；银行承兑汇票；应收账款保理；未来收益现值法；每股净资产法；市盈率法；清算价值法；抵押债券；信用债券。

引　　言

大学毕业后，如果你准备自主创业，拟和朋友一起在学校附近开一家有特色的礼品专卖店，在经过一番市场论证，初步确定了专卖店的规模后，下面所需要解决的问题是什么？对，资金！根据专卖店的规模，你需要清楚得筹集多少资金、从哪筹集、如何筹集等问题。

筹资活动是企业资金活动的起点，也是企业整个经营活动的基础。通过筹资活动，企业取得投资和日常生产经营活动所需的资金，从而使企业投资、生产经营活动能够顺利进行。企业应当根据经营和发展战略需要，确定企业资金需要量，选择企业的筹资渠道和筹资方式，并结合年度经营计划和预算安排，拟定筹资方案，明确筹资用途、规模、结构和方式等相关内容，对筹资成本和潜在风险作出充分估计。如果是境外筹资，还必须考虑所在地的政治、经济、法律和市场等因素。

3.1 筹资概论

3.1.1 企业筹资的目标

企业筹资(financing)是指企业作为筹资主体，根据其生产经营、对外投资和调整资本结构等需要，通过筹资渠道和金融市场，运用筹资方式，经济有效地筹措和集中所需资金的活动。

企业筹资的基本目标是为了自身生产经营与发展。在不同的时期或发展阶段，企业具体的财务目标不同，为实现其财务目标而进行筹资的动机也不尽相同。大致可归纳为如下几种：

(1) 满足生产经营的需要。企业所处的时期不同，筹资的具体目标也有所不同。当企业成立时，所筹资金用于购建生产经营设备等固定资产、采购材料及支付各种费用，以满足生产经营业务的需要；当扩大生产经营规模时，需扩充生产经营设施和设备，增加材料和其他存货的数量，这时需要筹资以补充企业原有资金的不足；当企业产品销售未能及时回笼货款，或发生经营性亏损，影响企业正常生产周转时，也需要通过筹资来弥补暂时短缺，以保证生产经营的正常进行。

(2) 满足对外投资的需要。企业为获得更大效益，在开拓有发展前途的对外投资领域时，需要做好筹资工作，以满足对外投资的需要；企业在对外投资项目发展良好、需要扩大对外投资规模时，也需要通过筹资来补充对外投资资金的不足。

(3) 满足调整资本结构的需要。企业为了降低资本成本，降低筹资风险，需要对所有者权益和负债之间的比例进行调整。当企业要降低资本成本时，就需要筹集成本较低的负债资本，提高其在全部资金中的比重；当企业要降低筹资风险时，就需要增加筹资风险较低的权益资本，增加其在全部资金中的比重。

3.1.2 筹资的种类

认识和了解筹资种类有利于掌握不同类型的筹资对企业筹资成本和筹资风险的影响，进而有利于作出正确的筹资决策。

1. 按所筹资金的权益性质分为股权资本和债权资本

股权资本(equity capital)亦称所有者权益资本、自有资本，是企业依法筹集并长期拥有、自主支配的资金。它是由企业投资人的原始投资和积累而形成的，是企业永久性的资金来源。我国财务制度规定，在企业存续期间，投资人投入资本可以依法转让但不得抽回。企业吸收自有资本可以采取吸收直接投资、发行股票、留用利润等方式。

债权资本(debt capital)亦称借入资本，是企业依法取得并依约使用、按期偿还的资本。包括应付账款、应付票据、银行借款、应付债券及其他各种应付而未付的款项。借入资本可以采用银行借款、发行债券、发行融资券、商业信用、融资租赁等方式取得。

股权资本和债权资本的比例反映企业的资本结构和财务风险的高低，合理安排股权资本和债权资本的比例关系是企业筹资管理的一个核心问题，该问题将在第4章中介绍。

2. 按所筹资金的期限分为长期资本与短期资本

长期资本(long-term capital)是指期限在一年以上的资本，是企业长期、持续、稳定地进行生产经营的前提和保证，通常包括股权资本和长期借款、应付债券等债权资本。长期资本主要通过吸收直接投资、发行股票、发行长期债券、长期银行借款、融资租赁等形式来筹集。从资金的供应方看，由于期限越长，未来的不可知性越大，因而其风险也越大，成本相对较高。

短期资本(short-term capital)是指使用期限在一年以内的资本。一般包括短期借款、应付账款和应付票据等项目。由于短期资本的使用时间较短，企业还本付息压力大，因此财务风险较高，但短期资本的成本相对较低，有些则是免费资金(如应付账款等)。短期资本通常是通过短期借款、商业信用等筹资方式取得或形成的。

一个企业的长期资本和短期资本的比例关系构成企业全部资本的期限结构。资本的期限结构对企业的风险和收益会产生一定的影响。企业筹资的目的就是以较低的筹资成本和较小的筹资风险，获取较多的资金。因此，如何扬长避短，合理安排资本的期限结构，也是企业筹资管理的重要课题之一。

应用案例3-1

三川水表：银行贷款的“取舍术”

【案情简介】

江西三川水表股份有限公司(下称“三川水表”)自2004年成立至今，在短短5年多时间内净资产增长6倍，截至2009年12月31日，合并报表净资产为18 192.45万元。正是在这种高速发展过程中，三川水表逐渐找到了适合自己的融资模式——“舍长期借款而取流动负债”的融资方式。据了解，三川水表2007年年末、2008年年末、2009年年末的短期借款余额分别为3 000万元、3 000万元、2 260万元，而同期的长期负债余额分别为0、300万元、804万元。三川水表不选择长期贷款而选择短期贷款等方式进行融资，原因在哪里呢?

三川水表财务总监章为民向《中国会计报》记者介绍说，三川水表不选择长期贷款而选择短期贷款等方式进行融资，一个重要原因就是后者“财务费用更为低廉”。从2007年开始进行银行短期借款融资以来，三川水表的财务费用一直不高：2007年年末财务费用为－5.37万元，2008年增为38.92万元，2009年变为79.08万元，而同期营业成本分别为19 671.40万元、21 059.36万元、20 829.86万元。

(资料来源：石海平．三川水表：银行贷款的“取舍述”．中国会计报．2010－5－21 (9).)

3. 按资本来源的范围分为内部筹资与外部筹资

内部筹资(internal financing)是指从企业内部所筹集的资本，它主要表现为内源性的资本积累，如内部留存和折旧。内部筹资形成的都是企业自有资金。外部筹资(external financing)则是指从企业外部市场取得的资本，如发行股票、债券、银行借款、商业信用等，筹集到的既有自有资金又有借入资金。

由于内部筹资不需要耗费筹资费用，且资金能立刻到位，所以，企业筹资时往往优先考虑内部筹资，不足部分再寻求外部来源。

4. 按筹资活动是否通过金融机构分为直接筹资与间接筹资

直接筹资(direct financing)是指不通过金融机构作中介，直接由资金的供求双方借助于融资手段实现资金转移的筹资活动。一般常见的形式有联营投资、发行股票、发行债券等。

间接筹资(indirect financing)是指企业借助于银行等金融机构进行的筹资。在间接筹资中涉及企业、资金供应者和金融机构 3 方面的利益，资金先从供应者手中转到金融机构，再由金融机构提供给企业。间接筹资的主要形式有银行借款、非银行金融机构借款、融资租赁等。间接融资是目前我国企业最为重要的筹资方式。从社会交易成本角度看，间接筹资被证明是相对节约的筹资方式。

3.1.3 企业筹资的渠道与方式

1. 筹资渠道

筹资渠道是指所筹措资本的来源与通道，反映资本的源泉和流量。筹资渠道属客观范畴，即筹资渠道的多与少，企业无法左右，它主要是由社会资本的提供者及数量分布所决定的。企业了解筹资渠道的种类及每种渠道的特点，有助于正确利用筹资渠道。

企业现有的筹资渠道主要有如下 7 种：

(1) 国家财政资本。国家财政资本是指国家以财政拨款、财政贷款、国有资产入股等形式向企业投入的资金。它是我国国有企业，包括国有独资公司的主要资金来源，今后也仍然是国有企业权益资本筹资的重要渠道。

(2) 银行信贷资本。银行信贷资本是指银行对企业的各种贷款，是各类企业重要的资金来源。银行以储蓄存款作后盾，财力雄厚，可以为企业提供多种多样的贷款，满足各类企业的需要。

(3) 非银行金融机构资本。非银行金融机构是指各种从事金融业务的非银行机构，主要有信托投资公司、租赁公司、保险公司、证券公司、财务公司等。它们可以为企业直接提供部分资金或为企业筹资提供服务。虽然非银行金融机构没有银行实力雄厚，但它们资金供应灵活，且可提供多种特定服务，具有广阔的发展前景。

(4) 其他法人资本。其他法人资本是其他法人向企业投资或由于业务往来而暂时占用在企业的资本。法人之间以闲置资金相互投资或者提供短期商业信用也是企业的一种资金来源。

(5) 民间资本。企业职工和城乡居民利用结余资金向企业投资，它也是企业资本的一种来源。随着城乡经济的发展，人们投资意识的增强，这部分资金的利用空间会越来越大。

(6) 企业内部资本。企业内部资本是指企业通过提取盈余公积和保留未分配利润而形成的资本。这是企业内部形成的筹资渠道，比较便捷，有盈利的企业通常都可以加以利用。

(7) 国外和我国港澳台地区资本。外国投资者以及我国港澳台地区投资者的资金是外商投资企业的主要资本来源。随着我国资本市场向着国际化发展，国外和我国港澳台资本为越来越多的企业所利用。

2. 筹资方式

筹资方式是指企业筹措资本所采取的具体形式，反映资本在企业的具体存在形式。筹资方式属于主观范畴，可以由企业来选择。企业只有了解筹资方式的种类及每种方式的特点，才能灵活运用不同的筹资方式，降低资本成本，有效筹集所需资金。

一般而言，企业的筹资方式主要有以下 8 种：

(1) 吸收直接投资。吸收直接投资是企业按照“共同投资、共同经营、共担风险、共享利润”的原则直接吸收国家、法人、个人投入资金的一种筹资方式。该筹资方式不以股票为媒介，适用于非股份制企业，是非股份制企业取得权益资本的基本方式。

(2) 发行股票筹资。发行股票筹资是股份公司按照公司章程依法发售股票直接筹资形成公司股本的一种筹资方式。发行股票筹资要以股票为媒介，仅适用于股份公司，是股份公司取得权益资本的基本方式。

(3) 发行债券筹资。债券是表明债权债务关系的一种凭证，是债务人向债权人借债筹措资金时，承诺按一定利率支付利息并按约定条件偿还本金的有价证券。其自身优点决定了发行债券是一种自主高效的筹资方式。

(4) 短期借款筹资。企业短期借款是一种外部短期融资方式，主要包括银行短期借款和货币市场信用。银行短期借款主要来源于商业银行和其他一些非银行金融机构，是企业短期资金筹措的主要渠道。货币市场信用主要来源于银行资本、非银行金融机构资本、其他法人资本、民间资本等，具体形式主要有商业票据、银行承兑汇票和应收账款保理等。

(5) 长期借款筹资。长期借款是各类企业按照借款合同向银行或其他金融机构借入的期限在一年以上(不含一年)或超过一年的一个营业周期以上的的各项借款。包括基本建设借款、固定资产更新改造借款等。

(6) 商业信用筹资。商业信用筹资是企业通过赊购商品、预收货款等商品交易行为筹集短期债权资本的一种筹资方式。它是企业的一种重要筹资方式。该筹资方式一方面可以缓解企业短期资金周转困难，另一方面还可以加速商品流通。

(7) 租赁筹资。租赁是指根据事先约定的条款，资产所有者(出租人)授予承租人在契约或合同规定的期限内使用其资产的权利。融资租赁一般由承租人向出租人提出正式申请，由出租人融通资金引进用户所需设备，长期租给用户的行为，其实质是用户得到一批用于购买设备的贷款。融资租赁是我国 20 世纪 80 年代以来较为重要的筹资方式。

(8) 留存收益。留存收益是指企业从历年实现的净利润中提取或留存于企业的内部积累，包括企业的盈余公积和未分配利润两个部分，其中盈余公积(法定盈余公积和任意公积)是特定用途的累积盈余，未分配利润是没有指定用途的累积盈余。

3. 筹资渠道与方式的关系

筹资渠道与方式是两个不同的概念。筹资渠道反映企业资金的来源与方向，即资金从何而来；筹资方式反映企业筹资的具体手段，即如何取得资金。实际筹资工作过程中，筹资渠道与方式之间有着密切的关系。一定的筹资方式可能适用于某一特定的筹资渠道，也可能适用于多种不同的渠道，而一种渠道的资金也可以采用多种不同的筹资方式取得。企业筹资时应根据不同的筹资渠道选择合适的筹资方式。各种筹资渠道与方式的配合见表3-1。

表3-1 筹资渠道与方式的配合

筹资方式 筹资渠道	投入资本	发行股票	发行债券	短期借款	长期借款	商业信用	租赁筹资	留存收益
政府财政资本	√	√						
银行信贷资本				√	√			
非银行金融机构资本	√	√	√	√	√		√	
其他法人资本	√	√	√			√	√	
民间资本	√	√	√	√	√			
企业内部资本								√
国外和我国港澳台资本	√	√	√	√	√	√	√	

3.1.4 资金需要量的预测

企业在进行筹资活动前，必须首先确定筹资规模的大小。筹资规模是指一定时期内企业的筹资总额。确定筹资规模是制定筹资策略的主要内容，同时也是确定筹资方式的基本依据。

1. 筹资规模确定的依据

一般认为，确定筹资规模的依据主要包括两项：法律依据和投资规模依据。

1）法律依据

企业筹资规模在一定程度上受到法律的约束，法律对企业筹资的约束可归纳为如下两方面：

(1) 法律对注册资本的约束。如规定不同企业在设立时应达到的最低资本限额(即法定资本金)等，这些规定旨在保证企业设立后能正常进行生产经营，并保证企业有足够的资本金用来对外负债，并承担民事责任。

(2) 法律对企业负债额度的限制。为了保护债权人的权益，法律从各方面对企业的负债能力进行约束，如《公司法》规定，公司累计债券总额不得超过公司净资产额的40%，要求特定行业的企业进行资产负债管理等。

2）投资规模依据

确定筹资规模并不单纯是筹资本身的工作，要受到企业投资需求总量与结构、偿债能力等主导因素的制约。其中，投资规模是决定筹资规模的主要依据。投资规模是根据企业战略及中长期规划、经营目标、市场容量及份额、产业政策以及企业自身的其他素质等因素确定的，它是企业生产经营的客观需要，包括固定资产投资和流动资产投资两方面。企业筹资不能盲目进行，必须以“投”定“筹”。

2. 企业资金需要量预测方法

企业资金需要量预测方法常用的有以下3种：

1）因素分析法

因素分析法(principle component factor analysis)是以有关资本项目上年度的实际平均需要量为基础，根据预测年度的生产经营任务和加速资本周转的要求，进行分析调整来预测资本需要量的一种方法。这种方法计算比较简单，容易掌握，但预测结果不太精确，因此通常用于品种繁多、规格复杂、用量较小、价格较低的资本占用项目的预测，也可以用来匡算企业全部资本的需要量。采用这种方法时，首先应在上年度资金平均占用额基础上，剔除其中的不合理占用部分，然后根据预测期的生产经营任务和加速资本周转的要求进行测算。因素分析法的基本模型为：

资本需要量＝(上年资本实际平均占用额－不合理占用平均额)×(1±预测年度销售增减率)×(1±预测年度资本周转速度变动率)

根据因素分析法的基本模型，收集有关资料，就可以对筹资数量进行预测。

【例3-1】 某企业本年度实际平均资金占用额为1 000万元，其中不合理资金占用平均额80万元，预计本年度销售增长5%，资金周转速度加快1%。则预测年度资金需要量为：

$$(1\ 000-80)\times(1+5\%)\times(1-1\%)=956.34(\text{万元})$$

2）销售百分比法

销售百分比法(percentage of sales method)是根据销售与资产负债表和利润表有关项目间的比例关系，预测各项目短期资本需要量的方法。例如，销售为100元时占用的存货为25元，即存货与销售间的固定比率为25%，当销售增加到200元时，25%的固定比率不变，存货相应应增加至50元。这种方法有两个基本假定：①假定企业的盈利模式、经营状况及管理水平不变，从而能建立起各资产、负债项目与销售收入间的比例关系；②假定未来销售是可预测的。

销售百分比法一般借助于预计利润表和预计资产负债表来确定其资金需要量。首先通过预计利润表预测企业留用利润这一内部资金来源的增加额，然后预计资产负债表来测定企业筹资总规模与外部筹资规模的增加额。

(1) 预计利润表。它是利用销售百分比法的原理预测内部留存利润的一种报表。其基本格式与实际的利润表相同。用预计利润表预计留存利润，其基本步骤为：①取得基年实际利润表资料，并计算确定利润表各项目与销售额间的百分比；②取得预测年度销售收入的预计数，并以此与基年利润表各项目与实际销售额间的比率相乘，计算预计年度利润表各项目的预计数，编制预计利润表；③利用预计年度税后利润预计数与预定的留存比率，确定并计算内部留存利润的数额。

【例 3-2】 某企业 2006 年实际利润表及有关项目与销售的百分比见表 3-2。试确定 2007 年利润表并预测留存利润。

表 3-2 企业 2006 年实际利润表及有关项目与销售的百分比

项目	金额(万元)	占销售收入的百分比(%)
营业收入	30 000	100
减：营业成本	21 000	70
营业费用	1 800	6
管理费用	4 500	15
财务费用	150	0.5
税前利润	2 550	38.5
减：所得税(25%)	637.5	—
税后利润	1 912.5	—

【解】若该企业 2007 年预计销售收入为 36 000 万元，所得税税率不变，则 2007 年预计利润表经测算见表 3-3。

表 3-3 2007 年预计利润表

项目	2006 年实际数(万元)	占销售收入的百分比(%)	2007 年预计数(万元)
营业收入	30 000	100	36 000
减：营业成本	21 000	70	25 200
营业费用	1 800	6	2 160
管理费用	4 500	15	5 400
财务费用	150	0.5	180
税前利润	2 550	8.5	3 060
减：所得税(25%)	637.5	—	765
税后利润	1 912.5	—	2 295

如果企业税后利润的留存比例为 40%，则 2007 年的预计留存利润额为 918(2 295×40%)万元。(注意：这里的留存利润应当是等额的现金)

(2) 预计资产负债表。它是运用销售百分比法原理预测外部筹资需要量的一种报表，其基本格式与实际资产负债表相同。通过提供预计资产负债表，可以预计资产、负债和留存利润等有关项目的数额，从而确定企业外部筹资需要量。

在运用销售百分比法时，应首先确定资产或负债方与销售额有固定不变比率关系的项目，即随着销售的变动而同步变动的项目，在财务上将这些项目统称为敏感项目。它包括敏感资产项目(如现金、应收账款、存货等)和敏感负债项目(如应付账款、应付费用等)两部分。与敏感项目相对应的属于非敏感项目，如应收票据、交易性金融资产、固定资产、持有至到期投资、长期股权投资、短期借款、应付票据、非流动负债和投入资本等，它们在短期内不会随销售规模的变动而发生同比例变化。

【例 3-3】 承例 3-2，该企业 2006 年的实际资产负债表及敏感项目与销售量间的比例关系见表 3-4。

表 3-4 2006 年实际资产负债表

项目	金额(万元)	占销售百分比(%)
资产：		
现金	180	0.6
应收账款	4 950	16.5
存货	5 280	17.6
预付款项	20	—
固定资产净值	800	—
资产总额	11 230	34.7
负债及所有者权益：		
应付票据	850	—
应付账款	5 160	17.2
应付费用	360	1.2
非流动负债	120	—
负债合计	6 490	18.4
投入资本	3 000	—
留存收益	1 740	—
所有者权益合计	4 740	—
负债及所有者权益总额	11 230	

根据上列资料，编制该企业 2007 年预计资产负债表见表 3-5。

表 3-5 2007 年预计资产负债表

项目	2006 年实际金额(万元)(1)	占销售百分比(%)(2)	2007 年预计数(万元)(3)
资产：			
现金	180	0.6	216
应收账款	4 950	16.5	5 940
存货	5 280	17.6	6 336
预付款项	20	—	20
固定资产净值	800	—	800
资产总额	11 230	34.7	13 312
负债及所有者权益：			
应付票据	850	—	850
应付账款	5 160	17.2	6 192
应付费用	360	1.2	432

续表

项　　目	2006 年实际金额(万元)(1)	占销售百分比(%)(2)	2007 年预计数(万元)(3)
非流动负债	120	—	120
负债合计	6 490	18.4	7 594
投入资本	3 000	—	3 000
留存收益	1 740	—	2658
所有者权益合计	4 740	—	5 658
追加外部筹资额			60
负债及所有者权益总额	11 230		13 312

该企业 2007 年预计资产负债表的编制过程如下：

第一，取得基年资产负债表资料，计算各敏感项目与销售收入的百分比，见表 3－5。表中的百分比表明，该企业销售每增长 100 元，资产需增加 34.7 元，敏感负债将增加 18.4 元。这里的敏感负债是自动增加的，如应付账款会因存货增加而自动增加。

每 100 元销售所需的资金量与敏感负债的差额为 16.3(34.7－18.4)元，表示销售每增长 100 元需追加的资本净额，它需要企业从内部和外部来筹集。在本例中，销售增长 6 000(36 000－30 000)万元，需增加净资本 978(6 000×0.163)万元。

第二，用 2007 年预计销售收入 36 000 万元乘以表 3－5 中的第(2)栏所列的百分比，求得该表中第(3)栏所列的敏感项目，第(3)栏的非敏感项目按第(1)栏数额填列。由此，确定了第(3)栏中除留存收益外的各个项目的数额。

第三，确定 2007 年留用利润增加额及表 3－5 中留用利润累计额。根据表 3－3，2007 年预计利润额为 3 060 万元，所得税税率为 25%，企业税后利润的留存比例为 40%，则 2007 年留存利润增加额为

$$3\ 060\times(1-25\%)\times 40\%=918(\text{万元})$$

2006 年留存利润账面余额 1 740 万元，则 2007 年留用利润累计额为

$$1\ 740+918=2\ 658(\text{万元})$$

用需要追加的筹资额 978 万元减去内部筹资增加额 918 万元，求得需要追加的外部筹资额 60 万元。

第四，加总预计资产负债表的两方：2007 年预计资产总额 13 312 万元，负债及所有者权益总额 13 252(7 594＋5 658)万元，差额为 60 万元。它既是使资产负债表两方相等的平衡数，也是需要追加的外部筹资额。

为简便起见，可用下列公式来计算需要对外筹资的数量

$$\text{需要追加的对外筹资额}=(\Delta S)\sum\frac{RA}{S}-(\Delta S)\sum\frac{RL}{S}-\Delta RE$$

$$=\Delta S\left(\sum\frac{RA}{S}-\sum\frac{RL}{S}\right)\quad \Delta RE$$

式中：ΔS 为预计年度销售增加额；$\sum\frac{RA}{S}$ 为基年总敏感资产的销售百分比；$\sum\frac{RL}{S}$ 为基年总敏感负债的销售百分比；ΔRE 为预计年度留存利润增加额。

上例中，运用上述公式及有关数据可直接求得2007年的追加对外筹资额为

$$(36\ 000-30\ 000)\times(34.7\%-18.4\%)-918=60(\text{万元})$$

销售百分比法的主要优点是能为财务管理提供短期预计的财务报表，以适应外部筹资的需要，且易于使用。但这种方法也有缺点，倘若有关销售百分比与实际不符，据以进行预测就会形成错误的结果。因此，在有关因素发生变动的情况下，必须相应地调整原有的销售百分比。

3）线性回归分析法

线性回归分析法(regression analyzing)是指根据资金需要量与营业业务量之间的依存关系建立数学模型，然后根据有关历史资料，用回归方程预测资本需要量的方法。采用这种方法，根据资金与业务量之间的依存关系不同，可分为不变资金和变动资金。不变资金是指在一定的经营规模内，不随业务量增减而相应变动的资金。它主要包括为维持生产经营所需要的最低数额的货币资金、原材料的保险储备，必要的成品储备，以及厂房、机器设备等固定资产占用的资金。变动资金是指随业务量增减而成等比例变动的资金。它主要包括最低储备以外的货币资金、存货和应收账款等占用的资金。采用线性回归分析法预测资本需要量的线性回归模型如下：

$$y=a+bx$$

式中：y为资金需用量；a为不变资金；b为单位业务量需要的变动资金；x为业务量。

根据线性回归模型及相关n期历史数据，即可建立回归直线的联立方程组如下：

$$\begin{cases}\sum y = na + b\sum x \\ \sum xy = a\sum x + b\sum x^2\end{cases}$$

通过联立方程组预测不变资金和单位业务量需要的变动资金，然后根据预测业务量，建立线性回归模型预测资金需要量。

【例3-4】 某公司2002—2006年销售量与资金需求量见表3-6，2007年预计销售量200万件，试计算2007年的资金需要量。

表3-6 销售量与资金需求量表

年 度	2002	2003	2004	2005	2006
产销量 x(万件)	100	140	130	160	180
资金需求量 y(万元)	680	850	815	920	980

根据上列资料编制产销量与资金需要量回归分析表，见表3-7。

表3-7 产销量与资金需要量回归分析表

年 度	产销量 x(万件)	资金需求量 y(万元)	xy	x^2
2002	100	680	68 000	10 000
2003	140	850	119 000	19 600
2004	130	815	105 950	16 900

续表

年　度	产销量 x(万件)	资金需求量 y(万元)	xy	x^2
2005	160	920	147 200	25 600
2006	180	980	176 400	32 400
$n=5$	$\sum x = 710$	$\sum y = 4\ 245$	$\sum xy = 616\ 550$	$\sum x^2 = 104\ 500$

将上表的数据代入联立方程，得

$$\begin{cases} 4\ 245=5a+710b \\ 616\ 550=710a+104\ 500b \end{cases}$$

解得 $a=319.34$、$b=3.73$，将其代入 $y=a+bx$，得 $y=319.34+3.73x$，将 2007 年预计销售量 200 万件代入线性回归模型，预测出 2007 年资金需要量如下：

$$y=319.34+3.73\times 200=1\ 065.34(\text{万元})$$

3.1.5 企业筹资组合

一个企业所需要的资金，既可以用短期资金来筹集，也可以用长期资金来筹集。短期资金主要是指企业的流动负债，长期资金主要包括非流动负债和所有者权益。人们把企业资金总额中短期资金和长期资金各自占有的比例，称为企业的筹资组合。

1. 影响企业筹资组合的因素

在企业的全部资金中，究竟有多少用短期资金来筹集，多少用长期资金来筹集，需要考虑如下因素：

1）风险与成本

一般来说，企业所用资金的到期日越短，其不能偿付本金和利息的风险就越大；反之，资金到期日越长，企业的筹资风险就越小。原因如下：

(1) 短期资金到期日近，可能产生不能按时清偿的风险。例如，一个企业要建造厂房，如果用期限为半年的短期借款来融通这笔资金，则半年后债务到期时，厂房可能还没有建完，或者即使建完，其产生的现金流入量也不一定足以清偿到期的债务。因此，必须重新借款以偿还贷款，这时如果贷款人拒绝贷款，该企业就将面临不能按时清偿债务的风险，甚至会濒临破产。相反如果该公司采用 10 年期的长期债务来融资，在正常情况下，10 年后的现金流入应足以清偿债务，与半年期的借款相比，10 年期的债务清偿风险会大大降低；如果该公司采用无到期日的普通股来融资，则风险更小。

(2) 短期债务在利息成本方面也有较大的不确定性。如果采用短期借款，则此次借款归还后，由于金融市场上的短期资金利息率很不稳定，对下次再借款的利息成本为多少并不清楚。但如果采用长期债务来融通资金，企业可以明确地知道整个资金使用期间的利息成本。

一般来说，长期资金的成本比短期资金要高。原因如下：

(1) 长期资金的利息率高。根据我国和其他国家的历史经验，除个别年份外，长期资金的利率在多数年份都高于短期资金。

(2) 长期资金缺少弹性。企业取得长期资金，在债务期间内，即使没有资金需求，也不能提前归还，只好继续支付利息。如使用短期资金，当生产经营紧缩，企业资金需求减少时，企业可以逐渐偿还债务，减少利息支出。

企业使用短期资金的风险高但成本相对较低，长期资金风险虽低但成本高，企业筹资时必须在风险和成本之间作出抉择，合理的安排长短期资金的比例。

2）企业所处的行业

不同行业由于经营内容不同，企业的筹资组合也会有较大差异。2006 年，我国国有及规模以上工业企业中，金属制造业流动负债占总资金的比重为 53.58%，食品制造业为 46.82%，烟草制品业为 28.50%。[1] 流动负债主要是应付账款和应付票据，这两项负债的水平主要取决于生产经营所处的行业。

3）经营规模

企业经营规模对筹资组合也有重要影响。在金融市场较发达的国家，大企业的流动负债较少，小企业的流动负债较多。大企业因其规模大、信誉好，可以采用发行债券的方式，在金融市场上以较低的成本筹集长期资金，因而，流动负债较少。

4）利息率状况

当长期资金的利息率和短期资金的利息率相差较少时，企业一般会较多地使用长期资金，较少使用流动负债；反之，当长期资金利息率远远高于短期资金利息率时，则会促使企业较多地利用流动负债，以便降低资金成本。

企业的财务人员必须认真考虑以上各项因素，以便作出最优的筹资组合决策。

2. 企业筹资组合策略

企业的筹资组合，一般有如下 3 种策略：

1）正常的筹资组合

正常的筹资组合是指企业在筹资过程中遵循短期资产由短期资金来融通，长期资产由长期资金来融通的原则。这里短期资产是指流动资产，而长期资产主要指固定资产，当然，也包括企业的长期债权投资、长期股权投资和无形资产等。另外，在流动资产中，有一部分最低的库存商品和原材料储备是经常占用的，也属于长期占用的资产，称为长期流动资产。

正常的筹资组合策略见图 3.1。

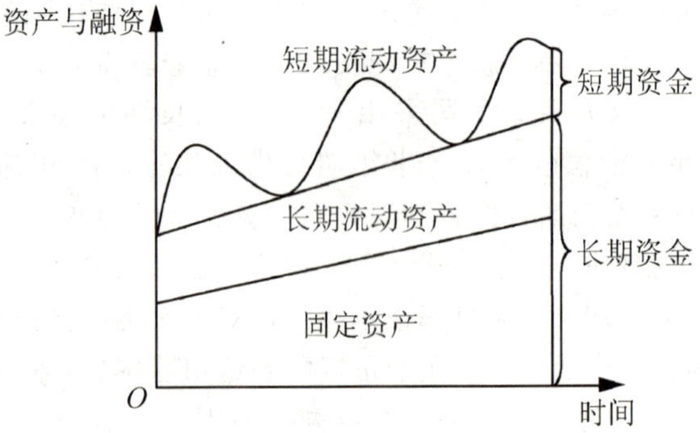

图 3.1 正常的筹资组合

① 数据计算依据：国家统计年鉴—2007 年

2）冒险的筹资组合

如果企业在筹资时不仅短期资产由短期资金来融通，而且将部分长期资产也由短期资金来融通，这便是冒险的筹资组合策略。由于一部分长期流动资产是由短期资金来融通的，因此，这种策略的资金成本较低，能减少利息支出，增加企业收益。但用短期资金融通一部分长期资产的做法风险比较大，喜欢冒险的财务人员在融资时都使用此种类型。

冒险的筹资组合策略如图3.2所示。

3）保守的筹资组合

有的企业将部分短期资产用长期资金来融通，这便属于保守的筹资组合。

在这种类型的企业中，短期资产的一部分和全部长期资产都用长期资金来融通，而只有一部分短期资产用短期资金来融通。这种策略的风险较小，但成本较高，会使企业的利润减少。较为保守的财务人员都使用此种类型，见图3.3。

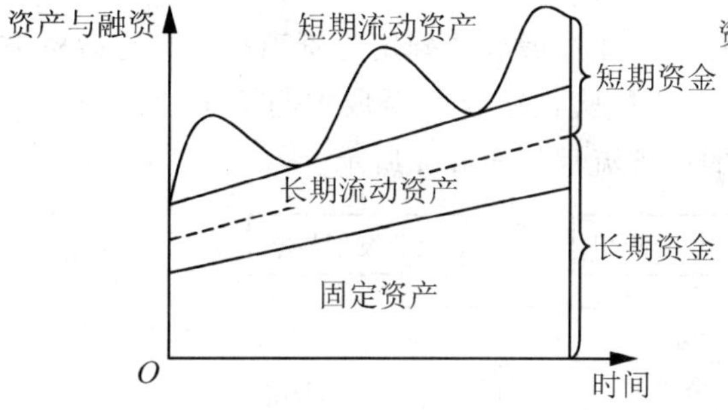

图3.2 冒险的筹资组合

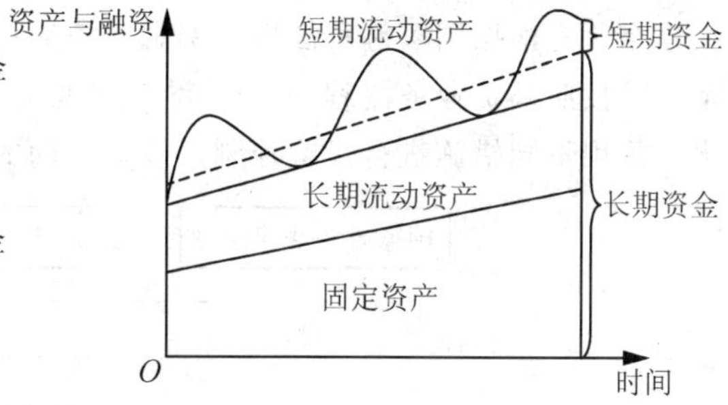

图3.3 保守的筹资组合

3. 不同的筹资组合对企业报酬和风险的影响

不同的筹资组合可以影响企业的报酬和风险。在资金总额不变的情况下，短期资金增加，可导致报酬的增加。也就是说，由于较多地使用了成本较低的短期资金，企业的利润会增加。但此时如果流动资产的水准保持不变，则流动负债的增加会使流动比率下降，短期偿债能力减弱，增加企业的财务风险。

应用案例3-2

秦池酒业的兴衰史

【案情简介】

1995年、1996年秦池酒业分别以6 666万元和3.2亿元的“天价”，成为中央电视台黄金时段广告“标王”的连任者。

为满足客户的需求，秦池酒厂必须扩大生产规模，更新或扩建、引进新设备，而巨大的广告费用和企业生产规模的扩大都需要大量的资金。秦池因此向银行举借了巨额的短期资金。

"一个县级小企业怎么能生产出15亿元销售额的白酒?"《经济参考报》的记者提出了质疑，标王在成为众人关注的焦点之时却没想到由此带来灭顶之灾。据了解，秦池在蝉联"标王"后不足两个月，《经济参考报》的4位记者便开始了对秦池进行暗访。一个从未被公众知晓的事实终于浮出了水面：秦池的原酒生产能力只有3 000吨左右，它从四川邛崃收购大量的散酒，再加上他们本厂的原酒、酒精勾兑成低度酒，然后以"秦池古酒"、"秦池特曲"等品牌销往全国市场。同时，由于当时全国白酒生产企业大增，洋酒也悄然进入酒业市场，秦池亏损严重。

2000年7月，一家酒瓶帽的供应商指控秦池酒厂拖欠300万元货款，地区中级法院判决秦池败诉，并裁定拍卖"秦池"注册商标，几亿元打造的商标仅以几百万元的价格抵债。

【案例点评】

秦池亏损严重的原因是多方面的，其中冒险的筹资组合增加了企业的财务风险。

3.1.6 筹资活动的业务流程

企业应根据国家筹资法规、宏观经济形势和企业发展战略确定筹资项目，拟定筹资方案，并按照筹资业务流程中不同环节体现出来的风险，结合资金成本与资金使用效益情况，采用不同措施进行风险控制。筹资活动的业务流程如图3.4所示。

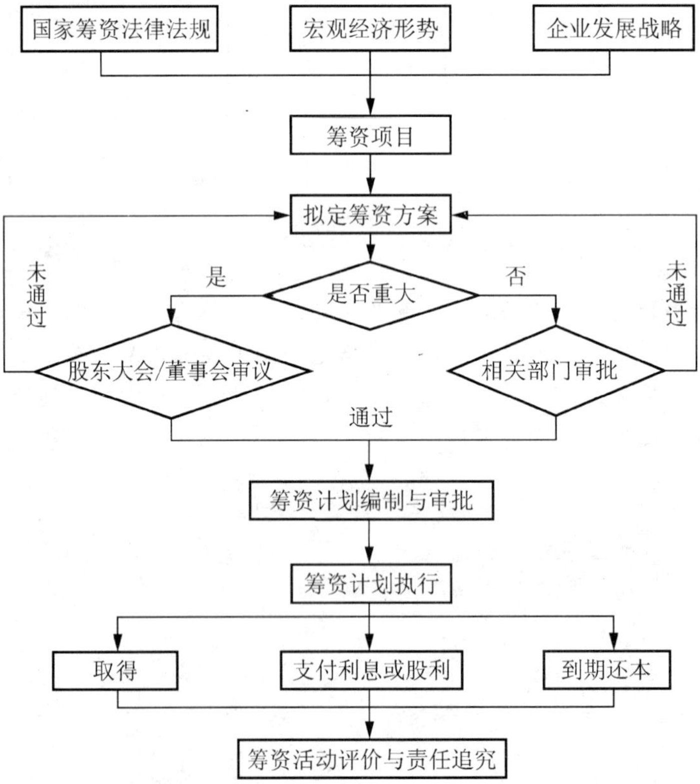

图3.4 筹资活动业务流程图

(资料来源：财政部会计司解读《企业内部控制应用指引第6号——资金活动》。)

特别提示

企业筹资业务可能面临的重要风险类型较多，主要有如下几种：①缺乏完整的筹资战略规划导致的风险。②缺乏对企业资金现状的全面认识导致的风险。③缺乏完善的授权审批制度导致的风险。④缺乏对筹资条款的认真审核导致的风险。⑤因无法保证支付筹资成本导致的风险。⑥缺乏严密的跟踪管理制度导致的风险。因此，企业在相应的内控活动中应注意识别关键风险，设计相关内控制度，有效地进行风险控制。(财政部会计司解读《企业内部控制应用指引第6号——资金活动》)

3.2 股权性筹资

股权性筹资主要有投入资本筹资和发行普通股筹资两种方式。

3.2.1 投入资本筹资

1. 投入资本筹资的含义和种类

1）投入资本筹资的含义

企业的全部资本按其所有权的归属，可以分为股权资本和债权资本。企业的股权资本一般由投入资本(或股本)和留存收益构成。根据我国有关财务制度的规定，企业的股权资本包括资本金、资本公积金、盈余公积金和未分配利润。企业的资本金是企业所有者为创办和发展企业而投入的资本，是企业股权资本最基本的部分。企业资本金因企业组织形式的不同而有不同的表现形式，在股份制企业中称为“股本(equity capital)”，在非股份制企业中则称为“投入资本”(invested capital)。

投入资本筹资是指非股份制企业以协议等形式吸收国家、其他企业、个人和外商等的直接投入的资本，是形成企业投入资本的一种筹资方式。投入资本筹资不以股票为媒介，适用于非股份制企业。

2）投入资本筹资的类型

(1) 按资本来源渠道的不同，可分为吸收国家投资和吸收联营投资。

吸收国家投资，主要是取得国家财政对企业的投资，包括基建拨款、流动资金拨款、专项拨款等。有权代表国家投资的部门或机构，以财政预算拨款的方式将国家资金投入企业，形成企业的国家资本金。长期以来，国家投资是我国国有企业中长期资金的主要来源，今后将仍然是国有大中型企业的重要资金来源。

吸收联营投资，是企业按照“共同投资、共同经营，共担风险、共享利润”的原则，在平等互利的基础上，以合资经营的方式取得其他公司、企业和其他经济组织或个人对企业的投资，包括国内联营投资和国外联营投资。

(2) 按投资者的出资形式不同划分，可分为吸收现金投资和吸收非现金投资。

现金投资是指企业从投资方获得以货币出资形式投入的资金。这是投入资本筹资中最重要的一种形式，现金可灵活方便地转换为其他物质性和非物质性经济资源。因此，企业在投入资本筹资时应尽可能多地争取投资者以现金形式出资。

吸收非现金投资，是指企业从投资方获得以实物、无形资产等出资形式投入的资金。吸收这些实物、无形资产的投资必然涉及评估作价的问题。

2. 吸收非现金投资的估价

非现金投资的估价，应由投融资双方按照公平合理的原则协商确定，也可聘请双方同意的专业资产评估机构进行评估。估价的方法主要有重置成本法(replacement cost method)、现行市价法(current market price method)和收益现值法(present value of earning)。

1）实物资产的估价

实物资产，主要是指机器设备、房屋建筑物等固定资产和材料物资、商品产品、半成品、在制品等存货资产。对实物资产的估价，一般采用重置成本法或现行市价法，对具有独立获利能力的设备或房屋建筑物，也可采用收益现值法进行估价。

2）无形资产的估价

吸收投资的无形资产主要有工业产权、非专利技术、土地使用权等。工业产权和非专利技术具有垄断性和特殊性，其价值与成本是不对称的，在投资中不宜采用重置成本法和现行市价法评估，应按收益现值法估价。土地使用权的估价可采用现行市价法或收益现值法。估价时，必须充分考虑待估土地的区域因素和个别因素。

3. 投入资本筹资的评价

1）投入资本筹资的优点

(1) 财务风险小。吸收直接投资没有固定的利息费用，向投资者支付报酬的多少可根据企业经营状况的好坏而定，所以财务风险较小。

(2) 能增强企业的举债能力。吸收直接投资使企业的自有资本增加，增加了企业的财务实力，为企业偿债提供了保障，从而增强了企业的举债能力。

(3) 能尽快形成生产能力。吸收直接投资不仅可以筹取现金，还可直接利用投资者投入的先进设备和先进技术，尽快形成生产能力。

2）投入资本筹资的缺点

(1) 资本成本较高。与发行债券或向银行贷款相比，吸收投入资本筹资支付给投资者的报酬是从税后利润支付的，不能抵税。因此，其资本成本一般比较高。

(2) 由于没有证券为媒介，产权关系有时不够明晰，也不便于产权的交易。

3.2.2 发行普通股筹资

股票(stock)是股份公司为筹措自有资本而发行的有价证券，是持股人拥有公司股份的凭证，它代表持股人即股东在公司拥有的所有权。

1. 股票的种类

1）股票按股东权利和义务分为普通股和优先股

普通股(common stock)是股份有限公司发行的无特别权利的股份，也是最基本、最标准的股份。通常情况下，股份公司的资本金主要以普通股为主。

根据我国《公司法》规定，普通股股东主要享有如下权利：

(1) 经营管理权。普通股股东有权出席股东大会，并依公司章程规定行使表决权。对公司账目和股东大会决议有审查权。

(2) 剩余请求权。公司经营得到的利润只有在支付了利息和优先股股利之后，剩下的才能作为普通股股利进行分配。

(3) 优先认股权。为了不影响原有股东对公司的控制权，公司发行新的股票时，普通股股东有优先认购的权利。

(4) 股票转让权。

优先股(preference stock)是股份有限公司发行的具有一定优先权的股票。优先股股东享有的权利主要包括如下两个方面：

(1) 股利的优先分配权。优先股股利一般是固定的，并且在普通股股利前支付。有些优先股股利还可累积支付。

(2) 剩余财产优先分配权。优先股股东对公司剩余财产的分配权在普通股股东之前。

另外，优先股股东对公司没有经营管理权，除涉及自身利益的重大决策外，一般无权参加股东大会。

2) 股票按有无记名分为记名股票和无记名股票

记名股票(inscribed stock)是指在股东名册上登记有持有人的姓名或名称及住址，并在股票上也注明持有人姓名或名称的股票。我国《公司法》规定，公司向发起人、国家授权投资的机构、法人发行的股票，应为记名股票；向社会公众发行的股票，可以为记名股票，也可以为无记名股票。记名股票除股票上所记载的股东外，其他人不得行使其股权，其转让、继承要办理过户手续。

无记名股票(bearer stock)是在股票票面上不记载股东的姓名或名称的股票，股东姓名或名称也不记入公司的股东名册。这类股票的持有人即为股份的所有人，股票的转让、继承无须办理过户手续。

3) 股票按票面是否标明金额可分为面值股票和无面值股票

面值股票(par value stock)是在票面上标有一定金额的股票。股票面值有两种意义：①用来计算付息比率；②清算时偿还资本。持有这种股票的股东，对公司享有权利和承担义务的大小，以其所拥有的全部股票的票面金额之和占公司发行在外股票总面额的比例大小来定。我国《公司法》规定，股票应当标明票面金额，且发行价格不得低于票面金额。

无面值股票(non-par value stock)是不在票面上标出金额，只载明所占公司股本总额的比例或股份数的股票。无面值股票的价值随公司财产的增减而变动，而股东对公司享有的权利和承担义务的大小，直接依股票标明的比例而定。

4) 股票按发行时间的先后可分为始发股和新股

始发股(也称原始股，initial offerings)是公司设立时发行的股票。新股是公司增资时发行的股票。始发股和新股发行的具体条件、目的和发行价格不尽相同，但股东的权利、义务是相同的。

5）股票按发行对象和上市地区可分为A股、B股、H股和N股

A股是供我国大陆地区个人或法人买卖的，以人民币标明票面金额并以人民币认购和交易的股票。B股、H股和N股是专供外国和我国的特定投资者买卖的，以人民币标明票面金额但以外币认购和交易的股票。其中B股在上海、深圳上市，H股在香港上市，N股在纽约上市。

6）股票按投资主体的不同可分为国家股、法人股、个人股和外资股

2. 股票的发行

股份有限公司在设立时首次发行股票称为IPO(initial public offering)。在公司设立之后，为扩大经营、改善资本结构，也会增资发行新股，称为新股发行。

1）股票发行的条件

(1) 股票发行的基本要求。按我国的《公司法》，股份公司发行股票应符合如下规定：①股份有限公司的资本划分为股份，每股金额相等；②股份发行实行公开、公平、公正的原则，同股同权，同股同利；③同次发行的股票，每股的发行条件和价格应当相同；④股票发行价格可以按票面金额，也可以超过票面金额，但不得低于票面金额；⑤股票应当载明公司名称、公司登记成立日期、股票种类、票面金额及代表的股份数、股票编号等主要事项；⑥向发起人、国家授权投资的机构、法人发行的股票，应当为记名股票，对社会公众发行的股票，可以为记名股票，也可以为无记名股票。

(2) 发行新股的条件。按《公司法》规定，股份公司发行新股必须具备以下条件：①前一次发行的股份已经募足，并间隔一年以上；②公司在最近3年内连续盈利，并可向股东支付股利；③公司在最近3年内财务会计文件无虚假记载；④公司预期利润率可达同期银行存款利率。

2）股票发行的程序

(1) 公司设立发行股票的程序

① 发起人认购股份，交付出资额。股份有限公司的设立有两种方式：发起设立方式和募集设立方式。以发起设立方式设立股份有限公司的，发起人需认购公司应发行的全部股份。以募集设立方式设立股份有限公司的，发起人认购的股份不得少于公司股份总数的35%，其余股份应当向社会公开募集。发起人可以用货币出资，也可以用实物、工业产权、非专利技术、土地使用权等非货币性资产出资，但作为出资的非货币性资产必须进行合理评估作价，核实财产，并折合为股份。其中工业产权、非专利技术作价出资的金额不得超过该公司注册资本的20%。

② 提出募集股份申请。发起人向社会公开募集股份时，必须向国务院证券管理部门提交募集申请，并报送批准公司设立的文件、公司章程、经营估算书、发起人姓名或名称及其认购股数、出资种类及验资证明、招股说明书、代收股款银行的名称及地址、承销机构名称及有关的协议等主要文件。

③ 公告招股说明书。募股申请获得批准后，发起人需在规定的期限内向社会公告招股说明书。招股说明书应当附有发起人制定的公司章程，并载明发起人认购的股份、每股票面金额和发行价格，无记名股票的发行总数、认股人的权利和义务、本次募集的起止期

限及逾期未募足时认股人可撤回所认股份的说明等有关事项。

④ 招认股份，缴纳股款。按《公司法》规定，发起人向社会公开募集股份，应当与依法设立的证券经营机构签订承销协议，由证券经营机构负责代其招募股份，承销股票，还应当同银行签订代收股款协议，由银行代收股款。认股人认购股份时，需在发起人制作的认股书上填写认缴股数、金额，认缴者住所等项目，并签名盖章。认股人填写认股书后，应在规定的期限内向代收股款的银行足额缴纳股款，发行股份的股款募足后，必须经法定的验资机构验资并出具证明。

⑤ 召开公司创立大会，选举董事会、监事会。发行股份的股款募足后，发起人应在30天内主持召开公司创立大会。创立大会由认股人组成，应有代表股份总数一半以上的认股人出席方可举行。创立大会审议发起人关于公司筹办情况的报告，通过公司章程，选举董事会和监事会成员，审核公司设立费用，对发起人用于抵作股款的财产的作价进行审核。

⑥ 办理设立登记，交割股票。经创立大会选举产生的董事会，应于创立大会结束后30天内向公司登记机关报送申请，办理公司设立登记。公司设立登记获得批准后，即可向股东正式交割股票，在公司设立登记未经批准前，不得进行股票交割。

(2) 增资发行新股的程序

① 股东大会作出发行新股决议。根据我国《公司法》，股份公司发行新股，股东大会应对新股种类及数额、新股发行价格、新股发行的起止日期、向原有股东发行新股的种类及数额等事项作出决议。对公司发行新股的种类、数额，应从公司筹集资本的需要、优化资本结构的要求、新股发行的市场前景、发行成本等方面考虑。新股的发行价格，可根据公司连续盈利情况和财产增值情况来确定。

② 提出发行新股的申请。公司作出发行新股的决议后，董事会必须向国务院授权的部门或者省级人民政府申请批准。属于向社会公开募集的新股，须经国务院证券管理部门批准。

③ 公告招股说明书(prospectus)，制作认股书，签订承销协议。公司经批准向社会公开发行新股时，必须公告新股招股说明书和财务会计报表及附表，并制作认股书。

④ 招认股份，缴纳股款，交割股票。认缴人填写认缴书，并按规定足额缴纳股款后，即可向认股人交割股票。

⑤ 办理变更登记，改组董事会、监事会。公司发行新股募足股款后，必须向公司登记机关办理变更登记，并公告。增资发行新股后，使股份数增加，引起股东持股比例变动，应召开股东大会，进行董事、监事改选。

3) 股票发行的方式

股票发行方式有直接发行和间接发行两种。

(1) 直接发行。股票直接发行是指股份公司自行直接将股票出售给投资者，而不经过证券经营机构承销的发行方式。直接发行一般是直接向少数特定对象发行，不对社会公众发行。股份公司以发起设立方式设立时发起人认购的股份，以及不向社会公开募集的方式发行新股都属于直接发行。这种发行方式发行成本较低，但是发行风险完全由发行公司自行承担，发行对象也不广泛，股票不易变现。

(2) 间接发行。间接发行是指发行人不直接参与股票发行,而是委托一家或几家证券公司代理发行,一般是对不特定的社会公众广泛发行。间接发行方式的发行对象广泛,容易筹足资本;股票的流通性好,易于变现;有利于提高公司的知名度。但是,这种发行方式的手续较复杂,发行成本较高。我国《公司法》规定,公司向社会公开发行股票,不论是募集设立时首次发行股票还是设立后再次发行股票,均应由依法设立的证券公司承销,签订承销协议。证券承销业务采取代销或者包销方式。

证券代销是指证券公司代发行人发售证券,在承销期结束时,将未售出的证券全部退还给发行人的承销方式。股票发行采用代销方式,代销期限届满,向投资者出售的股票数量未达到拟公开发行股票数量70%的,为发行失败。发行人应当按照发行价并加算银行同期存款利息返还股票认购人。

证券包销是指证券公司将发行人的证券按照协议全部购入或者在承销期结束时将售后剩余证券全部自行购入的承销方式。包销发行可促进股票顺利出售,保证发行公司能及时筹足股本,且免于承担发行风险。但是包销发行时,发行公司要将股票以略低的价格售给承销商,实际付出的发行费用较高。

4) 股票发行定价

(1) 股票发行定价的意义。股票发行定价关系到发行公司与投资者之间、新股东与老股东之间以及发行公司与承销公司之间的利益关系。如果股票发行定价过低,可能难以满足发行公司的筹资需求,甚至会损害老股东的利益;定价过高,可能增大投资者的风险,抑制投资者的认购热情,加大承销机构的承销风险和发售难度。

(2) 股票发行定价的基本原理。股票定价首先需要确定股票的内在投资价值,其次是根据供求关系来决定其发行价格。

① 股票的内在投资价值。股票内在投资价值的计量方法通常有未来收益现值法、每股净资产法、清算价值法和市盈率法。

a. 未来收益现值法,也称现金流量贴现法(discounted-cash-flow method)。股票价值等于预期未来可收到的全部现金性股息的现值之和,用公式表示为

$$P=\sum_{t=1}^{n}\frac{d_t}{(1+K)^t}$$

式中:P 为普通股的内在投资现值;d_t为第 t 年底预期得到的每股股息;K 为预期普通股收益率。

在能对公司未来收益作出准确判断的条件下,股票的投资价值即可确定为其发行价格,按此确定的价格是能反映市值的均衡价格。

b. 每股净资产法。每股净资产是所有资产按准确的账面价值,在支付了全部债务(含优先股)后每股公司所有权的价值,用公式表示为

$$每股所有权价值=\frac{账面总资产-账面负债额}{发行在外平均股数}$$

由于这一价值假定资产是按账面价值确定的,因此它不是每股股票的最低价值,从而可作为新股发行价确定的基本依据。

c. 清算价值法(liquidation value method)。每股清算价值是以公司资产被出售以清偿公司债务为假设前提,在支付了债权人和优先股股东之后,每一普通股东期望得到的实际

价值额，用公式表示为

$$每股清算价值=\frac{总资产的实际清算价值-全部债务}{发行在外平均股数}$$

每股清算价值是每股股票的最低价值，是公司股票发行的底价。

d. 市盈率法。它是根据同行业的参考市盈率，结合公司的盈利预测所确定的股票投资价值的方法，用公式表示为

$$股票价值=参考市盈率\times每股收益$$

② 供求关系的影响。供求关系对股票定价的影响，主要取决于金融市场上各金融商品的收益与风险的比较。从整个市场来看，一方面，如果市场利率较高，股票需求就会较小，相应的股票价格较低；另一方面，股票供给本身也影响价格，如在一定时期内股票供给过多，价格就会下降，供给量少，价格就会上升。

(3) 影响股票发行价格的主要因素，具体包括以下3个方面：

① 公司自身因素。一般而言，发行价格随发行公司的实际经营状况而定。这些因素包括公司现在的盈利水平及未来的盈利前景、财务状况、生产技术水平、成本控制、员工素质、管理水平等。其中最为关键的是盈利水平。税后利润的高低直接影响股票的发行价格，税后利润越高发行价格也越高，反之则越低。买股票就是买未来，因此，预测或确定税后利润是确定股票发行价格的重要方面。除利润外，发行公司本身的知名度、产品的品牌、股票的发行规模也是决定股票发行价格的重要因素。发行公司的知名度高，品牌具有良好的公众基础，发行价格可以适度提升；反之，则相反。股票发行规模较大，则在一定程度上影响股票的销售，增加发行风险，因而可以适度调低价格。当然，若规模较小，在其他条件较优时，则价格也可以适度提升。

② 环境因素。环境因素主要包括以下几个方面：第一，股票流通市场的状况及变化趋势。一般来说牛市阶段时，发行价格可以适当偏高；熊市阶段，价格宜偏低，因为此时价格较高，会增加发行困难和承销机构的风险，有可能导致整个发行计划的失败。第二，公司所处行业的特点。行业前景被看好的，股票价格可定得高些，反之则低些。第三，经济区位状况。发行公司所在经济区位的成长条件和空间，以及所处经济区位的经济发展水平，在很大程度上决定了发行公司的未来发展，影响到发行公司的未来盈利能力，进而影响到股票发行价格的高低。

③ 政策因素。政策因素中最主要的是两大经济政策因素：税负水平和利息率。一般而言，享有较低税负水平的发行公司，其股票的发行价格可以相对较高；反之，则可以相对较低。当利率水平降低时，每股的利润水平提高，从而股票的发行价格就可以相应提高；反之，则相反。当然，除了以上两个因素外，国家有关的扶持与抑制政策对发行价格也有重要影响。

(4) 发行价格的制定方法，主要有以下3种：

① 固定价格定价法。固定价格定价方式是由发行人和主承销商在新股公开发行前商定一个固定价格，然后根据这一价格进行公开发售。

固定价格发行定价方式的优点在于筹资金额确定、定价过程相对简单、时间周期较短，但定价的准确性、灵活度不高。

② 市场询价法。这种定价方式目前已得到普遍应用。当新股销售采用包销方式时，一般采用市场询价方式。这种方式一般包括两个步骤：①根据新股的价值(一般用现金流量贴现法等方法确定)、股票发行时的大盘走势、流通盘大小、公司所处行业、股票的市场表现等因素确定新股发行的价格区间；②主承销商协同发行人向投资者介绍和推介该股票，并向投资者发送预订邀请文件，征集在各个价位上的需求量，通过对反馈回来的投资者的预订股份单进行统计，主承销商和发行人对最初的发行价格进行修正，最后确定新股发行价格。

③ 竞价发行。竞价发行方式是指由各股票承销商或者投资者以投标方式，相互竞争确定股票发行价格。由于竞价法是一种直接的市场化定价方式，因此更能够直接地反映出投资主体对新股价格的接受程度，最终确定的价格更接近于新股未来上市后的市场价格。

3. 股票上市

1) 股票上市(public share offer)的意义

发行的股票经国务院或国务院授权证券管理部门批准在证券交易所挂牌交易的股份有限公司称为上市公司(quoted company)。股票上市对股份公司有利也有弊。有利方面的主要表现：①提高公司所发行股票的流动性和变现性，便于投资者认购、交易；②促进公司股权的社会化，防止股权过于集中；③提高公司的知名度；④有助于确定公司增发新股的发行价格；⑤便于确定公司的价值，有利于促进公司实现财富最大化目标。由此，不少公司积极创造条件，争取其股票上市。不利方面的主要表现：①各种“公开”的要求可能会暴露公司的商业秘密；②股市的人为波动可能歪曲公司的实际状况，损害公司的声誉；③可能分散公司的控制权。因此，有些公司即使已符合上市条件，也宁愿放弃上市机会。

2) 股票上市的条件

我国《证券法》规定，股份有限公司申请其股票上市，必须符合下列条件：

(1) 股票经国务院证券监督管理机构核准已公开发行。

(2) 公司股本总额不少于人民币 3 000 万元。

(3) 公开发行的股份达到公司股份总数的 25%以上；公司股本总额超过人民币 4 亿元的，公开发行股份的比例为 10%以上。

(4) 公司最近 3 年无重大违法行为，财务会计报告无虚假记载。

4. 普通股筹资的优缺点

股份有限公司运用普通股筹集自有资本，与优先股、公司债券及长期借款等筹资方式相比，有其优点和缺点。

1) 普通股筹资的优点

(1) 发行普通股筹措的资本具有永久性，无到期日，无须偿还。与负债筹资相比，普通股筹资是权益资本，除非公司清算一般不需要偿还资本，为企业提供长期稳定的资金来源。

(2) 发行普通股没有固定的股利负担。与优先股及负债相比，普通股股利不固定，股利支付需视企业盈利状况及股利政策而定。

(3) 发行普通股筹资风险小。普通股没有还本付息的压力，筹资风险较小。

(4) 发行普通股筹资能增强公司的信誉。普通股筹资筹集到的是自有资本，有利于提高公司的信用价值，增强举债能力。

(5) 发行普通股限制较少。发行普通股不像优先股和债券有较多的限制条款，这保证了企业经营的灵活性。

2) 普通股筹资的缺点

(1) 资本成本高。普通股筹资成本一般要高于优先股和借入资金。普通股成本高可以从3个方面来看：①从投资者的角度来看，投资普通股风险最大，所以投资者要求比较高的报酬率；②与债券利息相比，股息支付属于税后利润分配项目，不能抵税，而借入资金利息则可以抵税；③普通股的发行成本也较高。

(2) 普通股筹资容易分散原有股东的控制权。由于普通股股东享有对公司的经营管理权，增资发行新股就会改变股东的持股比例，如果原有股东没有同比例购买新股，其持股比例就会下降。因此，一般老股东都不希望公司增资发行新股。另外，增发新股会引起每股利润、每股股利及股票价格的下降。

3.3 债权性筹资

负债是企业一项重要的资金来源，几乎没有一家企业是只靠股权资本而不运用负债就能做大的。与股权性筹资相比，债务筹资所筹集的资金具有使用上的时间性，需到期偿还；不论企业经营好坏，需固定支付债务利息，从而形成企业固定的负担；但其资本成本一般比普通股筹资成本低，且不会分散投资者对企业的控制权。

按照所筹资金可使用时间的长短，债权性筹资可分为长期债务筹资和短期债务筹资两类。长期债权性筹资一般有发行债券筹资、长期借款筹资和融资租赁3种方式，短期债务筹资常采用的有银行短期借款、货币市场信用和商业信用等形式。

3.3.1 发行债券筹资

债券(bond)是债务人为筹集借入资本而发行的，约定在一定期限内向债权人还本付息的有价证券。

1. 债券的种类

1) 按债券有无担保分为抵押债券与信用债券

发行公司以特定财产作为抵押品的债券称为抵押债券(mortgage bond)，又称有担保债券。按其担保品的不同又可细分为不动产抵押债券、动产抵押债券和信托抵押债券。

信用债券(debenture bond)又称无担保债券，是指发行公司没有抵押品担保，完全凭公司信用发行的债券。这种债券通常由信誉良好、实力较强的企业发行，一般利率略高于抵押债券。

2) 按是否记名分为记名债券和无记名债券

记名债券(registered bond)要在券面上记有持券人的姓名或名称及住所，并记入公司债券存根簿。公司只对记名人偿还本金，持券人凭印鉴支取利息。记名债券由债券持有人以背书方式或者法律、行政法规规定的其他方式转让，并由公司将受让人的姓名或者名称及住所记载于公司债券存根簿。

无记名债券(unregistered bond)是指券面上无持券人姓名或名称，债券本息直接向债券持有人支付。其转让由债券持有人在依法设立的证券交易所将该债券交付给受让人后即发生转让的效力。

3）按债券利率是否固定分为固定利率债券和浮动利率债券

固定利率债券是利率水平在发行债券时即已确定并载于债券券面的债券。

浮动利率债券的利率水平在发行债券之初不固定，而是根据有关利率(如政府债券利率、银行存款利率等)的变化而同方向调整。

4）按偿还方式分为到期一次债券和分期债券

到期一次债券是发行公司于债券到期日一次集中清偿本金的债券。

分期债券是指一次发行而分期、分批偿还的债券。公司发行这类债券的目的就是分散债券偿付期，减轻企业财务压力。

5）按能否转换为公司股票分为可转换债券与不可转换债券

可转换债券(convertible bond)是指发行公司依据法定程序发行的，在一定期间内依据约定的条件可以转换成公司股份的债券；与之相反，不能转换成公司股份的债券即为不可转换债券(nonconvertible bond)。按照《公司法》的规定，只有上市公司经股东大会决议后方可发行可转换债券。

6）按能否提前收兑分为可提前收兑债券和不可提前收兑债券

可提前收兑债券是企业按照发行时的条款规定，依一定条件和价格在企业认为合适的时间可收回的债券，这类债券的益处就在于，当利率降低时，企业可用“以新换旧”的办法，收回已发行的利率较高的债券，代之以新的、利率相对较低的债券，以降低债务成本。不可提前收兑债券是指不能依条款从债权人手中提前收回的债券，它只能在证券市场上按市场价格买回，或等到债券到期后收回。

7）按能否上市分为上市债券与非上市债券

上市债券(listed bond)是指在证券交易所挂牌交易的债券。上市债券的信用度高，流通性好，容易吸引投资者，也有利于提高发行公司的声誉，但债券上市有严格的要求，而且要负担较高的发行费用。非上市债券(unlisted bond)是指不能在证券交易所挂牌交易的债券。其发行可由发行公司直接向社会发行，也可由证券经营机构承销，但根据我国有关法律规定，公司发行债券须由证券经营机构承销。

8）按发行主体分为政府债券、金融债券、公司(企业)债券和国际债券

(1) 政府债券(government bond)。政府债券又可区分为中央政府债券、地方政府债券和政府保证债券。其中，中央政府债券就是通常所说的国债。在各类债券中政府债券信誉最高，资信可靠，投资风险较小，还本付息按时可靠，无需考虑到期的偿还能力。因风险小、信誉高，因此，一般情况下，它的实际收益率略低于其他债券。

(2) 金融债券(financial bond)。这是由银行或非银行金融机构发行的债券。金融机构通过发行金融债券，有利于对资产和负债进行科学管理，实现资产和负债的最佳组合。金

融债券的信誉高于企业债券低于政府债券，因此，其利率介于两者之间。

(3) 公司(企业)债券(corporate bond)。公司(企业)债券是股份制公司或企业为筹措长期资金，依照法定程序发行的，约定在一定期限还本付息的有价证券。在西方国家公司债券即企业债券。

(4) 国际债券(international bond)。这是由外国政府、外国法人或国际组织和机构发行的债券。国际债券是一种在国际直接融通资金的金融工具，它包括外国债券和欧洲债券两种形式。外国债券指发行者、发行市场不在同一个国家，且以发行市场所在国的货币为计量单位发行的债券(即发行市场、面值货币属同一个国家)，如外国机构单位在我国发行的债券，对于我们来说是"外国债券"。欧洲债券是指一国政府、金融机构、工商企业或国际组织在国外债券市场上以第三国货币为面值发行的债券。例如，英国一家机构在法国债券市场上发行的以美元为面值的债券即是欧洲债券，欧洲债券的发行人、发行地以及面值货币分别属于3个不同的国家。

2. 债券的发行

1) 债券的发行条件

按照我国《证券法》规定，公开发行公司债券，应当符合下列条件：

(1) 股份有限公司的净资产不低于人民币3 000万元，有限责任公司的净资产不低于人民币6 000万元。

(2) 累计债券余额不超过公司净资产的40%。

(3) 最近3年平均可分配利润足以支付公司债券一年的利息。

(4) 筹集的资金投向符合国家产业政策。

(5) 债券的利率不超过国务院限定的利率水平。

(6) 国务院规定的其他条件。

公开发行公司债券筹集的资金，必须用于核准的用途，不得用于弥补亏损和非生产性支出。

上市公司发行可转换债券，还应当符合关于公开发行股票的条件，并报国务院证券监督管理机构核准。

发行公司发生下列情形之一的，不得再次发行公司债券：

(1) 前一次发行的公司债券尚未募足的。

(2) 对已发行的公司债券或者其债务有违约或者延迟支付本息的事实，且仍处于继续状态的。

(3) 违反规定，改变公开发行公司债券所募资本用途的。

2) 债券的发行程序

(1) 作出发行债券的决议或决定。公司发行债券，首先需要就债券发行总额、票面金额、票面利率、偿还期限、发行价格、发行方式、发行起止日期等内容作出决议或决定。

(2) 提出发行债券申请。在作出发行债券的决议或决定后，公司应当向国务院证券管理部门提出发行债券的申请，并提交公司登记证明、公司章程、公司债券募集办法、资产评估报告和验资报告等有关文件。

(3) 公告募集办法。发行公司债券的申请经批准后，应当公告公司债券的募集办法。募集办法中应载明公司名称、债券总额和债券的票面金额、利率、还本付息的期限和方式、债券发行的起止日期、公司净资产额、已发行的尚未到期的债券总额、承销机构等主要事项。

(4) 募集债券款。债券的募集有私募发行和公募发行两种。私募发行是以少数特定的投资者为募集对象，发行公司直接向投资者发售债券，收取债券款；公募发行是通过证券经营机构承销，向社会公众公开发行。

3. 债券的信用评级

1) 债券信用评级的意义

债券的信用等级无论对债券发行公司还是投资者都有十分重要的影响。对发行公司而言，债券信用级别的高低直接影响筹资成本、债券发行价格和债券发行的结果：债券信用级别高，则投资者要求的风险补偿少，筹资成本低；债券信用级别高，债券的价值相对也高，可以较高的价格发行；债券信用级别高，说明投资风险小，容易吸引投资者。对投资者而言，债券信用级别是进行投资决策的重要依据：信用级别高的债券，风险小，其风险报酬也低；反之，信用级别低的债券，风险大，其风险报酬也高。投资者可根据其对风险的承受能力和偏好选择不同级别的证券。

债券的评级制度最早源于美国。1909 年，美国人约翰·穆迪(John Moody)在《铁路投资分析》(Analysis of Railroad Investment)一文中，首先运用了债券评级的分析方法。从此，债券评级的方法便推广开来，并逐渐形成评级制度，为许多国家所采用。实际中，一般并不强制债券发行者必须取得债券评级，但在发达的证券市场上，没有经过评级的债券往往难被投资者接受，因此，发行债券的公司一般都自愿向债券评级机构申请评级。

我国国务院于 1993 年发布的《企业债券管理条例》规定，企业发行公司债券，可以向经认可的债券评级机构申请信用评级。根据中国人民银行的有关规定，凡是向社会公开发行的企业债券，需由中国人民银行及其授权的分行指定资信评级机构或公正机构进行评级。

2) 债券的信用等级

目前国际上广泛采用的是美国著名的信用评定机构穆迪公司和标准普尔公司制定的等级标准。一般将信用等级分为 3 等 9 级，见表 3-8。

从表 3-8 中可以看出，穆迪公司将债券分为 9 个等级：Aaa、Aa、A、Baa、Ba、B、Caa、Ca、C。

表 3-8　债券信用评级表

穆迪公司		标准普尔公司	
级别	信用程度	级别	信用程度
Aaa	最优等级	AAA	最优等级
Aa	高等级	AA	中高级
A	较高等级	A	中等偏上等级

续表

穆迪公司		标准普尔公司	
级别	信用程度	级别	信用程度
Baa	一般等级	BBB	中等
Ba	投机性的等级	BB	中等偏下
B	一般不宜考虑投资的等级	B	投机性等级
Caa	容易失败的等级	CCC、CC	完全投机性等级
Ca	高度投机的等级	C	失败的等级
C	最差的投资等级	DDD、DD	失败的等级

Aaa 是最高等级，这个级别的债券质量最高，其投资风险最小，被称为“金边债券”。这种债券的利息支付有很高的、稳定的利润作为基础，本金的偿还也有可靠的抵押品作为保证。当某些外部条件变化时，债券的偿还能力几乎不受影响。

Aa 为高等级。从各方面看，这种债券的质量都是很好的，它与 Aaa 级别的债券一起构成高级别的债券。它与 Aaa 级别债券的差距主要在于作为利息支付基础的利润，或者是利润额较低一些，或者是稳定性较差一些。另外，通常这种债券的长期风险要高于 Aaa 级别的债券。

A 为较高等级。这种债券是很好的投资选择，债券的本金和利息支付都有足够的保证。但同时有迹象表明，这种能力在将来可能有被削弱的危险。

Baa 为一般等级。这种债券的本金和利息支付能力一般，其可靠性也一般。从发债时点看，这种债券具备偿付本金和利息的能力，并有一定的保证。但从长期来看，其可靠性较差。这种债券具备一定的投资特性，同时也显示出一定的投机性。

Ba 为投机性等级。这种债券有强烈的投机性质，其未来状况难以判断，缺乏保证，对本金和利息的支付能力的保证程度一般。

B 为一般不宜考虑的投资等级。这种债券对未来如期支付利息和本金，以及履行债务事项的保证能力很差。

Caa 为容易失败的等级。这种债券目前可能处于危险之中，或者已经表现出难以支付利息和本金的危险迹象。

Ca 为高度投机的等级。这种债券通常是已经陷于破产境地或有其他严重问题的公司发行的债券。

C 是最差的投资等级。这种债券各方面质量都很差，不具备任何进行投资购买的价值。

标准普尔公司的等级评定与穆迪公司相似，也分为 9 个等级：AAA 为最高等级，AA 为高等级，A 为中等偏上，BBB 为中等，BB 为中等偏下，B 为投机性等级，CCC 和 CC 为完全投机性等级，C 为失败等级。另外，标准普尔公司还设有 DDD 和 DD 等级，也为失败等级，但状况比 C 级更差。

一般来说，Baa 和 BBB 以上级别的债券都是正常投资级别的债券。

3）债券评级的标准

债券信用等级的评估，是评估机构作出的主观判断，这种判断是建立在对许多客观因素进行定性和定量分析基础上的。评级中需要分析的主要有以下几种因素：

（1）公司的财务指标。财务指标包括公司的资本实力、债务状况、偿债能力、获利能力、营运能力等财务指标以及这些指标的变动趋势。财务指标综合评价高且发展趋势稳定的公司，其债券等级高。

（2）公司的发展前景。发展前景包括分析、判断债券发行公司所处行业的状况，如是“朝阳产业”，还是“夕阳产业”，分析评级公司的发展前景、竞争能力、资源供应的可靠性等。

（3）公司债券的约定条件。约定条件包括分析评价公司发行债券有无担保及其他限制条件、债券期限、付息还本方式等。

（4）公司的财务政策。财务政策稳健的公司，其资本结构中负债程度较低，计算的收益较保守，财务质量较高，有利于债券等级提升。

4. 债券筹资的优缺点

1）债券筹资的优点

（1）债券成本较低。与股票的股利相比较而言，债券的利息允许在所得税前支付，发行公司可享受税收利益，公司实际负担的债券成本一般低于股票成本。

（2）可利用财务杠杆。无论发行公司的盈利有多少，债券持有人一般只收取固定的利息，而更多的收益可用于分配给股东或留用于公司经营，从而增加股东和公司的财富。

（3）保障股东控制权。债券持有人无权参与发行公司的管理决策，因此，公司发行债券不会像增发新股那样可能会分散股东对公司的控制权。

（4）便于调整资本结构。在公司发行可转换债券以及可提前赎回债券的情况下，便于公司主动且合理地调整资本结构。

2）债券筹资的缺点

（1）财务风险较高。债券有固定的到期日，并需定期支付利息，发行公司必须承担按期付息偿本的义务。在公司经营不景气时，也需要向债券持有人还本付息，这会给公司带来更大的财务困难，有时甚至导致破产。

（2）限制条件较多。发行债券的限制条件一般要比长期借款、租赁筹资的限制条件多且严格，从而限制了公司对债券筹资方式的使用，甚至会影响公司以后的筹资能力。

（3）筹资数量有限。公司利用债券筹资一般有一定额度的限制。多数国家对此都有限定。我国《公司法》规定，发行公司流通在外的债券累计总额不得超过公司净资产的40％。

3.3.2 长期借款筹资

长期借款是指企业向银行等金融机构以及向其他单位借入的、期限在1年以上的各种借款。长期银行借款与短期银行借款在借款信用条件方面基本相同。企业举借长期借款主要用于购建固定资产和满足长期流动资金的需要。

1. 长期借款的种类

(1) 按提供贷款的机构，分为政策性银行贷款、商业性银行贷款和非银行金融机构贷款。

政策性银行贷款是指由国家开发银行、中国进出口银行、中国农业发展银行等执行国家政策性贷款业务的银行提供的贷款，如国家重点建设项目资金贷款、进出口设备买方或卖方信贷等。

商业性银行贷款是指由中国银行、中国工商银行、中国农业银行、中国建设银行等国有独资商业银行，及交通银行、招商银行等股份制商业银行提供的贷款。这类贷款主要是为满足企业生产经营的资金需要。

非银行金融机构贷款是指从信托投资公司取得的实物或货币形式的信托投资贷款，以及从财务公司取得的各种中长期贷款等。其他金融机构对企业的贷款一般较商业银行贷款的期限更长，相应的利率也较高，对借款企业的信用要求和担保的选择也比较严格。

(2) 按有无抵押品作担保，分为抵押贷款和信用贷款。

抵押贷款是指以特定的抵押品为担保的贷款。作为贷款担保的抵押品可以是不动产、机器设备等实物资产，也可以是股票、债券等有价证券。它们必须是能够变现的资产。如果贷款到期时借款企业不能或不愿偿还贷款时，银行可取消企业对抵押品的赎回权，并有权处理抵押品。抵押贷款有利于降低银行贷款的风险，提高贷款的安全性。

信用贷款是指不以抵押品作担保的贷款，仅凭借款企业的信用或某保证人的信用而发放的贷款。信用贷款通常仅由借款企业出具签字的文书，一般是贷给那些资信优良的企业。对于这种贷款，由于风险较高，银行通常要收取较高的利息，并往往附加一定的条件限制。

(3) 按贷款的用途，还可分为基本建设贷款、更新改造贷款、科研开发和新产品试制贷款等。

2. 取得长期借款的条件

企业申请贷款应具备以下条件：

(1) 独立核算、自负盈亏、具有法人资格。

(2) 经营方向和业务范围符合国家产业政策，借款用途属于银行贷款办法规定的范围。

(3) 借款企业具有一定的物资和财产保证，担保单位具有相应的经济实力。

(4) 有偿还贷款的能力。

(5) 财务管理和经济核算制度健全，资金使用效益及企业经济效益良好。

(6) 在银行设有账户，办理结算。

3. 长期借款合同的内容

借款合同是借贷当事人双方在平等互利、协商一致的基础上签订的，明确各方权利和义务的契约。借款合同依法签订后，即有法律效力，签约各方必须信守合同，履行合同约定的义务。

1）借款合同的基本条款

按照我国有关法规，借款合同中应载明的基本条款包括如下内容：①借款种类；②借款用途；③借款金额；④借款利率；⑤还本付息的期限及还款方式；⑥还款的资金来源；⑦保证条件；⑧违约责任等。其中，保证条件是银行为保证按时足额收回贷款，对借款企业自有资金比例、抵押贷款的抵押品及其处置权、信用担保贷款担保人的条件及责任等约定的条款。

2）借款合同的限制性条款

由于长期借款的期限长、风险大，按国际惯例，借款合同中除了载明合同的基本条款外，通常还要加入银行对借款企业提出的一些限制性条款。这些限制性条款一般可分为以下3类：

（1）一般性限制条款。在一般借款合同中都有这类条款，其具体内容根据不同情况而定。主要包括如下内容：①规定借款企业的流动资产的持有量；②限制借款企业支付现金股利；③限制借款企业资本性支出的规模；④限制借款企业新增其他长期负债等。

（2）例行性限制条款。作为例行常规，这类条款在多数借款合同中都会出现。主要包括如下内容：①借款企业定期向银行报送财务报表；②不准借款企业在正常情况下出售太多的资产；③借款企业需及时缴纳税金及清偿其他到期债务；④限制以资产作为其他承诺的担保或抵押；⑤禁止贴现票据和转让应收账款等。

（3）特殊性限制条款。这类条款仅针对某些特殊情况的存在而在合同中列示。例如，规定贷款专款专用，不准借款企业投资于短期内不能收回资金的项目，要求借款企业主要领导人购买人身保险等。

4. 长期借款的偿还方式

按合同约定期限和方式偿还贷款，是借款人必须履行的义务。长期借款的偿还方式一般有以下几种：

（1）定期支付利息，到期一次性还本。在这种偿还方式下，企业要承受集中还款的压力，在借款到期日前要做好资金准备，以保证如期足额清偿借款。

（2）定期等额偿还。在借款存续期内，定期以相等的金额偿还借款本息。这种偿还方式可减轻企业还款时的财务负担，降低企业的拒付风险，但企业实际支付的借款利率将高于其名义利率，即高于借款合同上标明的借款利率。

（3）不等额分次偿还。在借款期内分数次偿还本金和利息，每次偿还的金额不等，到借款到期日全部还清。

5. 长期借款筹资的优缺点

1）长期借款筹资的优点

（1）筹资迅速。长期借款所要办理的手续相对于股票、债券等方式较为简单，具有程序简便、迅速快捷的特点。

（2）借款弹性较大。无论是用款进度或是还款安排，由于只和某一银行进行一对一的协商，因此，有利于企业按照自身的要求和能力来变更借款数量与还款期限，对企业来说具有一定的灵活性。

(3) 成本低。由于借款利息在税前开支，且间接筹资费用低，因此，其成本相对较低。

(4) 发挥财务杠杆作用。长期借款与债券筹资一样，其利息支付是固定的，可发挥财务杠杆作用。

(5) 易于企业保守财务秘密。向银行办理借款，可以避免向公众提供公开的财务信息，因而易于减少财务信息的披露面，对保守财务秘密有好处。

2) 长期借款筹资的缺点

(1) 筹资风险大。尽管借款具有某种程度的弹性，但还本付息的固定义务仍然存在，企业偿付的压力大，筹资风险较高。

(2) 使用限制多。银行为保证贷款的安全性，对借款的使用附加了很多约束性条款，这些条款在一定意义上限制了企业自主调配与运用资金的功能。

(3) 筹资数量有限。长期借款与股票、债券等直接筹资方式相比，筹资数量相对有限。

3.3.3 租赁筹资

租赁是出租人以收取租金为条件，在契约或合同规定的期限内，将资产的使用权让渡给承租人的一种经济行为。同银行贷款一样，租赁也是一种信用活动，在实质上具有借贷性质，所不同的是银行贷款的标的物是货币，而租赁的标的物是实物。租赁物大多是各种机器设备和房屋等固定资产。

1. 租赁的种类

1) 经营租赁

(1) 经营租赁的含义。经营租赁(operating lease)又称营业租赁或业务租赁，是由出租人向承租企业提供租赁设备，并提供设备维护保养和人员培训等的服务性业务。经营租赁一般为短期租赁，是承租企业为取得设备的短期使用权而采取的筹资行为。

(2) 经营租赁的特点。经营租赁通常有以下特点：①承租企业可随时根据需要向出租人承租资产；②租赁期短，只是资产使用寿命的一小部分；③它是一种可解约的租赁，在合理的条件下，承租人有权在租赁期间预先通知出租人后解除租约，或要求更换租赁物；④出租人提供维修保养和技术指导等专门性服务；⑤一次租赁的租金不足以弥补其资产成本，租赁期满后资产由出租人收回自用或多次出租；⑥租赁资产的风险由出租人承担。

2) 融资租赁

(1) 融资租赁的含义。融资租赁(financing lease)又称财务租赁、资本租赁，是由租赁公司按照承租企业的要求融资购买设备，并在契约或合同规定的较长期限内提供给承租企业使用的信用性业务；融资租赁属长期租赁，是承租企业为融通资金而采用的集融资与融物于一身的特殊筹资方式。

应用案例 3-3

某电信类上市公司经营租赁案例

【案情简介】

2004年11月，某电信类上市公司通过融资租赁公司按经营性租赁方式购置了5 000万元的电信设备，租期3年，每月末支付租金，会计处理时不作为自有固定资产处理，只在“租入固定资产登记表”中作表外登记，支付租金时记入成本费用之中。虽然银行非常愿意给公司贷款，但由于银行贷款在该公司体现为负债，增加了公司的资产负债率，而经营性租赁不但不增加负债，而且具有增加经营业绩的功能，因此该公司选择了经营性租赁模式。

【案例点评】

该企业是上市公司，通过选择经营性租赁方式，可实现表外融资，美化公司的财务指标，降低资产负债率，提高每股收益。

（资料来源：《财经日报》，2008.1.11.）

特别提示

融资租赁于1952年产生于美国，它是市场经济发展到一定阶段而产生的一种适应性较强的融资方式，是集融资与融物、贸易与技术于一体的新型金融产业，已成为资本市场上仅次于银行信贷的第二大融资方式，目前全球有1/3投资通过这种方式完成。“聪明的企业家决不会将大量的现金沉淀到固定资产的投资中去，固定资产只有通过使用(而不是拥有)才能创造利润”。我国的融资租赁业务是20世纪80年代改革开放之初从国外引进的，由于发展速度慢、规模小，目前市场渗透率只有1%(远低于发达国家30%的水平)。这说明融资租赁在我国还有广阔的发展空间。

(2) 融资租赁的特点。融资租赁(finance lease)与经营租赁相比，其特点主要表现在以下几个方面：①承租人对设备和供应商具有选择的权利和责任，一般由承租企业向出租方提出正式申请，由出租方根据承租的要求融通资金购入设备给承租企业使用；②租赁期限较长，大多为设备耐用年限的一半以上；③它是一种不可解约的租赁，在规定的租期内非经双方同意，任何一方不得中途解约；④由承租企业负责租赁物的维修保养和管理，但不能自行拆卸改装；⑤出租人几乎可以通过一次出租，就可收回在出租资产上的全部投资；⑥租约期满后，租赁资产可作价转让给承租人，也可由出租人收回或续租。

(3) 融资租赁的形式。融资租赁按其业务上的不同特点，又可细分为直接租赁、售后租回和杠杆租赁3种具体形式。

直接租赁(direct leasing)是指承租人直接向出租人租入所需要的资产并支付租金。它是融资租赁的典型形式，其出租人一般为设备制造厂商或租赁公司。

售后租回(sale and lease back)是租赁企业将其设备卖给租赁公司，然后再将所售资产租回使用并支付租金的租赁形式。承租企业出售资产可得到一笔现金，同时租回资产不影响企业继续使用，但其所有权已经转移到租赁公司。

应用案例 3-4

K公司生产设备售后租回

【案情简介】

合肥市K公司是一家以印刷为主要业务的民营股份制企业，生产、销售一直保持着良好的发展态势，最近因原材料价格上涨，资金出现暂时困难，通过与安徽兴泰租赁有限公司业务部洽谈，将其最主要的一台生产设备(四开四色胶印机SM74－4－H)，采用售后租回的方式，出售给租赁公司，按期支付一定租金，这样既解决了流动资金不足的状况，也没有影响到自身的生产。

【案例点评】

企业通过这种"回租"，将物化资本转变为货币资本，将不良资产变为优质资产——现金，保持了资金的流动性，改善了企业的现金流，盘活了存量资产，而且并不影响企业对财产的继续使用。

(资料来源：合肥晚报.)

杠杆租赁(leveraged leases)是当前国际上流行的一种特殊形式的融资性租赁。在这一租赁方式中，出租人一般出相当于租赁资产价款20%～40%的资金，其余60%～80%的资金由其将购置的租赁物作为抵押向金融机构贷款，然后将购入的设备出租给承租人，并收取租金。这种方式一般要涉及承租人、出租人和贷款人3方当事人。从承租方看，这一租赁方式跟前两种租赁方式没有太多差别。但从出租方看，出租人只垫付部分资金便获得租赁资产的所有权，而且租赁收益大于贷款成本支出，出租方能够取得财务杠杆收益，故这种方式被称为杠杆租赁。

2. 租金的确定

融资租赁的租金包括租赁设备的购置成本、租息和预计设备的残值3部分。租赁设备的购置成本包括设备买价、运杂费、途中保险费等，它是租金的主要组成部分。租息包括租赁公司的融资成本和租赁手续费，其中融资成本是指租赁公司为购买租赁设备所筹资金的成本，即设备租赁期间的利息；租赁手续费包括租赁公司承办租赁设备的营业费用和一定的盈利。租赁手续费的高低一般没有固定标准，由承租企业与租赁公司协商确定。预计设备的残值即设备租赁期满时预计的可变现的净值，它是租金构成的减项。

租金的支付方式决定着每次支付租金的时间间隔和每期租金的大小。租金按支付期长短可分为年付、半年付、季付和月付；按在期初和期末支付则可分为先付租金和后付租金；按每次是否等额支付，又可分为等额支付和不等额支付。实践中，大多为后付等额年金。

在我国租赁实务中，租金一般采用平均分摊法与等额年金法。

(1) 平均分摊法。它是指按事先确定的利息率和手续费率计算租赁期间的利息和手续费总额，然后连同设备成本按支付次数进行平均。这种方法不考虑时间价值因素，计算较为简单，即

$$每次支付的租金=\frac{(设备成本-预计残值)+租期内利息+租赁手续费}{租期}$$

【例3-5】 某企业2002年1月向租赁公司租入一套设备，价值为100万元。租期为6年，预计残值为5万元(归出租方所有)，租期年利率为10%，年租赁手续费率为设备价值的2%。租金为每年末支付一次，则该设备每年支付的租金为

$$租期内利息=100\times(1+10\%)^6-100\approx77.2(万元)$$

$$租期内手续费=100\times2\%\times6=12(万元)$$

$$每年支付租金=(100-5+77.2+12)/6=30.7(万元)$$

(2) 等额年金法。它是将利息率与手续费率综合成贴现率，运用年金现值方法确定的每年应付租金。其计算公式为

$$每年支付租金=\frac{等额租金现值总额}{等额租金的现值系数}$$

分为两种情况：一种是每期租金在年初支付，即采用先付年金方式；另一种是每期租金在年末支付，即采用后付年金方式。

【例3-6】 承例3-5，租赁费综合贴现率为12%，采用后付年金方式支付租金，则

$$\begin{aligned}每年末支付的租金&=[100-5\times(P/F,12\%,6)]/(P/A,12\%,6)\\&=[100-5\times0.5066]/4.1134\approx23.71(万元)\end{aligned}$$

本例如果采用即付年金，则

$$每年年初支付的租金=\frac{23.71}{1+12\%}\approx21.17(万元)$$

从上述两种计算方法看，平均分摊法没有完全考虑资金时间价值因素，因此它每年支付的租金比等额年金法要多。可见在选择租金计算方法时，年金法对承租人有利。

3. 融资租赁筹资的优缺点

1) 融资租赁筹资的优点

(1) 融资与融物为一体，可迅速获得所需资产。租赁筹资不需进行机器设备的购置过程，能使企业所需设备尽快投入使用。

(2) 避免债务的限制性条款。与其他负债筹资方式相比，租赁筹资的限制性条件较少，能使企业经营决策更具灵活性。

(3) 转嫁设备陈旧过时的风险。企业采取租赁方式，既取得了资产的使用权，又不必承担设备陈旧过时的风险，尤其对一些技术进步较快、无形损耗较大的固定资产，采用这种方式对承租企业更有利。

(4) 租金费用在所得税前扣除，减轻企业的实际租金负担。

2) 融资租赁筹资的缺点

(1) 租赁成本高。与通过银行借款筹资购建资产相比，融资租赁的租金中所含的利息成本要比借款利息高得多。

(2) 丧失资产残值。租赁期满，除非承租企业购买该项资产，其残值一般归租赁公司所有。

3.3.4 银行短期借款筹资

银行短期借款(short-term loans)是指企业向银行或其他非银行金融机构借入的期限在一年以内的借款。从金融机构取得短期借款是企业经常采用的一种短期筹资方式。我国目前为企业提供短期借款的金融机构主要有商业银行、信托投资公司、信用合作社及其他经营贷款业务的金融机构。

1. 银行短期借款的种类

1）按借款目的和用途划分

按借款目的和用途划分，可分为生产周转借款、临时借款、结算借款、卖方信贷等。

(1) 生产周转借款是指企业在生产经营过程中因流动资金周转计划额度内的自有流动资金不足而向银行申请取得的借款。

(2) 临时借款是企业在生产经营过程中由于临时性或季节性原因造成超过核定的资金周转计划占用额时向银行取得的借款。

(3) 结算借款是企业采用托收承付结算的方式向异地发出商品，在委托银行收款期间为解决在途结算资金占用的需要，以托收承付结算凭证为保证向银行取得的借款。

(4) 卖方信贷是在销货企业赊销商品和购货单位分期付款的条件下，银行向销货企业发放的贷款。在买方付款后，卖方应向银行归还贷款。卖方信贷实际上是银行用贷款支持制造先进设备的卖方，并用赊销方式支持使用设备的买方，鼓励企业更新陈旧设备。

2）按借款人提供借款的保障程度划分

按借款人提供借款的保障程度划分，可分为信用借款、担保借款和票据贴现 3 类。

(1) 信用借款指以借款人的信誉取得的借款。其最大的特点是不需要担保和抵押，凭借借款人的信用就可取得。这种借款一般是对规模较大、信誉较好的企业提供的。

(2) 担保借款是指有一定的保证人作保证或利用一定的财产作抵押而取得的借款。担保借款目前是贷款发放的一种普遍形式，其目的是为了确保贷款的安全性。

(3) 票据贴现是指票据持有人将未到期的票据在背书后送交银行，银行受理后，从票据到期值中扣除按银行贴现率计算确定的贴息，然后将余额付给持票人，作为银行对企业的短期贷款。采用票据贴现结算，企业一方面给购买单位以临时资金融通，另一方面在本身需要资金时又可及时向银行贴现取得资金，有利于企业把业务搞活，把资金用活。

2. 银行短期借款筹资的优缺点

1）短期借款的优点

(1) 筹资效率较高。企业获得短期借款所需的时间要比长期借款短得多，因为银行在发放长期借款前，通常要对借款企业进行比较全面的调查分析，花费时间较长。

(2) 筹资的弹性大。借款企业可以按需随时借款，在资金充裕时及早还款，便于企业灵活安排。

2）银行短期借款的缺点

短期借款筹资突出的缺点是短期内要归还，筹资风险高，实际利率较高。

3.3.5 货币市场信用筹资

1. 商业票据筹资

商业票据是指由金融公司或某些信用较高的企业开出的无担保短期票据。商业票据的可靠程度依赖于发行企业的信用程度，可以背书转让，但一般不能向银行贴现。商业票据的期限通常为30～90天，由于其风险较大，利率一般高于同期银行存款利率。商业票据可以由企业直接发售，也可以由经销商代为发售。商业票据有时也以折扣的方式发售。商业票据是一种可转让的金融工具，通常是不记名的。

过去，企业发行商业票据大多数是为了季节性融资，但现在有向长期性融资方向发展的趋势。也有一些大的金融公司，他们不通过证券商，而直接将商业票据出售给投资者。和许多工业企业发行者不同的是，这些大的金融公司将商业票据作为一种长期的资金来源。20世纪20年代，美国的一些大公司为刺激销售，实行商品赊销和分期付款，因需要大量资金而开始发行商业票据。此后，商业票据的发行不断扩大，成为工商企业筹资的重要方式。中国的一些企业在开拓金融市场过程中，于1987年开始发行短期融资债券，也属于商业票据范畴。

2. 银行承兑汇票

银行承兑汇票(bank acceptance bills)是指销货方向购货方开具的，购货方开户银行承诺在货物发出一定期限后付款的期票。例如，甲公司从乙公司购买价值30万元的商品，双方同意以一张为期90天的汇票来结算这笔交易。甲公司同其开户行协商，其开户行同意当乙公司开户行向其出示汇票时进行付款。乙公司在发出货物的同时会签发一张汇票，该汇票被送至甲公司开户行承兑后，再交给乙公司的开户行，由其通知甲公司90天后付款。对于银行承兑汇票而言，本质上是银行承担了付款责任。

银行承兑汇票的特点如下：

(1) 信用好，承兑性强。银行承兑汇票经银行承兑到期无条件付款，就把企业之间的商业信用转化为银行信用。对企业来说，收到银行承兑汇票，就如同收到了现金。

(2) 流通性强，灵活性高。银行承兑汇票可以背书转让，也可以申请贴现，不会占用企业的资金。

(3) 节约资金成本。对于实力较强、银行比较信得过的企业，只需交纳规定的保证金，就能申请开立银行承兑汇票，用以进行正常的购销业务，待付款日期临近时再将资金交付给银行。

3. 应收账款保理

应收账款保理是企业将赊销形成的未到期应收账款在满足一定条件的情况下，转让给商业银行，以获得银行的流动资金支持，加快资金周转。中国企业应收账款的数量呈现逐年上升的趋势，企业流动资金短缺与大量债权无法变现之间的矛盾异常突出。应收账款保理业务使得企业可以把由于赊销而形成的应收账款有条件地转让给银行，银行再为企业提供资金，并负责管理、催收应收账款和坏账担保等。企业可借此收回账款，加快资金周转。应收账款保理的主要作用如下：

1）低成本融资，加快资金周转

保理业务的成本要明显低于短期银行贷款的利息成本，银行只收取相应的手续费用。而且如果企业使用得当，可以循环使用银行对企业的保理业务授信额度，从而最大程度地发挥保理业务的融资功能。尤其是对于那些客户实力较强，有良好信誉，而收款期限较长的企业作用尤为明显。

2）增强销售能力

由于销售商有进行保理业务的能力，会对采购商的付款期限作出较大让步，从而大大增加了销售合同成功签订的可能性，拓宽了企业的销售渠道。

3）改善财务报表

在无追索权的买断式保理方式下，企业可以在短期内大大降低应收账款的余额水平，加快应收账款的周转速度，改善财务报表的资产管理比率指标。

4）融资功能

应收账款保理实质上还是一种利用未到期应收账款这种流动资产作为抵押从而获得银行短期借款的一种融资方式。

3.3.6 商业信用筹资

商业信用(trade credit)是企业在商品购销活动过程中因延期付款或预收货款而形成的借贷关系，它是由商品交易中货与钱在时间与空间上的分离而形成的企业间的直接信用行为。因此，西方国家又称之为自然筹资方式。商业信用是企业间相互提供的，在大多数情况下，商业信用筹资属于免费资金。

1. 商业信用的形式

商业信用是企业短期资金的重要来源，其主要形式有应付账款、应付票据、预收货款等。

(1) 应付账款。它是由赊购商品形成的，以记账方法表达的商业信用形式。在这种形式下，账款的支付主要依赖于买方的信用。卖方为促使买方及时支付贷款，一般均给对方现金折扣。

(2) 应付票据。应付票据是企业进行延期付款商品交易时开具的反映债权债务关系的票据。根据承兑人的不同，应付票据分为商业承兑汇票和银行承兑汇票两种，支付期最长不超过 6 个月。应付票据可以带息，也可以不带息。如果计息的话，其利率一般比银行借款的利率低，且不用保持相应的补偿余额和支付协议费，所以应付票据的筹资成本低于银行的借款成本。

(3) 预收货款。它是指卖方按合同或协议规定，在交付商品之前向买方预收部分或全部货款的信用方式。通常买方对于紧俏商品乐意采用这种结算方式，对于生产周期长、售价高的商品，生产者也经常要向订货者分次预收货款，以缓和本企业经营收支不平衡的矛盾。

此外，企业在生产经营活动中往往还形成一些应付费用，如应付职工薪酬、应交税费、应付利息等。这些费用项目的发生受益在先，支付在后，支付期晚于发生期，因此它们也属于“自然筹资”的范围。

2. 商业信用筹资的优缺点

1）商业信用筹资的优点

(1) 筹资方便。商业信用的使用权由买方自行掌握，买方什么时候需要、需要多少等，在限定的额度内由其自行决定。多数企业的应付账款是一种连续性的货款，无需做特殊的筹资安排，也不需要事先计划，随时可以随着购销行为的产生而得到该项资金。

(2) 限制条件少。商业信用比其他筹资方式条件宽松，无需担保或抵押，选择余地大。

(3) 成本低。大多数商业信用都是由卖方免费提供的，因此与其他筹资方式相比，成本低。

2）商业信用筹资的缺点

(1) 期限短。它属于短期筹资方式，不能用于长期资产占用。

(2) 风险较大。由于各种应付款项目经常发生、次数频繁，因此需要企业随时安排现金的调度。

3.4 混合性筹资

混合性筹资是指兼有股权筹资和债权筹资双重属性的筹资。通常包括发行优先股筹资、发行可转换债券筹资和认股权证筹资。

3.4.1 发行优先股筹资

1. 优先股的特征

优先股(preferred stock)是介于普通股与债券之间的一种有价证券，它兼有股权性资本和债券的双重特征。

(1) 从法律角度看，优先股属于权益性证券。优先股没有到期日，一般情况下，股东不能要求公司收回优先股股票，优先股的股利要从税后利润中支付；同时，优先股与普通股一样，构成公司股权的一部分。从这些方面看，优先股与普通股是相似的。

(2) 在某些方面优先股具有债券的特征。通常优先股有固定的股利率，在公司清算时，以股票的面值为限，要先于普通股获得清偿；同时优先股股东也没有参与公司经营与投票的权利。从这些方面看，其性质又与债券相同。

相对于普通股股东而言，优先股的“优先权”体现在以下两个方面：

(1) 优先分配股利。按利润分配的顺序，企业净利润在进行各项扣减和提取盈余公积后，要先满足优先股股息分配的需要，然后才能向普通股股东分配股利。优先股股息一般是根据面值按固定的股利率计算的。

(2) 优先分配剩余财产。企业破产或解散清算时，对满足清偿债权人后的剩余财产的分配，优先股先于普通股。其金额仅限于优先股票面值，加上累积未支付的股利。优先股股东在利润分配上有优先于普通股股东的权利。

2. 优先股的种类

与普通股不同，优先股的种类较多，不同类型的优先股具有一些不同的特点。

1) 累积优先股与非累积优先股

累积优先股是指公司过去年度未支付的股利，可以累积计算由以后年度的利润补足付清，公司只有在发放完累积的全部优先股股利以后，才能发放普通股的股利。非累积优先股则没有这种权利，公司盈利时，只需在付清当年的优先股股利后就可以发放普通股股利，而对以前积欠的优先股股利不再补发。

2) 参加优先股与非参加优先股

参加优先股是指在获取定额的股利后还有权与普通股一起参加剩余利润分配的优先股。根据其参加盈余分配的范围，还可分为全部参加优先股和部分参加优先股。非参加优先股则指只能获取定额股利的优先股。

3) 可转换优先股与不可转换优先股

可转换的优先股是指有权根据优先股发行的规定，在将来一定时期内转换为普通股的股票。即如果公司经营情况较好，普通股价格上升，优先股股东便可行使这一权利将其股票转为普通股，从中获利；如果普通股价格下跌，则可转换优先股的股东便不行使这一权利，继续享受优先股的原有优惠。不可转换优先股则没有这种权利。

4) 可赎回优先股与不可赎回优先股

可赎回优先股是指股份公司出于减轻股利负担的目的，可按规定以原价赎回的优先股。公司不能赎回的优先股，则属于不可赎回优先股。

3. 优先股发行的目的及发行时机

股份有限公司发行优先股主要出于筹集自有资本的需要。但是，由于优先股固定股利的基本特征，使优先股的发行具有出于其他动机的考虑。

1) 防止股权分散化

优先股不具有公司表决权。在资本额一定的情况下，公司考虑普通股发行会稀释原有股东股权，会发行一定比例的优先股，以保护原有普通股股东对公司经营权的控制。

2) 维持举债能力

由于优先股筹资属于股权资本筹资的范围。因此，它可作为公司举债的基础，以提高其负债能力。

3) 增加普通股股东的权益

由于优先股的股息固定，且优先股对公司留存收益不具有要求权，因此，在公司收益一定的情况下，提高优先股的比重，会相应提高普通股股东的权益，提高每股净收益额，从而具有杠杆作用。

4）调整资本结构

由于优先股在特定情况下，具有“可转换性”和“可赎回性”，因此在公司安排自有资本与负债比例关系时，可借助于优先股的这些特性，来达到调整公司资本结构的目的。

一般来说，优先股的发行时机选择在以下几种情况：公司初创，急需资金时期；公司财务状况欠佳，不能追加债务时；公司进行财务重整，为避免股权稀释时等。

4. 优先股筹资的优缺点

1）优先股筹资的优点

(1）与普通股相比，优先股的发行没有增加能够参与经营决策的股东人数，不会导致原有的普通股股东对公司的控制能力下降。

(2）与债券相比，优先股的发行不会增加公司的债务，只增加了公司的股权，所以不会像公司债券那样增加公司破产的压力和风险；同时，优先股的股利不会像债券利息那样，成为公司的财务负担，优先股的股利在没有条件支付时可以拖欠，在公司资金困难时不会进一步加剧公司资金周转的困难。

(3）发行优先股增强了企业的借款能力。

2）优先股筹资的缺点

(1）发行优先股的成本较高。通常债券的利息可以起到抵税的作用，而优先股股利属于资本收益，要从公司的税后利润中开支，不能使公司得到税收上的好处，因而其成本较高。

(2）由于优先股在股利分配、资产清算等方面具有优先权，所以会使普通股股东在公司经营不稳定时的收益受到影响。

3.4.2 发行可转换债券筹资

可转换债券(convertible bond)赋予投资者将其持有的债务按规定的价格和比例，在规定的时间内转换成普通股的选择权。在转换权行使之前债券持有者是发行公司的债权人，权利行使之后则成为发行公司的股东。

1. 可转换债券的特性

从筹资公司的角度看，发行可转换债券具有债务与权益筹资的双重属性，属于一种混合性筹资。利用可转换债券筹资，发行公司赋予可转换债券的持有人可将其转换为该公司股票的权利。因而，对发行公司而言，在可转换债券转换之前需要定期向持有人支付利息。如果在规定的转换期限内，持有人未将可转换债券转换为股票，发行公司还需要到期偿付债券，在这种情形下，可转换债券筹资与普通债券筹资相类似，属于债权筹资属性。如果在规定的转换期限内，持有人将可转换债券转换为股票，则发行公司将负债转化为股东权益，从而具有股权筹资的属性。

2. 发行可转换债券筹资的优缺点

1）可转换债券筹资的优点

（1）有利于降低资本成本。可转换债券的利率通常低于普通债券，故在转换前可转换债券的资本成本低于普通债券；转换为股票后，又可节省股票的发行成本，从而降低股票的资本成本。

（2）有利于筹集更多的资本。可转换债券的转换价格通常高于发行时的股票价格。因此，可转换债券转换后，其筹资额大于当时发行股票的筹资额，另外也有利于稳定公司的股价。

（3）有利于调整资本结构。可转换债券是一种具有债权筹资和股权筹资双重性质的筹资方式。可转换债券在转换前属于发行公司的一种债务，若发行公司希望可转换债券持有人转股，还可以借助诱导，促其转换，进而借以调整资本结构。

（4）有利于避免筹资损失。当公司的股票价格在一段时期内连续高于转换价格并超过某一幅度时，发行公司可按事先约定的价格赎回未转换的可转换债券，从而避免筹资上的损失。

2）可转换债券筹资的缺点

（1）转股后可转换债券筹资将失去利率较低的好处。

（2）若确需股票筹资，但股价并未上升，可转换债券持有人不愿转股时，发行公司将承受偿债压力。

（3）若可转换债券转股时股价高于转换价格，则发行公司将遭受筹资损失。

（4）回售条款的规定可能使发行公司遭受损失。当公司的股票价格在一段时期内连续低于转换价格并达到一定幅度时，可转换债券持有人可按事先约定的价格将所持债券回售公司，从而使发行公司受损。

3.4.3 发行认股权证筹资

认股权证全称是股票认购授权证，它是由上市公司发行的给予持有权证的投资者在未来某个时间或某一段时间以事先确认的价格购买该公司一定量股票的权利。认股权证表明持有者有权利而无义务。届时公司股票价格上涨，超过认股权证所规定的认购价格，权证持有者按认购价格购买股票，赚取市场价格和认购价格之间的差价；若届时市场价格比约定的认购价格还低，则权证持有者可放弃认购。从内容上看，认股权证实质上就是一种买入期权。

1. 认股权证的特点

认股权证，又称“认股证”或“权证”，其英文名称为“warrant”，故在香港又俗译“窝轮”。

认股权证分为股本认股权证和备兑权证两种。股本认股权证属于狭义的认股权证（stock warrants），是由上市公司发行的可认购其股票的一种买入期权。它赋予持有者在一定期限内以事先约定的价格购买发行公司一定股份的权利。备兑权证则属于广义认股权证，是由上市公司以外的第三方(一般为证券公司、银行等)发行的，不增加股份公司的股本。本书所称认股权证属于狭义的认股权证。

从筹资角度看，发行股本认股权证是一种特殊的筹资手段。认股权证本身含有期权条款，其持有者在认购股份之前，对发行公司既不拥有债权也不拥有股权，而只是拥有股票认购权。尽管如此，发行公司可以通过发行认股权证筹得现金，还可用于公司成立时对承销商的一种补偿。

2. 认股权证的种类

在国内外的公司筹资实务中，认股权证的形式多种多样，可划分为如下不同种类：

(1) 长期与短期的认股权证。认股权证按允许认股的期限分为长期认股权证和短期认股权证。长期认股权证的认股期限通常持续几年，有的是永久性的。短期认股权证的认股期限比较短，一般在 90 天以内。

(2) 单独发行与附带发行的认股权证。认股权证按发行方式可分为单独发行的认股权证和附带发行的认股权证。单独发行的认股权证是指不依附于其他证券而独立发行的认股权证。附带发行的认股权证是指依附于债券、优先股、普通股或短期票据发行的认股权证。

(3) 备兑认股权证与配股权证。备兑认股权证是每份备兑证按一定比例含有几家公司的若干股份。配股权证是确认股东配股权的证书，它按股东的持股比例定向派发，赋予股东以优惠的价格认购发行公司一定份数的新股。

(4) 认购权证和认股权证。如果在权证合同中规定持有人能以某一个价格买入标的资产，那么这种权证就叫认购权证。如果在权证合同中规定持有人能以某一个价格卖出标的的资产，那么这种权证就叫认股权证。

3. 认股权证的作用

在公司的筹资实务中，认股权证的运用十分灵活，对发行公司具有一定的作用。

(1) 为公司筹集额外的现金。认股权证不论是单独发行还是附带发行，大多都为发行公司筹集一笔额外现金，从而增强公司的资本实力和运营能力。

(2) 促进其他筹资方式的运用。单独发行的认股权证有利于将来发售股票。附带发行的认股权证可促进其所依附证券发行的效率。例如，认股权证依附于债券发行，用以促进债券的发售。

习　题

1. 单项选择题

(1) 用线性回归法预测筹资需要量的理论依据是(　　)。

A. 筹资规模与业务量间的对应关系　　B. 筹资规模与投资间的时间关系

C. 筹资规模与筹资方式间的对应关系　　D. 长短期资金间的比例关系

(2) 不能利用吸收直接投资方式筹集资金的筹资渠道是(　　)。

A. 国家财政资金　　B. 银行信贷资金

C. 非银行金融机构资金　　D. 企业留存收益

(3) 普通股筹资具有(　　)的优点。

A. 筹资成本低　　B. 筹资费用低

C. 不会分散公司控制权　　D. 筹资风险小

(4) 公司发行优先股筹资可以克服普通股筹资(　　)的不足。

A. 资本成本高　　B. 容易分散公司股权

C. 需到期还本付息　　D. 资本成本低

(5) 某债券面值2 000元，票面利率10%，期限3年，每半年支付利息一次。若市场利率12%，则发行价格(　　)。

A. 大于2 000元　　B. 小于2 000元　　C. 等于2 000元　　D. 无法计算

(6) 若A企业的信用等级高于B企业，则下述表述正确的是(　　)。

A. A企业的筹资成本高于B企业　　B. A企业的筹资能力强于B企业

C. A企业的债务负担重于B企业　　D. A企业的筹资风险大于B企业

(7) A公司2011年3月5日向B公司购买了厂房，随后出租给C公司。A公司以自有资金支付B公司总价款的30%，同时A公司以该厂房抵押向银行借款支付余下70%的价款。这种租赁方式是(　　)。

A. 经营租赁　　B. 售后回租租赁　　C. 杠杆租赁　　D. 直接租赁

(8) 在公司发行新股时，给原有股东配发一定比例的认股权证的主要目的是(　　)。

A. 为避免原有股东每股收益和股价被稀释

B. 作为奖励发给本公司管理人员

C. 用来吸引投资者购买票面利率低于市场利率的长期债券

D. 为了促使股份上涨

(9) 与借款筹资和发行债券相比，租赁筹资的主要缺点是(　　)。

A. 不能取得财务杠杆利益　　B. 资本成本较高

C. 不能获得节税利益　　D. 限制条件较多

(10) 下列各项中，不属于融资租赁租金构成项目的是(　　)。

A. 租赁设备的价款　　B. 租赁期间利息

C. 租赁手续费　　D. 租赁设备维护费

2. 多项选择题

(1) 吸收直接投资筹资方式的优点表现在(　　)等方面。

A. 能提高企业对外负债的能力　　B. 能尽快形成生产能力

C. 筹资弹性较大　　D. 财务风险较低

(2) 民间资本渠道可以采取的筹资方式有(　　)。

A. 吸收直接投资　　B. 发行股票　　C. 发行债券

D. 租赁筹资　　E. 发行融资券

(3) 普通股股东所拥有的权利包括(　　)。

A. 分享盈余权　　B. 优先认股权

C. 转让股份权　　D. 优先分配剩余资产权

(4) 发行债券可以(　　)。

A. 防止股权稀释　　B. 降低资本成本　　C. 降低风险　　D. 降低负债率

(5) 债券发行价格的影响因素主要有(　　)。

A. 债券面值　　B. 票面利率　　C. 市场利率　　D. 债券期限

(6) 银行借款成本低于普通股成本，原因是银行借款(　　)。

A. 利息税前支付　　B. 筹资费用较小　　C. 属借入资金　　D. 借款数额较小

(7) 商业信用筹资的主要形式有(　　)。

A. 应付账款　　B. 应付票据　　C. 应付债券　　D. 预收账款

(8) 下列各项中，属于经营租赁特点的有(　　)。

A. 租赁期较短

B. 租赁合同较为稳定

C. 出租人提供租赁资产的保养和维修等服务

D. 租赁资产的报酬和风险由出租人承受

(9) 融资租赁筹资的优点有(　　)。

A. 迅速获得所需资产　　B. 租赁筹资限制较少

C. 免遭设备陈旧过时的风险　　D. 资金成本较低

E. 减轻一次性付款的财务压力

(10) 可转换债券筹资的优点有(　　)。

A. 利于降低资本成本

B. 利于筹集更多资本

C. 回售条款的规定可使发行公司避免损失

D. 利于调整资本结构

E. 赎回条款的规定可以避免公司的筹资损失

3. 复习思考题

(1) 什么是筹资渠道？什么是筹资方式？它们有何区别？企业筹资渠道与方式主要有哪些？

(2) 试析销售百分比法的基本依据。

(3) 试析投入资本筹资的优缺点。

(4) 简述普通股股东的基本权利。

(5) 试析普通股筹资的优缺点。

(6) 优先股的性质及其优先权有哪些？

(7) 影响股票发行的主要因素有哪些？

(8) 债券筹资有哪些优缺点？

(9) 试析长期借款筹资的优缺点。

(10) 试析融资租赁筹资的优缺点。

4. 计算题

(1) 四方公司2000年的销售收入为4 000万元，敏感资产和负债占收入的百分比如下。

资　产	占收入的百分比(%)	负　债	占收入的百分比(%)
现　金	5	应付费用	5
应收账款	15	应付账款	10
存　货	30	其　他	不变
其　他	不变		

预计明年销量将增长8%，已知其销售净利率为5%，股利支付率60%。

要求：计算以下互不相关的问题：

① 若明年售价不变，试计算四方公司明年需对外追加融资额及不需对外追加筹资的销售增长率。

② 若明年通货膨胀率为10%，试计算四方公司明年对外追加融资额。

③ 若①中的股利支付率为40%，试计算其对外追加融资额。

(2) 某企业拟采用融资租赁方式于2006年1月1日从租赁公司租入一台设备，设备款为50 000元，租期为5年，到期后设备归企业所有。双方商定，如果采取后付等额租金方式付款，则贴现率为16%；如果采取先付等额租金方式付款，则贴现率为14%。企业的资金成本率为10%。要求：

① 计算后付等额租金方式下的每年等额租金额。

② 计算后付等额租金方式下的5年租金终值。

③ 计算先付等额租金方式下的每年等额租金额。

④ 计算先付等额租金方式下的5年租金终值。

⑤ 比较上述两种租金支付方式下的终值大小，说明哪种租金支付方式对企业更为有利。

(3) 某企业向租赁公司融资租入一套设备，该设备原价为120万元，租赁期为5年，预计租赁期满时残值为6万元，年利率按8%计算，手续费为设备原价的2%，租金每年年末支付。要求：分别按平均分摊法和等额年金法计算该企业每年应付租金的数额。

5. 案例分析

筹资渠道与方式案例

位于成都市近郊新津县，拥有2亿多资产，占有全国泡菜市场60%份额的新蓉新公司，近年来却被流动资金的“失血”折磨得困苦不堪。企业创始人、总经理田玉文(人称“田大妈”)目前在由成都市委宣传部、统战部和市工商联联合召开的一次座谈会上大倒苦水。这位宣称“除了‘田玉文’认不到多少字”的企业家当场发问：“我始终弄不懂，像我们这样的企业，一年上税三四百万，解决了附近十几个县的蔬菜出路，安排了六七千农民就业，从来没有烂账，为啥就贷不到款?”

新蓉新最近的流动资金状况的确有问题。四五月份正是蔬菜收购和泡菜出厂的旺季，该公司这段时间每天从农民手中购进价值70余万元的大蒜、萝卜等蔬菜，但田大妈坦言，她已经向农民打了400多万元的“白条”。

这种状况让田大妈非常苦恼。她能有今天——据她自己说——全靠她一诺千金。在她看来，“白条”所带来的信誉损失是难以接受的。新蓉新从零开始做到如今的2亿多，历史上只有工行的少量贷款，大部分资金是“向朋友借的”。也正是为了维护这种民间信用关系，田大妈近日一口气偿还了“朋友”的借款共2 000多万元。据说，现在，新蓉新的民间借款几乎已经偿清。

这也正是新蓉新目前面临流动资金困境的主要原因之一。此外，为了引进设备建一个无菌车间，田大妈新近花了100多万元，购进土地110亩。近日，田大妈同她的长子、新蓉新董事长陈卫东为此发愁：如果弄不到800万元贷款，下一步就没法收购四季豆了。

田大妈说，一周前，公司已向工商银行提出了800万元贷款申请，但目前还没有动静。

据田大妈说，新蓉新现有资产2.63亿元，资产负债率10%左右。另据新津县委办公室负责人介绍，该公司目前已签了3亿多供货合同，在国内增加了几百个网点，预计年内市场份额能达到80%。像这样的企业，银行为何惜贷呢？

思考题：

(1) 像新蓉新这样的企业，银行为何惜贷呢？

(2) 你认为像新蓉新这样的企业应通过什么渠道、采用什么方式获取资金？

（资料来源：《成都商报》1999年5月3日新闻报道.）

第4章

筹资决策

教学目标

本章主要讲述筹资决策的基本理论和方法。通过本章的学习，了解资本成本的种类、性质和作用；掌握资本成本率的计算方法；理解营业杠杆、财务杠杆、联合杠杆的作用原理；掌握各种杠杆系数的计算方法及其应用；掌握资本结构的含义，理解负债在资本结构中的作用；掌握资本结构的基本决策方法。

教学要求

知识要点	能力要求	相关知识
资本成本	(1) 了解资本成本的种类、作用和性质 (2) 掌握资本成本率的计算方法	(1) 资本成本 (2) 个别资本成本率、综合资本成本率、边际资本成本率
杠杆原理	(1) 理解成本习性的相关概念 (2) 理解杠杆作用的基本原理 (3) 掌握各杠杆作用与风险的关系 (4) 熟悉各种杠杆作用的衡量方法及其应用	(1) 成本习性、固定成本、变动成本、混合成本、边际贡献、息税前利润 (2) 经营风险、财务风险、总风险 (3) 经营杠杆系数、财务杠杆系数、复合杠杆系数
资本结构	(1) 掌握资本结构的含义 (2) 了解资本结构理论 (3) 了解影响资本结构的因素 (4) 掌握资本结构的基本决策方法	(1) 资本结构、最佳资本结构 (2) 比较资本成本法、无差别点分析法

基本概念

资本成本；普通股成本；优先股成本；留存收益成本；综合资本成本率；边际资本成本率；变动成本；固定成本；边际贡献；息税前利润；经营杠杆；财务杠杆；复合杠杆；营业杠杆系数；财务杠杆系数；复合杠杆系数；经营风险；财务风险；资本结构。

引　　言

小李是学计算机的，毕业后经过几年的市场锻炼，他与几个同学都非常看好网络游戏市场，准备组建一家专门开发游戏软件的公司。公司创立需要100万元，为了迅速有效地筹集到所需的资金，公司的合伙人特地聘请了对风险投资和公司创立时期的财务管理具有丰富经验的小王担任公司的财务主管。小王上任后不久，就说服了当地的一家风险投资公司向本公司提供资金。这家风险投资公司提出了两种融资方案：A债务融资60万元，普通股股权融资40万元；B债务融资20万元，普通股股权融资80万元。

试问：(1) A、B两种方案负债比例的不同，可能会对公司的经营产生什么样的影响？

(2) 如果你是小王，为决策需要，你认为还需要了解哪些资料？

(3) 可以采用哪些方法进行筹资决策？

筹资管理需要在资金成本和财务风险之间寻求最佳平衡点。本章将介绍资本成本的概念、性质及其测算方法，杠杆作用的原理及其衡量与运用，财务杠杆与财务风险，资本结构的基本决策方法。

4.1 资本成本

4.1.1 资本成本的性质、种类和作用

1. 资本成本的概念和性质

1) 资本成本的概念

在市场经济条件下，企业筹集和使用资金往往要付出代价。企业为筹措和使用资金而付出的代价即为资本成本(cost of capital)。本章的资本特指由债权人和股东提供的长期资本，包括长期债务资本与股权资本。

2) 资本成本的性质

(1) 资本成本是在资金所有权和使用权分离的条件下，资金使用者向资金所有者和中介人支付的使用费和筹措费。在商品经济条件下，资金是一种特殊的商品，企业为了取得资金的使用权，必须向资金所有者支付一定费用。

(2) 资本成本既具有一般产品成本的基本属性，也有不同于一般产品成本的某些特性。在企业的正常生产经营活动中，一般产品的成本是生产过程中的耗费，需要从企业的收入中加以补偿；资本成本也是企业的一种耗费，也要由企业的收益来补偿，但它是为了获得和使用资金而付出的代价，通常不直接表现为生产成本。

资本成本与资金时间价值既有联系，又有区别。资本成本的基础是资金时间价值，但

两者在数量上是不一致的。资本成本既包括资金的时间价值，又包括投资的风险价值，此外，资本成本还受资金供求关系等的影响。

3）资本成本的构成要素

资本成本从绝对量的构成来看，包括筹集资金的费用和使用资金的费用两部分，即筹资费和用资费两部分。

（1）筹资费。筹资费是指企业在资金筹措过程中支付的各项费用，如发行股票和债券支付的印刷费、发行手续费、律师费、资信评估费、公证费、担保费等发行费用，向银行借款支付的借款手续费等。筹资费一般是在筹措资金时一次性支付，用资过程中不再发生，一般与资金使用时间的长短无直接联系。在计算资本成本时可将筹资费用作为筹资金额的减项扣除。

（2）用资费。用资费是指企业因使用资金而支付给资金所有者的报酬，如支付给股东的股利、支付给银行的借款利息、支付给债券持有人的债券利息等。用资费的支付是经常性的，与资金使用时间的长短相关，它是资本成本的主要构成内容。

2. 资本成本的种类和作用

1）资本成本的表达形式

资本成本可以用绝对数表示，也可以用相对数表示。

（1）绝对数表示的资本成本。绝对数表示的资本成本有年资本成本和资本成本总额。年资本成本是企业为使用资本每年支付的费用数额，如每年支付的借款利息、每年支付的股利等。年资本成本中一般只包括用资费用，不包括筹资费用。资本成本总额是企业为筹集和使用资本需支付的费用总额，包括支付的筹资费和各期支付的用资费总额。如考虑资金的时间价值，则某项筹资的资本成本总额应为该项筹资所发生的全部筹资费和用资费按一定贴现率计算的现值之和。

（2）相对数表示的资本成本。相对数表示的资本成本即资本成本率，它是资本成本额与筹资总额的比率，反映一元资金的资本成本。

绝对数表示的资本成本能够反映为筹集和使用特定资金而付出的全部代价，但当筹资金额不同时，它不具有可比性。相比之下，相对数指标资本成本率用途更广泛。资本成本率一般也简称为资本成本，以下所讨论的资本成本也仅指资本成本率。

由于资本成本由筹资费与用资费两部分构成，其中，筹资费属一次性费用，而用资费是企业在资金使用期内分次发生的费用，两者具有不同的特征。所以，在计算资本成本率时应分别对待：将筹资费从筹资总额中一次性扣除，扣除后的余额为企业实际可运用的资本，企业真正能够用来进行投资的资金只是这一部分的筹资净额；而用资费需分期计算，一般为便于比较，企业往往计算的是年资本成本率，因而用资费也按年计算。

资本成本率计算的一般公式可用下式表示：

$$K=\frac{\text{资金使用费}}{\text{筹资实得款}}=\frac{D}{P(1-f)}$$

式中：K 为资本成本，以百分率表示；D 为资金使用费；P 为筹资额；f 为筹资费用率，即筹资费用与筹资额的比率。

2）资本成本的种类

（1）个别资本成本率(individual cost of capital)。个别资本成本率是指企业各种长期资本的成本率，如股票资本成本率、债券资本成本率、长期借款资本成本率。企业在比较各种筹资方式时，需要使用个别资本成本率。

（2）综合资本成本率(overall cost of capital)。综合资本成本率是指企业全部长期资本的成本率。企业在进行长期资本结构决策时，可以利用综合资本成本率。

（3）边际资本成本率(marginal cost of capital)。边际资本成本率是指企业追加长期资本的成本率。企业在追加筹资方案的选择中，需要运用边际资本成本率。

3. 资本成本的作用

资本成本对于企业的筹资管理、投资管理，乃至整个财务管理和经营管理都有重要的作用。

1）资本成本是选择筹资方式、进行资本结构决策和选择追加筹资方案的依据

（1）个别资本成本率是企业选择筹资方式的依据。一个企业长期资本的筹集往往有多种方式可供选择，包括长期借款、发行债券、发行股票等。这些长期筹资方式的个别资本成本率的不同，可作为比较选择各种筹资方式的一个依据。

（2）综合资本成本率是企业进行资本结构决策的依据。企业长期资本的筹集可有多个组合方案供选择。不同筹资组合的综合资本成本率的高低，可以用来比较各个筹资组合方案的优劣，是作出资本结构决策的一个依据。

（3）边际资本成本率是选择追加筹资方案的依据。企业为了扩大生产经营规模，往往需要追加筹资。不同追加筹资方案的边际资本成本率的高低，是选择追加筹资方案的一个依据。

2）资本成本是评价投资项目、比较投资方案和进行投资决策的经济标准

一般而言，一个投资项目只有当其投资收益率高于其资本成本率时，在经济上才是合算的；否则，该项目将无利可图，甚至发生亏损。因此，通常资本成本率被视为一个投资项目必须取得的“最低报酬率”或“必要报酬率”，被作为比较、评价投资方案的一个经济标准。

在企业投资评价分析中，可以将资本成本率作为折现率，用于测算各个投资方案的净现值和现值指数，以比较选择投资方案，进行投资决策。

3）资本成本可作为评价企业整个经营业绩的基准

企业的整个经营业绩(operating performance)可以用企业总资产报酬率与全部资本的成本率相比较来衡量。如果总资产报酬率高于成本率，则对企业经营有利；反之，则可认为对企业经营不利，需要改善企业经营管理，提高企业的总资产报酬率，降低成本率。

4.1.2 资本成本的测算

1. 个别资本成本的测算

企业资本从性质上可分为债务资本与股权资本两大类，由于税收等因素的影响，这两

类资本成本在计算上存在一定的差别。

1）债务资本成本率的测算

债务资本成本包括长期借款成本和债券筹资成本。由于债务的利息均在税前支付，具有抵税功能，因此企业实际负担的利息为：利息×(1－税率)。

(1) 长期借款成本。其计算公式为

$$K_L=\frac{I_L(1-T)}{L(1-f)}\times 100\%=\frac{R_L(1-T)}{1-f}\times 100\%$$

式中：K_L 为长期借款成本；I_L 为长期借款年利息；L 为长期借款总额，即借款本金；T 为企业所得税率；R_L 为借款年利率；f 为长期借款筹资费用率，即借款手续费率。

【例 4－1】 某企业从银行取得长期借款 100 万元，年利率为 8%，期限为 3 年，每年付息一次，到期一次还本。假定筹资费用率为 0.1%，企业所得税率为 25%，则借款的成本为

$$K_L=\frac{100\times 8\%\times(1-25\%)}{100(1-0.1\%)}\times 100\%=6.06\%$$

长期借款的筹资费用主要是借款手续费，一般数额很小，若忽略不计算，长期借款资本成本的计算公式就可简化为

$$K_L=R_L(1-T)$$

仍利用例 4－1 资料，长期借款成本为

$$K_1=8\%\times(1-25\%)=6\%$$

若有补偿性余额，则企业可以动用的借款筹资额应扣除补偿性余额，这时借款的实际利率和资本成本率将会上升。

【例 4－2】 承上例，若银行要求 20%的补偿性余额，借款手续费忽略不计算，这笔借款的资本成本率测算为

$$K_L=\frac{100\times 8\%\times(1-25\%)}{100(1-20\%)}\times 100\%=7.5\%$$

(2) 债券成本。债券成本中的利息费用也是在所得税前支付的，但是其筹资费用一般较高，因此不能忽略不计。债券的筹资费用包括申请费、注册费、印刷费、上市费以及推销费等，其中有的费用按一定的标准支付。另外，债券的发行价格有等价、溢价和折价等情况，与其面值可能存在差异。因此债券成本的测算与借款成本有所不同。

在不考虑货币的时间价值时，债券资本成本可按下列公式测算

$$K_b=\frac{I_b(1-T)}{B(1-f_b)}$$

式中：K_b 为债券资本成本率；B 为债券筹资额，按发行价格确定；f_b 为债券筹资费用率。

【例 4－3】 某公司在筹资前根据市场预测，拟溢价发行总面额为 100 万元，发行价为 102 万元，票面年利率为 8%的 5 年期，每年付息一次的债券。发行费用为发行价格的 5%，公司所得税率为 25%，该债券的成本为

$$K_b=\frac{100\times 8\%\times(1-25\%)}{102\times(1-5\%)}=6.19\%$$

本例中发行价格如果按面额平价发行，则债券的成本为

$$K_b=\frac{100\times 8\%\times(1-25\%)}{100\times(1-5\%)}=6.32\%$$

如果按 98 万元折价发行，则债券的成本为

$$K_b=\frac{100\times 8\%\times(1-25\%)}{98\times(1-5\%)}=6.44\%$$

由以上计算可以看出，与平价发行相比，溢价发行使得公司债券成本降低，而折价发行使得公司债券成本升高。

2）股权资本成本率的测算

股权资本成本包括优先股成本、普通股成本、留存收益成本等。由于这类资本的使用费均从税后支付，因此不存在节税功能。

（1）优先股成本。公司发行优先股需要支付发行费用，且优先股的股息通常是固定的，因此其计算公式为

$$K_p=\frac{D_p}{P_p(1-f_p)}$$

式中：K_p 为优先股成本；D_p 为优先股年股息；f_p 为优先股发行费率；P_p 为优先股筹资总额，按预计的发行价格计算。

【例 4-4】 某公司拟发行优先股，面值总额为 200 万元，固定股息率为 12%，发行价格为 250 万元，筹资费用率为 6%，则优先股成本为：

$$K_p=\frac{200\times 12\%}{250\times(1-6\%)}=10.21\%$$

（2）普通股成本。普通股和优先股一样，股利也是税后支付的，没有固定的到期日，需支付很高的发行费用，所不同的是普通股的股利一般不是固定的，它随企业的经营状况而改变。按照资本成本率实质上是投资必要报酬率的思路，普通股的资本成本率就是普通股投资的必要报酬率。其测算方法一般有 3 种：股利折现模型、资本资产定价模型和债券收益率加风险报酬率模型。

① 股利折现模型(dividend discount model)。股利折现模型的基本形式为

$$P_c=\sum_{t=1}^{\infty}\frac{D_t}{(1+K_c)^t}$$

式中：P_c 为普通股融资净额，即发行价格扣除发行费用；D_t 为普通股第 t 年的股利；K_c 为普通股投资必要报酬率，即普通股资本成本率。

运用上列模型测算普通股资本成本率，因具体的股利政策而有所不同。

如果公司采用固定股利政策，即每年分派现金股利 D 元，则

$$K_c=\frac{D}{Pc}$$

【例 4-5】 某公司新发行普通股，每股市场价格 10 元，发行费率为股票市价的 6%，若每年股利固定为 1 元，长期保持不变，该公司新发行普通股的成本为

$$K_c=\frac{1}{10\times(1-6\%)}=10.64\%$$

如果采用固定增长股利模型，固定增长率为 g，预计第 1 年的股利为 D_1，则

$$K_c=\frac{D_1}{P_c}+g$$

【例 4-6】 仍按上例资料，若每年股利不固定，预计第一年的股利为 0.8 元，未来每

年股利按7%的比率增长，则该公司新发行普通股的成本为

$$K_c=\frac{0.8}{10\times(1-6\%)}+7\%=15.51\%$$

② 资本资产定价模型(capital asset pricing model，CAPM)。根据资本资产定价模型，普通股的资本成本被视为普通股股东对股票投资的期望收益率。可用以下公式表示：

$$K_c=R_f+\beta(R_m-R_f)$$

式中：R_f 为无风险收益率；β 为股票的 β 系数；R_m 为市场股票平均收益率。

【例4-7】 某公司普通股的 β 值为1.5，市场股票平均收益率为13%，国库券收益率为8%，则公司的普通股成本为

$$K_c=8\%+1.5\times(13\%-8\%)=15.5\%$$

③ 债券收益率加风险报酬率。从投资者的角度看，股票投资的风险高于债券，因此股票投资的必要报酬可以在债券利率的基础上再加上股票投资高于债券投资的风险报酬率。这种测算方法比较简单，但是主观判断色彩浓厚。

【例4-8】 某公司已发行债券的投资报酬率为6%，现拟发行一批股票，经过分析，股票投资高于债券投资的风险报酬率为5%，则该股票的资本成本率为

$$K_c=6\%+5\%=11\%$$

由于普通股没有固定的到期日，股利一般也不固定，对投资者而言，投资于普通股比投资于其他方面所承担的风险更大，因而要求的投资报酬也更高。所以在各种筹资形式中，普通股的资本成本是最高的。

(3) 留存收益成本。留存收益是企业未把税后利润全部分派给股东，而将其中的一部分留存于企业形成的，它属于普通股股东所有。从表面上看，企业留用利润并未发生成本支出，但实质上股东未将利润作股利支取而留存于企业是股东对企业的追加投资，股东对这部分追加投资与原先缴纳的股本一样，也是要求有相应报酬的。所以，留存收益筹资也有成本，只是这种成本是一种机会成本。

留存收益成本的计算方法与普通股成本的计算方法基本相同，但无需考虑筹资费用。采用股利折现模型，留存收益成本的计算公式如下：

固定比率长期稳定增长的企业，其留存收益成本为

$$K_s=\frac{D_1}{P_c}+g$$

式中：K_s 为留存收益成本；D_1 为普通股预计下一年股利；g 为固定股利增长率；P_c 为普通股市价。

股利保持长期稳定不变的企业，其留存收益成本为

$$K_s=\frac{D_c}{P_c}$$

式中：D_c 为普通股年股利。

利用留存收益方式筹集长期资金不需支付筹资费用，故其资本成本比普通股低。

2. 综合资本成本的计算

企业的资本结构一般都不是单一的，企业可从多种渠道、以多种方式筹集资本，为使

企业价值最大化，必须优化资本结构，综合资本成本是确定最佳资本结构的重要依据。综合资本成本是以各种资本在全部资本中所占比重为权数，对个别资本进行加权平均后确定的，也称加权平均资本成本(weighted average cost of capital，WACC)。其计算公式为

$$K_w = \sum_{i=1}^{n} K_i W_i$$

式中：K_w为综合资本成本，即加权平均资本成本；K_i 为第 i 种个别资本成本；W_i 为第 i 种个别资本占全部资本的比重，即权数。

其中：$\sum W_i = 1$。

在已确定个别资本成本的情况下，取得企业各种资本占全部资本的比重后，即可计算企业的综合资本成本。

【例 4－9】 蓝天公司共有长期资本(账面价值)5 000 万元，有关资料见表 4－1。

表 4－1 蓝天公司长期资本结构

资本来源	账面金额(万元)	权数(%)	税后资本成本(%)
银行借款	500	10	6.7
公司债券	1 500	30	10.0
普通股	2 500	50	15.5
留存收益	500	10	15
合计	5 000	100	

则综合资本成本为

$$K=10\%\times6.7\%+30\%\times10\%+50\%\times15.5\%+10\%\times15\%=12.92\%$$

上述综合资本成本计算中的权数是按资本的账面价值来计算确定的，称为账面价值权数，其资料可以很方便地从会计报表上获得。但是，当资本的账面价值与市场价值发生严重背离时，其计算结果与实际有较大差异，容易导致筹资决策的失误。为避免这一失误，综合资本成本的权数可以按市场价值或目标价值来确定，即采用市场价值权数或目标价值权数。

市场价值权数是按债券、股票的目前市场价格确定的权数。这样计算的加权平均资本成本能反映企业目前的实际情况，有利于筹资决策。但由于证券市场的价格变动频繁，不易确定，为弥补这一不足，也可选用最近一段时期市场的平均价格作市场价格来确定权数。

目标价值权数是指债券、股票以未来预计的目标市场价值确定权数。这种权数能体现企业期望的资本结构，而不是像账面价值和市场价值权数那样只反映过去和现在的资本结构，所以，按目标价值权数计算的加权平均资本成本更适用于企业筹措资金的决策。

3. 边际资本成本率的测算

企业筹措新的资本用于投资，通过新资本每增加一个单位而增加的成本称为边际资本成本。随着新资本的增加，企业经营规模扩大，经营风险也随之增加。假若新增资本使企

业的债务继续增加，新债权人考虑到财务风险，必定要求提高贷款或债券的利率，使债务成本增加；假若增资需发行新的普通股，投资者对新普通股要求的收益率一般高于老股份，以此来补偿增加的风险。因此，新增加资本超过一定的限度时，通常会引起资本成本上升，这是企业追加筹资时需考虑的问题。

边际资本成本(marginal cost of capital)是企业因追加筹资而对不同规模和范围的筹资组合进行比较选择时所选用的资本成本。企业新增资本有时可能只采用一种筹资方式，有时需采用多种筹资方式。在目标资本结构既定的情况下，追加资本往往需要通过多种筹资方式的组合来实现。这时，边际资本成本需按加权平均法来计算，其权数必须用目标资本结构价值权数，不应采用账面价值权数。

【例 4－10】 YT 公司目前拥有资本 1 000 万元，其中长期负债 200 万元，优先股 50 万元，普通股(含留存收益)750 万元。为了满足追加投资的需要，公司拟筹措新资，试确定筹措新资的资本成本。

可按下列步骤进行：

1）确定目标资本结构

假定公司财务人员经分析确定目前的资本结构置于目标范围内，在今后增资时应予保持，即长期负债占 20%，优先股占 5%，普通股占 75%。

2）确定各种资本的成本率

财务人员分析了资本市场状况和企业筹资能力后，认为随着企业筹资规模的增大，各种资本的成本也会发生变动。测算资料详见表 4－2。

表 4－2 YT 公司追加筹资的边际资本成本率测算表

资本种类	目标资本结构	追加筹资数额范围(元)	个别资本成本率(%)
长期债务	0.2	100 000 以下	6
		100 000～400 000	7
		400 000 以上	8
优先股	0.05	25 000 以下	10
		25 000 以上	12
普通股权益	0.75	225 000 以下	14
		225 000～750 000	15
		750 000 以上	16

3）计算筹资总额分界点

筹资总额分界点是指在某种资本成本条件下可以筹集到的资金总限度。随着企业筹集资金的增加，资金超过一定限度时，其资本成本会随之升高。当筹资总额在分界点以内时，其原有的资本成本不变，一旦筹资总额超过分界点，其资本成本会随之增加。筹资总额分界点可根据目标资本结构和各种资本成本变化的分界点计算，见表 4－3。其公式为

$$BP_j = \frac{TF_j}{W_j}$$

式中：BP_j 为筹资总额分界点；TF_j 为第 j 种资本的成本分界点；W_j 为目标资本结构中第 j 种资本比例。

表 4-3　YT 公司筹资总额分界点测算表

资本种类	个别资本成本率(%)	各种资本筹资范围(元)	筹资总额分界点	筹资总额范围(元)
长期债务	6 7 8	100 000 以下 100 000～400 000 400 000 以上	$\frac{100\ 000}{0.20}=500\ 000$ $\frac{400\ 000}{0.20}=2\ 000\ 000$	500 000 以下 500 000～2 000 000 2 000 000 以上
优先股	10 12	25 000 以下 25 000 以上	$\frac{25\ 000}{0.05}=500\ 000$	500 000 以下 500 000 以上
普通股权益	14 15 16	225 000 以下 225 000～750 000 750 000 以上	$\frac{225\ 000}{0.75}=300\ 000$ $\frac{750\ 000}{0.75}=1\ 000\ 000$	300 000 以下 300 000～1 000 000 1 000 000 以上

4）测算边际资本成本

根据上一步骤算出的筹资分界点，可利用数轴得出 5 个新的筹资总额范围：①300 000 元以下；②300 000～500 000 元；③500 000～1 000 000 元；④1 000 000～2 000 000 元；⑤2 000 000 元以上。

这 5 个筹资总额范围分别测算其加权平均资本成本率，即可得到各种筹资总额范围的边际资本成本率，见表 4-4。

表 4-4　YT 公司边际资本成本测算表

序号	筹资总额范围(元)	资本种类	目标资本结构	个别资本成本率(%)	边际资本成本率(%)
1	300 000 以内	长期债务 优先股 普通股权益	0.20 0.05 0.75	6 10 14	1.20 0.50 10.5
第一个筹资总额范围的边际资本成本率＝12.20％					
2	300 000～500 000	长期债务 优先股 普通股权益	0.20 0.05 0.75	6 10 15	1.20 0.50 11.25
第二个筹资总额范围的边际资本成本率＝12.95％					
3	500 000～1 000 000	长期债务 优先股 普通股权益	0.20 0.05 0.75	7 12 15	1.40 0.60 11.25

续表

序号	筹资总额范围(元)	资本种类	目标资本结构	个别资本成本率(%)	边际资本成本率(%)
第三个筹资总额范围的边际资本成本率=13.25%					
4	1 000 000～2 000 000	长期债务 优先股 普通股权益	0.20 0.05 0.75	7 12 16	1.40 0.60 12.00
第四个筹资总额范围的边际资本成本率=14.00%					
5	2 000 000	长期债务 优先股 普通股权益	0.20 0.05 0.75	8 12 16	1.60 0.60 12.00
第五个筹资总额范围的边际资本成本率=14.20%					

4.2 杠杆原理

杠杆效应是指在合适的支点上，通过使用杠杆，只用很小的力量便可产生很大的效果。财务管理中的杠杆效应，是指由于固定费用(固定成本和利息等)的存在，当业务量发生比较小的变化时，利润会产生比较大的变化。企业在取得杠杆利益的同时，也加大了收益波动的风险性，因此，在资本结构决策中，企业必须权衡杠杆利益及其相关的风险，进行合理的规划。企业的杠杆利益包括经营杠杆、财务杠杆和总杠杆。

4.2.1 成本习性、边际贡献和息税前利润

1. 成本习性

成本习性又称成本性态(cost behavior)，是指成本总额的变动与业务量之间的依存关系。这里的业务量可以是生产或销售的产品数量，也可以是反映生产工作量的直接人工小时或机器工作小时等。在研究杠杆作用时，成本习性是基础。

成本的变动和业务量有着密切的关系，有一定的规律性，这种规律性是客观存在的。从成本性态上来认识和分析成本可将成本分为固定成本和变动成本。

1）固定成本

(1) 固定成本的概念。固定成本(fixed cost)是指成本总额在一定时期和一定业务量范围内，不受业务量增减变动影响而保持不变的成本。例如，某企业全年的财产保险费为10 000元，则在一年内，不管产量为多少，财产保险费固定不变。因此，这笔财产保险费就属于固定成本。固定成本通常包括按综合折旧率计算的厂房和机器设备折旧、财产税、房屋租金、财产保险费、广告费、管理人员工资等。

固定成本是就成本总量而言的。从单位业务量所含的固定成本而言，由于固定成本在一定时期和一定业务量范围内其总额保持不变，随着业务量在一定范围内的增加或减少，

其单位固定成本会相应地减少或增加，即单位业务量的固定成本与业务量成反比。

(2) 酌量性固定成本和约束性固定成本。固定成本通常可以进一步分为酌量性固定成本和约束性固定成本。

酌量性固定成本(discretionary fixed cost)是指通过企业管理当局的决策行动可以改变其数额的固定成本。这些成本项目的开支往往是在会计年度开始前，根据经营及财力等情况由企业管理当局确定的。这类成本的预算数只在某个预算期内有效，企业管理当局可以根据具体情况的变化，确定不同预算期的预算数额，如广告费、新产品研究开发费、人员培训费等。这些成本项目的开支对企业的业务经营肯定是有好处的，可以扩大产品销路，增强企业的竞争能力。但这些项目的支出数额并没有约束性，并非绝对不可以改变。

约束性固定成本(committed fixed cost)，是指通过管理当局的决策行动无法改变其数额，它是为维持企业所提供产品和服务的经营能力所必须开支的成本，所以又称经营能力成本(capacity cost)(如厂房和机器设备的折旧、财产税、财产保险费、房屋租金、管理人员的工资等)这类成本项目是企业业务经营所必须负担的最低成本，是维持企业基本生产能力的必要支出，具有很大程度的约束性，不可以任意减少。

固定成本的固定性是有条件的、相对的，在相关范围内，它才表现为稳定的状态。离开了这个相关范围，则没有什么固定性可言。例如，固定成本在一定的经营能力下是稳定的，当企业扩大经营能力时，就势必要扩建厂房、增添设备和扩充必要的人员、机构，从而使原属于固定成本中的折旧、修理费和管理人员工资等相应地增加。这时的固定成本，随着经营能力的改变而发生了变动。

2) 变动成本

变动成本(variable cost)是指成本总额随着业务量的变动而成正比例变动的成本。如构成产品实体的原材料成本，其总额等于产量乘以单位产量原材料成本。在一定的技术条件下，单位产量原材料成本是固定的，原材料成本总额和产量成正比关系。因此原材料成本属于变动成本。变动成本通常包括直接材料、直接人工、包装材料以及按销售量比例计算的佣金等。

变动成本也是就总业务量的成本总额而言的。若从单位业务量的变动成本来看，它又是固定的，即它并不受业务量增减变动的影响。当然，变动成本的“变动”性也不是绝对的，即变动成本总额和业务量之间的关系不一定是完全的线性联系。同固定成本相类似，变动成本的变动性也是在相关范围内才具有的。

3) 固定成本、变动成本和总成本的关系

固定成本总额与变动成本总额构成产品总成本。固定成本、变动成本和总成本之间的关系可用公式表示为

$$\begin{aligned}总成本&=固定成本总额+变动成本总额\\&=固定成本总额+单位变动成本\times业务量\end{aligned}$$

如前所述，不论是固定成本还是变动成本，在相关范围内成本总额与业务量的关系都呈线性联系。如果用函数式来表示，则成本函数将表现为直线方程式。对于固定成本与变动成本之和的总成本来说，它与业务量的关系必然是线性的，其函数式也表现为直线方程式。

设成本总额为 y，固定成本总额为 a，业务量为 x，单位业务量变动成本为 b。则总成本的函数式为

$$y=a+bx$$

在总成本函数中，固定成本为纵轴的截距，单位变动成本为斜率，业务量为自变量。

图 4.1 反映了固定成本、变动成本和总成本之间的关系。

4）混合成本

当按成本习性将成本明细项目划归为固定成本和变动成本两大类时，会发现有的成本明细项目同时兼有固定成本和变动成本两种不同性质。这种同时兼有固定成本和变动成本性质的成本称为混合成本(mixed cost)。混合成本根据其与业务量的关系可分为半变动成本、阶梯式变动成本、延期变动成本等。

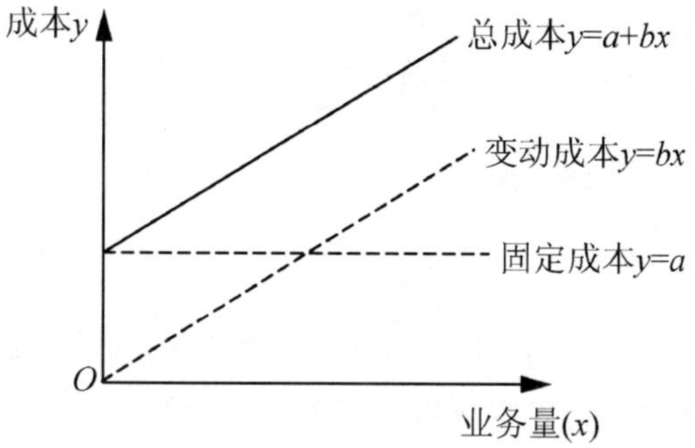

图 4.1　固定成本、变动成本和总成本关系示意图

半变动成本。半变动成本通常有一个基数，这个基数是固定不变的，相当于固定成本。但是在这个基数之上，成本随着业务量增长而增长，又相当于变动成本。总的来说，这类混合成本总额随业务量增减变动而变动，但不保持严格的比例关系。例如，某企业租用设备一台，租约规定租金每年底数为 10 000 元，另外按设备利用工时计算，每工时租金 5 元。若企业在年内共使用设备 3 000 工时，则应支付租金 15 000 元。这项租金支出就属于半变动成本，它由固定成本 10 000 元和变动成本 15 000 元构成。

阶梯式变动成本的特点是业务量在一定范围内增长，其成本额固定不变；当业务量增长超过这个范围时，成本额会突然跳跃到一个新的较高水平，然后在业务量增长的一定范围内又保持不变，直到再次随业务量的增长发生新的跳跃，依此类推。某厂生产甲产品 300 吨时，需要化验员 4 人，每人每月工资为 1 200 元。若每增加产量 200 吨，就需增加化验员 1 人，即增加工资支出 1 200 元。这种成本就是阶梯式变动成本。

延期变动成本。延期变动成本是在一定业务量范围内，成本发生额保持不变，超过一定范围则成本随业务量增减变动而发生变动的成本，如加班工资、津贴、补助工资等。

为满足内部管理的需要，人们通常采用一定的方法对混合成本进行分解，将其明确划分为“变动成本”和“固定成本”两个部分，并分别纳入前述变动成本和固定成本中去。

2. 边际贡献

边际贡献(marginal contribution)也称贡献毛益(contribution margin)或边际利润(marginal profit)，是指产品销售收入超过变动成本的余额。边际贡献通常有两种表现形

式：①单位边际贡献；②边际贡献总额。

1）单位边际贡献

单位边际贡献又称单位贡献毛益或单位边际利润，是指产品的销售单价与产品单位变动成本的差额，它反映某一种产品的盈利能力。单位边际贡献大，说明产品的盈利能力强；反之就差或无盈利能力，甚至亏损。单位边际贡献的计算公式为

$$cm=p-b$$

式中：cm 为单位边际贡献；p 为单位产品售价；b 为单位产品变动成本。

2）边际贡献总额

边际贡献总额(total contribution margin)，又称贡献毛益总额或边际利润总额，是指各种产品的销售收入总额与变动成本总额之差。其计算公式为

$$TCM=px-bx=(p-b)x=cm\times x$$

式中：TCM 为边际贡献总额；x 为销售量；p 为单位产品售价；b 为单位产品变动成本；cm 为单位边际贡献。

通常边际贡献是指边际贡献总额。

3. 息税前利润

息税前利润(earnings before interest and tax，EBIT)是产品销售收入补偿经营成本之后的余额，而经营成本又可分为固定成本和变动成本两部分。故有：

息税前利润＝销售总收入－经营成本
＝销售收入总额－(变动成本总额＋固定成本总额)
＝边际贡献－固定成本总额

需要指出的是，由于负债的利息是企业的固定支出，与企业实现息税前利润的大小没有关系。因此，上述经营成本中不包含利息支出，即息税前利润是指补偿利息和所得税之前的利润，简称息税前利润。这样息税前利润和边际贡献之间的关系可写为

息税前利润＝边际贡献－固定成本总额

可见，边际贡献并非企业的利润，只有补偿了固定成本之后的边际贡献余额才能成为企业的利润。边际贡献与息税前利润有如下关系：

当边际贡献＞固定成本总额时，息税前利润＞0，企业盈余；

当边际贡献＝固定成本总额时，息税前利润＝0，企业保本；

当边际贡献＜固定成本总额时，息税前利润＜0，企业亏损。

4.2.2 经营杠杆

1. 经营杠杆的概念

企业的经营成本按成本习性可以分为固定成本和变动成本两类。在其他条件既定的情况下，产销量的增加会降低单位固定成本，提高单位利润，从而使息税前利润的增长率大于产销量的增长率。同样，产销量的减少会提高单位固定成本，降低单位利润，从而使息税前利润下降率也大于产销量下降率。如果不存在固定成本，总成本随产销量变动而成比例地变化，那么，企业息税前利润变动率就会同产销量变动率完全一致。这种由于存在固

定成本而造成的息税前利润变动率大于产销量变动率的现象，就叫做营业杠杆或经营杠杆(operating leverage)。现以表 4－5 加以说明。

表 4－5 产品销售与利润变动分析表

(单位：万元)

年份	销售				变动成本		固定成本总额	息税前利润	
	数量	单价	金额	比基年增长	单位变动成本	总额		金额	比基年增长
基年	100	20	2 000		10	1 000	500	500	
1	120	20	2 400	20%	10	1 200	500	700	40%
2	80	20	1 600	－20%	10	800	500	300	－40%

从表 4－5 可见，与基年相比，当销售增长 20%时，息税前利润增长 40%，这是经营杠杆的有利作用使企业获得了更多的利益；当销售下降 20%时，息税前利润下降 40%，这是经营杠杆的不利作用给企业带来了更大的损失。

2. 经营杠杆的衡量

根据以上分析可知，只要企业存在固定成本，就存在经营杠杆作用，但不同企业经营杠杆作用的程度是不同的。下面对两家公司进行分析比较。其中 B 公司采用自动化程度较高的设备，单位变动成本较小，固定成本较高；A 公司的自动化程度较低，相应的单位变动成本较高，但固定成本较低。有关资料见表 4－6。

表 4－6 A，B 两家公司生产资料

(单位：元)

	A 公司	B 公司
固定成本	50 000	250 000
单位变动成本	10	5
单位售价	20	20

为了便于比较，假设 A、B 两家公司的基期销售量相同，均为 30 000 件，下面用表 4－7 分别测算两家公司预计销售量分别上升 50%和下降 50%时的情形。

表 4－7 A，B 两家公司营业杠杆利益测算表

(单位：元)

基期	A 公司	B 公司
销售收入	600 000	600 000
经营成本：		
固定成本	50 000	250 000
变动成本	300 000	150 000
息税前利润	250 000	200 000

续表

基　期	A公司	B公司
销售增长50%	A公司	B公司
销售收入	900 000	900 000
经营成本：		
固定成本	50 000	250 000
变动成本	450 000	225 000
息税前利润	400 000	425 000
息税前利润长率	60%	112.5%
销售下降50%	A公司	B公司
销售收入	300 000	300 000
经营成本：		
固定成本	50 000	250 000
变动成本	150 000	75 000
息税前利润	100 000	−25 000
息税前利润增长率	−60%	−112.5%

从表4-7可以看出，当销售收入发生变化时，B公司的息税前利润变动幅度要大于A公司的息税前利润变动幅度。这种差异主要是由于两家公司固定成本所占的比重不同所导致的。因此，需要对企业经营杠杆作用的程度进行衡量。对经营杠杆作用程度衡量的指标一般采用经营杠杆系数。

经营杠杆系数(degree of operating leverage，DOL)又称营业杠杆系数，是指企业息税前利润的变动率相当于销售变动率的倍数。它反映着经营杠杆的作用程度，即销售量变动引起息税前利润变动的程度。其测算公式为

$$经营杠杆系数=\frac{息税前利润变动率}{产销量变动率}$$

$$DOL=\frac{\Delta EBIT/EBIT}{\Delta Q/Q}=\frac{\Delta EBIT/EBIT}{\Delta S/S}$$

式中：DOL为营业杠杆系数；$EBIT$为息税前利润；$\Delta EBIT$为息税前利润的变动额；S为销售量或销售额；ΔS为销售量或销售额的变动额。

为了便于计算，可将公式做如下变换：

因为

$$EBIT=(p-b)Q-a$$

$$\Delta EBIT=\Delta Q\ (p-b)$$

所以

$$DOL=\frac{\Delta Q(p-b)\div[Q(p-b)-a]}{\Delta Q\div Q}=\frac{Q(p-b)}{Q(p-b)-a}=\frac{S-V}{S-V-a}=\frac{TCM}{TCM-a}=\frac{TCM}{EBIT}$$

式中：DOL为经营杠杆系数；Q为销售数量；P为销售单价；b为单位销量的变动成本额；a为固定成本总额；S为销售额；V为变动成本总额；TCM为边际贡献总额；$EBIT$为息税前利润。

上例中当销售量为30 000单位时，A公司的经营杠杆系数为

$$DOL_A=\frac{TCM}{TCM-a}=\frac{(20-10)\times 30\ 000}{(20-10)\times 30\ 000-50\ 000}=1.2$$

B公司的经营杠杆系数为

$$DOL_B=\frac{TCM}{TCM-a}=\frac{(20-5)\times 30\ 000}{(20-5)\times 30\ 000-250\ 000}=2.25$$

A公司在销售30 000单位时的经营杠杆系数为1.2，意味着随着销售变化1%会引起息税前利润变化1.2%。若销售额增长50%，则息税前利润增长60%。B公司在销售30 000单位时的经营杠杆系数为2.25，意味着随着销售变化1%会引起息税前利润变化2.25%。若销售额增长50%，则息税前利润增长112.5%。

3. 经营杠杆与经营风险

经营风险(business risk)，是指与企业经营相关的风险，即企业未来经营利润或息税前利润的不确定性。企业的经营利润或息税前利润既受到外界政治、经济、市场等因素的影响，也受到内部各种因素的影响，从而给企业带来经营风险。经营风险不仅各行业不同，而且同行业的不同企业也有差别，并随时间变化而变化。经营风险影响着企业的筹资能力，是决定企业经营决策的一个非常重要的因素。

除固定成本外，影响企业经营风险的因素还有以下几点：

1）产品需求

在其他因素保持不变时，对一个企业的产品需求越稳定，该企业经营风险就越低；反之，经营风险就越高。

2）产品售价

一个企业的产品如果在市场上的销售价格比较稳定，那么这个企业的经营风险相对较小；否则，经营风险就很大。

3）产品成本

产品成本是收入的抵减，这里的产品成本是构成产品要素的所有投入品成本(或价格)，如原料进价、人工费用等。若产品成本不稳定，会导致利润不稳定，因此产品成本变动大的，经营风险就大；反之，经营风险就小。

4）调整价格的能力

当产品成本变动时，若企业具有较强的调整价格的能力，经营风险就小；反之，经营风险就大。

虽然经营杠杆本身并不是利润不稳定的根源，但是当产销量增加时，息税前利润将以经营杠杆系数的倍数的幅度增加；当产销量减少时，息税前利润将以经营杠杆系数的倍数的幅度减少。可见，经营杠杆扩大了生产和市场等不确定因素对利润变动的影响。而且经营杠杆系数越大，利润变动就越激烈，企业的经营风险就越大。

一般来说，在其他因素不变的情况下，固定成本越高，经营杠杆系数越大，经营风险就越大。上例中，A公司的经营杠杆系数比B公司的经营杠杆系数小，说明A公司的经营风险比B公司的经营风险小。

4.2.3 财务杠杆

1. 财务杠杆的概念

财务杠杆(financial leverage)，是指资金结构中借款和固定收入证券(债券、优先股)的运用对普通股每股利润(earnings per stock)(或自有资金税后净利润率)的影响能力。

企业的资金由债务、优先股和普通股组成，由于借债筹资需要支付利息，利息支付是固定的，同样优先股股利的发放基本上也是固定的。不论企业的经营状况如何，企业必须支付这些费用。因此，固定的债务利息和优先股股利支付增加普通股股东享有企业净利润的风险性。企业利用债务或优先股筹资而给企业带来额外收益的现象称为财务杠杆效应。它包括两种基本形态：①在现有资本与负债结构比例不变的情况下，由于息税前利润的变动而对所有者权益的影响；②在息税前利润不变的情况下，改变资本与负债间的结构比例对所有者权益的影响。

1）息税前利润变动下的杠杆效应

在企业资本结构一定的情况下，企业从息税前利润中支付的债务利息是相对固定的，当息税前利润增加时，每一元息税前利润所负担的债务利息就会相应降低，扣除所得税后可分配给企业所有者的利润就增加，从而给企业所有者带来额外的收益。

应用案例

默克多巧妙的负债经营手段

【案情简介】

1952年，默克多负债19万澳元入主纽斯公司。默克多对公司的资本结构有着超人的悟性，他善于融资，巧妙地负债经营并不断扩大公司的规模。1989年，纽斯集团的债务由1983年的2.37亿美元增加到70亿美元，而它的资产却增加到120亿美元，是1983年的12倍。当然，默克多要承受巨大的债务压力，但他在经营方面的天才，使他为纽斯集团带来了巨大的利润。

【案例点评】

为什么负债多了，利润反而增加了呢？这就是财务杠杆作用给企业所有者带来的额外收益。

【例4-11】 某企业自有资本总额为500万元，基期息税前利润额为100万元。如果由于市场变化而引起息税前利润发生变化，则会引起企业的净资产收益率也发生变化。有关资料见表4-8。

表4-8 息税前利润变动对净资产收益率的影响

(单位：万元)

息税前利润(EBIT)	基期(万元)	增加10%	下降10%
	100	110	90
利息费用(I)	40	40	40
利润总额	60	70	50

续表

息税前利润(EBIT)	基期(万元)	增加 10%	下降 10%
	100	110	90
所得税(25%)	15	17.5	12.5
税后利润	45	52.5	37.5
自有资本总额	500	500	500
净资产收益率	9%	10.5%	7.5%
净资产收益率变动率	—	16.67%	−16.67%

从表4-8可以看出，在企业资本结构不变的情况下，当息税前利润变化时(10%)，由于固定利息费用的存在，企业净资产收益率以更大的比例变化(16.67%)。

2）息税前利润不变的情况下，负债比的变动对净资产收益率的影响

假定企业总资产报酬率一定，且大于负债利率，则提高资本结构中的负债比重，会相应地提高净资产收益率；反过来，如果总资产报酬率低于负债利率，则提高负债比重，会引起净资产收益率的大幅度降低。因为

$$净资产收益率=\left[\frac{息税前利润-利息}{股权资本}\right]\times(1-所得税税率)$$

$$=\left[\frac{(股权资本+负债资本)\times总资产报酬率-负债资本\times平均负债利率}{股权资本}\right]\times(1-所得税税率)$$

所以，负债结构及与净资产收益率的这种关系，可用公式表达为

$$净资产收益率=\left[总资产报酬率+\frac{负债资本}{股权资本}\times(总资产报酬率-平均负债利率)\right]\times(1-所得税税率)$$

式中：总资产报酬率是指息税前总资产报酬率，因为总资产带来的不仅有利息、所得税，还有净利润。

【例4-12】 某企业总资产为100万元，息税前利润为30万元，负债利率为10%，所得税率为25%，则在不同的资本结构下，其净资产收益率的计算见表4-9。(表中结构指负债与股权资本的比例，即产权比率)

表4-9 不同资本结构下的净资产收益率计算表

项目 \ 结构	结构(1) 0:100	结构(2) 20:80	结构(3) 50:50	结构(4) 80:20
息税前利润(万元)	30	30	30	30
利息率(%)	10	10	10	10
利息额(万元)	0	2	5	8
税前利润(万元)	30	28	25	22

续表

项目 \ 结构	结构(1) 0:100	结构(2) 20:80	结构(3) 50:50	结构(4) 80:20
所得税(万元)	7.5	7	6.25	5.5
税后利润(万元)	22.5	21	18.75	16.5
净资产收益率	22.5%	26.25%	37.5%	82.5%

从表4-9计算可得：在总资产报酬率为30%的情况下(大于10%的负债利率)，随着结构比例(产权比率)的提高，企业的纳税额呈递减趋势，即由7.5万元，逐步递减为7万元、6.25万元和5.5万元，负债的节税功能显著。

利用公式计算也可得到同样的结果，以结构(2)为例：

$$净资产收益率=\left[30\%+\frac{20}{80}\times(30\%-10\%)\right]\times(1-25\%)=26.25\%$$

负债比重的提高对净资产收益率提高的加速作用，以总资产报酬率大于利息率为前提。调高负债比将使净资产收益率递增，调低负债比将产生净资产收益率的机会损失。反之，当总资产报酬率小于负债利率时，则调高负债比将加速净资产收益率的下降，调低负债比将使净资产收益率下降的速度降低。

2. 财务杠杆的衡量

根据以上分析可知，只要企业的筹资方式中存在固定财务支出的债务和优先股，就存在财务杠杆的作用。但不同的企业或同一个企业在不同资金结构下，财务杠杆作用的程度是不同的，因此，需要对财务杠杆进行衡量。对财务杠杆进行衡量的指标一般采用财务杠杆系数或称财务杠杆作用度。

所谓财务杠杆系数(degree of financial leverage，DFL)，是指息税前利润变化所引起的普通股每股利润(或净资产收益率)的变化程度。即财务杠杆系数等于普通股每股利润的变动率相对于息税前利润变动率的倍数。其计算公式为

$$财务杠杆系数=\frac{税后利润变动率}{息税前利润变动率}=\frac{普通股每股利润变动率}{息税前利润变动率}$$

$$DFL=\frac{\Delta EAT/EAT}{\Delta EBIT/EBIT}=\frac{\Delta EPS/EPS}{\Delta EBIT/EBIT}$$

式中：DFL为财务杠杆系数；ΔEAT为税后利润变动额；EAT为税后利润额；$EBIT$为经营利润，即息税前利润；ΔEBIT为息税前利润的变动额；EPS为普通股每股税后利润额，即每股盈余；ΔEPS为普通股每股税后利润变动额，即每股盈余变动额。

为了便于计算，可将公式变换如下：

设债务利息为I，企业所得税率为T，则

$$EPS=\frac{(EBIT-I)\times(1-T)}{N}$$

$$\Delta EPS=\frac{\Delta EBIT\times(1-T)}{N}$$

因此，

$$DFL=\frac{\frac{\Delta EPS}{EPS}}{\frac{\Delta EBIT}{EBIT}}=\frac{\frac{\frac{\Delta EBIT\times(1-T)}{N}}{\frac{(EBIT-I)\times(1-T)}{N}}}{\frac{\Delta EBIT}{EBIT}}=\frac{EBIT}{EBIT-I}$$

同理可以推得，当企业存在优先股时，财务杠杆系数的计算公式为

$$DFL=\frac{\frac{\Delta EPS}{EPS}}{\frac{\Delta EBIT}{EBIT}}=\frac{\frac{\frac{\Delta EBIT\times(1-T)}{N}}{\frac{(EBIT-I)\times(1-T)-D}{N}}}{\frac{\Delta EBIT}{EBIT}}=\frac{EBIT}{EBIT-I-\frac{D}{1-T}}$$

式中：D 为优先股股利。

例 4－12 中，各种资本结构下的财务杠杆系数计算见表 4－10。

表 4－10　不同资本结构下的财务杠杆系数

项目＼结构	结构(1) 0:100	结构(2) 20:80	结构(3) 50:50	结构(4) 80:20
息税前利润(EBIT)(万元)	30	30	30	30
利息率(%)	10	10	10	10
利息额(I)(万元)	0	2	5	8
税前利润(EBIT－I)(万元)	30	28	25	22
财务杠杆系数(DFL)(万元)	1.0	1.07	1.2	1.36

从表 4－10 的计算可以看出，企业总资金中借款的比重越大，财务杠杆系数就越大。说明随着借款的增加，每增加一元息税前利润而相应增加的自有资金税后利润越来越多。比如，结构(3)的财务杠杆系数 1.2，意味着随着息税前利润变化 1%会引起净资产收益率变化 1.2%。即自有资金税后利润的增长是息税前利润增长的 1.2 倍。

当企业的息税前利润较多，增长幅度较大也较稳定时，适当地利用负债，发挥财务杠杆作用，可以增加投资者的报酬率，增加企业的价值。

3. 财务杠杆和财务风险

财务风险(finance risk)，也称融资风险或筹资风险，是指筹资活动给企业和普通股股东所增加的风险，尤其是指通过使用债务和优先股(财务杠杆)，从而影响普通股股东的风险报酬。影响财务风险的因素主要有以下几个方面：

1）利率水平的变动

市场利率水平较低，有利于降低企业的财务费用，利润水平就会提高；反之，利润水平就会下降。因此，如果市场利率波动较大，企业的财务风险就会增加。仍以例 4－12 中结构(3)为例，如果利息率由 10%上升为 12%，则财务杠杆系数变为

$$DFL=\frac{30}{30-6}=1.25$$

2）资金供求的变化

如果市场上资金供应比较充裕，企业可以随时筹集到资金；反之，若市场资金比较紧张，企业不仅面临市场利率升高的风险，而且还会遇到筹不到资金的可能。

3）获利能力的变化

如果企业经营状况比较稳定，获得的息税前利润完全能支付债务的利息，企业的财务风险相对较小；如果企业销售状况不稳定，加之有较大的经营杠杆，有可能造成息税前利润不能支付债务利息的局面，则企业的财务风险较大。

虽然财务杠杆本身并不是税后利润不稳定的根源，但是当息税前利润增加时，净资产收益率将以财务杠杆系数的倍数的幅度增加；当息税前利润减少时，净资产收益率将以财务杠杆系数的倍数的幅度减少。可见，财务杠杆扩大了生产和市场等不确定因素对净资产收益率变动的影响。而且财务杠杆系数越大，净资产收益率变动就越激烈，企业的财务风险就越大。

一般来说，在其他因素不变的情况下，企业的借入资金越多，财务杠杆系数越大，财务风险也就越大。

4.2.4 复合杠杆

1. 复合杠杆的概念

复合杠杆(combined leverage)又称联合杠杆或总杠杆(total leverage)，是由经营杠杆和财务杠杆组合形成的总杠杆。

从前面分析可知，由于生产中固定成本的存在，产生经营杠杆作用，使得企业较小的销售额变化能引起较大的息税前利润的变化；由于资本结构中对债务性质资本的利用，存在着固定的利息或股息支出，产生财务杠杆作用，使得息税前利润的变化引起普通股每股利润更大比率的变化。如果企业同时存在经营杠杆和财务杠杆，这两种杠杆的组合使得企业销售额的微小变化引起普通股每股利润的大幅度变化。这就是复合杠杆的作用。

2. 复合杠杆作用的衡量

根据以上分析可知，只要企业存在固定成本，就存在经营杠杆的作用；只要企业的筹资方式中存在固定财务支出的债务和优先股，就存在财务杠杆的作用。两者共同作用就产生了复合杠杆。但不同的企业或同一个企业在不同资金结构和销售规模下复合杠杆作用的程度是不同的。因此，需要对复合杠杆进行衡量。对复合杠杆进行衡量的指标一般采用复合杠杆系数。

所谓复合杠杆系数(degree of combined leverage 或 degree of total leverage，DTL)，又称联合杠杆系数、综合杠杆系数或综合杠杆作用度，是指产销量变化引起的普通股每股税后利润的变化程度。即复合杠杆系数等于普通股每股税后利润的变动率相对于产销量变动率的倍数，其计算公式为

$$复合杠杆系数=\frac{普通股每股税后利润变动率}{产销量变动率}$$

$$DTL=\frac{\frac{\Delta EPS}{EPS}}{\frac{\Delta Q}{Q}}$$

式中：DTL 为复合杠杆系数；ΔEPS 为普通股每股税后利润的变动额；EPS 为普通股每股税后利润；ΔQ 为产销量变动；Q 为产销量。

为简化计算，复合杠杆系数又可转换为

$$DTL=\frac{\frac{\Delta EPS}{EPS}}{\frac{\Delta Q}{Q}}=\frac{\frac{\Delta EPS}{EPS}}{\frac{\Delta EBIT}{EBIT}}\times\frac{\frac{\Delta EBIT}{EBIT}}{\frac{\Delta Q}{Q}}=DOL\times DFL$$

3. 复合杠杆和企业风险

在复合杠杆的作用下，当企业的产销量形势较好时，投资者的报酬(税后净利润)会大幅度地上升；当企业的产销量形势不好时，投资者的报酬(税后净利润)会大幅度地下降。这种放大作用是由于经营杠杆和财务杠杆共同作用的结果。企业的复合杠杆系数越大，税后利润的变动幅度就越大。

由于复合杠杆作用而使企业的税后利润(投资者的报酬率)大幅度变动所造成的风险称为复合风险。在其他因素不变的情况下，复合杠杆系数越大，复合风险就越大；复合杠杆系数越小，复合风险就越小。

4.3 资本结构

4.3.1 资本结构的含义

资本结构(capital structure)是指企业资本的构成及其比例关系。它有广义和狭义之分，广义的资本结构，是指企业全部资本的构成，包括长期资本，也包括短期资本。而狭义的资本结构仅指长期资本的构成。本节讨论的资本结构是指狭义的资本结构。

4.3.2 资本结构理论

资本结构理论是关于公司资本结构、公司综合资本成本率与公司价值之间关系的理论。它是财务理论的重要内容，也是资本结构决策的重要理论基础。美国学者把 20 世纪 50 年代之前的资本结构理论归纳为“早期资本结构理论”，20 世纪 50 年代之后的以 MM 理论为代表的资本结构理论则被称为“现代资本结构理论”。

1. 早期资本结构理论

1952 年，美国财务管理专家大卫·杜兰特的研究是早期资本结构理论研究的正式开端之一。他把早期资本结构理论划分为 3 种类型：净利理论、营业净利理论和传统折中理论。

1）净利理论

净利理论(net income approach，NIA)认为，在企业的资本结构中，债权资本比例(B/S)越大，企业的综合资本成本率(K_w)越低，公司的净利润就越多，从而企业价值(V)越高。该理论的基本出发点是：无论债权资本的比例如何变化，债权资本成本率(K_d)和股权资本成本率(K_s)都是固定不变的。因此，只要债权资本成本率低于股权资本成本率，随着债权资本的比例加大，综合资本成本率(K_w)就会下降，企业价值随之增加。净利理论关于资本结构与资本成本和企业价值的关系见图 4.2。

该理论以债权资本成本率和股权资本成本率都固定不变为前提，没有考虑负债比例变化引起的财务风险的变化。显然，实际中这种假设前提很难成立，这是一种极端的资本结构理论。

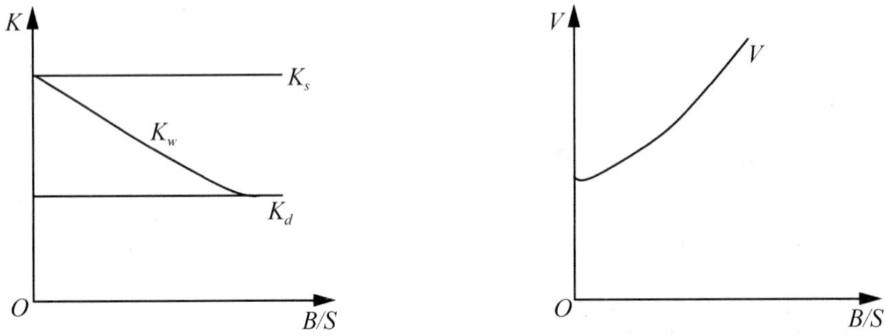

图 4.2　净利理论下的资本成本和企业价值

2）营业净利理论

营业净利理论又称净营业收入理论(net operating income theory)，该理论认为，无论债权资本比例(B/S)如何变化，综合资本成本率(K_w)都是固定的，因而企业价值也是固定不变的。该理论的基本假设是债权资本比例的加大会增加股权资本的风险，因此即使债权资本成本率不变，股权资本成本率也会上升。即由于债权资本比例加大所导致的债权成本的降低会被股权成本的上升抵消，企业综合资本成本率不变，企业价值不变。根据这一理论，也就不存在资本结构问题，这显然与实际不符。营业净利理论是另一种极端的资本结构理论。营业净利理论关于资本结构与资本成本和企业价值的关系见图 4.3。

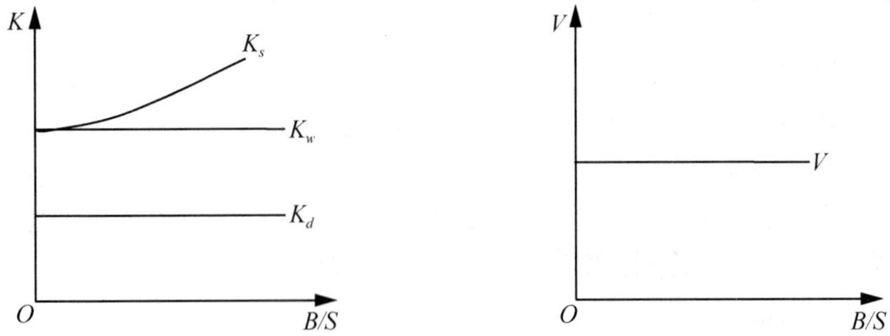

图 4.3　营业净利理论下的资本成本和企业价值

3）传统折中理论

传统折中理论(traditional theory)持介于上述两种理论之间的折中观点，该理论认为，增加债权资本对提高企业价值是有利的，但债权规模必须适度。如果负债过度，综合资本成本会升高，会使企业价值下降。该理论承认债权资本比例增加会导致权益资本成本上升，但是在一定幅度内权益资本成本上升并不能完全抵消债权资本成本下降的趋势，企业的综合资本成本仍会下降，导致企业价值上升。负债超出一定比例，企业财务风险加大，债权资本成本下降抵消不了权益资本成本上升的趋势，企业的综合资本成本上升，企业价值下降，传统折中理论关于资本结构与资本成本和企业价值的关系见图 4.4。

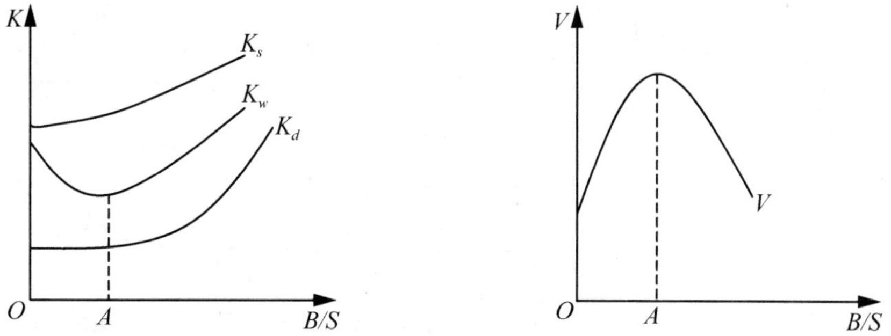

图 4.4 传统折中理论下的资本成本和企业价值

2. 现代资本结构理论

1）从 MM 理论到权衡理论

MM 理论(MM theory)是由美国财务管理学家莫迪格利尼(France Modigliani)和米勒(Mertor Miller)于 1958 年创建的，包括无公司税时的 MM 模型、有公司税时的 MM 模型以及考虑了个人所得税的模型。

1958 年，MM 理论提出了无公司税时的资本结构理论模型。在一系列严格的假设下，该模型认为，负债比率上升，负债企业的股权资本成本 K_s 也随之上升，债权成本 K_d 小于股权资本成本 K_s 的利益，正好被股权资本成本 K_s 的上升所抵消。所以，负债增加，企业综合资本成本率 K_w 和企业价值 V 不变。

1963 年，MM 理论进一步提出了有公司税时的 MM 模型。他们在假设有公司所得税的情况下，得出负债会因利息的抵税作用而增加企业价值这一结论。1976 年，米勒提出了一个将公司所得税和个人所得税包括在内的模型即米勒模型。根据该模型，负债减税的利益，正好被股票投资个人所得税所抵消，综合资本成本率 K_w 和企业价值 V 与资本结构无关。

MM 理论成功的利用数学模型，揭示了资本结构中负债的意义，但是其理论只是单方面地考虑了负债给企业所带来的减税利益，而没有考虑负债可能给企业带来的预期成本或损失。权衡理论(trade-off theory)在这一方面做了进一步的发展。所谓权衡理论指的就是同时考虑负债的减税利益和预期成本或损失，并将利益与损失进行适当权衡来确定企业价值的理论。权衡理论也是在 MM 理论基础上产生的，但是考虑的因素更加现实，结论也更符合实际情况。其理论见图 4.5。

图中：V_l——MM 理论下有负债企业的价值；

V_u——无负债时的企业价值；

V_l'——权衡理论下的企业价值；

TB——负债避税利益所带来的增加值；

BC——负债带来的预期成本或损失导致企业价值的减少；

B_1——导致负债预期成本或损失开始作用的负债水平；

B_2——最佳资本结构。

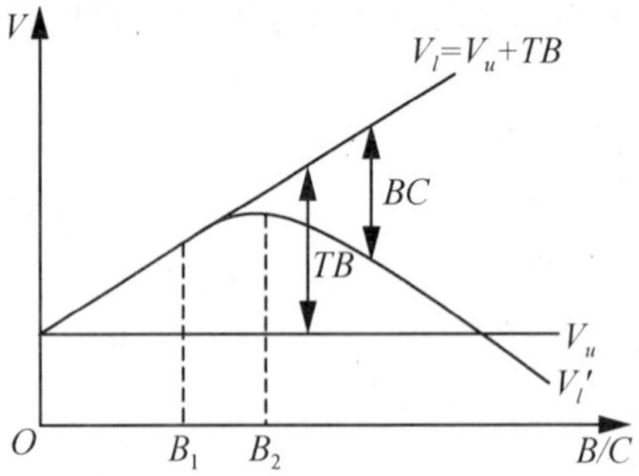

图 4.5 权衡理论

由图 4.5 可知，在负债水平小于 B_1 时，负债的预期成本或损失(指预期的财务拮据成本和代理成本)不明显；但负债比例达到 B_1 时，负债的成本开始发生；达到 B_2 时，负债的边际利益与边际成本达到均衡，负债总的净利益达到最大，企业价值最大，资本结构最佳。

2）基于代理成本的资本结构理论

1976 年简森(Jensen)和麦克林(Mecking)将代理成本理论引入到财务学，分析研究公司资本结构与代理成本之间的关系。

(1) 股东与经理之间的代理成本(agency cost)。股权融资是现代公司制企业的典型特征，企业中的经理人通常只持有一部分或小部分企业股份，只能享受改善企业经营管理所产生的部分利益，而要承担相应的全部成本。于是经理会平衡个人管理投入的边际成本和边际收入，用作管理层的最优决策。这样，有外部股权融资的企业则会降低经理的管理投入，从而降低企业价值，这就给外部股权融资企业带来代理成本，它体现为管理懈怠、利益侵占等。

(2) 股东与债权人之间的代理成本。股权是公司给予股东随时可以买卖的权力，股东承担有限责任，企业股权可看成是企业资产为标的的资产的看涨期权，一旦企业存在违约风险，债权人和股东之间就会出现利益冲突，如资产代理问题或风险转移问题、资本不足问题等，它们可能导致企业因债务融资而做出次优投资决策，形成企业债务代理成本。

3）信息不对称理论

20 世纪 70 年代末开始，不对称信息理论(information asymmetry theory)应用到企业融资决策，建立了信息传递理论、优序融资理论。

(1) 信号传递理论(signal transferring theory)。西方财务学家的研究表明，在信息不对称的情况下，公司向外界传递公司内部信息的常见信号有 3 种：①利润宣告；②股利宣告；③融资宣告。信号传递理论在财务领域的应用始于罗斯的研究，他发现拥有高质量投资机会信息的经营者，可以通过资本结构或股利政策的选择向潜在的投资者传递信息。由于破产概率与企业质量呈负相关、与企业负债率呈正相关，而低质量的企业通常不敢用过度负债，投资者会将较高的负债率视作企业高质量的表现，根据资本结构的变化评价企业质量并决定是否投资。因此，信号传递理论明确了企业市场价值与资本结构相关，但未提出防止经营者向外输送错误信号的内在约束机制。

（2）优序融资理论又称啄序理论(pecking order theory)。1984年，梅耶斯(Myers)和迈基里夫(Majluf)创立了优序融资理论。这一理论认为经营者在股东权益被低估时不愿意发行股票，在股票价格被高估时才发行股票。当股票价格高估时，企业管理者会利用其内部信息发行新股，而投资者则意识到信息不对称问题，视股票融资为企业经营不良的信号。因此，当企业宣布发行股票时，投资者会调低对现有股票和新发股票的估价，导致股票价格下降、企业市场价值降低。因此，为降低股票融资对企业价值带来的损失，企业融资存在顺序偏好，首先是内部融资，主要来源于企业内部自然形成的现金流，它等于净利润加上折旧减去股利。由于内源融资不需要与投资者签订契约，也无需支付各种费用，所受限制少，因而是首选的融资方式，其次是低风险的债务融资，最后才是股权融资。

4.3.3 资本结构的影响因素

1. 最佳资本结构

按资本的属性划分，企业的长期资本分为长期负债资本和权益资本两大类。长期负债资本和权益资本各占多大比例，是企业筹资决策的核心问题。企业应综合考虑有关影响因素，运用适当的方法确定企业的最佳资本结构(optimum capital structure)，并在今后的追加筹资活动中加以保持。所谓最佳资本结构是指企业在一定期间内，使加权平均资本成本最低、企业价值最大时的资本结构。其判断标准有3个：

（1）有利于最大限度地增加所有者财富，能使企业价值最大化。

（2）企业加权平均资本成本最低。

（3）资产保持适宜的流动，并使资本结构具有弹性。

其中，加权资本成本最低是其主要标准。

2. 影响资本结构最优化的因素

在企业筹资决策中，要使资本结构最优化，需综合考虑以下一些重要因素对资本结构的影响：

1）资本成本

由于债务利率通常低于股票股利率，再加上利息的抵税作用，使负债资本成本明显低于权益资本成本。因此，资本结构中，适度提高负债资本的比重可降低企业的综合资本成本；降低负债资本的比例会使综合资本成本上升。

2）企业风险

经营风险和财务风险构成了企业的总风险，提高负债比重会增加企业的财务风险，进而使企业的总风险扩大。因此，对经营风险较高的企业，应降低负债比重，以保持财务稳定，降低企业总风险；而对经营风险较低的企业，可适当提高负债比重，充分利用财务杠杆作用获取更多的收益。

3）企业所有者和管理人员的态度

企业所有者对企业控制权的态度，会影响企业筹资方式的选择。如果企业的控制权掌握在少数股东手里，他们为了确保对企业的控制权不被稀释或旁落他人，就会尽可能以负债筹资方式来增加资本，而不会采用发行新股方式增资，从而会形成较高的负债比率。企业管理者对风险的态度也是影响企业资本结构的重要因素，激进型的管理者，可能会为了获得较多的财务杠杆收益而安排较高的负债比重；反之，稳健型的管理者在筹资决策中为减少财务风险，可能会尽量降低负债的比重。

4）行业差异及企业特点

由于不同行业的经营方式不同，从而在资本结构上也存在很大差别。一般而言，工业企业的负债率较低，而流通企业及房地产开发企业的负债率较高。在同一行业的不同企业也有各自的经营特点，其资本结构也不可能完全处于同一水准。企业在筹资决策中应以其所处行业资本结构的一般水准为参照，根据本企业的特点，分析本企业与同行业中其他企业的差异，合理确定本企业的资本结构。

5）企业发展状况

处于成长中的企业，由于经营规模的迅速扩张，需投放大量的资金，往往倾向于增加负债资本；经营稳定的企业，其发展速度放慢，不会再增加负债资本，对资本的补充一般通过利润留存来实现；而陷于经营萎缩状态的企业，一般需采取各种办法，尽可能降低负债资本比重，以减少财务杠杆不利作用造成的损失。

6）企业获利能力

获利能力强的企业，可利用较多的利润留存来满足增资的需要，一般无需使用大量的债务资本；而获利能力弱的企业，不能通过留存利润来满足增资需要，发行股票对投资者也没有吸引力，只能通过高利率发行债券或向银行贷款筹集资金。

7）贷款人的态度和评信机构的影响

企业在进行较大规模的负债筹资时，一般需征求贷款人的意见和向信用评级机构咨询。如果企业的负债过高，则贷款人可能会提高新增贷款的利率，或拒绝向企业提供新增贷款的要求。同样，如果企业的负债过高，信用评级机构可能会降低企业的信用等级，这样会影响企业的筹资能力，提高企业的资本成本。

8）所得税率

负债利息有抵税作用，因此，较高的所得税率会刺激筹资者更多地采用负债筹资方式；如果所得税率很低，负债筹资的抵税利益不明显，则筹资者将会更多考虑权益筹资方式。

4.3.4 资本结构决策方法

从4.3.3的分析可以看出，负债筹资具有节税、降低资本成本、使净资产收益率不断提高等的杠杆作用和功能，因此，对外负债是企业采用的主要筹资方式。但是，随着负债筹资比例的不断扩大，负债利率趋于上升，企业破产风险加大。因此，如何找出最佳的负债点(即最佳资本结构)，使得负债筹资的优点得以充分发挥，同时又避免其不足，是筹资管理的关键。财务管理上将最佳负债点的选择称为资本结构决策。

资本结构的决策方法常用的有两种：比较资本成本法和无差别点分析法。

1. 比较资本成本法

比较资本成本法(WACC comparison method)是通过计算不同资本结构的加权平均资本成本(weighted average capital cost)，并以此为标准，选择其中加权平均资本成本最低的资本结构。它以资本成本高低作为确定最佳资本结构的唯一标准，在理论上与股东或企业价值最大化相一致，在实践上简单实用。其决策过程包括如下几点：

(1) 确定各方案的资本结构。

(2) 确定各结构下的加权资本成本。

(3) 进行比较，选择加权资本成本最低的结构为最优结构。

【例4-13】 大伟公司拟筹资1 000万元，现有A、B、C 3种筹资方案可供选择，见表4-11。

表4-11 A、B、C 3种方案下的资本结构

筹资方式	A方案		B方案		C方案	
	筹资额(万元)	资金成本(%)	筹资额(万元)	资金成本(%)	筹资额(万元)	资金成本(%)
长期借款	80	6	100	7	160	7.5
公司债券	200	8	300	9	240	8.5
优先股	120	12	200	12	100	12
普通股	600	15	400	15	500	15
合计	1 000	—	1 000	—	1 000	—

计算各方案的综合资本成本(WACC)：

$$WACC(A)=6\%\times\frac{80}{1\ 000}+8\%\times\frac{200}{1\ 000}+12\%\times\frac{120}{1\ 000}+15\%\times\frac{600}{1\ 000}=12.52\%$$

$$WACC(B)=7\%\times\frac{100}{1\ 000}+9\%\times\frac{300}{1\ 000}+12\%\times\frac{200}{1\ 000}+15\%\times\frac{400}{1\ 000}=11.8\%$$

$$WACC(C)=7.5\%\times\frac{160}{1\ 000}+8.5\%\times\frac{240}{1\ 000}+12\%\times\frac{100}{1\ 000}+15\%\times\frac{500}{1\ 000}=11.94\%$$

经过计算与比较，方案B的资本成本最低，因此，选择B方案的资本结构最为可行。

比较资本成本法的优点是以加权平均资本成本最低为资本结构选择的唯一标准，在应用中具有直观性和操作上的简便性。另外，资本成本的降低必然给企业财务带来良好的影响，一定条件下也可以使企业的市场价值增大。但仅仅以加权平均资本成本最低作为唯一标准，而不考虑风险等其他因素，可能导致企业市场价值的波动。

2. 无差别点分析法

无差别点分析法，也称为息税前利润—每股利润分析法(EBIT—EPS分析法)，它是

利用净资产收益率无差异点(或每股净收益无差异点)的分析来选择和确定负债与权益间的比例或数量关系。所谓净资产收益率无差异点是指在负债与权益两种筹资方式下净资产收益率相等时的息税前利润点，也称息税前利润平衡点或无差异点。根据净资产收益率无差异点，可分析判断在追加筹资量的条件下，应选择何种方式来进行资本筹资，并合理安排和调整资本结构。

【例 4-14】 某公司目前拥有资本 1 600 万元，其中，债券 600 万元(年利率 8%)，普通股 800 万元(80 万股)，优先股 200 万元(10 万股，年股利固定为 2 元)。所得税税率 25%。该公司准备追加筹资 400 万元，有下列两种方案可供选择：

(1) 发行债券 400 万元，年利率 10%，面值发行。

(2) 发行普通股 40 万股，每股发行价格 10 元。

如果增资后该公司预计的息税前利润率可达 20%，试确定该公司最佳的筹资方案。

根据题意，可列表 4-12 进行分析。

表 4-12 预计增资后每股盈余

(单位：元)

项　　目	增加负债(方案 1)	增加股权资本(方案 2)
资产总额	20 000 000	20 000 000
其中：负债	10 000 000(6 000 000+4 000 000)	6 000 000
股权资本	10 000 000	14 000 000
息税前利润(利润率 20%)	4 000 000	4 000 000
减：利息	880 000	480 000
税前利润	3 120 000	3 520 000
减：所得税(25%)	780 000	880 000
优先股股利	200 000	200 000
普通股盈余	2 140 000	2 440 000
普通股每股盈余	2.675	2.033

由表 4-12 计算可得，当息税前利润率为 20%时，发行债券的每股盈余(2.675)较发行普通股的每股盈余(2.033)高，发行债券筹资比发行股票筹资可行。

表 4-12 是在预计息税前利润率为 20%即息税前利润为 4 000 000 元时计算出来的，如果预计息税前利润为 1 500 000 元或 4 500 000 元，情况会怎样呢？息税前利润达到多少时，采用两种方案是无差异的？这可以通过计算来确定。其计算公式为

$$\frac{(EBIT-I_1)\times(1-T)-D_1}{N_1}=\frac{(EBIT-I_2)\times(1-T)-D_2}{N_2}$$

式中：$EBIT$ 为息税前利润平衡点，即无差异点；I_1、I_2 为两种增资方案下的年利息；D_1、D_2 为两种增资方案下的优先股股利；N_1、N_2 为两种增资方案下的普通股股数。

将有关数据代入公式：

$$\frac{(EBIT-88)\times(1-25\%)-20}{80}=\frac{(EBIT-48)\times(1-25\%)-20}{120}$$

求得 $EBIT=194.67$ 万元

它表示：

(1) 当息税前利润等于194.67万元时，无论选择发行债券筹资与还是选择发行普通股筹资，普通股每股收益相等(0.75元)；

(2) 当息税前利润预计大于194.67万元时，则发行债券筹资更为有利；

(3) 当息税前利润预计小于194.67万元时，则发行普通股筹资更有利。

以上结果见图4.6。

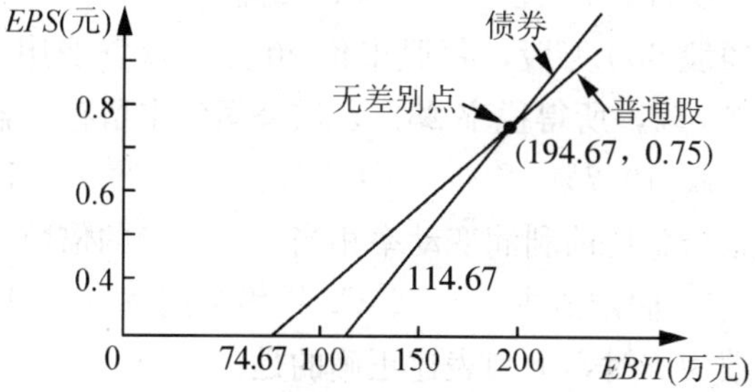

图4.6 无差别点分析示意图

对于非股份公司，在计算净资产收益率的无差异点时，只需考虑将上述公式中的分母的“发行在外普通股股数”替换为“股权资本总额”，并在分子中去除“优先股利”项即可，用公式表示为

$$\frac{(EBIT-I_1)\times(1-T)}{C_1}=\frac{(EBIT-I_2)\times(1-T)}{C_2}$$

式中：C_1、C_2为两种增资方式下的股权资本总额。

其计算原理类同，不再举例。

无差异点分析确定最佳资本结构，以每股盈余(或净资产收益率)最大为分析起点，它直接将资本结构与企业财务目标、企业市场价值等相关因素结合起来，是企业在追加筹资时经常采用的一种决策方法。但无差异点分析方法只考虑了资本结构对每股盈余的影响，并假定每股盈余最大，股票价格也就最高。把资本结构对风险的影响置之视野以外，是不全面的。因为随着负债的增加，投资者的风险加大，股票价格和企业价值也会有下降的趋势，所以，单纯用EBIT—EPS分析法有时会作出错误的决策。但在资本市场不完善的时候，投资人主要根据每股利润的多少来作出投资决策，每股利润的增加也有利于股票价格的上升。

习 题

1. 单项选择题

(1) 某企业目标资本结构中长期债务的比重为20%，债务资金的增加额在0～10 000元范围内，其利率维持5%不变。该企业与此相关的筹资总额分界点为(　　)。

A. 5 000　　B. 20 000　　C. 50 000　　D. 200 000

(2) 某公司发行股票，当时市场无风险报酬率为6%，股票投资平均报酬率为8%，该公司股票风险系数为1.4，该公司股票资本成本为(　　)。

A. 8%　　B. 6%　　C. 8.8%　　D. 7.4%

(3) A企业债券的市场价值为400万元，股东权益的市场价值为600万元。债券的平均利率为10%，所得税率为25%，当前股票的市场收益率为14%，短期国库券的利率为10%，β为1.25，则加权平均资本成本为(　　)。

A. 25%　　B. 13%　　C. 12%　　D. 10.65%

(4) 某企业发行普通股600万股，每股市价20元，筹资费用率5%，上年股利率为14%，预计股利年增长率5%，所得税率25%，该公司年末留存收益的成本为(　　)。

A. 14.74%　　B. 19.7%　　C. 19%　　D. 20.47%

(5) 经营杠杆系数是指息税前利润变动率相当于(　　)的倍数。

A. 销售额变动率　　B. 固定成本　　C. 销售利润率　　D. 销售额

(6) 当财务杠杆系数为1时，下列表述正确的是(　　)。

A. 息税前利润增长率为零　　B. 息税前利润为零

C. 利息与优先股股息为零　　D. 固定成本为零

(7) 降低经营杠杆系数、从而降低企业经营风险的途径是(　　)。

A. 提高资产负债率　　B. 提高权益乘数

C. 减少产品销售量　　D. 节约固定成本开支

(8) 某公司的经营杠杆系数为2，预计息税前利润将增长10%，在其他条件不变的情况下，销售量将增长(　　)。

A. 5%　　B. 10%　　C. 15%　　D. 20%

(9) 某公司的经营杠杆系数为1.8，财务杠杆系数为1.5，则该公司销售额每增长1倍，就会造成每股收益增加(　　)。

A. 1.2倍　　B. 1.5倍　　C. 0.3倍　　D. 2.7倍

(10) 假定某企业的权益资金与负债资金的比例为60∶40，据此可断定该企业(　　)。

A. 只存在经营风险　　B. 经营风险大于财务风险

C. 经营风险小于财务风险　　D. 同时存在经营风险和财务风险

2. 多项选择题

(1) 在事先确定企业资金规模的前提下，吸收一定比例的负债资金，可能产生的结果有(　　)。

A. 降低企业资本成本　　B. 降低企业财务风险

C. 加大企业财务风险　　D. 提高企业经营能力

(2) 负债筹资具备的优点是(　　)。

A. 节税　　B. 资本成本低　　C. 财务杠杆效益　　D. 风险低

(3) 下列各项中，影响经营杠杆系数的是(　　)。

A. 产品销售数量　　B. 产品销售价格　　C. 固定成本　　D. 利息费用

(4) 关于复合杠杆系数，下列说法正确的是(　　)。

A. 反映普通股每股利润变动率与息税前利润变动率的比率

B. 反映产销量变动对普通股每股利润的影响

C. 复合杠杆系数越大，企业的风险越大

D. 复合杠杆系数等于经营杠杆系数与财务杠杆系数之和

(5) 下列各项中，影响复合杠杆系数变动的因素有(　　)。

A. 固定经营成本　B. 单位边际贡献　C. 产销量　D. 固定利息

(6) 产生财务杠杆是由于企业存在(　　)。

A. 优先股股利　B. 财务费用　C. 债务利息

D. 普通股股利　E. 股票股利

(7) 最佳资本结构是指(　　)时的资本结构。

A. 加权平均资本成本最低　B. 企业价值最大

C. 负债率最低　D. 财务杠杆效益最大

(8) 下列有关企业资本结构的说法正确的有(　　)。

A. 拥有大量固定资产的企业主要通过长期债务资本和权益资本融资

B. 少数股东为了避免控制权旁落他人，更倾向负债融资

C. 企业适用的所得税税率越高，越偏好负债融资

D. 如果预计未来利率水平上升，则企业应选择长期资本的筹集

(9) 比较资金成本法(　　)。

A. 根据加权平均资本成本的高低来确定最优资本结构

B. 应用中具有直观性和操作上的简便性

C. 根据每股利润高低来确定最优资本结构

D. 根据个别资本成本的高低来确定最优资本结构

(10) 下列说法中，正确的有(　　)。

A. 当预计息税前利润高于每股盈余无差别点时，采用权益筹资方式比采用负债筹资方式有利

B. 当预计息税前利润高于每股盈余无差别点时，采用负债筹资方式比采用权益筹资方式有利

C. 当预计息税前利润低于每股盈余无差别点时，采用权益筹资方式比采用负债筹资方式有利

D. 当预计息税前利润低于每股盈余无差别点时，采用负债筹资方式比采用权益筹资方式有利

E. 当预计息税前利润等于每股盈余无差别点时，两种筹资方式的报酬率相同

3. 复习思考题

(1) 什么是资本成本？简述资本成本的作用。

(2) 什么是个别资本成本、综合资本成本、边际资本成本？它们分别在决策中起什么作用？

(3) 债务资本成本为什么会低于权益资本成本?

(4) 试述营业杠杆的基本原理。

(5) 试述财务杠杆的基本原理。

(6) 试述负债在企业资本结构中的作用。

(7) 简述影响资本结构的因素。

4. 计算题

(1) 试计算下列情况下的资本成本:

① 10 年期债券,面值 1 000 元,票面利率 12%,发行成本为发行价格 1 125 的 25%,企业所得税率 33%。

② 增发普通股,该公司每股净资产的账面价值为 15 元,上一年度现金股利为每股 1.8 元,每股盈利在可预见的未来维持 6%的增长率,目前公司普通股的股价为每股 27.5 元,预计股票发行价格与股价一致,发行成本为发行收入的 5%。

③ 优先股,面值 150 元,现金股利为 9%,发行成本为其当前价格 175 元的 12%。

(2) 某企业有一投资项目,预计总资产报酬率为 35%,目前银行借款利率为 12%,所得税率为 25%,该项目须投资 120 万元。请问:如该企业欲保持自有资本利润率 24%的目标,应如何安排负债与自有资本的筹资数额?

(3) 企业全部资产总额 1 200 万元,发行债券筹资 400 万元,筹资费率 3%,债券年利率 12%,所得税率 25%;发行普通股筹资 800 万元,筹资费率 4%,预计下年股票利率为 15%,股利年增长率为 4%,求该企业加权平均资本成本。

(4) 某企业拟筹资 2 500 万元,现有两个筹资方案:①按面值发行债券 1 000 万元,筹资费率 1%,债券年利率为 6%;发行普通股 1 500 万元,每股面值 1 元,发行价 1.5 元,筹资费率 2%,第一年预期股利率为 10%,以后每年增长 2%。②向银行借款 500 万元,年利率 5%;按面值发行普通股 2 000 万股,每股面值 1 元,筹资费率 2%,第一年预期股利率为 10%,以后每年增长 2%。所得税税率为 25%。

要求:① 计算两个筹资方案各自的资本成本。

② 根据上述计算结果选择最优筹资方案。

(5) 某企业年销售额 280 万元,固定成本 32 万元(不包括利息支出),变动成本率 60%,股东权益 200 万元,负债与股东权益比率为 45%,负债利息率 12%,所得税率 25%。要求计算股东权益净利率、经营杠杆系数、财务杠杆系数和总杠杆系数。

(6) 某公司目前拥有资金 1 000 万元,其中,普通股 750 万元,每股价格 10 元;债券 150 万元,年利率 8%;优先股 100 万元,年股利率 15%。所得税税率 25%。该公司准备追加筹资 500 万元,有下列两种方案可供选择。A:发行债券 500 万元,年利率 10%;B:发行股票 500 万元,每股发行价格 20 元。

要求:① 计算两种筹资方案的每股利润无差别点;

② 如果该公司预计的息税前利润为 240 万元,确定该公司最佳的筹资方案。

5. 案例分析

大宇资本结构的神话

韩国第二大企业大宇集团1999年11月1日向新闻界正式宣布，该集团董事长金宇中以及14名下属公司的总经理决定辞职，以表示“对大宇的债务危机负责，并为推行结构调整创造条件”。韩国媒体认为，这意味着“大宇集团已经消失”。

大宇集团于1967年奠基立厂，其创办人金宇中当时是一名纺织品推销员。经过30年的发展，通过政府的政策支持、银行的信贷支持和在海内外的大力购并，大宇成为直逼韩国最大企业——现代集团的庞大商业帝国：1998年底，总资产高达640亿美元，营业额占韩国GDP的5%；业务涉及贸易、汽车、电子、通用设备、重型机械、化纤、造船等众多行业；国内所属企业曾多达41家，海外公司数量创下过600家的记录，鼎盛时期，海外雇员多达几十万，大宇成为国际知名品牌。大宇是“章鱼足式”扩张模式的积极推行者，认为企业规模越大，就越能立于不败之地，即所谓的“大马不死”。据报道，1993年金宇中提出“世界化经营”战略时，大宇在海外的企业只有15家，而到1998年底已增至600多家，“等于每3天增加一个企业”。

1997年底韩国发生金融危机后，其他企业集团都开始收缩，但大宇仍然我行我素，结果债务越背越重。尤其是1998年初，韩国政府提出“五大企业集团进行自律结构调整”方针后，其他集团把结构调整的重点放在改善财务结构方面，努力减轻债务负担。大宇却认为，只要提高开工率，增加销售额和出口就能躲过这场危机。因此，它继续大量发行债券，进行“借贷式经营”。1998年大宇发行的公司债券达7万亿韩元(约58.33亿美元)。1998年第4季度，大宇的债务危机已初露端倪，在各方援助下才避过债务灾难。此后，在严峻的债务压力下，大宇虽做出了种种努力，但为时已晚。1999年7月中旬，大宇向韩国政府发出求救信号；7月27日，大宇因“延迟重组”，被韩国4家债权银行接管；8月11日，大宇在压力下屈服，割价出售两家财务出现问题的公司；8月16日，大宇与债权人达成协议，在1999年年底前，将出售盈利最佳的大宇证券公司，以及大宇电器、大宇造船、大宇建筑公司等，大宇的汽车项目资产免遭处理。“8月16日协议”的达成，表明大宇已处于破产清算前夕，遭遇“存”或“亡”的险境。由于在此后的几个月中，经营依然不善，资产负债率仍然居高不下，大宇最终不得不走向本文开头所述的那一幕。

思考题：

(1) 大宇集团的倒下原因是多方面的，其中财务杠杆起到了怎样的作用？

(2) 如何理解“财务杠杆效应是一把双刃剑”这句话？

(3) 取得财务杠杆利益的前提条件是什么？

(4) 何为最优资本结构？其衡量的标准是什么？

(5) 我国资本市场上大批ST、PT上市公司以及大批依靠国家政策和信贷支持发展起来而又债务累累的国有企业，从“大宇神话”中应吸取哪些教训？

(资料来源：http：//molujianke.blogbus.com/logs/2429178.html.)

新华公司债券发行案例

新华公司是一家多样化经营的娱乐公司，其业务包括旅游、电影以及日用消费品。旅游产生的收入约占其总收入的40%，电影也约占40%，消费品占20%。新华公司最近收购了两家旅行社和一家商场。为此，2002年4月，新华公司决定增发长期负债。公司财务总监建议说，发行10年期的债券是可能的。新华公司的资本状况良好，它的长期负债被评为AA级。新华公司在2001年12月31日的资本总额见表4-13。

表4-13 资本

(单位：百万元)

账面价值	2001年12月31日
短期负债	503.7
长期负债	1 455.5
股东权益	5 169.1
资本总额	6 624.6
资本总额(包括短期负债)	7 128.3

新华公司在2001年内的利息保障见表4-14。

表4-14 利息保障

(单位：百万元)

	2001年
息税前盈余(EBIT)	1 640.5
利息费用(I)	122.4
利息保障比率(EBIT/I)	13.4

过去几年，国家的利率一直在下降，达到最低水平。这使长期负债成为一种有吸引力的筹资方式。而且根据专家的预测，长期利率甚至可能进一步下调。新华公司可按表4-15所示的年利率发行不可提前赎回的长期债券(每半年支付一次利息)。

表4-15 年利率

期　限	提供的利率(%)
3	5.49
5	5.58
7	5.76
10	5.83

若新华公司发行10年期债券，它希望能保留一些灵活性，以便能在到期以前就赎回。新华公司发行本金数额为3亿元的10年期债券，自发行日5年后开始，债券可以提前偿还。首次的提前偿债价格是面值的103.02%。从发行日起的7年后开始，提前偿债价格将逐步下降直至面值。

思考题：

根据上述资料，考虑选择性赎回这一特征使新华公司付出多少成本？债券的收益率和期限是什么关系？为什么会有这关系？

(资料来源：吴安平等．财务管理学教学案例．北京：中国审计出版社，2001.)

第5章 项目投资

教学目标

本章主要讲述项目投资决策的基本理论和方法。通过本章的学习，理解项目投资的概念，了解项目投资的种类和程序；掌握项目投资决策的基本方法；熟悉投资决策基本方法的应用。

教学要求

知识要点	能力要求	相关知识
项目投资概述	(1) 准确理解项目投资的概念、特点 (2) 了解项目投资的种类和程序	(1) 投资、项目投资 (2) 对内投资、对外投资等
项目投资决策的基本方法	(1) 掌握项目投资决策的基本方法 (2) 熟悉项目投资决策方法的应用	(1) 现金流量 (2) 投资回收期、年均报酬率 (3) 净现值、现值指数、内含报酬率

基本概念

项目投资；现金流量；投资回收期；年均报酬率；净现值；现值指数；内含报酬率。

引　言

健民葡萄酒公司是生产和销售葡萄酒的中型企业，该公司生产的葡萄酒酒香纯正，价格合理，长期以来一直供不应求。为扩大生产能力，健民葡萄酒公司准备新建一条生产线。

王伟国是该公司的财务经理助理，主要负责筹资和投资工作。财务经理陈强要求王伟国调查市场行情，搜集建设新生产线的有关资料，并对投资项目进行财务评价，以便公司领导作出投资决策。请问：

(1) 王伟国应搜集哪些资料？搜集相关资料时应考虑哪些环境因素？

(2) 王伟国可通过哪些指标对投资项目进行评价？如何评价？

本章将对项目投资的概念、特点、种类与决策程序，以及项目投资决策的基本方法及其应用等进行详细介绍。

5.1　项目投资概述

投资是指特定经济主体为了在可预见的将来获得收益或使资金增值，在一定时期向一定领域的标的物投放足够数额资金的经济行为。简单地说，投资是企业为获得收益或为控制其他企业而向一定对象投放资金的过程。

项目投资(project investment)是一种以特定建设项目为对象，直接与新建项目或更新改造项目有关的长期投资行为。项目投资包括固定资产项目投资和无形资产项目投资。本章主要介绍固定资产项目投资。

5.1.1　项目投资的种类

企业的固定资产项目投资，可按不同标准进行分类。

1. 按投资在再生产过程中的作用分类

根据投资在再生产过程中的作用可把固定资产项目投资分为新建企业投资、简单再生产投资和扩大再生产投资。新建企业投资是指为一个新企业建立生产、经营、生活条件所进行的投资，其特点是投入的资金通过建设形成企业的原始资产。简单再生产投资是指为了更新生产经营中已经老化的物质资源和人力资源所进行的投资，其特点是把原来生产经营过程中收回的资金再重新投入生产过程，保持生产能力不变。扩大再生产投资是指为扩大企业现有的生产经营规模所进行的投资，其特点是追加资金投入，扩大企业资产数量和生产能力。

2. 按对企业未来的影响分类

按投资项目对企业未来的影响可把固定资产项目投资分成战术性投资和战略性投资两大类。战术性投资是指不牵涉整个企业前途的投资，如为提高劳动生产率而进行的投资、为改善工作环境而进行的投资等。战略性投资是指对企业全局有重大影响的投资，如企业转产投资、增加新产品投资等。战略性投资一般所需资金多、回收时间长、风险大，对企业未来发展影响大。

3. 按投资项目之间的关系分类

根据投资项目之间的相互关系，可把企业固定资产项目投资分成相关性投资和非相关性投资两大类。如果采纳或放弃某一项目并不显著地影响另一项目，则可以说这两个项目在经济上是不相关的。如一家制造公司在专用机床上的投资和在某些办公设施上的投资，就是两个不相关的投资项目。如果采纳或放弃某个投资项目，可以显著地影响另外一个投资项目，则可以说这两个项目在经济上是相关的。如对油田和输油管道的投资便属于相关投资。

4. 按增加利润的途径分类

根据增加利润的途径，可把企业固定资产项目投资分成扩大收入的投资与降低成本的投资两类。扩大收入的投资是指通过扩大企业生产经营规模，以便增加利润的投资；降低成本的投资则是指通过降低经营支出，以便增加利润的投资。

5.1.2 项目投资的特点

项目投资一般具有如下特点：

1. 投资金额较大

项目投资一般涉及固定资产投资(设备购价、建设安装工程成本)和流动资产投资等，所需资金一般都在几千、几万、几十万元甚至更多，所以，项目投资所需资金一般较大。

2. 投资回收期较长

项目投资一般会在较长时间内影响企业，固定资产项目所投资金一般都需要几年甚至十几年才能收回。因此，固定资产项目投资对企业今后长期的经济效益，甚至对企业的命运都有着决定性的影响。这就要求企业进行固定资产项目投资必须认真进行可行性研究。

3. 投资的变现能力较差

项目投资的实物形态主要是厂房和机器设备等固定资产，有些甚至是专用性资产，这些资产不易改变用途，出售困难，变现能力较差。

4. 资金占用额相对稳定

项目投资一经完成，在资金占用数量上便保持相对稳定，而不像流动资产投资那样经常变动。因为若营业量在一定范围内增加，往往并不需要立即增加固定资产投资，通过挖掘潜力、提高效率可以完成增加的业务量。而业务量在一定范围内减少，企业为维持一定的生产能力，也不必大量出售固定资产。

5. 投资的实物形态与价值形态可以分离

项目投资一旦完成，投入使用后，随着固定资产的磨损，固定资产价值便有一部分脱离其实物形态，转化为货币准备金(即折旧)，而其余部分仍存在于实物形态中。在使用年限内，保留在固定资产实物形态上的价值逐年减少，而脱离实物形态转化为货币准备金的价值却逐年增加。直到固定资产报废，其价值才得到全部补偿，实物也得到更新。

6. 投资风险较大

由于项目投资回收期较长，在较长的回收期内不确定因素较多，加之项目投资不容易变现，所以项目投资的风险一般较大。

特别提示

项目投资的主要风险：①投资活动与企业战略不符带来的风险；②投资与筹资在资金数量、期限、成本与收益上不匹配的风险；③投资活动忽略资产结构与流动性的风险；④缺乏严密的授权审批制度和不相容职务分离制度的风险；⑤缺乏严密的投资资产保管与会计记录的风险。(财政部会计司解读《企业内部控制应用指引第6号——资金活动》)

工程项目至少还应当关注下列风险：①立项缺乏可行性研究或者可行性研究流于形式，决策不当，盲目上马，可能导致难以实现预期效益或项目失败；②项目招标暗箱操作，存在商业贿赂，可能导致中标人实质上难以承担工程项目、中标价格失实及相关人员涉案；③工程造价信息不对称，技术方案不落实，概预算脱离实际，可能导致项目投资失控；④工程物资质次价高，工程监理不到位，项目资金不落实，可能导致工程质量低劣，进度延迟或中断；⑤竣工验收不规范，最终把关不严，可能导致工程交付使用后存在重大隐患。(《企业内部控制应用指引第11号——工程项目》第三条)

5.1.3 项目投资的业务流程

固定资产项目投资的特点决定了其投资具有较大的风险，一旦决策失误，就会严重影响企业的财务状况和现金流量，甚至会使企业走向破产。因此，项目投资必须按特定的程序，运用科学的方法进行可行性分析，以保证决策正确有效。项目投资的一般程序包括以下几个步骤。

1. 提出投资项目

企业的各级管理人员都可根据国家投资法律法规、宏观经济形势和企业发展战略提出新的投资项目。企业的高级管理人员提出的投资项目一般是大规模的战略性投资，其方案一般由生产、市场、财务等各方面专家组成的专门小组写出。企业中层、基层人员提出的，主要是战术性投资项目，其方案由主管部门组织人员拟定。

2. 评价投资项目的财务可行性

可行性研究需要从投资战略是否符合企业的发展战略、是否有可靠的资金来源、能否取得稳定的投资收益、投资风险是否处于可控或可承担范围内、投资活动的技术可行性、市场容量与前景等几个方面进行论证。而财务可行性评价，主要是计算有关项目的预计收入和成本，预测投资项目的现金流量，运用科学的投资评价方法，把各项目投资按优劣顺序进行排队，完成评价报告，请上级批准。

3. 投资项目的决策

投资项目评价后，企业领导者要作出投资决策(investment decision)，又称资本预算决策(capital budgeting decision)。企业要按照规定的权限和程序对投资项目进行决策审批，要通过分级审批、集体决策来进行，决策者应与方案制定者适当分离。重点审查投资方案是否可行、投资项目是否符合投资战略目标和规划、是否具有相应的资金能力、投入资金能否按时收回、预计收益能否实现以及投资和并购风险是否可控等。投资额较小的项目，一般中层经理就有决策权；重大投资项目，应当报经董事会或股东(大)会批准。投资方案需要经过有关管理部门审批的，应当履行相应的报批程序。投资决策的结论主要有3种：①接受项目，进行投资；②拒绝项目，不投资；③重新调查研究后再决定。

4. 投资项目的执行

决定对某项目进行投资后，应积极筹措资金，实施投资。在投资项目执行过程中，必须加强对投资项目的管理，密切关注投资项目的市场条件和政策变化，准确做好投资项目的会计记录和处理。企业应定期组织投资效益分析，发现异常情况的，应当及时报告并妥善处理。同时，在项目实施中，还必须根据各种条件，准确对投资的价值进行评估，根据投资项目的公允价值进行会计记录。如果发生投资减值，应及时提取减值准备。

5. 投资项目的再评价

投资项目在具体执行过程中，还应注意审查原来的决策是否正确、合理。一旦出现新的情况，就要随时根据变化的情况作出新的评价。如果情况发生重大变化，原来投资决策已变得不合理，那么，就要对投资决策是否中途停止作出决策，以避免更大的损失。

投资活动的基本业务流程如图5.1所示。

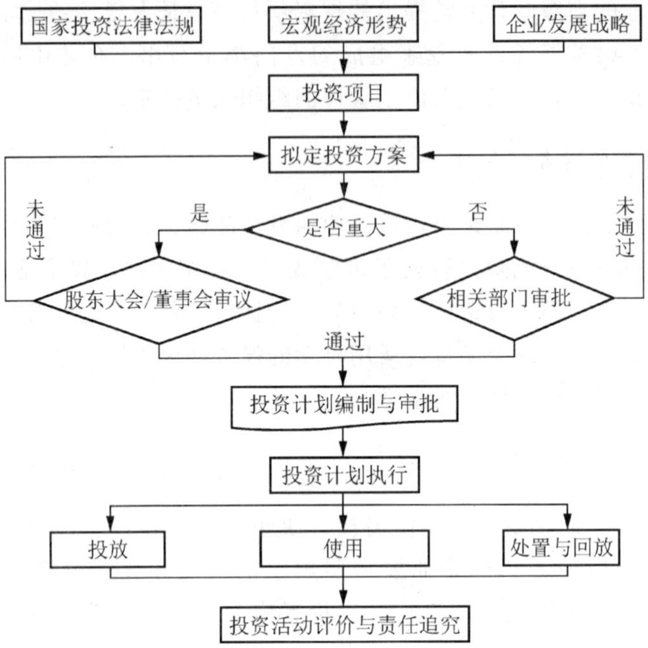

图 5.1 投资活动基本业务流程图

（资料来源：财政部会计司解读《企业内部控制应用指引第 6 号——资金活动》）

5.1.4 项目投资期

项目投资期是指投资项目从投资建设开始到最终清理结束为止所需的时间，包括建设期和运营期。项目建设期是指项目投资建设开始到项目建成投产为止所需的时间。项目运营期是指从项目建成投产开始到项目报废清理为止所需的时间。项目投资期、建设期和运营期之间的关系为

项目投资期＝项目建设期＋项目运营期

5.2 现金流量的内容和计算

项目投资的现金流量是指与投资项目有关的现金流入和流出的数量，或由投资项目引起的现金收入、现金支出增加的数量。这里的“现金”不仅包括各种货币资金，还包括项目投资需要投入的企业现有的非货币资源的变现价值。

5.2.1 现金流量的内容

（1）按现金流动的方向，项目投资的现金流量包括现金流入量、现金流出量和现金净流量。

① 现金流入量(cash inflow)。投资项目的现金流入量即投资项目引起的现金收入的增加额，包括购入新设备时旧设备的变现收入，项目建成投产后每年增加的产品销售或劳务收入，项目有效期满报废清理过程中的残料变价收入、收回原垫支的流动资金等。

② 现金流出量(cash outflow)。项目投资的现金流出量是指投资项目引起的现金支出的增加额。包括项目建设过程中购置设备或生产线的价款，项目建设工程支出，项目投产前垫支的流动资金；项目投产后，每年增加的付现成本(材料费、人工费等)；项目有效期满支付的清理费等。

③ 现金净流量(net cash flow)。现金净流量是某一项目(一定时期)现金流入量与现金流出量的差。用公式表示为

现金净流量=现金流入量－现金流出量

(2) 按现金流量发生的时间，项目投资的现金流量包括初始现金流量、经营现金流量、终结现金流量。

① 初始现金流量。初始现金流量是指项目建设过程中发生的现金流量，一般包括如下几部分：

第一，固定资产上的投资。包括固定资产的购入或建造成本、运输成本和安装成本等。

第二，流动资产上的投资。包括对材料、在产品、产成品和现金等流动资产的投资。

第三，其他投资费用。指与项目投资有关的职工培训费、谈判费、注册费用等。

第四，原有固定资产的变价收入。指固定资产更新时，旧固定资产的变卖所得的现金收入。

② 经营现金流量。经营现金流量(operating cash flow)是指投资项目投入使用后，在其有效期内由于生产经营所带来的现金流入和流出的数量。这种现金流量一般按年度进行计算。这里现金流入一般是指经营现金收入，主要指销售有关的现金收入；现金流出是指经营现金支出(主要指年付现成本)和缴纳的税金。如果一个投资项目的每年销售收入等于经营现金收入，付现成本(指不包括折旧的成本)等于经营现金支出，那么，年经营现金净流量可以用下列公式计算：

年经营现金净流量(NCF)=年营业收入－年付现成本－所得税

或　年经营现金净流量(NCF)=净利润＋折旧

或　年经营现金净流量(NCF)=营业收入×(1－所得税率)－付现成本×(1－所得税率)＋折旧×所得税率

③ 终结现金流量。终结现金流量是指投资项目有效期满时所发生的现金流量，主要包括以下几个部分：

第一，固定资产的残值收入或变价收入。

第二，原来垫支在各种流动资产上的资金的收回。

第三，停止使用的土地的变价收入等。

第四，固定资产的清理支出等。

5.2.2 现金流量的估算

现金流量是投资决策的基础，为了正确地评价投资项目的优劣，必须正确地计算现金流量。

1. 现金流量估算必须注意的问题

要正确计算投资项目的现金流量首先必须注意以下问题：

1）分清相关成本和非相关成本

相关成本是指与特定项目有关的，在项目分析评价时必须考虑的成本，如差量成本、重置成本、可避免成本等；非相关成本是指与特定项目无关的，项目分析评价时不需考虑的成本，如沉没成本、账面成本、不可避免成本等。

应用案例 5-1

上马项目需要添置的设备：改造还是购置？

【案情简介】

项目A需要添置设备B，购置成本为20 000元，而决策者目前已经拥有闲置的设备C，其账面成本为30 000元，并在主要性能上与设备B相同，但要完全满足项目A的需要，还必须对其进行改造，改造成本为5 000元。

这样就出现了两个方案：购置和改造。对购置方案而言，设备成本为20 000元，而对改造方案成本似乎为35 000元(30 000＋5 000)，那么购置方案的设备成本更低，减少了15 000元(35 000－20 000)，好像应该选择购置方案了。那么，按照这一思路作出的决策是否正确呢？

【案例点评】

在购置方案中，设备成本20 000元在决策时尚未实际发生，如果决策采用该方案时，新增成本即决策相关成本为20 000元；而在改造方案中，由于闲置的设备C的账面成本在决策前已经实际支出，无论决策结果如何，都无法收回该账面成本(假设该设备无转让价值)，因此，账面成本30 000元即为目前决策的非相关成本，而改造成本5 000元才是决策相关成本。通过这样的分析，购置方案在相关成本上要比改造方案高15 000元(20 000－5 000)，所以，在不考虑其他因素的条件下，应当选择改造方案，而不是购置方案。

2）不要忽视机会成本

在项目投资决策中，如果选择了某一项目，往往要放弃其他项目的投资机会，放弃项目的预计投资收益即为采纳项目的机会成本。

应用案例 5-2

读研3大机会成本

【案情简介】

随着全国研究生考试报名结束，考研已成为大学生日益关注的焦点。作为一个一心踏入考研征程的“备考族”，你是否考虑过读研的机会成本呢？

机会成本一：时间。选择读研也就意味着要将全部的精力投入到学习中。

机会成本二：金钱。工作可能有不错的薪水，选择读研理所当然地要放弃读研期间的收入。

机会成本三：工作经验。工作经验必须在实践中才能经过锻炼得到的。而读研阶段，即使参加课题和社会实践，和正式工作还是不一样的。

【案例点评】

读研的机会成本客观存在，但我们还应考虑机会收益。选择了继续求学的道路，失去是暂时的，因为你研究生毕业以后的就业质量、层次会提高，机会成本可能会加倍得到补偿。

（资料来源：http：//www. eol. cn. ）

3）必须考虑投资项目对企业原有的生产经营项目的影响

当投资一个新项目时，经常会对企业原有的生产经营项目产生有利或不利的影响。如当新项目投资生产的新产品上市后，若新产品与老产品功能相近或新产品功能更全面，可能会使企业原来生产的产品的销售收入下降；反之，若新产品与原老产品功能互补，可以配套销售，则新产品上市后，可能会进一步扩大原有产品的销量和销售收入。在进行新项目投资决策时，必须考虑新项目投资可能会对企业原有经营项目的影响。

4）必须重视对净营运资金的影响

当企业新投资项目建成投产后，企业的存货、应收账款等经营性流动资产一般会增加；与此同时，由于企业业务扩大，也会引起应付账款、应付费用等经营性流动负债的增加，从而降低企业流动资金的实际需要。净营运资金即指增加的经营性流动资产和增加的经营性流动负债的差额。当投资项目建成投产时，企业就必须筹措资金以满足净营运资金增加的需求。当投资项目有效期满时，与项目有关的存货、应收账款又可以变现，应付账款、应付费用也随之偿还，项目投产时垫支的净营运资金又可以收回。

2. 投资项目现金流量的估算

下面结合实例说明投资项目现金流量的计算。

（1）没有建设期，初始投资额一次投入项目

【例 5-1】 天一公司准备购入一套设备以扩充生产能力。现有甲、乙、丙 3 个方案可供选择，甲方案需投资 10 000 元，使用寿命为 5 年，采用直线法计提折旧，5 年后设备无残值。5 年中每年销售收入为 6 000 元，每年付现成本为 2 000 元。乙方案需投资 11 000 元，使用寿命为 5 年，采用直线法计提折旧，5 年后设备残值 1 000 元。5 年中每年销售收入为 6 000 元，每年付现成本为 2 000 元。丙方案需投资 12 000 元，采用直线折旧法计提折旧，使用寿命也为 5 年，5 年后有残值收入 2 000 元。5 年中每年的销售收入为 8 000 元，付现成本第一年为 3 000 元，以后随着设备陈旧，逐年将增加修理费 400 元，另需垫支营运资金 3 000 元，假设所得税率为 25%，试计算 3 个方案的现金流量。

为计算现金流量，必须先计算各方案每年的折旧额：

$$甲方案每年折旧额=10\ 000/5=2\ 000(元)$$

$$乙方案每年折旧额=(11\ 000-1\ 000)/5=2\ 000(元)$$

$$丙方案每年折旧额=(12\ 000-2\ 000)/5=2\ 000(元)$$

下面先计算各方案的经营现金流量，见表 5-1，然后，再结合初始现金流量和终结现金流量编制各方案的全部现金流量表，见表 5-2。

表5-1　投资项目的经营现金流量计算表

（单位：元）

t	1	2	3	4	5
甲方案、乙方案					
销售收入(1)	6 000	6 000	6 000	6 000	6 000
付现成本(2)	2 000	2000	2 000	2 000	2 000
折旧(3)	2 000	2 000	2 000	2 000	2 000
税前净利(4)＝(1)－(2)－(3)	2 000	2 000	2 000	2 000	2 000
所得税(5)＝(4)×25％	500	500	500	500	500
税后净利(6)＝(4)－(5)	1 500	1 500	1 500	1 500	1 500
年经营现金流量(7)＝(1)－(2)－(5)＝(3)＋(6)	3 500	3 500	3 500	3 500	3 500
丙方案					
销售收入(1)	8 000	8 000	8 000	8 000	8 000
付现成本(2)	3 000	3 400	3 800	4 200	4 600
折旧(3)	2 000	2 000	2 000	2 000	2 000
税前净利(4)＝(1)－(2)－(3)	3 000	2 600	2 200	1 800	1 400
所得税(5)＝(4)×25％	750	650	550	450	350
税后净利(6)＝(4)－(5)	2 250	1 950	1 650	1 350	1 050
年经营现金流量(7)＝(1)－(2)－(5)＝(3)＋(6)	4 250	3 950	3 650	3 350	3 050

表5-2　投资项目现金流量计算表

（单位：元）

t	0	1	2	3	4	5
甲方案						
固定资产投资	－10 000					
经营现金流量		3 500	3 500	3 500	3 500	3 500
现金流量合计	－10 000	3 500	3 500	3 500	3 500	3 500
乙方案						
固定资产投资	－11 000					
经营现金流量		3 500	3 500	3 500	3 500	3 500
固定资产残值						1 000
现金流量合计	－11 000	3 500	3 500	3 500	3 500	4 500

续表

t	0	1	2	3	4	5
丙方案						
固定资产投资	−12 000					
营运资金垫支	−3 000					
经营现金流量		4 250	3 950	3 650	3 350	3 050
固定资产残值						2 000
营运资金回收						3 000
现金流量合计	−15 000	4 250	3 950	3 650	3 350	8 050

在表5-1和表5-2中，$t=0$代表第1年年初，$t=1$代表第1年年末，$t=2$代表第2年年末，以此类推。在现金流量的计算中，为了简化计算，一般都假定各年投资在年初一次进行，各年经营现金流量在该年年末一次发生，终结现金流量在最后一年年末发生。

(2) 有建设期，初始投资额分期投入项目

【例5-2】 远景公司现有一投资项目，项目投资总额1 000万元，分5年在每年初等额支付工程款，2年建成投产，有效期5年，投产时垫付流动资金200万元，有效期满时收回，项目投产后每年增加销售收入1 000万元，付现成本700万元，所得税率25%。

则该项目在直线折旧法下的各年营业现金净流量、各年现金净流量、各年累计现金净流量分别计算见表5-3。

表5-3 投资项目现金流量计算表

(单位：元)

项 目	0	1	2	3	4	5	6	7	合 计
初始现金流量	−200	−200	−400	−200	−200				−1 200
终结现金流量								200	200
年折旧额				200	200	200	200	200	1 000
各年净利				75	75	75	75	75	375
营业现金流量				275	275	275	275	275	1 375
各年现金流量	−200	−200	−400	75	75	275	275	475	375
累计现金流量	−200	−400	−800	−725	−650	−375	−100	375	

【解】 按直线折旧法，年折旧＝1 000/5＝200(万元)

年营业现金净流量(NCF)＝(1 000−200−700)×(1−25%)＋200＝75＋200＝275(万元)

5.2.3 投资决策中使用现金流量的原因

财务会计以按权责发生制(accrual basis)计算的净利润作为净收益，评价企业的经济效益。而项目投资决策中则应以按收付实现制(cash basis)计算的现金净流量作为项目的

净收益，评价投资项目的经济效益。投资决策之所以要以现金流量作为评价项目经济效益的基础，主要原因如下：

(1) 项目投资期内现金净流量总额与净利润总额相等。

若不考虑时间价值，同一项目投资期内，各年净利润之和与各年现金净流量之和相等。这就为利用现金流量进行投资项目评价创造了可能。

(2) 现金流量便于考虑资金的时间价值。

科学的投资决策必须考虑资金的时间价值，这就要求在决策时一定要弄清每笔预期收入款项和支出款项的具体时间，因为不同时间的资金具有不同的价值。现金流量反映了投资项目有关的现金流入和流出的具体时间；而利润的计算，并不考虑资金实际收付的时间，不便于考虑资金的时间价值。所以，在衡量方案优劣时，应根据各投资项目寿命周期内各年的现金流量，按照资本成本，结合资金时间价值来确定。

(3) 现金流量的计算比较客观。

项目投资决策中，应用现金流量能科学、客观地评价投资方案的优劣，而利润则明显的存在客观性较差的问题。一方面利润的计算经常受存货估价、费用摊配和折旧计提的不同方法的影响，具有较大的主观随意性，作为决策的主要依据不太可靠；另一方面，利润反映的是某一会计期间“应计”的现金流量，而不是实际的现金流量。若以未实际收到现金的收入作为收益，具有较大风险、容易高估投资项目的经济效益，必将降低项目决策的科学性和合理性。

5.3 投资决策的基本指标

5.3.1 非贴现现金流量指标

非贴现现金流量指标是指不考虑资金时间价值的投资决策指标。这类指标主要有两个：投资回收期与年均报酬率。

1. 投资回收期

投资回收期(payback period，PP)是指收回全部初始投资所需要的时间。投资回收期一般以年为单位，在20世纪60年代之前使用较广泛。

投资回收期的计算，因每年的经营净现金流量是否相等而有所不同。

(1) 初始投资在投产前一次投入，没有建设期且投资后每年的现金净流量均相等，则投资回收期可按下式计算：

投资回收期＝初始投资额/年经营现金净流量

【例5-3】 天一公司的详细资料见例5-1，其中的甲方案的投资回收期计算如下：

甲方案投资回收期＝10 000/3 500≈2.857(年)

(2) 初始投资额分次投入，或有建设期，或投产后各年的经营现金净流量不相等。首先要逐年计算到每年年末为止累计的现金净流量。

① 假设第 M 年年末累计现金净流量等于零，则包含建设期的回收期就等于 M。

② 假设从第 M 年年末开始累计现金净流量大于零，则投资回收期可按下列公式计算。

$$包括建设期的投资回收期=(M-1)+\frac{第M-1年年末尚未收回的投资额}{第M年的现金净流量}$$

不包括建设期的投资回收期=包括建设期的投资回收期-项目建设期

【例5-4】 天一公司的详细资料见例5-1，其中的丙方案各年的现金流量见表5-4。

表5-4 丙方案现金流量表

（单位：元）

项　目	0	1	2	3	4	5
初始投资额	-15 000					
经营现金流量		4 250	3 950	3 650	3 350	3 050
终结现金流量						5 000
现金流量合计	-15 000	4 250	3 950	3 650	3 350	8 050
累计现金流量	-15 000	-10 750	-6 800	-3 150	+200	8 250

$$投资回收期=(4-1)+\frac{3\ 150}{3\ 350}=3.94(年)$$

【例5-5】 远景公司详细资料见例5—2，投资项目各年累计现金流量（平均年限法提取折旧）见表5-5。

表5-5 远景公司各年现金流量表

（单位：万元）

项　目	0	1	2	3	4	5	6	7
各年现金流量	-200	-200	-400	75	75	275	275	475
累计现金流量	-200	-400	-800	-725	-650	-375	-100	375

包括建设期的投资回收期=6+100/475=6.21(年)

不包括建设期的投资回收期=6.21-2=4.21(年)

(3) 初始投资在投产前一次投入，没有建设期，且投产后每年的经营现金净流量均相等，但有终结现金流量。

若初始投资额/年经营现金净流量≤项目有效期-1，则：

投资回收期=初始投资额/年经营现金净流量

若初始投资额/年经营现金净流量>项目有效期-1，设项目有效期为N，则

投资回收期=$(N-1)$+第$N-1$年年末尚未收回的投资额/第N年的现金净流量

【例5-6】 天一公司的详细资料见例5-1，其中的乙方案的投资回收期计算如下：

因为　　11 000/3 500≈3.14<5-1

所以，乙项目投资回收期等于3.14年。

项目的投资回收期若小于等于要求的回收期，项目能够接受；反之，项目的投资回收期若大于要求的回收期，则项目不能接受。多个可行的投资项目比较，投资回收期越短，项目投资额收回的速度越快，项目越优。

投资回收期法的主要优点是计算过程比较简单，主要不足是没有考虑项目初始投资额收回后的现金流量状况，倾向于不恰当地拒绝长期投资项目，也没有考虑资金的时间价值，这会影响投资项目评价和决策的准确性。

2. 年均报酬率

年均报酬率(average rate of return，ARR)是投资项目寿命周期内平均每年的投资报酬率，也称平均投资报酬率。年均报酬率有多种计算方法：

方法一：年均报酬率＝年均净利/项目初始投资总额×100％

方法二：年均报酬率＝年均净利/项目年均占用资金额×100％

项目平均占用资金额一般可用项目初始投资总额加项目终结现金流量除以 2 进行计算。

上面介绍了两种计算年均报酬率的基本方法，同一次决策中使用的方法应该一致。

采用年均报酬率指标评价投资项目时，应事先确定企业要求达到的年均报酬率，或称必要报酬率。年均报酬率大于要求的必要报酬率，项目可行；反之，项目不可行。多个可行的项目比较，年均报酬率越高，投资项目越优。

【例 5-7】 根据例 5-1 中天一公司的资料(见表 5-1 和表 5-2)，用方法一计算年均报酬率如下：

甲方案年均报酬率＝3 500/10 000×100％＝35％

乙方案年均报酬率＝(3 500＋1 000÷5)/11 000×100％≈33.64％

丙方案年均报酬率＝[(4 250＋3 950＋3 650＋3 350＋8 050)÷5] /15 000×100％
＝31％

从年均报酬率比较看，甲方案最优。

【例 5-8】 根据例 5－2 中远景公司的资料(见表 5-3)，用方法一计算年均报酬率如下：

远景公司年平均报酬率＝(275＋200÷5)/1 200×100％
＝26.25％

年均报酬率法的优点是计算简单，便于理解。其主要缺点是没有考虑资金的时间价值，所以，有时会作出错误的决策。

5.3.2 贴现现金流量指标

贴现现金流量指标是指考虑了资金时间价值的指标。这类指标主要有净现值、现值指数、内含报酬率。

1. 净现值

净现值(net present value，NPV)是指项目投产后未来每年经营现金净流量的现值和终结现金净流量的现值之和与初始投资额的现值之差。

用公式表示为

$$NPV=\sum_{t=1}^{n}\frac{NCF_t}{(1+i)^t}-C$$

或
$$NPV=\sum_{t=m+1}^{m+n}\frac{NCF_t}{(1+i)^t}-\sum_{t=0}^{w}\frac{C_t}{(1+i)^t}$$

式中：NPV 为净现值；NCF_t 为第 t 年的经营现金净流量或终结现金流量；i 为贴现率(资本成本率或企业要求的报酬率)；n 为项目预计使用年限；m 为项目建设期；w 为项目资金投放期；C 为初始一次投资额；C_t 为第 t 年的投资额。

净现值还有另外一种表述方法，即净现值是从投资开始至项目寿命终结时所有一切现金流量(包括现金流出和现金流入)的现值之和。其计算公式为

$$NPV=\sum_{t=0}^{n}\frac{CFAT_t}{(1+i)^t}$$

式中：n 为开始投资至项目寿命终结时的年数；$CFAT_t$ 为第 t 年的现金净流量；i 为贴现率(资本成本率或企业要求的报酬率)。

1）净现值的计算过程

第一步：计算每年的经营现金净流量。

第二步：计算项目投产后未来每年经营现金净流量及终结现金净流量的总现值。这又可分成如下 3 步：

(1) 将每年的经营现金净流量折算成现值。如果每年的经营现金净流量相等，则按年金法折成现值；如果每年的经营现金净流量不相等，则先对每年的经营现金净流量进行贴现，然后加以合计。

(2) 将终结现金流量折算成现值。

(3) 计算未来现金净流量的总现值。

第三步：计算初始投资额的现值。

(1) 无建设期，且初始投资额在项目投产时一次投入，初始投资额的现值就等于初始投资额。

(2) 有建设期，或初始投资额分次投入。若初始投资分期等额投入，则按年金计算现值；若初始投资分期不等额投入，则先对每年的投资额分别进行贴现，然后加以合计。

第四步：计算净现值。

净现值＝投产后未来每年经营现金净流量及终结现金流量的总现值
－初始投资额的现值

2）净现值法的决策规则

单一方案采纳与否的决策中，净现值大于零，方案可以接受；净现值小于零，方案不可以接受。多个方案的选优决策中，净现值越大，方案越优。

【例 5－9】 根据例 5－1 中天一公司的资料(见表 5－1 和表 5－2)，假设资本成本率为 10%，计算净现值如下：

甲方案投产后各年的现金净流量(A)相等，可用公式计算：

$$NPV = A\times(P/A,\ i,\ n)-C$$
$$=3\ 500\times(P/A,\ 10\%,\ 5)-10\ 000$$
$$=3\ 500\times3.791-10\ 000$$
$$=13\ 268.5-10\ 000$$
$$=3\ 268.5(元)$$

乙方案的年经营现金净流量(A)相等，有终结现金流量(S)，可用公式计算：

$$NPV=[A\times(P/A,\ i,\ n)+S(P/F,\ i,\ n)]-C$$
$$=[3\ 500\times(P/A,\ 10\%,\ 5)+1\ 000\times(P/F,\ 10\%,\ 5)]-11\ 000$$
$$=(3\ 500\times3.791+1\ 000\times0.621)-11\ 000$$
$$=13\ 889.5-11\ 000$$
$$=2\ 889.5(元)$$

丙方案的各年经营现金净流量不相等。

丙方案 NPV=未来各年经营现金净流量和终结现金净流量的现值之和－初始投资额

列表进行计算，详见表 5-6。

从上面计算中可以看出，甲方案、乙方案和丙方案的净现值均大于零，是可行的。其中，甲方案的净现值最大，故天一公司应选用甲方案。

表 5-6　丙方案净现值计算表

(单位：元)

年度	各年的现金净流量 (1)	复利现值系数 (i=10%)(2)	现值 (3) ＝(1)×(2)
1	4 250	0.909	3 863.3
2	3 950	0.826	3 262.7
3	3 650	0.751	2 741.2
4	3 350	0.683	2 288.1
5	8 050	0.621	4 999.1
未来报酬的总现值			17 154.4
减：初始投资			15 000
净现值(NPV)			2 154.2

【例 5-10】 根据例 5-2 中远景公司投资项目的详细资料，投资项目现金流量计算见表 5-3。假设该公司资金成本率为 10%，该项目净现值计算如下：

净现值=未来报酬的总现值－初始投资额的现值

$$=[275\times(P/A,10\%,5)\ (P/F,10\%,2)+200\ \times(P/F,10\%,7)\ ]$$
$$-\{200\ \times[(P/A,10\%,4)+1]+200\times(P/F,10\%,2)\}$$
$$=-35.45(万元)$$

因为净现值小于零，所以该投资项目不能接受。

净现值法的优点是，考虑了资金的时间价值，能够反映各种投资方案的净收益，是唯一与公司价值最大化目标始终吻合的指标，为互斥项目的选择提供了合适的决策规则；缺点是，净现值是一个绝对数，对初始投资额不同的投资方案可比性较差，在资本有限量的情况下，不可能接受所有净现值为正的项目。

2. 现值指数

现值指数又称获利指数(profitability index，PI)，是投资项目投产后未来每年经营现金净流量的现值和终结现金净流量的现值之和与初始投资额的现值之比。其计算公式为

$$PI = \sum_{t=1}^{n} \frac{NCF_t}{(1+i)^t} \Big/ C$$

或
$$PI = \sum_{t=m+1}^{m+n} \frac{NCF_t}{(1+i)^t} \Big/ \sum_{t=0}^{w} \frac{C_t}{(1+i)^t}$$

式中：PI 为现值指数；NCF_t为第 t 年的经营现金净流量或终结现金流量；i 为贴现率(资本成本率或企业要求的报酬率)；n 为项目预计使用年限；m 为项目建设期；w 为项目资金投放期；C 为一次投入的初始投资总额；C_t为第 t 年的投资额。

现值指数法的决策规则如下：

单一方案采纳与否的决策中，现值指数大于1，方案可以接受；现值指数小于1，方案不可以接受。多个方案的选优决策中，现值指数越大，方案越优。

现值指数的具体计算过程与净现值类似，只要将净现值计算中的减号改为除号即可。

【例5-11】 根据例5-1中天一公司的资料(见表5-1和表5-2)，假设资本成本率为10%，计算现值指数如下：

甲方案投资后各年现金净流量(A)相等，可用公式计算：

$$\begin{aligned}甲方案现值指数 &= [A\times(P/A,\ i,\ \mathrm{n})]/C \\ &= [3\ 500\times(P/A,\ 10\%,\ 5)]/10\ 000 \\ &= 3\ 500\times3.791/10\ 000 \\ &= 13\ 268.5/10\ 000 \\ &\approx 1.33\end{aligned}$$

乙方案的年经营现金净流量(A)相等，有终结现金流量(S)，可用公式计算：

$$\begin{aligned}乙方案现值指数 &= [A\times(P/A,\ i,\ n)+S\times(P/F,\ i,\ n)]\ /C \\ &= [3\ 500\times(P/A,\ 10\%,\ 5)+1\ 000\times(P/F,\ 10\%,\ 5)]\ /11\ 000 \\ &= (3\ 500\times3.791+1\ 000\times0.621)/11\ 000 \\ &= 13\ 889.5/11\ 000 \\ &\approx 1.26\end{aligned}$$

丙方案的各年 NCF 不相等，列表进行计算，详见表5-4。

$$\begin{aligned}丙方案现值指数 &= \frac{未来各年经营现金净流量和终结现金净流量的现值之和}{初始投资额} \\ &= 17\ 154.2/15\ 000 \\ &\approx 1.14\end{aligned}$$

从上面计算中可以看出，甲方案、乙方案和丙方案的现值指数均大于1，是可行的，其中，甲方案的现值指数最大，故天一公司应选用甲方案。

【例 5-12】 根据例 5-2 中远景公司投资项目的详细资料，投资项目现金流量计算见表 5-3。该项目现值指数计算如下：

现值指数=未来报酬的总现值/初始投资额的现值

$$=[275\times(P/A,10\%,5)(P/F,10\%,2)+200\times(P/F,10\%,7)]/\{200\times[(P/A,10\%,4)+1]+200\times(P/F,10\%,2)\}=0.9645$$

因为现值指数小于1，所以该投资项目不能接受。

现值指数法的优点是，考虑了资金的时间价值，能够真实地反映投资项目的盈亏程度。由于现值指数是用相对数来表示的，所以，有利于在初始投资额不同的投资方案之间进行对比；现值指数的缺点是不能反映投资项目的真实报酬率。

3. 内含报酬率

内含报酬率又称内部收益率(internal rate of return，IRR)是使投资项目的净现值等于零的贴现率。

内含报酬率实际上反映了投资项目的真实报酬，目前越来越多的企业使用该项指标对投资项目进行评价。内含报酬率的计算公式为

$$\sum_{t=1}^{n}\frac{NCF_t}{(1+r)^t}-C=0$$

或

$$\sum_{t=m+1}^{m+n}\frac{NCF_t}{(1+r)^t}-\sum_{t=0}^{w}\frac{C_t}{(1+r)^t}=0$$

式中：NCF_t为第 t 年的经营现金净流量或终结现金流量；r 为内含报酬率；n 为项目预计使用年限(项目有效期)；m 为项目建设期；w 为项目资金投放期；C 为一次投入的初始投资总额；C_t为第 t 年的投资额。

1) 内含报酬率的计算

(1) 无建设期，初始投资额一次投入，并且项目投产后，未来各年的现金净流量(A)均相等。

第一步：计算年金现值系数。

因为 $A\times(P/A,\ i,\ n)-C=0$

所以 $(P/A,\ i,\ n)=C/A$

第二步：查年金现值系数表，在相同的期数(n)内，找出与上述年金现值系数相邻近的较大和较小两个年金现值系数(β_1、β_2)及其对应的贴现率(r_1、r_2)。

第三步：根据上述两个邻近的贴现率和已求得的年金现值系数，采用内插法计算出该投资方案的内含报酬率(r)。

r_1	β_1
r	C/A
r_2	β_2

则

$$\frac{r_1-r}{r_1-r_2}=\frac{\beta_1-C/A}{\beta_1-\beta_2}$$

根据上式，解一元一次方程即可求出内含报酬率 r。

【例 5-13】 天一公司的详细资料见例 5-1，其中的甲方案的现金流量的计算见表 5-1 和表 5-2。则甲方案的内含报酬率计算如下：

$$[3\ 500\times(P/A,\ i,\ 5)]-10\ 000=0$$
$$(P/A,\ i,\ 5)\approx 2.857$$

查年金现值系数表

$$(P/A,\ 20\%,\ 5)=2.991$$
$$(P/A,\ 25\%,\ 5)=2.689$$

则
$$r=20\%+\frac{2.991-2.857}{2.991-2.689}\times 5\%$$
$$=22.22\%$$

甲方案的内含报酬率为 22.22%。

(2) 有建设期或初始投资额分次投入，或项目投产后，未来各年的现金净流量(A)不完全相等。先采用逐次测试法，然后采用插值法计算内含报酬率(r)。

第一步：先预估一个贴现率，并按此贴现率计算净现值。如果计算出的净现值大于零，则表示预估的贴现率小于该项目的实际内含报酬率，应提高贴现率，再进行测算；如果计算出的净现值小于零，则表明预估的贴现率大于该方案的实际内含报酬率，应降低贴现率，再进行测算。经过如此反复测算，找到净现值由正到负并且比较接近于零的两个贴现率并计算其净现值。

第二步：根据上述两个邻近的贴现率及其净现值使用插值法，计算出方案的实际内含报酬率。

2) 内含报酬率法的决策规则

单一方案采纳与否的决策中，内含报酬率大于资金成本率，方案可以接受；内含报酬率小于资金成本率，方案不可以接受。多个方案的选优决策中，内含报酬率越大，方案越优。

【例 5-14】 天一公司的详细资料见例 5-1，其中的乙方案、丙方案的现金流量的计算见表 5-1 和表 5-2。乙方案、丙方案投产后未来每年的现金流量不完全相等，必须用逐次测算法计算内含报酬率。

乙方案内含报酬率计算如下：

设乙方案内含报酬率为 r_1，贴现率为 20%，则

$$\text{乙方案 } NPV=[3\ 500\times(P/A,\ 20\%,\ 5)+1\ 000\times(P/F,\ 20\%,\ 5)]-11\ 000$$
$$=-129.5(\text{元})$$

贴现率为 19%，则

$$\text{乙方案 } NPV=[3\ 500\times(P/A,\ 19\%,\ 5)+1\ 000\times(P/F,\ 19\%,\ 5)]-11\ 000$$
$$=122(\text{元})$$

则
$$(20\%-r_1)/(20\%-19\%)=(-129.5-0)/(-129.5\quad 122)$$
$$r_1\approx 19.49\%$$

即乙方案内含报酬率为 19.49%。

丙方案内含报酬率的测算过程详见表 5-7。

表 5-7 内含报酬率测算表

年度	NCF_t(元)	测试 14%		测试 15%		测试 16%	
		复利现值系数	现值(元)	复利现值系数	现值(元)	复利现值系数	现值(元)
0	-15 000	1.000	-15 000	1.000	-15 000	1.000	-15 000
1	4 250	0.877	3 727.25	0.870	3 697.5	0.862	3 663.5
2	3 950	0.769	3 067.55	0.756	2 986.2	0.743	2 934.85
3	3 650	0.675	2 463.75	0.658	2 401.7	0.641	2 339.65
4	3 350	0.592	1 983.2	0.572	1 916.2	0.552	1 849.2
5	8 050	0.519	4 177.95	0.497	4 000.85	0.476	3 831.8
NPV(元)	—		389.7	—	2.45		-381

在表 5-7 中，先按 14%的贴现率进行测算，净现值为+389.7，而使投资项目的净现值等于零的贴现率才是内含报酬率，说明内含报酬率比 14%稍大。进行第二次测算，将贴现率调高到 15%，净现值为 2.45 元，仍大于零。为提高计算的精确性，应当将贴现率调高到 16%，净现值为-381 元，因此，内含报酬率一定在 15%～16%之间。

现用插值法计算如下：

设丙方案的内含报酬率为 r_2，则

$$(15\%-r_2)/(15\%-16\%)=(2.45-0)/[2.45-(-381)]$$

$$r_2\approx15.006\%$$

即丙方案的内含报酬率为 15.006%。

从以上计算 3 个方案的内含报酬率可以看出，甲方案的内含报酬率较高，故甲方案效益最好。

【例 5-15】 根据例 5-2 中远景公司投资项目的详细资料，投资项目现金流量计算见表 5-3。该项目内含报酬率计算如下：

设内含报酬率为 r_3，可知

当贴现率为 8%时，$NPV=23.95$(万元)

当贴现率为 9%时，$NPV=-6.28$(万元)

则 $$(8\%-r_3)/(8\%-9\%)=(23.95-0)/(23.95+6.28)$$

$$r_3\approx8.79\%<10\%$$

所以该项目不可行。

内含报酬率法考虑了资金的时间价值，反映了投资项目的真实报酬率，概念也易于理解。但这种方法的计算过程比较复杂，特别是每年 *NCF* 不相等的投资项目，依靠手工计算一般要经过多次测算才能求得，但利用 Excel 财务函数能够轻松求得结果。

特别提示

有些人会将内含报酬率法与机会成本相混淆。内含报酬率法衡量的是项目的赢利性，表明根据项目自身的现金流，实际报酬率为多少？如某人借给你10 000元钱，不说明利率多少，但要求你在第一、第二、第三年年末分别还款30 000元、40 000元、50 000元，你的第一反应当然是“这笔借款利率是多少”，这个利率就是内含报酬率。机会成本是决定是否接受这个项目的标准，相当于资本市场上同样风险程度的投资所提供的报酬率。

5.3.3 投资决策指标的比较

1. 各种指标在投资决策中应用的变化趋势

投资回收期，作为评价企业投资效益的主要指标，在20世纪50年代前使用较广。但是，后来人们日益发现其局限性，于是，建立起以资金时间价值为基础的贴现现金流量指标。从70年代开始，贴现现金流量指标已占主导地位，并形成了以贴现现金流量指标为主，以非贴现投资决策指标为辅的多种指标并存的指标体系。

2. 贴现现金流量指标广泛应用的原因

贴现现金流量指标在投资决策中得到广泛应用，主要原因有以下几点：

(1) 非贴现指标是把不同时点上的现金收入和支出直接加减并比较，忽略了资金的时间价值因素，夸大了投资的回收速度，夸大了项目的赢利水平，不能反映投资的主要目标，方案取舍的标准缺乏客观依据，对寿命不同、资金投入的时间和提供收益的时间不同的投资方案缺乏鉴别能力。

(2) 贴现指标则把不同时间点收入或支出的现金按统一的贴现率折算到同一时点上，使不同时期的现金具有可比性，可以通过净现值、现值指数和内含报酬率等指标，有时还可以净现值的年均化方法进行综合分析，取舍标准符合客观实际，从而便于作出正确合理的决策。

(3) 管理人员水平的不断提高和电子计算机的广泛应用，加速了贴现指标的使用。在20世纪五六十年代，只有很少企业的财务人员能真正了解贴现现金流量指标的真正含义，而今天，几乎所有大企业的高级财务人员都懂得这一方法的科学性和正确性。电子计算机的广泛应用使贴现指标中的复杂计算变得非常容易，从而也加速了贴现现金流量指标的推广。

3. 贴现现金流量指标的比较

1) 净现值和现值指数的比较

由于净现值和现值指数使用的是相同的信息，在评价投资项目的优劣时，它们常常是一致的，但当初始投资额不同时，净现值和现值指数也有可能产生差异。由于净现值是用各期现金流量现值减初始投资额，而现值指数是用现金流量现值除以初始投资额，因而，评价的结果可能会不一致。如两个投资方案比较，现值指数较大的项目，净现值可能较小。

最高的净现值符合企业的最大利益，也就是说，净现值越高，企业的收益越大，而现值指数只反映投资回收的程度，不反映投资回收的多少，在没有资本限量情况下的互斥选择决策中，应选用净现值较大的投资项目；而在资本有限量或独立选优决策中，以现值指数作为评价标准可能更好。

2）净现值和内含报酬率的比较

在多数情况下，运用净现值和内含报酬率这两种方法得出的结论是相同的。但在如下两种情况下，有时会产生差异：①初始投资不一致，一个项目的初始投资大于另一个项目的初始投资；②现金流入的时间不一致，一个在最初几年流入得较多，另一个在最后几年流入得较多。尽管在这两种情况下使二者产生了差异，但引起差异的原因是共同的，即两种方法假定用前期或中期产生的现金流入量再投资时，会产生不同的报酬率。净现值法假定产生的现金流入量重新投资会产生相当于贴现率的利润率，而内含报酬率法却假定现金流入量重新投资产生的利润率与此项目的特定的内含报酬率相同。

在无资本限量或互斥选择的情况下，净现值法是一个比较好的方法。高内含报酬率并不是投资所要求的目标，增加公司财富的投资项目才是企业的追求，能够长时期地提供理想报酬率的项目净现值，通常要比只能在短期内提供高报酬率的项目净现值要大。而在资本有限量或独立选优决策中，内含报酬率法则比较好。

总之，在无资本限量或互斥选择的情况下，利用净现值法在所有的投资评价中都能作出正确的决策，而利用内部报酬率和获利指数在采纳与否决策中也能作出正确的决策，但在互斥选择决策中有时会作出错误的决策。因而，在这 3 种评价方法中，净现值是最常用的评价方法。

5.4　投资决策指标的应用

上一节介绍了投资决策的基本指标，本节结合具体实例研究项目投资决策基本指标的应用问题。

5.4.1　资本无限量的互斥选优决策

1. 可供使用年限相等的互斥项目选择决策

若有两个或两个以上的投资项目，各项目可供使用年限(项目经营期)相等，但只能投资其中一个项目。这时要根据各项目年生产能力是否相同，分别采用不同的方法。

1）每年各项目的生产能力无差别

若项目经营期内各年不同项目的生产能力相同，即投资决策并不影响各年的销售收入，只影响投资额和年付现成本额，这时可通过比较各项目投资期内现金净流出量的总现值进行项目投资决策，即现金净流出量现值法。

【例 5－16】 虹宇公司有一台 3 年前购置的旧设备，现考虑是否进行更新。该公司所得税率为 25%，其他资料见表 5－8。

表 5－8　新旧设备有关资料表

项　　目	旧设备	新设备
原价(元)	80 000	50 000
税法规定的残值（10%）(元)	8 000	5 000
税法规定使用年限(年)	6	4

续表

项　目	旧设备	新设备
已使用年限(年)	3	0
实际尚可使用年限(年)	4	4
每年付现操作成本(元)	8 600	5 000
两年后大修成本(元)	28 000	
最终报废残值(元)	8 500	10 000
目前变现价值(元)	10 000	
年折旧额(元)	(直线法)	(年数总和法)
第一年(元)	12 000	18 000
第二年(元)	12 000	13 500
第三年(元)	12 000	9 000
第四年(元)		4 500

继续使用旧设备和购入新设备方案的各年的现金流量及其现值计算见表5-9。

表5-9　各年的现金流量及其现值计算表

项　目	现金流量(元)	时间(年次)	现值系数(10%)	现值(元)
继续使用旧设备				
旧设备变现价值	(10 000)	0	1	(10 000)
旧设备更新损失减税	(10 000−44 000)×25%=(8 500)	0	1	(8 500)
每年付现操作成本	8 600×(1−25%)=(6 450)	1−4	3.170	(20 446.5)
每年折旧抵税	12 000×25%=3 000	1−3	2.487	7 461
两年后大修成本	28 000×(1−25%)=(21 000)	2	0.826	(17 346)
残值变现收入	8 500	4	0.683	5 805.5
残值变现净收入纳税	(8 500−8 000)×25%−(125)	4	0.683	(85.38)
合　计				(43 111.38)
更新设备 购置成本	(50 000)	0	1	(50 000)
每年付现操作成本	5 000×(1−25%)=(3 750)	1−4	3.170	(11 887.5)
每年折旧抵税				
第一年	18 000×25%=4 500	1	0.909	4 090.5
第二年	13 500×25%=3 375	2	0.826	2 787.75
第三年	9 000×25%=2 250	3	0.751	1 689.75

续表

项目	现金流量(元)	时间(年次)	现值系数(10%)	现值(元)
第四年	4 500×25%=1 125	4	0.683	768.38
残值收入	10 000	4	0.683	6 830
残值净收入纳税	(10 000−5 000)×25%=(1 250)	4	0.683	(853.75)
合　计				(46 574.87)

继续使用旧设备方案的现金净流出量的总现值为 43 111.38 元，更新设备方案的现金净流出量的总现值为 46 574.87 元，所以继续使用旧设备较好，虹宇公司应继续使用旧设备。

2）每年各项目的生产能力有差别

若项目经营期内每年各项目的生产能力不一样，即投资决策不但影响投资额和年付现成本额，而且也影响各年的销售收入，这时可用差量净现值法或净现值法进行投资决策。

【例 5-17】 大华公司现准备用一台新设备来代替旧设备，以减少成本，增加收益。旧设备原购置成本为 40 000 元，预计使用期满后无残值，预计使用年限为 10 年，已使用 5 年，若现在销售该设备可得价款 20 000 元，若继续使用该设备每年可获收入 50 000 元，每年的付现成本为 30 000 元。该公司现准备用一台新设备来代替该旧设备，新设备的购置成本为 60 000 元，估计可使用 5 年，期满有残值 10 000 元，使用新设备后，每年收入可达 80 000 元，每年付现成本为 40 000 元。假设该公司的资本成本率为 10%，所得税率为 25%，新、旧设备均用直线法计提折旧。试作出大华公司是继续使用旧设备还是对其进行更新的决策。

本例包含两个投资方案：一个方案是继续使用旧设备(相当于花 20 000 元购置一台旧设备)；另一个方案是出售旧设备而购置新设备。项目经营期均为 5 年，每年各项目的收入和成本费用都不同，可以采用差量净现值法或净现值法进行决策。

(1) 差量净现值法。

从设备以旧换新的角度计算两个方案的差量现金流量。

① 差量初始投资额与差量折旧额。

$$\Delta 初始投资=60\ 000-\{20\ 000-[20\ 000-(40\ 000-4\ 000\times5)]\times25\%\}=40\ 000(元)$$

$$\Delta 年折旧额=[(60\ 000-10\ 000)/5]-[40\ 000/10]=6\ 000(元)$$

② 利用表 5-10 来计算各年经营现金流量的差量。

表 5-10　各年经营现金流量的差量计算表

(单位：元)

项　　目	第 1 年～第 5 年
Δ销售收入(1)	30 000
Δ付现成本(2)	10 000

续表

项　　目	第1年～第5年
Δ折旧额(3)	6 000
Δ税前净利(4)=(1)-(2)-(3)	14 000
Δ所得税(5)=(4)×25%	3 500
Δ税后净利(6)=(4)-(5)	10 500
Δ经营现金净流量(7)=(6)+(3) =(1)-(2)-(5)	16 500

③ 利用表5-11来计算两个方案现金流量的差量。

表5-11　现金流量的差量计算表

（单位：元）

项　　目	第0年	第1年	第2年	第3年	第4年	第5年
Δ初始投资	-40 000					
Δ经营净现金流量		16 500	16 500	16 500	16 500	16 500
Δ终结现金流量						10 000
Δ现金流量	-40 000	16 500	16 500	16 500	16 500	26 500

④ 计算差量净现值。

$$\begin{aligned}\Delta NPV &= 16\ 500\times(P/A,\ 10\%,\ 4)+26\ 500\times(P/F,\ 10\%,\ 5)-40\ 000\\ &= 16\ 500\times 3.170+26\ 500\times 0.621-40\ 000\\ &= 28\ 761.50(\text{元})\end{aligned}$$

投资项目更新后，有差量净现值28 761.50元，故应进行更新。

(2) 净现值法。

分别从继续使用旧设备和购置新设备(出售旧设备)的角度计算两个方案的净现值。

① 分别计算继续使用旧设备和购置新设备方案的初始投资额和年折旧额。

$$\text{继续使用旧设备方案初始投资}=20\ 000-\left[20\ 000-\left(40\ 000-\frac{40\ 000}{10}\times 5\right)\right]\times 25\% = 20\ 000(\text{元})$$

购置新设备方案初始投资=60 000(元)

继续使用旧设备方案年折旧额=40 000/10=4 000(元)

购置新设备方案年折旧额=(60 000-10 000)/5=10 000(元)

② 利用表5-12来计算各年经营现金流量。

③ 利用表5-13来计算两个方案现金流量。

表5-12　各年经营现金流量表

（单位：元）

项　　目	继续使用旧设备	购买新设备
销售收入(1)	50 000	80 000
付现成本(2)	30 000	40 000
折旧额(3)	4 000	10 000
税前净利(4)＝(1)－(2)－(3)	16 000	30 000
所得税(5)＝(4)×25%	4 000	7 500
税后净利(6)＝(4)－(5)	12 000	22 500
经营净现金流量(7)＝(6)＋(3) ＝(1)－(2)－(5)	16 000	32 500

表5-13　现金流量计算表

（单位：元）

项　　目	第0年	第1年	第2年	第3年	第4年	第5年
继续使用旧设备 初始投资	－20 000					
经营净现金流量		16 000	16 000	16 000	16 000	16 000
现金流量	－20 000	16 000	16 000	16 000	16 000	16 000
购入新设备 初始投资	－60 000					
经营现金净流量		32 500	32 500	32 500	32 500	32 500
终结现金流量						10 000
现金流量	－60 000	32 500	32 500	32 500	32 500	42 500

④ 计算净现值。

$$
\begin{aligned}
NPV_{旧} &= 16\,000\times(P/A,\ 10\%,\ 5)-20\,000 \\
&= 16\,000\times 3.791-20\,000 \\
&= 40\,656(元)
\end{aligned}
$$

$$
\begin{aligned}
NPV_{新} &= 32\,500\times(P/A,\ 10\%,\ 5)+10\,000\times(P/F,\ 10\%,\ 5)-60\,000 \\
&= 32\,500\times 3.791+10\,000\times 0.621-60\,000 \\
&= 69\,417.5(元)
\end{aligned}
$$

购入新设备的净现值大于继续使用旧设备的净现值，差量为28 761.5元(69 417.5－40 656)，与“差量净现值法”计算结果相同，故应进行更新。

2. 可供使用年限不等的互斥项目选择决策

若有两个或两个以上的投资项目，各项目可供使用年限(项目经营期)不同，但只能投资其中一个项目。这时仍要根据各项目年生产能力是否相同，分别采用不同的方法进行投资决策。

1）每年各项目的生产能力相同

若项目经营期内每年中不同项目的生产能力相同，即投资决策不影响各年的销售收入，只影响投资额、年成本额和项目经营期，这时可通过比较各项目投资期内平均每年的现金净流出量进行项目投资决策，即年均成本法。

某项目年均成本＝该项目各年现金净流出量的总现值/(P/A，i，n)

式中：i 为企业的资金成本率或投资者要求的报酬率；n 为项目有效期。

【例5－18】 设例5－16中虹宇公司旧设备的尚可使用年限为3年，其他资料见表5－8。继续使用旧设备和购入新设备方案的各年的现金流量及其现值计算见表5－14。

表5－14　两种方案现金流量及其现值计算

项　目	现金流量（元）	时间（年次）	系数（10%）	现值（元）
继续使用旧设备				
旧设备变现价值	(10 000)	0	1	(10 000)
旧设备更新损失减税	(10 000－44 000)×25%＝(8 500)	0	1	(8 500)
每年付现操作成本	8 600×(1－25%)＝(6 450)	1～3	2.487	(16 041.15)
每年折旧抵税	12 000×25%＝3 000	1～3	2.487	7 461
两年后大修成本	28 000×(1－25%)＝(21 000)	2	0.826	(17 346)
残值变现收入	8 500	3	0.751	6 383.5
残值变现净收入纳税	(8 500－8 000)×25%＝(125)	3	0.751	(93.88)
合计				(38 136.53)
更新设备 购置成本	(50 000)	0	1	(50 000)
每年付现操作成本	5 000×(1－25%)＝(3 750)	1～4	3.170	(11 887.5)
每年折旧抵税 第一年	18 000×25%＝4 500	1	0.909	4 090.5
第二年	13 500×25%＝3 375	2	0.826	2 787.75
第三年	9 000×25%＝2 250	3	0.751	1 689.75
第四年	4 500×25%＝1 125	4	0.683	768.38
残值收入	10 000	4	0.683	6 830
残值净收入纳税	(10 000－5 000)×25%＝(1 250)	4	0.683	(853.75)
合　计				(46 574.87)

继续使用旧设备方案的年均成本＝38 136.53/(P/A，10%，3)

＝15 334.35（元）

更新设备方案的年均成本＝46 574.87/(P/A，10%，4)

＝14 692.39（元）

继续使用旧设备方案的年均成本为15 334.35元，更新设备方案的年均成本为14 692.39元，所以更新设备方案较好，即虹宇公司应购入新设备出售旧设备。

2）每年各项目的生产能力不同

若不同投资项目不仅经营期限不同，每年各项目的生产能力也不一样，即投资决策不但影响投资额和年成本额，而且也影响各年的销售收入，这时可用年均净现金流量法进行投资决策。

$$某项目年均净现金流量＝该项目净现值/(P/A，i，n)$$

式中：i为企业资金成本率或投资者要求的报酬率；n为项目有效期。

【例5-19】 兴旺公司准备上一条生产线，现有两个投资项目可供选择：一是半自动化的A项目，需要一次投资160 000元，项目投资后每年将产生销售收入150 000元，每年需支付付现成本50 000元，项目的使用寿命为4年，4年后必须更新且无残值；二是全自动化的B项目，需要一次投资240 000元，使用寿命为6年，项目投产后每年将产生50 000元的净利润，6年后必须更新且无残值。设A、B两项目均无建设期，该公司固定资产均采用直线法计提折旧，企业所得税率为25%，企业的资本成本率为10%。该公司应如何决策呢?

【解】 计算两个项目的年经营现金净流量：

A项目：$NCF=(150\ 000-50\ 000-160\ 000/4)(1-25\%)+160\ 000/4$

$=85\ 000$(元)

B项目：$NCF=50\ 000+240\ 000/6$

$=90\ 000$(元)

计算两个项目的净现值：

$$NPV_A=85\ 000\times(P/A，10\%，4)-160\ 000$$
$$=85\ 000\times3.170-160\ 000=109\ 450(元)$$
$$NPV_B=90\ 000\times(P/A，10\%，6)-240\ 000$$
$$=90\ 000\times4.355-240\ 000=151\ 950(元)$$

计算A、B两项目的年均净现金流量：

$$A项目年均净现金流量=109\ 450/(P/A，10\%，4)=34\ 526.81(元)$$
$$B项目年均净现金流量=151\ 950/(P/A，10\%，6)=34\ 890.93(元)$$

A项目年均净现金流量为34 526.81元，B项目年均净现金流量为34 890.93元，所以兴旺公司应投资全自动化的B项目。

5.4.2 资本有限量的独立选优决策

资本有限量是指企业资金有一定限度，不能投资于所有可接受的项目。也就是说，有很多财务上可行的项目可供投资，但无法筹集到足够的资金。这种情况是在许多公司都存在的，特别是那些以内部融资为经营策略或外部融资受到限制的企业。

在资金有限的情况下，为提高企业的投资收益率，应投资于一组使净现值最大的项目。这样的一组项目必须用适当的方法进行选择，常用的有两种方法——组合的现值指数法、净现值法。

1. 组合的现值指数法

组合的现值指数法是指对可供投资的项目进行不同的投资组合(每一投资组合所需投资总额不能大于可供投资资金总额)，以每一组合中各项目的投资比重为权数，计算各投资组合的加权平均的现值指数，并据此作出投资决策的方法。

组合的现值指数法的决策程序如下：

(1) 计算所有项目的现值指数，并列出每一个项目的初始投资额。

(2) 接受 PI>1 的项目，如果所有可行(PI>1)的项目所需资金总额小于等于可供投资的资金总额，则说明资本没有限量，所有现值指数大于 1 的项目都可以投资，并可以按照现值指数从大到小的顺序进行投资。

(3) 如果资金不能满足所有 PI>1 的项目，那么就要对所有项目在资本限量内进行各种可能的组合(每一投资组合所需投资总额不能大于可供投资资金总额)，然后计算出各种组合的加权平均现值指数。

注意：若某一投资组合所需资金总额小于可供投资资金总额，则假设剩余资金可以保值，即剩余资金的净现值等于零，现值指数等于 1。

$$组合的现值指数 = \sum 组合中某项目的现值指数 \times 该项目投资额 / 可供投资资金总额$$

(4) 选择加权平均现值指数最大的一组项目进行投资。

2. 组合的净现值法

组合的净现值法是指对可供投资的项目进行不同的投资组合(每一投资组合所需投资总额不能大于可供投资资金总额)，将每一投资组合中各项目的净现值分别进行加总，计算各投资组合的净现值总额，并据此作出投资决策的方法。

组合的净现值法的决策步骤如下：

(1) 计算所有项目的净现值，并列出项目的初始投资。

(2) 接受 NPV>0 的项目，如果所有 NPV>0 的项目所需资金总额小于等于可供投资资金总额，则说明资本没有限量，所有净现值大于 0 的项目都可以投资。

(3) 如果资金不能满足所有的 NPV>0 的投资项目，那么就要对所有可行的项目在资本限量内进行各种可能的组合(每一投资组合所需投资总额不能大于可供投资资金总额)，然后，计算出各种组合的净现值总额。

$$组合的净现值 = \sum 组合中各项目的净现值$$

(4) 选择净现值总额最大的一组项目进行投资。

【例 5-20】 三星公司有 5 个可供选择的投资项目 A、B、C、D、E，该公司可供投资的资金总额为 400 000 元。各项目投资额、净现值、现值指数见表 5-15。

计算所有能使可供投资资金得以充分利用的可能的项目组合的加权平均获利指数和净现值合计数，见表 5-16。

表 5-15　各项目有关资料

投资项目	初始投资额(元)	现值指数(*PI*)	净现值(*NPV*)(元)
A	120 000	1.56	67 000
B	150 000	1.53	79 500
C	300 000	1.37	111 000
D	125 000	1.17	21 000
E	100 000	1.18	18 000

(资料来源：荆新等．财务管理学．北京：中国人民大学出版社，2003.)

表 5-16　各组合的净现值和现值指数计算表

投资项目组合	初始投资额(元)	加权平均获利指数	净现值合计(元)
ABD	395 000	1.42	167 500
ABE	370 000	1.412	164 500
ADE	345 000	1.266	106 000
BDE	375 000	1.297	118 500
CE	400 000	1.323	129 000

在表 5-16 中，ABD 组合中有 5 000 元资金没有用完，假设这 5 000 元可投资于有价证券，获利指数为 1，净现值为 0(其他组合也如此)。则 ABD 组合的加权平均现值指数可按以下方法计算

$$(120\ 000/400\ 000)\times 1.56+(150\ 000/400\ 000)\times 1.53$$
$$+(125\ 000/400\ 000)\times 1.17+(5\ 000/400\ 000)\times 1$$
$$\approx 1.42$$

从表 5-16 中可以看出，三星公司应选用 ABD 组合，其净现值最大，为 167 500 元，加权平均现值指数最高，为 1.42，资金利用效率最好。

习　　题

1. 单项选择题

(1) 在下列投资项目评价指标中，不受建设期长短，投资回收时间先后，现金流量大小影响的评价指标是(　　)。

A. 投资回收期　　B. 投资利润率　　C. 净现值率　　D. 内含报酬率

(2) 在下列各项中，不会对投资项目内含报酬率指标产生影响的因素是(　　)。

A. 原始投资　　B. 现金流量　　C. 项目计算期　　D. 设定贴现率

(3) 在现金流量估算中，以营业收入替代经营现金流入基于的假设是(　　)。

A. 在正常经营年度内每期发生的赊销额与回收的应收账款大体相等

B. 经营期与折旧期一致

C. 经营成本全部为付现成本

D. 没有其他现金流入量

(4) 某投资项目年初投资为12万元，有效期3年，每年可获得现金净流量4.6万元，则该项目内含报酬率为(   )。

A. 6.68%　　B. 7.33%　　C. 7.68%　　D. 8.32%

(5) 当贴现率与内含报酬率相等时(   )。

A. 净现值小于零　　B. 净现值等于零　　C. 净现值大于零　　D. 净现值不一定

(6) 若净现值为负数，表明该投资项目(   )。

A. 它的投资报酬率小于零，不可行

B. 为亏损项目，不可行

C. 它的投资报酬率不一定小于零，因此也有可能是可行方案

D. 它的投资报酬率没有达到预定的贴现率，不可行

(7) 若某投资项目的建设期为零，则直接利用年金现值系数计算该项目内含报酬率指标所要求的前提条件是(   )。

A. 投产后净现金流量为普通年金形式　　B. 投产后净现金流量为递延年金形式

C. 投产后各年的净现金流量不相等　　D. 在建设起点没有发生任何投资

(8) 某企业拟进行一项固定资产投资项目决策，设定贴现率为12%，有4个方案可供选择。其中甲方案的项目计算期为10年，净现值为1 000万元，$(P/A, 12\%, 10)=5.6502$；乙方案的净现值率为−15%；丙方案的项目计算期为11年，每年等额净回收额为150万元；丁方案的内含报酬率为10%。最优的投资方案是(   )。

A. 甲方案　　B. 乙方案　　C. 丙方案　　D. 丁方案

(9) 某投资方案，当贴现率为16%时，其净现值为338元；当贴现率为18%时，其净现值为−22元。该方案的内含报酬率为(   )。

A. 15.88%　　B. 16.88%　　C. 17.88%　　D. 18.88%

(10) 某项目原始投资50万元，使用寿命5年，第5年经营现金净流量为25万元，期满固定资产残值净收入及收回垫支流动资金5万元，则该项目第5年的净现金流量为(   )万元。

A. 8　　B. 25　　C. 30　　D. 43

2. 多项选择题

(1) 下列项目中，属于现金流入项目的有(   )。

A. 建设投资　　B. 营业收入　　C. 回收流动资金

D. 经营成本的节约额　　E. 所得税支出

(2) 与财务会计使用的现金流量相比，项目投资决策所涉及的现金流量的特点有(   )。

A. 只反映特定投资项目的现金流量

B. 在时间上包括整个项目的使用寿命

C. 所依据的数据是实际信息

D. 所依据的数据是预计信息

(3) 用现金流量作为衡量投资项目效益的依据，是因为(　　)。

A. 现金流量能准确反映企业未来期间赢利状况

B. 体现了资金时间价值观念

C. 可以排除主观因素的影响

D. 体现了风险、收益之间的关系

E. 为不同时点的价值折现提供了依据

(4) 在完整的工业投资项目中，经营期期末(终结点)发生的净现金流量通常包括(　　)。

A. 回收流动资金　　B. 回收固定资产净值

C. 初始投资　　D. 经营期末经营净现金流量

E. 经营期末利润总额加上折旧

(5) 长期投资决策中初始现金流量包括(　　)。

A. 固定资产上的投资　　B. 流动资产上的投资

C. 原有固定资产的变价收入　　D. 其他投资费用

E. 经营费用

(6) 在投资决策分析中使用的贴现现金流量指标有(　　)。

A. 净现值　　B. 内含报酬率　　C. 投资回收期

D. 现值指数　　E. 平均报酬率

(7) 净现值法的优点是(　　)。

A. 考虑了资金时间价值　　B. 考虑了项目计算期全部现金流量

C. 考虑了投资风险　　D. 考虑了投资者要求的报酬率

(8) 有两个方案的原始投资额相同，如果无论从哪方面看，甲方案均优于乙方案，则有(　　)

A. 甲方案的净现值大于乙方案　　B. 甲方案的现值指数大于乙方案

C. 甲方案的投资回收期大于乙方案　　D. 甲方案的内含报酬率大于乙方案

E. 甲方案平均投资报酬率大于乙方案

(9) 对于同一种投资方案，下列说法正确的是(　　)。

A. 资本成本越高，净现值越低

B. 资本成本越高，净现值越高

C. 资本成本相当于内含报酬率时，净现值为零

D. 资本成本高于内含报酬率时，净现值小于零

E. 资本成本高于内含报酬率时，净现值大于零

(10) 关于内含报酬率下列说法中正确的是(　　)。

A. 它是未来现金流出量与现金流入量相等时的贴现率

B. 它是未来现金流入量现值与现金流出量现值相等时的贴现率

C. 它是能使净现值为零的贴现率

D. 它是能使净现值为1的贴现率

E. 它是以资金成本为对比对象的

3. 复习思考题

(1) 什么叫项目投资？项目投资有什么特征？

(2) 投资决策指标的计算为什么要以现金流量为基础？

(3) 贴现的投资决策方法主要有哪几种？各有什么优缺点？

(4) 互斥选择的投资项目应如何决策？

(5) 独立选优的投资项目应如何决策？

4. 计算题

(1) 某公司因业务发展需要，准备购入一套设备。现有甲、乙两个方案可供选择，其中甲方案需投资 20 万元，使用寿命为 5 年，采用直线法计提折旧，5 年后设备无残值。5 年中每年销售收入为 8 万元，每年的付现成本为 3 万元。乙方案需投资 24 万元，也采用直线法计提折旧，使用寿命也为 5 年，5 年后有残值收入 4 万元。5 年中每年的销售收入为 10 万元，付现成本第一年为 4 万元，以后随着设备不断陈旧，逐年将增加日常修理费 2 000 元，另需垫支营运资金 3 万元。假设所得税率为 25%。

要求：

① 试计算两个方案的现金流量。

② 如果该公司资本成本为 10%，试用净现值法对两个方案作出取舍。

(2) 某公司决定进行一项投资，投资期为 3 年。每年年初投资 2 000 万元，第 4 年年初开始投产，投产时需垫支 500 万元营运资金，项目寿命期为 5 年，5 年中会使企业每年增加销售收入 3 600 万元，每年增加付现成本 1 200 万元，假设该企业所得税率为 25%，资本成本为 10%，固定资产无残值。

要求：计算公司分别采用平均年限法、年限总和法、双倍余额递减法计提折旧时的投资回收期、净现值、现值指数和内含报酬率，并作出折旧政策选择。

(3) 大华公司有甲、乙两种固定资产投资方案，甲方案的一次投资额为 100 000 元，有效使用期为 5 年，期末无残值，投产后每年可获税后利润 10 000 元。乙方案的一次性投资额为 80 000 元，有效使用期为 4 年，期末有残值 8 000 元，各年的税后利润分别为 7 000 元、8 000 元、9 000 元、10 000 元。若该企业的资金成本为 10%，平均年限法计提折旧。

要求：计算上述两方案的净现值、现值指数、内含报酬率和年均净现金流量，并作出投资决策。

(4) 某公司原有设备一套，购置成本为 150 万元，预计使用 10 年，已使用 5 年，预计残值为原值的 10%，该公司用直线法提取折旧，现该公司拟购买新设备替换原设备，以提高生产率，降低成本。新设备购置成本为 200 万元，使用年限为 5 年，同样用直线法提取折旧，预计残值为购置成本的 10%，使用新设备后公司每年的销售额可以从 1 500 万元上升到 1 650 万元，每年付现成本将从 1 100 万元上升到 1 150 万元，公司如购置新设备，旧设备出售可得收入 100 万元，该企业的所得税税率为 25%，资本成本为 10%。

要求：通过计算说明该设备是否更新。

5. 案例分析

伟达相机项目投资决策

伟达相机制造厂是生产相机的中型企业，该厂生产的相机质量优良、价格合理，长期以来一直供不应求。为扩大生产能力准备新建一条生产线。负责这项投资决策工作的总会计师经过调查研究后，得到如下有关资料。

(1) 该生产线的原始投资为12.5万元，分两年投入。第一年年初投入10万元，第二年年初投入2.5万元。第2年年末项目完工可正式投产使用。投产后每年可生产相机1 000部，每部销售价格为300元，每年可获销售收入30万元，投资项目可使用5年，5年后残值可忽略不计。在投资项目经营期初要垫支流动资金2.5万元，这笔资金在项目结束时可全部收回。

(2) 该项目生产的产品总成本构成如下：材料费用20万元，付现制造费用2万元，人工费用3万元，折旧费用2万元。总会计师通过对各种资金来源进行分析，得出该厂加权平均资金成本为10%，所得税率33%。

(3) 厂部中层干部意见：①经营副总经理认为，在项目投资和使用期间，通货膨胀率大约在10%左右，将对投资项目各有关方面产生影响；②基建处长认为，由于受物价变动的影响，初始投资将增长10%，投资项目终结后，设备残值也将增加到37 500元；③生产处长认为，由于物价变动的影响，材料费用每年将增加14%，人工费用也将增加10%；④财务处长认为，扣除折旧后的制造费用，每年将增加4%，折旧费用每年仍为20 000元；⑤销售处长认为，产品销售价格预计每年可增加10%。

思考题：

(1) 分析确定影响伟达相机投资项目决策的各因素。

(2) 根据影响伟达相机投资项目决策的各因素，计算投资项目的回收期、净现金流量、净现值、内含报酬率等指标。

(3) 根据分析计算结果，作出伟达相机项目投资决策。

（资料来源：吴安平．财务管理学教学案例．北京：中国审计出版社，2002.）

第 6 章

证券投资

教学目标

通过本章的学习，了解证券的分类和证券投资的基本程序与交易方式，识记证券投资的目的和特征，理解债券、股票等投资的收益与风险，掌握债券投资、股票投资、基金投资等价值评估方法。

教学要求

知识要点	能力要求	相关知识
证券投资	(1) 识记证券投资的目的和特征 (2) 了解证券的分类和证券投资的基本程序与交易方式	(1) 证券、证券投资 (2) 委托买卖 (3) 证券分类
债券投资	(1) 了解债券的分类及债券投资的特征 (2) 理解债券投资的收益与风险 (3) 掌握债券的价值评估方法	(1) 债券投资 (2) 债券价值 (3) 利率风险、购买力风险、违约风险等
股票投资	(1) 了解股票投资的特点 (2) 理解股票投资的收益与风险 (3) 掌握股票的价值评估方法	(1) 股票投资 (2) 股票价值 (3) 股票投资的收益与风险

续表

知识要点	能力要求	相关知识
证券投资基金投资	(1) 理解投资基金的特征及其分类 (2) 掌握投资基金价值的确定方法	(1) 投资基金 (2) 投资基金价值
其他投资工具	(1) 了解优先认股权、认股权证、可转换债券等其他投资工具的基本特征 (2) 理解优先认股权、认股权证、可转换债券的价值决定方法	(1) 优先认股权、认股权证、可转换债券 (2) 其他投资工具的价值

基本概念

证券、证券投资；债券；股票；投资基金；优先认股权；认股权证；可转换债券。

引　言

任何人都有理由在金融市场上赚大钱，但同时也有很多理由让绝大多数人做不到这点。与生命中的许多尝试一样，成功的关键在于知识与行动。本书的宗旨是希望就市场的内部运作提出某些说明，借此扩展“知识”。至于“行动”部分，则由各位投资人的耐心、客观与理性来决定。

(资料来源：马丁·J. 普林格. 技术分析精论. 北京：经济科学出版社，2000：1.)

本章将对证券投资的概念及其基本知识作初步介绍，并对债券、股票、投资基金等投资工具的特征、投资收益与风险以及投资价值的评估作出详细的介绍。

6.1　证券投资概述

证券(security)是指发行人为筹集资金而发行的、具有一定票面金额、证明持券人对发行人直接或间接享有股权或债权并可转让的凭证，包括债券、股票、新股认购权利证书、投资基金证券及其他各种派生的金融工具。而证券投资(portfolio investment)是指投资者(法人或自然人)购买有价证券以及这些有价证券的衍生品，以获取收益的投资行为和投资过程，是直接投资的重要形式。证券投资比对外直接投资更加灵活、方便。

6.1.1　证券的种类

证券按照不同的标准，可以对其进行不同的分类。

1. 按发行主体的不同分类

按发行主体的不同，可分为政府证券、金融证券和公司证券。

(1) 政府证券(government stock)。政府证券也称政府债券(government bond)、公债券或国库券，它是指政府为筹措财政资金或建设资金，凭借国家信誉，采用信用方式，按照一定程序向投资者出具的一种债权债务凭证。政府债券又分为中央政府债券和地方政府债券。

(2) 金融证券(bank stock)。金融证券是指商业银行及非银行金融机构为筹措信贷资金而向投资者发行的，承诺支付一定利息并到期偿还本金的一种有价证券。

(3) 公司证券(corporation security)。公司证券是公司为筹措资金而发行的有价证券。公司证券包括的范围比较广泛，内容也比较复杂，但主要有股票、公司债券等。

2. 按所体现内容的不同分类

按所体现内容的不同，有价证券可分为货币证券、资本证券和货物证券。

(1) 货币证券(monetary security)是指可以用来代替货币使用的有价证券，是商业信用工具。货币证券在范围和功能上与商业票据基本相同，即货币证券的范围主要包括期票、汇票、支票和本票等。

(2) 资本证券(capital security)。资本证券是有价证券的主要形式，它是指把资本投入企业或贷给企业的一种证书。资本证券主要包括股权证券(所有权证券)和债权证券。股权证券具体表现为股票，有时也包括认股权证；债权证券则表现为各种债券。狭义的有价证券通常仅指资本证券。

资本证券的功能和作用与经济运行中的职能资本既有相似之处(都能给其所有者带来赢利)，也有非常显著的区别。资本证券并非实体资本，而是虚拟资本，虽然也有价格，但自身却没有价值，形成的价格只是收入的资本化。资本证券是独立于实体资本之外的一种资本存在形式，它只间接地反映实体资本的运动状况。

(3) 货物证券(documents of title to goods)。货物证券是对货物有提取权的证明，它证明证券持有人可以凭单提取单据上所列明的货物。货物证券主要包括栈单、运货证书及提货单等。

3. 按上市与否分类

按上市与否，有价证券可分为上市证券(listing security)和非上市证券(unlisted security)。

6.1.2 证券投资及其目的

证券投资一般出于以下几种目的：

1. 增加企业的收益

证券投资包括短期证券投资和长期证券投资。短期证券投资是指通过购买计划在一年内变现的证券而进行的对外投资。这种投资一般具有操作简便、变现能力强等特点。当企业某一时期的现金流出量超过现金流入量时，可以随时出售证券，以满足企业对现金之需要，又能在一定程度上增加企业的收益。长期证券投资是指通过购买不准备在一年之内变现的有价证券而进行的对外投资。长期证券投资一般占用的资金量较大，对企业具有深远的影响。当企业在较长时期内无需大量现金支出，也没有可行的投资项目，就可以利用这笔资金进行长期证券投资，以获取较高的投资收益。

2. 出于投机目的

“投机”是根据对市场的判断，把握投资机会，利用市场出现的差价进行买卖，从中获得利润的交易行为。因此，投机的目的很直接——获得资本利益。企业出于投机的目的进行证券投资时，一般风险较大，应当用企业较长时期闲置不用的资金进行投资，但也必须控制风险，不能因此损害企业的整体利益。

3. 满足企业未来的财务需要

有时企业为了将来的资金需要，如进行长期投资，或者偿还债务，或者季节性经营等原因，会将目前闲置不用的现金用于购买有价证券，进行证券投资，以获取当前的收益，待将来需要现金时，再将有价证券变现。这种证券投资实际上是为了满足企业未来现金需求的目的。

4. 为取得被投资企业控制权

有时企业从战略目标考虑，试图取得对某一企业的控制权，通常的手段是对其进行股权性投资。

6.1.3 证券投资的特征

相对于实物投资而言，证券投资具有如下特点：

(1) 流动性强。证券资产的流动性明显高于实物资产。

(2) 投资风险较大。证券仅是一种虚拟资本或价值符号，其价格体现了投资者对未来收益的预期，受政治、经济环境等各种客观因素和主观因素的影响较大，且没有相应的实物作保证，因而具有价值不稳定、投资风险较大的特点。

(3) 交易成本低。证券交易过程快速、简捷，成本较低。

6.1.4 证券投资的基本程序与交易方式

1. 证券投资的基本程序

理性的证券投资过程通常包括以下5个基本步骤：

1) 确定证券投资目标

作为证券投资过程的第一步，投资目标的设定将在主观方面确定投资的路径和投资的策略。对于投资者来说，取得一定的投资回报是其最直接的目标，但企业在不同环境或不同战略目标下会有不同的投资目标，而且自然环境和社会经济环境中的风险使得投资回报存在不确定性。因此，合理的投资目标应当在企业现状与企业发展战略、未来收益和风险之间寻找某种平衡。

2) 进行证券投资分析

证券投资分析作为投资的第二步，涉及对投资过程第一步所确定的金融资产类型中个别证券或证券组合的具体特征进行考察和分析。进行证券投资分析的方法很多，这些方法大多可归入两类。

(1) 基本分析，又称基本面分析，是指投资者根据经济学、金融学、财务学及投资学的基本原理，通过对决定证券投资价值及价格的基本要素的分析，评估证券的投资价值，判断证券的合理价位，从而提出相应的投资建议的一种分析方法。基本分析主要包括3个方面的内容：①经济分析。经济分析主要探讨各经济指标和经济政策对证券价格的影响，如国内生产总值(GDP)变动、经济增长与经济周期、通货膨胀、利率水平、币值(汇率)水平、货币政策、财政政策等；②行业分析。行业分析通常包括产业分析与区域分析两个方面。一方面，产业的发展状况对该产业的上市公司影响巨大，从某种意义上说，投资于某上市公司实际上就是以某产业为投资对象；另一方面，上市公司又摆脱不了区域经济的影响；③公司分析。公司分析是基本分析的重点，包括公司基本素质分析(公司竞争地位分析、公司赢利能力及成长性分析、公司经营管理水平分析)、公司财务分析、资产重组和关联交易分析等。无论什么样的分析，最终都要落脚在某个公司证券价格的走势上。

基本分析的优点主要有两个：①能够比较全面地把握证券价格的基本走势；②应用起来相对简单。

基本分析的缺点主要有两个：①预测的时间跨度相对较长，对短线投资者的指导作用比较弱；②预测的精确度相对较低。

(2) 技术分析，是从证券的市场行为来分析和预测证券将来的行为，主要包括3个方面的内容：①市场的价格；②成交量；③达到这些价格和成交量所用的时间。技术分析的理论基础是建立在以下3个假设之上的：①市场的行为包含一切信息；②价格沿趋势移动；③历史会重复。技术分析理论分为以下几类：K线理论、切线理论、形态理论、技术指标理论、波浪理论和循环周期理论。

技术分析的优点是同市场接近，考虑问题比较直接。

技术分析的缺点是眼光太短，考虑问题的范围相对较窄。

技术分析适用于时间较短的行情预测。

3) 组建证券投资组合

组建证券投资组合是投资过程的第三步，它涉及确定具体的投资资产和投资者的资金对各种资产的投资比例。在这里，投资者需要注意个别证券选择、投资时机选择和多元化3个问题。

4) 投资组合的修正

投资组合的修正作为投资过程的第四步，实际上就是定期重温前三步。即随着时间的推移，投资者会改变投资目标，从而使当前持有的证券投资组合不再成为最优组合，为此需要卖掉现有组合中的一些证券和购买一些新的证券以形成新的组合。

5) 投资组合业绩评估

投资过程的第五步——投资组合的业绩评估，主要是定期评价投资的表现，其依据不仅是投资的回报率，还有投资者所承受的风险，因此，需要有衡量收益和风险的相对标准(或称基准)。

证券投资过程的这5个步骤相辅相成，构成密切相关的一个整体。

2. 证券投资的交易方式

1) 现货交易

现货交易(spot transaction)是指证券的买卖双方，在谈妥一笔交易后，马上办理交易手续的交易方式，即由卖出者交出证券，买入者付款后当场交易，一手交钱，一手交货。这是证券交易中最古老的交易方式。最初的证券交易都是采用这种方式进行。

2) 融资融券交易

融资融券(securities margin trading)又称证券信用交易，是投资者向具有交易所(如上海证券交易所或深圳证券交易所)会员资格的证券公司提供担保物，借入资金买入交易所上市证券或借入交易所上市证券并卖出的行为。包括券商对投资者的融资、融券和金融机构对券商的融资、融券。融资是看涨，投资者向证券公司借钱买证券，到期偿还本息，这称为“买空”；融券是看跌，投资者向证券公司借证券来卖，到期返还相同种类和数量的证券并支付利息，又称为“卖空”。融资融券交易的正面影响：①可以为投资者提供融资，给证券市场带来新的资金增量，这会对证券市场产生积极的推动作用。②融资融券有明显的活跃交易的作用，以及完善市场的价格发现功能。融资融券交易者是市场上最活跃、最能发掘市场机会的部分，对市场合理定价和信息的快速反应将起促进作用。③融资融券的引入为投资者提供了新的赢利模式。融资使投资者可以在投资中借助杠杆，而融券可以使投资者在市场下跌的时候也能实现赢利。但负面影响也不可忽视，如融资融券可能助涨助跌，增大市场波动，从而可能增大金融体系的系统性风险。

3) 期货合约交易与期权交易

(1) 期货合约交易。期货合约交易(dealing in futures contract)是指买卖双方成交后按契约中规定的价格延期交割，包括“买空”和“卖空”。“买空”亦称“多头交易”，意思是指交易者利用借入资金，在市场上买入期货，以期将来价格上涨时，再高价抛出，从中获利的投机活动。“卖空”亦称“空头交易”，是指当某种证券价格看跌时，证券投资者从经纪人手中借入该证券抛出。假设某金属期货合约协议价为 8 万元/手，市场价为 10 万元/手和 6 万元/手，则期货合约交易的损益如图 6.1 所示。

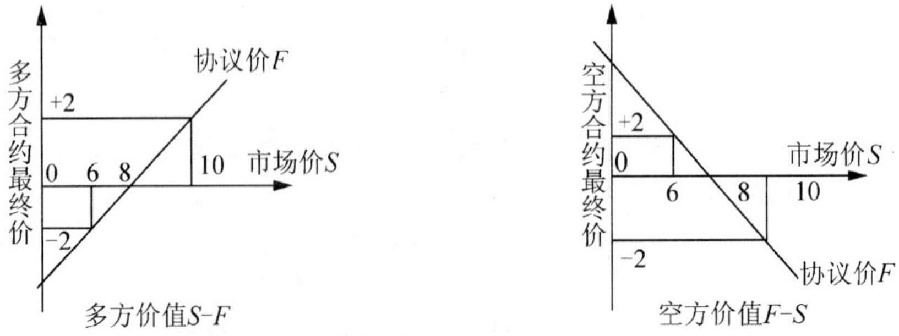

图 6.1 期货合约交易损益图

(2) 期权交易。期权交易(currency option)是西方证券市场中相当流行的一种交易策略。期权的英文为 option，也常译为选择权，是指在未来一定时期可以买卖的权力，是买方向卖方支付一定数量的金额(指权利金)后拥有的在未来一段时间内(指美式期权)或未来某一特定日期(指欧式期权)，以事先约定的价格(指履约价格)，向卖方购买或出售一定数量的特定标的物的权力，但不负有必须买进或卖出的义务。证券的期权交易并不是以证券为标的物的交易，而是以期权为中介的投机。

期权交易可分为买进期权交易和卖出期权交易两种。

① 买进期权。买进期权，又称看涨期权或“敲进”。买进期权是指在协议规定的有效期内，协议持有人按规定的价格和数量购进证券的权利。期权购买者购进这种买进期权，是因为其对证券价格看涨，认为将来可获利。购进期权后，当证券市价高于协议价格加期权费用之和时(未含佣金)，期权购买者可按协议规定的价格和数量购买证券，然后按市价出售，或转让买进期权，获取利润。当证券市价在协议价格加期权费用之和之间波动时，期权购买者将遭受一定损失；当证券市价低于协议价格时，期权购买者的期权费用将全部消失，并将放弃行使期权(买进)。因此，期权购买者的最大损失不过是期权费用加佣金。

② 卖出期权。卖出期权是买进期权的对称，又称看跌期权或“敲出”，是指交易者买入一个在一定时期内，以协议价格卖出有价证券的权利。买主在购入卖出期权后，有权在规定的时间内，按照协议价格向期权出售者卖出一定数量的某种有价证券。在证券市场众多的交易方式中，只有当证券行市有跌落的趋势时，人们才乐意购买卖出期权。因为在卖出期权有效期内，当证券价格下跌到一定程度后，买主行使期权才能获利。此外，如果因该证券行市看跌，造成卖出期权费上涨时，客户也可以直接卖掉期权，这样他不仅赚取了前后期权费的差价，而且还转移了该证券行市突然回升的风险。但如果该证券行市在期权有效期内没有下降，甚至还逐步上升时，客户无论是否行使期权，卖出证券或转让期权，非但无利可图，而且还要损失期权费。因此，卖出期权一般只是在证券行市看跌时使用。

可见，买进期权和卖出期权都只能在其特定的范围内使用，客户无论选用哪种方式仍然有一定风险。

期权交易与期货交易的区别在于：①期权交易的双方，在签约或成交时，期权购买者须向期权出售者交付购买期权费，而期货交易的双方在签约成交时，不发生任何经济关系。②期权交易协议本身属于现货交易，期权的买卖与期权费用的支付是同时进行的。与现货交易稍有不同的是期权交易在交割后交易仍未了结，证券的买进或卖出则在未来的协议规定的有效期内实现。而期货交易的交割是在约定交割期进行的。③期权交易在交割之后，交易双方的法律关系并未立即解除，因为期权虽已转让，但期权的实现是未来的，须以协议有效期满时，其双方法律关系才告结束，而期货交易在交割后，交易双方法律关系即告解除。④期权交易在交割期内，期权的购买者不承担任何义务，其根据股价变化情况，决定是否执行协议，如情况变化不利，则可放弃对期权的要求，对协议持有人的义务只由期权出售者承担，而期货交易的双方在协议有效期内，双方都为对方承担义务。⑤期权交易的协议持有人可将协议转让出售，无论转让多少次，在有效期内，协议的最后持有人都有权要求期权的出售者执行协议，而期货交易的协议双方都无权转让。⑥投资期权最大的风险与股价波动成正比，股价波动越大，风险也越人。

6.1.5 证券投资的风险

任何一个准备参与或已经参与证券市场的投资者，在具体的投资品种面前作出操作选择时，都应树立风险意识，正视收益与风险的辩证关系。从风险是否可以分散来看，证券市场风险主要包括系统性风险、非系统性风险两大类。

1. 系统性风险

系统性风险(systematic risk)是指由于某些因素给市场上所有的证券都带来价格波动的可能性，如宏观经济状况的变化、国家税法的变化、国家财政政策和货币政策的变化、世界能源状况的改变都会使证券收益发生变动。系统性风险影响市场整体，它主要包括以下 6 个方面：

1) 利率风险

证券的利率风险是指由于利率变动而使投资者遭受损失的风险。利率主要从 3 个方面影响证券价格：①改变资金流向。当市场利率提高时，会吸引一部分资金流向银行储蓄、商业票据等其他金融资产，减少对证券的需求，使证券价格下降；当市场利率下降时，一部分资金流回证券市场，增加对证券的需求，刺激证券价格上涨。②影响债券价值。对债券而言，利率风险是债券的主要风险。大多数债券的票面利率是固定不变的(浮动利率债券与保值债券例外)。因此，当市场利率上升时，债券价格下跌，使债券持有者的资本遭受损失。投资者购买的债券离到期日越长，则利率变动的可能性越大，其利率风险也相对越大。可见，投资者无法回避利率变动对债券价格和收益的影响。即使是国债也无法回避利率变动的影响。因此，对投资者承担利率变动风险必须补偿，叫到期风险附加率。一般而言，因受到期风险的影响，长期利率会高于短期利率，但有时也会出现相反的情况。这是因为短期投资有另一种风险，即购买短期债券的投资人在债券到期时，由于市场利率下降，找不到获利较高的投资机会，还不如当初投资于长期债券。这种风险叫再投资风险。当再投资风险大于利率风险时，即预期市场利率将持续下降，人们都在热衷于寻求长期投资机会时，可能出现短期利率高于长期利率的现象。③影响公司赢利。如对普通股来说，其股息和价格主要由公司经营状况和财务状况决定，而利率变动是影响公司经营和财务状况的因素之一。从理论上讲，利率提高，公司融资成本提高，在其他条件不变的情况下净赢利下降，派发股息减少，引起股票价格下降；利率下降，融资成本下降，净赢利和股息相应增加，股票价格上涨。但从长期看，利率变动对股价的影响则取决于上市公司对利率变动的化解能力。

应用案例 6－1

美国长期国库债券的利率风险

【案情简介】

利率风险是投资美国国库债券时所承受的最主要风险。在过去的数十年中，美国长期国库债券受利率风险影响，其价格的波动，最低曾跌到其票面值的 80%，最高时涨到其票面值的 120%。美国国库债券的票面值有 1 千、1 万、10 万美元或是更大的面额，但最小面额是 1 千美元。然而，国库债券的市场价格每分每秒都在上下波动，除非是在债券到期日当天，国库必须偿还票面值给债券持有人，否则债券市场价格是很少会等于票面值的。因此，以面值1千美元的债券为例，债券价格在过去数十年中，市场价格因利率变化而导致的涨跌约在800～1 200美元之间。

【案例点评】

美国国库不可能宣布破产。但这不表示投资国库债券就毫无风险，投资者承受了另一种风险：利率风险。

2）购买力风险

购买力风险是由于通货膨胀、货币贬值给投资者带来实际收益水平下降的风险。购买力风险的发生常为投资者所忽略，因为人们常常不太注意通货膨胀所带来的影响，但这种风险是客观存在的。首先，在通货膨胀的情况下，物价普遍上涨，社会经济运行秩序混乱，企业生产经营的外部环境恶化，证券市场也难免深受其害，所以购买力风险是难以回避的。其次，购买力风险对不同证券的影响是不相同的，最容易受影响的是固定收益证券，如债券。债券发行者在协议中，承诺付给债券持有人的利息和本金的偿还，都是按事先约定的固定金额支付，不因通货膨胀而有所增加，结果导致债券持有人从投资债券中所收到的本利和的实际购买力越来越低，甚至有可能低于原先投资本金的购买力。在高通货膨胀的年代，投资债券所遭受的购买力损失更大。高通货膨胀将使企业经营困难甚至倒闭；同时投资者将资金转移到实物资产和交易上寻求保值，债券需求减少，债券价格进一步下降。而普通股股票的购买力风险相对较小，在通货膨胀初期，企业消化生产费用上涨的能力较强，又能利用人们的货币幻觉提高产品价格，股份公司的名义收益会增加，公司净赢利增加，股息也会增加，股票价格随之提高，普通股股东可得到较高的收益，可部分减轻通货膨胀带来的损失，股票的购买力风险相对小些。当出现严重通货膨胀时，各种商品价格轮番上涨，企业承受能力下降，赢利和股息难以增加，股价即使上涨也很难赶上物价上涨，此时普通股也难抵偿购买力下降的风险。

3）政策风险

政策风险是指政府有关证券市场的政策发生重大变化或是有重要的法规、政策出台，引起证券市场的波动，从而给投资者带来的风险。在现代经济生活中，无论一国选择了什么样的经济体制，政府对经济实行宏观调控的职能都不会被取消。经济政策从多方面影响证券投资，如货币政策。所谓货币政策是中央银行为实现一定的宏观经济调控目标，运用各种货币政策工具调节货币供求的方针和策略的总称，是国家宏观经济政策的重要组成部分。从总体上来说，松的货币政策将使得证券市场价格上扬，紧的货币政策将使证券市场价格下跌。政府的经济政策和管理措施还可能影响公司利润、债券收益的变化，甚至可以直接影响证券的价格。例如，我国在1992年国库券发行的一年多以后，突然宣布给3年期和5年期两个券种实行加息和保值贴补，导致092和192券价格暴涨。1995年年底、1996年年初我国股市的持续低迷同传说1996年国债发行量将进一步增加的财政政策有关。

4）经济周期性波动风险

一般认为，现代市场经济中的经济周期大体包含4个阶段：复苏、繁荣、危机和萧条。在经济复苏和繁荣时期，社会总需求、总投资旺盛，经济增长率上升，就业率和个人收入水平也有较大的提高，证券市场的筹资与投资十分活跃，证券投资收益看好。然而，在经济萧条，特别是危机时期，由于社会经济活动处于停滞不前甚至萎缩状态，经济秩序不稳定，证券市场也必然受到冲击。例如，股票市场素有“经济晴雨表”之称。股票市场综合了人们对于经济形势的预期，这种预期较全面地反映了有关经济发展过程中表现出的有关信息，特别是经济中的人的切身感受。这种预期又必然反映投资者的投资行为中，从而影响股票市场的价格。总体上看，股市的低迷和高涨不是永恒的，股价伴随经济相应地波动，但股价的波动超前于经济周期。

5）社会、政治风险

稳定的社会、政治环境是经济正常发展的基本保证，对证券投资者来说也不例外。倘若一国政治局势出现大的变化，如政府更迭、国内出现动乱、对外政治关系发生危机时，都会在证券市场上有所反应。社会、政治领域中的不确定因素对股票投资的冲击，还表现在“国家风险”上。对于那些在海外从事直接投资的企业来说，当地社会、政治环境是否安定对它们至关重要，一旦所在国发生社会政治动乱，不仅它们在海外投资的利益会受到损失，而且它们在国内发行的股票价格也会受到不利影响，换句话说，这种国家风险很大程度上将会转移到企业普通股票持有者身上。

6）市场风险

市场风险是证券持有者所面临的所有风险中最难对付的一种，它给持股人带来的后果有时是灾难性的。在证券市场上，行情瞬息万变，并且很难预测行情变化的方向和幅度。收益节节上升的公司，其证券价格却下降了，这种情况经常可以看到；还有一些公司，经营状况不错，收入也很稳定，它们的证券却在很短的时间内上下剧烈波动。出现这类反常现象的原因，主要是投资者对证券的一般看法或对某些种类或某一组证券的看法发生变化所致。投资者对证券看法(主要是对证券收益的预期)的变化所引起的大多数证券收益的易变性，称为市场风险。

各种政治的、社会的和经济的事件都会对投资者的态度产生影响，投资者会根据自己对这些事件的看法作出判断和反应。市场风险常引发于某个具体事件，但投资者作为一个群体的情绪波动往往导致蝴蝶效应。如几种股票的价格上升可能带动整个股市上升，而股市的最初下跌可能使很多投资者动摇，在害怕蒙受更大损失的心理支配下，大量抛售股票，使股市进一步下跌，最后发展到整个股市狂跌，使股票投资者蒙受重大损失。1987年10月1日及其以后几天中的世界股市暴跌，就是一个例子，“黑色星期一”至今仍使许多人“谈股色变”。

2. 非系统性风险

非系统性风险(unsystematic risk)是总风险中对一个公司或一个行业的那部分风险。非系统因素基本独立于那些影响整个证券市场的因素。因非系统性风险仅涉及某个公司或某个行业的证券，所以，投资者可以通过审慎的投资选择来减少和避免非系统性风险。

非系统性风险的主要形式有以下两种：

1）财务风险

财务风险是与公司筹集资金的方式有关的风险，是指公司财务结构不合理、融资不当而导致投资者预期收益下降的风险，主要表现为无力偿还到期债务的风险、利率变动风险、再筹资风险等。形成财务风险的因素有资产负债比率、资产与负债的期限、债务结构等。一般而言，公司的资产负债比率越高，债务结构越不合理，其财务风险也就越大。如投资股票就是投资于公司，投资者的股息收益与通过股票价格变动获得的资本利得与公司的经营效益密切相关。资本结构中贷款和债券比重小的公司，其股票的财务风险低；贷款和债券比重大的公司，其股票的财务风险高。股份公司只有在支付了所有债务利息以及到期的本金之后，才能对股东支付股息。

2）经营风险

经营风险指的是由于公司的外部经营环境和条件以及内部经营管理方面的问题，造成公司收益的变动而引起的股票投资收益的不确定。经营风险的程度因公司而异，取决于公司的经营管理，某些行业的收益很容易变动，因而很难准确预测。当公司经营状况恶化，收益迅速下滑时，公司在支付债务利息和到期本金后，可用于支付股息的收益已所剩无几，从而导致股东所得股利的减少或根本没有股利，与此同时，股票的市场价格一般也会随之降低，使股东蒙受双重损失。

6.2 债券投资

6.2.1 债券的本质

所谓债券(bond)，是借款人为了筹集资金向债权人承诺在一定时期内，按一定利率支付利息并在特定日期偿还本金，而从债权人处取得资金的书面证明。债券也是一种信用凭证，无论是企业债券、金融债券还是国际债券，都是经济主体为筹措资金而向投资者出具的、承诺到期还本付息的债权债务凭证。

6.2.2 债券的基本特征

债券作为一种债权债务凭证，与其他有价证券一样，也是一种虚拟资本，而非真实资本，它是经济运行中实际运用的真实资本的证书。从投资者的角度看，债券具有以下4个特征：

1. 偿还性

偿还性是指债券必须规定到期期限，由债务人按期向债权人支付利息并偿还本金。

2. 流动性

流动性是指债券能够迅速转变为货币而又不会在价值上蒙受损失的一种能力。一般来说，如果一种债券在持有期内不能任意转换为货币，或者在转换成货币时需要付出较高成本，如较高的交易成本或较大的资本损失，这种债券的流动性就较低。

3. 安全性

与股票相比，债券通常规定有固定的利率。与企业绩效没有直接联系，收益比较稳定，风险较小。此外，在企业破产时，债券持有者优先于股票持有者享有对企业剩余资产的索取权。一般来说，具有高流动性的债券其安全性也较高。导致债券价格下跌的风险有两类：①信用风险指债券人不能按时支付利息和偿还本金的风险。这主要是与发行者的资信情况和经营状况有关；②市场风险指债券的市场价格因市场利率上升而跌落的风险。债券的市场价格与利率呈反方向变化。

4. 收益性

债券的收益性主要表现在两个方面：①投资债券可以给投资者定期或不定期地带来利息收入；②投资者可以利用债券价格的变动，买卖债券赚取差额。这一点主要是通过对市场利率的预期来实现的。

债券的偿还性、流动性、安全性与收益性之间存在着一定的矛盾。一种债券，很难同时具备以上 4 个特征。如果某种债券流动性强、安全性高，人们便会争相购买，于是该种债券价格上涨，收益率降低；反之，如果某种债券的风险大、流动性差，购买者则少，债券价格低，其收益率相对提高。

6.2.3 债券的价值评估与收益

1. 债券的基本价值评估

债券的价格可分为发行价格与市场交易价格两类。债券的发行价格是指在发行市场(一级市场)上，投资者在购买债券时实际支付的价格。债券的市场交易价格是债券发行后，一部分可流通债券在流通市场(二级市场)上按不同的价格进行交易时的价格。交易价格的高低，取决于公众对该债券的评价、市场利率以及人们对通货膨胀率的预期等。

债券基本价值的评估是假定各种债券的名义和实际支付金额都是确定的，尤其是假定通货膨胀的幅度可以精确地预测出来，从而使对债券的估价可以集中于时间的影响上。

债券的基本估价公式为

债券价值＝未来各期利息收入的现值合计＋未来到期本金或到期前变现收入的现值

因此，债券估价可分为以下 4 种典型情况：

1）分期付息，到期还本

对于普通的按期付息、到期还本的债券来说，其预期货币收入有两个来源：持有期定期收到的票面利息和到期日收到的票面额或到期日前变现收入，其价值决定公式为

$$P=\frac{I_1}{(1+r)^1}+\frac{I_2}{(1+r)^2}+\cdots+\frac{I_n}{(1+r)^n}+\frac{M}{(1+r)^n}$$

$$=\sum_{t=1}^{n}\frac{I_t}{(1+r)^t}+\frac{M}{(1+r)^n}$$

式中：P 为债券的价值；I_t 为各年支付的利息；M 为债券票面值或到期前变现收入；n 为债券持有期限；r 为贴现率；t 为付息时期，一般以年为单位。

2）到期一次还本付息

对于到期一次还本付息的债券来说，其预期货币收入为到期日支付的票面额或到期前的变现收入和持有期按照票面约定的利息额，其价值决定公式为

$$P=\frac{I+M}{(1+r)^n}$$

式中：P 为债券的价值；I 为到期时的利息总额；M 为债券票面值或到期前的变现收入；n 为债券持有期限；r 为贴现率。

【例 6 - 1】 某企业发行 3 年期企业债券，面值为 1 000 元，票面利率为 8%，市场利率为 6%，分别计算分期付息、到期还本和到期一次还本付息的每张债券的值。

【解】 分期付息、到期还本的债券价值为

$$P=\frac{1\ 000\times8\%}{(1+6\%)^1}+\frac{1\ 000\times8\%}{(1+6\%)^2}+\frac{1\ 000\times8\%}{(1+6\%)^3}+\frac{1\ 000}{(1+6\%)^3}$$

$$=80\times0.9434+80\times0.8900+80\times0.8396+1\ 000\times0.8396$$

$$=1\ 053.44(\text{元})$$

到期一次还本付息的债券价值为

$$P=\frac{1\ 000\times8\%\times3+1\ 000}{(1+6\%)^3}=1\ 041.10(\text{元})$$

3）贴现债券

贴现债券(discount bond)是指在票面上不规定利率，发行时按某一折扣率，以低于票面金额的价格发行，到期时仍按面额偿还本金的债券，发行价与票面金额之差额相当于预先支付的利息。因此，贴现债券的价值为票面金额的现值或到期前变现收入的现值，即

$$P=\frac{M}{(1+r)^n}$$

式中：M 为债券票面金额或到期前变现收入；n 为债券持有期限；r 为贴现率；P 为债券的价值。

4）永久债券

永久债券是指没有到期日，永不停止定期支付利息的债券。其价值评估的基本公式为

$$P=\frac{I}{r}$$

式中：P 为债券的价值；I 为定期支付的利息；r 为贴现率。

上述 4 个公式中，贴现率 r 为市场利率或投资者要求的必要报酬率。

2. 影响债券价值的基本因素

根据债券价值的基本评估公式，可以发现影响债券价值的基本因素有以下几个方面：

(1) 债券面额。它是债券到期日发行公司应偿付债权人的本金，也是确定债券价值的基础。一般来说，面值越大，价值越高。

(2) 债券期限。它是指从债券发行日至债券到期日的期间。债券的偿债期限越长，则投资风险越大，投资者要求的报酬也越高，债券的价值会相对降低。

(3) 票面利率。它是发行公司发行债券时约定向债券持有人支付的投资报酬率。通常以年利率表示，是债券的名义利率。一般来说，债券的票面利率越高，价值也越高。债券的面值与利率的乘积为债券的年利息额。

(4) 市场利率。债券价值的高低还受债券的票面利率与市场利率差异的影响，票面利率一定时，市场利率越高，债券的价值越低；反之，债券的价值越高。

债券的票面金额、票面利率、债券期限在债券发行前已经确定，并载明于债券券面上，不易变动。因此，决定债券价值的关键是市场利率：当市场利率与票面利率一致时，债券价值应等于票面金额；当市场利率低于票面利率时，债券价值应高于票面金额；当市场利率高于票面利率时，债券价值应低于票面金额。

此外，债券利息的支付方式也在一定程度上影响债券的价值。因此，债券的价值是各种因素综合作用的结果。

3. 债券投资的收益

债券的收益主要包括两方面的内容：债券的利息收入和资本利得，即债券买入价与卖出价(在持有至到期的情况下为到期偿还额)之间的差额，当卖出价高于买入价时为资本收益，反之为资本损失。此外，有的债券还可能因参与公司盈余分配，或拥有转股权而获得的其他利益。债券收益率是衡量债券收益水平的尺度，一般以债券在特定期间带来的收益额与买入价(或者本金)的比率表示。决定债券收益率的因素主要有债券票面利率、期限、面值、持有时间、购买价格和出售价格。

1) 短期债券收益率

因为期限短，所以短期债券收益率计算一般不考虑时间价值因素，可根据持有情况形成如下两种基本的计算公式：

(1) 持有期收益率是指买入债券后持有一段时间，又在债券到期前将其出售而得到的收益率。它包括持有债券期间的利息收入和资本利得。

$$\text{持有期收益率}=\frac{\text{卖出价格}-\text{买入价格}+\text{持有期间现金利息收入}}{\text{买入价格}\times\text{持有年数}}\times 100\%$$

(2) 到期收益率(yield to maturity)又称最终收益率，到期收益率同样包括了利息收入和资本利得。

$$\text{到期收益率}=\frac{\text{面值}+\text{利息总额}-\text{购买价格}}{\text{购买价格}\times\text{距到期日年数}}\times 100\%$$

【例6-2】 A、B两个投资者于2011年1月1日按每张950元的价格分别购买了面值为1 000元，偿还期1年，券面利率为8%，每季付息一次的人民币债券10张。其中A投资者购买的债券于第2季度末按每张1 020元的价格全部售出，B投资者债券持有至到期日，问各投资者的收益率是多少?

【解】 A、B两个投资者的债券收益率分别为

A投资者持有期收益率=(1 020－950+1 000×8%/12×6)/(950×0.5)=23.16%

B投资者到期收益率=(1 000－950+1 000×8%)/(950×1)=13.68%

2) 长期债券收益率

长期债券收益率是指以特定价格购买并持有1年以上的债券所能获得的实际收益率，

它是使未来现金净流入量现值等于债券买入价格的折现率，即内含报酬率。假设 r 为实际收益率；I 为每年利息收益；P 为购买价格；M 为到期偿还额(面额)或到期前的出售价格；n 为计息期数。

(1) 贴现债券。

因为
$$M=P\times(1+r)^n$$

所以
$$r=\sqrt[n]{\frac{M}{P}}-1$$

(2) 永久债券。

$$r=\frac{I}{P}$$

(3) 息票债券(coupon bond)。息票债券又分为分期付息、到期还本和到期一次还本付息两种情况，其实际收益率 r 可根据债券的基本估价公式计算。

【例 6-3】 A企业于2011年1月5日以每张1 020元的价格购买B企业发行的利随本清的企业债券。该债券的面值为1 000元，期限为3年，票面年利率为10%，不计复利。问题：

① 如果A企业持有该债券至到期，实际收益率为多少？

② 如果A企业于2013年1月5日将该债券以1 130元的市价出售，计算该债券的实际收益率。

【解】 根据债券的基本估价公式 $P=\dfrac{I+M}{(1+r)^n}$，可得

① A企业持有该债券至到期收入包括面值和利息收入，所以

$$r=\sqrt[n]{\frac{I+M}{P}}-1=\sqrt[3]{\frac{3\times100+1\ 000}{1\ 020}}-1=8.42\%$$

② 2013年1月5日将该债券以1 130元的市价出售，没有利息收入，所以

$$r=\sqrt[n]{\frac{I+M}{P}}-1=\sqrt[3]{\frac{0+1\ 130}{1\ 020}}-1=3.47\%$$

6.3 股票投资

6.3.1 股票投资的本质及其特征

股票(stock)，是股份公司发行的、用以证明投资者的股东身份和权益，并据以获得股利的一种可转让的证明。

股票投资和债券投资都属于证券投资。证券投资与其他投资相比，具有高风险、高收益、易于变现的特点，但股票投资相对于债券投资而言又具有以下特征：

1) 股票投资是权益性投资

股票投资是权益性投资，股票是代表所有权的凭证，持有人作为发行公司的股东，依法享有资产收益、参与重大决策和选择管理者等权利。

2）股票投资的风险大

投资者购买股票后，不能要求股份公司偿还本金，只能在证券市场上转让。因此股票投资者至少面临两方面的风险：①股票发行公司经营不善所形成的收益风险；②股票市场价格变动所形成的价差风险。

3）股票投资的收益率高

由于投资的高风险性，股票作为一种收益不固定的证券，其收益率一般高于债券。

6.3.2 股票的价格决定

1. 市盈率估价方法

市盈率(price/earning)是某种股票每股市价与每股赢利的比率。其计算公式为市盈率＝每股价格/每股收益，式中的分子是当前的每股市价，分母可用最近一年赢利，也可用未来一年或几年的预测赢利。如果能分别估计出股票的市盈率和每股收益，那么就能间接地由此公式估计出股票价格。这种评价股票价格的方法，就是“市盈率估价方法”，它是估计普通股价值的最基本、最重要的指标之一。

2. 贴现现金流模型

1）基本模型

按照收入的资本化定价方法，任何资产的内在价值(intrinsic value)是由这种资产在未来时期所带来的现金流量现值决定的。普通股股票给持有者带来的未来现金流入包括两部分：股利变现收入和出售时的现金收入。其内在价值基本计算公式为

$$P=\frac{D_1}{(1+r)^1}+\frac{D_2}{(1+r)^2}+\frac{D_3}{(1+r)^3}+\cdots+\frac{D_\infty}{(1+r)^\infty}=\sum_{t=1}^{\infty}\frac{D_t}{(1+r)^t}$$

即
$$P=\sum_{t=1}^{\infty}\frac{D_t}{(1+r)^t}$$

式中：P 是股票价值；D_t 是股票第 t 年带来的现金入量；r 为折现率(股票的必要报酬率)；t 是持有年限。

这是股票估价的一般模型，无论 D_t 的具体形态如何(递增、递减、固定或随机变动)，此模型均有效。

在这个方程里，假定所有时期贴现率都是一样的。

【例 6－4】 某公司于 2009 年 1 月 1 日以每股 5 元的价格购买了正处于生命周期成长期的 X 股票 200 万股，在以后持股的 3 年中，每年末各分得现金股利 0.5 元、0.8 元、1 元，并打算于 2012 年 1 月 1 日以每股 6 元的价格将股票全部出售，假设投资者要求的必要报酬率为 10％。

要求：计算该股票内在价值为多少？

【解】

$$\begin{aligned}P&=\frac{0.5}{(1+10\%)^1}+\frac{0.8}{(1+10\%)^2}+\frac{1}{(1+10\%)^3}+\frac{6}{(1+10\%)^3}\\&=0.5\times0.909\,1+0.8\times0.826\,4+1\times0.751\,3+6\times0.751\,3\\&=6.3748(\text{元})\end{aligned}$$

2）零增长模型

零增长模型(固定股利模型)，假定股利增长率等于零，即 $g=0$，也就是说未来的股利按一个固定数量支付。根据这个假定，用 D_0 代替零增长模型中的 D_t。

$$P=\sum_{t=1}^{\infty}\frac{D_0}{(1+r)^t}=D_0\sum_{t=1}^{\infty}\frac{1}{(1+r)^t}$$

根据等比数列求和公式，得

$$\sum_{t=1}^{\infty}\frac{1}{(1+r)^t}=\frac{1}{r}$$

所以

$$P=\frac{D_0}{r}$$

式中：P 为股票的内在价值；D_0 为在未来无限期支付的每股股利；r 为必要收益率。

【例6-5】 某公司股票面值为10元/股，年股利率为10%，必要报酬率为12.5%，要求计算该股票的内在价值。

【解】 股票的内在价值=年股利额/必要收益率=(10×10%)/12.5%=8(元)

若股票市价低于8元，则可获得高于12.5%的收益；反之，则可获得低于12.5%的收益。

3）不变增长模型

从理论上看，企业的股利不应当是固定不变的，而应当不断增长。如果假设股利永远按不变的增长率增长，就可建立不变增长模型。

设上年股利为 D_0，每年股利比上年增长率为g，则

$$P=\frac{D_0(1+g)}{(1+r)}+\frac{D_0(1+g)^2}{(1+r)^2}+\frac{D_0(1+g)^3}{(1+r)^3}+\cdots+\frac{D_0(1+g)^t}{(1+r)^t} \tag{6-1}$$

假设 $r>g$，把(6-1)式中两边同乘以(1+r)/(1+g)，得

$$P\frac{1+r}{1+g}=D_0+\frac{D_0(1+g)^1}{(1+r)^1}+\frac{D_0(1+g)^2}{(1+r)^2}+\cdots+\frac{D_0(1+g)^{t-1}}{(1+r)^{t-1}} \tag{6-2}$$

式(6-2)减去式(6-1)，得

$$P\frac{1+r}{1+g}-P=D_0-\frac{D_0(1+g)^t}{(1+r)^t}$$

由于 $r>g$，当 t 趋向于无穷大时，$\frac{D_0(1+g)^t}{(1+r)^t}$ 趋向于零，式(6-2)可简化为

$$P\frac{1+r}{1+g}-P=D_0$$

用 D_1 表示投资后第一年股利，上式可简化为

$$P=\frac{D_0\times(1+g)}{r-g}=\frac{D_1}{r-g}$$

【例6-6】 A公司准备投资购买B公司的股票，该股票上年每股股利为2元，预计以后每年以4%的增长率增长，A公司经过分析后，认为必须得到10%的报酬率，才能购买该公司的股票。要求计算该种股票的内在价值。

【解】 $P=2\times(1+4\%)/(10\%-4\%)=34.67$(元)

即B公司的股票价格在34.67元以下时，A公司才能购买。

假如目前每股股票价格是 40 元，股票被高估 5.33 元，建议投资者暂不购买。

3. 普通股评价模型的局限性

运用这一模型评价股票价值的局限性在于以下 4 个方面：

(1) 未来现金流入量的现值只是决定股票价值的基本因素而不是全部因素，其他很多因素(如投机行为等)可能会导致股票的市场价格大大偏离根据模型计算得出的价值。

(2) 模型对未来期间股利流入量预测数的依赖性很强，而这些数据很难准确预测。股利固定不变、股利固定增长等假设与现实情况可能存在一定的差距。

(3) 股利固定模型、股利固定增长模型的计算结果受 D_0 或 D_1 影响很大，而这两个数据可能具有人为性、短期性和偶然性，模型放大了这些不可靠因素的影响力。

(4) 折现率的选择有较大的主观随意性。

6.3.3 股票投资的收益

1. 短期投资收益率

短期投资收益率是投资者持有股票时间不超过一年，因此，不考虑资金时间价值，其持有期收益率计算与短期债券持有期收益率计算原理相同，基本公式如下：

$$\text{持有期收益率}=\frac{(\text{股票售出价}-\text{股票买入价})+\text{持有期间分得的现金股利}}{\text{股票买入价}\times\text{持有年限}}\times 100\%$$

式中：持有年限等于实际持有天数除以 360，也可以用持有月数除以 12 表示。

2. 股票长期投资收益率

1) 一般模型

如股票持有时间超过一年，需要考虑资金的时间价值，其长期投资收益率或实际收益率可根据本教材第 5 章内含报酬率的原理和方法计算。

【例 6-7】 A 公司在 2001 年 4 月 1 日投资 510 万元购买某种股票 100 万股，在 2002 年、2003 年和 2004 年 3 月 31 日每股各分得现金股利 0.5 元、0.6 元和 0.8 元，并于 2004 年 3 月 31 日以每股 6 元的价格将股票全部出售，试计算该项投资的实际收益率。

【解】 可采用逐次测试法、插值法进行计算，计算过程见表 6-1。

表 6-1 A 公司的股资收益率

(单位：万元)

时间	股票及出售股票的现金流量	测试 20%		测试 18%		测试 16%	
		系数	现值	系数	现值	系数	现值
2002 年	50	0.833 3	41.67	0.847 5	42.38	0.862 1	43.11
2003 年	60	0.694 4	41.66	0.718 2	43.09	0.743 2	44.59
2004 年	680	0.578 7	393.52	0.608 6	413.85	0.640 7	435.68
合计	—	—	476.85	—	499.32	—	523.38

在表中，先按20%的收益率进行测算，得到现值为476.85万元，比原来的投资额510万元小，说明实际收益率低于20%；于是把收益率调到18%，进行第二次测算，得到的现值为499.32万元，还比510万元小，说明实际收益率比18%还要低；于是再把收益率调到16%，进行第三次测算，得到的现值为523.38万元，比510万元要大，说明实际收益率比16%高。即要求的收益率在16%和18%之间，采用插值法计算如下：

$$\frac{16\%-X}{18\%-16\%}=\frac{523.38-510.00}{523.38-499.32}$$

所以 $$X=16\%+1.11\%=17.11\%$$

说明该项投资的收益率为17.11%。

2）零增长模型(股利固定模型内部收益率)

根据方程 $$P=\frac{D_0}{r}$$

得 $$r=\frac{D_0}{P}$$

3）不变增长模型内部收益率

根据方程 $P=\dfrac{D_0(1+g)}{r-g}$可解出不变增长股利股票的内部收益率为

$$r=\frac{D_0(1+g)}{P}+g$$

或 $$r=\frac{D_1}{P}+g$$

这就是著名的戈登模型(Gordon Model)，常用于普通股资本成本的计算。

6.4 证券投资基金投资

证券投资基金(securities investment fund)是一种利益共享、风险共担的集合证券投资方式，即通过发行基金单位，集中投资者的资金，由基金托管人托管，由基金管理人管理和运用资金，从事股票、债券等金融工具的投资。我国基金托管人必须由合格的商业银行担任、基金管理人必须由专业的基金管理公司担任。

证券投资基金包含了以下两层含义：

(1) 证券投资基金是一种投资制度，它从广大的投资者那里聚集巨额资金，组建投资管理公司进行专业化管理和经营。

(2) 证券投资基金发行的基金券是一种面向社会大众的投资工具，投资者通过购买基金券完成投资行为，并凭之分享证券投资基金的投资收益，承担证券投资基金的投资风险。

6.4.1 投资基金的特点

(1) 证券投资基金是由专家运作、管理并专门投资于证券市场的基金。我国《证券投资基金管理暂行办法》规定，基金资产由专业的基金管理公司负责管理。基金管理公司配备了大量的投资专家，他们不仅掌握了广博的投资分析和投资组合理论知识，而且在投资领域也积累了相当丰富的经验。

(2) 证券投资基金是一种间接的证券投资方式。投资者是通过购买基金而间接投资于证券市场的。与直接购买股票相比，投资者与上市公司没有任何直接关系，不参与公司决策和管理，只享有公司利润的分配权。

(3) 证券投资基金具有投资小、费用低的优点。在我国，每份基金单位面值为人民币1元，同时由于基金集中了大量的资金进行证券交易，通常也能在手续费方面得到证券商的优惠。

(4) 证券投资基金具有组合投资、分散风险的好处。证券投资基金通过汇集众多中小投资者的小额资金，形成雄厚的资金实力，可以进行组合投资，分散投资风险。

(5) 证券投资基金流动性强。基金的买卖程序非常简便。对开放式基金而言，投资者既可以向基金管理公司直接购买或赎回，也可以通过证券公司等代理销售机构购买或赎回，或委托投资顾问机构代为买入。

6.4.2 投资基金的种类

1. 根据基金投资者持有基金资产的凭证是否可赎回分类

根据基金投资者持有基金资产的凭证是否可赎回，可分为封闭式基金和开放式基金。

1) 封闭式基金

封闭式基金(close-end mutual fund)是指经核准的基金份额总额在基金合同期限内固定不变，可以在依法设立的证券交易场所交易，但基金份额持有人不得申请赎回的基金。基金单位的流通采取在交易所上市的办法，通过二级市场进行竞价交易。

2) 开放式基金

开放式基金(open-end mutual fund)的基金份额不固定，投资者可根据市场状况和各自的投资决策，或者要求发行机构按现期净资产值扣除手续费赎回股份或受益凭证，或者再买入股份或受益凭证，增加基金单位份额的持有比例。

封闭式基金与开放式基金的比较如下：

(1) 期限不同。封闭式基金通常有固定的封闭期，而开放式基金没有固定期限，投资者可随时向基金管理人赎回。

(2) 基金单位的发行规模要求不同。封闭式基金在招募说明书中列明其基金规模，开放式基金没有发行规模限制。

(3) 基金单位转让方式不同。封闭式基金的基金单位在封闭期限内不能要求基金公司赎回，买卖需要到交易所进行，需要缴纳一定比例的证券交易税和手续费。开放式基金的投资者则可以在首次发行结束一段时间(多为3个月)后，随时向基金管理人或中介机构提出赎回申请，需缴纳的相关费用(如首次认购费、赎回费)则包含在基金价格之中。

(4) 基金单位的交易价格计算标准不同。封闭式基金的买卖价格受市场供求关系的影响，会出现折、溢价的现象，即基金单位买卖价格低于或高于每份基金单位资产净值。开放式基金的交易价格则取决于基金的每单位资产净值的大小，它基本不受市场供求的影响。

(5) 投资策略不同。封闭式基金的基金单位数不变，资本不会减少，这样基金管理公司便可据以制定长期的投资策略，取得长期经营绩效。开放式基金因基金单位可随时赎回，必须保留一部分现金，以便投资者随时赎回，因此不能将全部现金用于投资，更不能把全部资本用来进行长线投资，必须保持基金资产的流动性。

2. 根据组织形态的不同分类

根据组织形态的不同，证券投资基金可分为契约型基金和公司型基金。

1) 契约型基金

契约型基金(contract type fund)，也称信托型基金，是根据一定的信托契约原理，由基金发起人和基金管理人、基金托管人订立基金契约而组建的投资基金。基金管理公司依据法律、法规和基金契约负责基金的经营和管理操作，基金托管人作为基金资产的名义持有人，负责保管和处置基金资产，执行管理人的有关指令，办理基金名下的资金往来，对基金管理人的行为实行监督。我国目前的基金均为契约型基金。

2) 公司型基金

公司型基金(corporation type fund)，是具有共同投资目标的投资者依据公司法组成以盈利为目的、投资于特定对象(如各种有价证券)的股份制投资公司。这种基金是通过发行股份的方式筹集资金、具有法人资格的经济实体。一般投资者购买该公司的股份即为认购基金，也就成为该公司的股东，按照公司章程的规定，享受权利、履行义务。

契约型基金与公司型基金的比较如下：

(1) 资金的性质不同。契约型基金的资金是信托财产，公司型基金的资金为公司法人的资本。

(2) 投资者的地位不同。契约型基金的投资者购买受益凭证后成为基金契约的当事人之一，即受益人；公司型基金的投资者购买基金公司的股票后成为该公司的股东，以股息或红利形式取得收益。因此，契约型基金的投资者没有管理基金资产的权利，而公司型基金的股东通过股东大会和董事会享有管理基金公司的权利。

(3) 基金的运营依据不同。契约型基金依据基金契约运营基金，公司型基金依据基金公司章程运营基金。

6.4.3 投资基金的价格决定

1. 开放式基金的价格决定

开放式基金由于经常不断地按客户要求购回或者卖出公司的基金，因此，开放式基金的价格分为两种，即申购价格和赎回价格。

1) 申购价格

开放式基金的投资者在购入开放式基金时，除了支付资产净值之外，还要支付一定的销售附加费用。开放式基金的申购价格、资产净值和附加费之间的关系可用下式表示：

$$申购价格=资产净值/(1-附加费率)$$

其中：资产净值=(基金资产的市场价值－各种费用)/基金份额。

【例 6-8】 某开放式基金的资产净值为 10 元，其附加费率为 8%，则其申购价格为 10/(1－8%)＝10.87 元。

2）赎回价格

开放式基金承诺可以在任何时候根据投资者的个人意愿赎回其基金。开放式基金的赎回价格与资产净值、赎回费率的关系为

赎回价格＝资产净值/(1＋赎回费率)

赎回费率的高低按照基金投资年数不同而不同，持有基金券时间越长，费率越低，有一些基金收取的是统一费率，也有些开放式基金赎回时不收取费用。

2. 封闭式基金的价格决定

封闭式基金的交易价格是指封闭式基金在证券市场挂牌交易时的价格。封闭式基金的买卖价格以基金单位的资产净值为基础，由市场供求关系确定，有时还受到杠杆效应高低程度的影响。封闭式基金筹集完后就封闭起来，不再任意增减基金单位。但由于管理上的需要，这类公司也可以通过发行优先股和公司债券，作为资本结构的一部分，形成未偿优先证券，并且能获得银行贷款。对基金公司的股东来说，其收益就要受到杠杆作用的影响，因为优先证券对资产和收益有固定的权利。因此，当公司净资产和收益总值(利息和优先股股息支付后的收益)上升时，股东收益就会增加，不仅可以得到更多的股息，而且还能获得资本收益。封闭式基金公司由于不承担购回其基金的义务，股东只有在公开市场上出售才能回收，加上杠杆效应的影响，使得封闭式基金的价格不如开放式基金的价格稳定，其价格就如同一个商业性公司的股票价格一样，其单位资产价格与市场价值之间存在着一个显著的离差，经常出现折价或溢价的现象。封闭式基金的价格决定可以利用普通股票的价格决定公式计算。开放式基金与封闭式基金的价格决定见图 6.2。

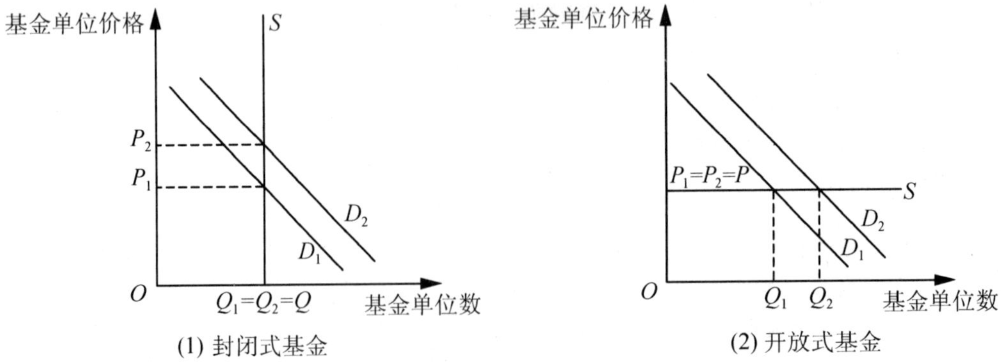

图 6.2 开放式基金与封闭式基金的价格决定

6.5 其他投资工具

6.5.1 认股权证

认股权证在有效期内具有价值。股票的市场价格与认股权证的预购股票价格之间的差

额就是认股权证的理论价值。影响认股权证理论价值的主要因素有换股比率、普通股市价、行权价格、剩余有效期间等。其公式如下

认股权证的理论价值=(股票市场价值−认股权证的行权价格)×换股比率

【例6-9】 某公司发行认股权证筹资，规定每份认股权证可按8元认购1股普通股股票，若公司当前的普通股市价为9.5元，根据上式计算该公司发行的每份认股权证的理论价值。

【解】 理论价值=(9.5−8)×1=1.5(元)

但在进行交易时，认股权证的市场价值很少与其理论价值相同。认股权证的实际价值是由市场供求关系所决定的。一般来说，认股权证的市场价值会大于其理论价值。因为如果认股权证的市场价值小于其理论价值，就会形成套购，即投资者首先购买认股权证，然后购买股票出售获取价差收益。套购拉动认股权证的市场价格上涨，直到等于理论价值。认股权证的市场价值超过其理论价值的部分称为认股权证的溢价，其公式为

溢价=认股权证的市场价值−理论价值

=认股权证的市场价值−(普通股市场价格−行权价格)×换股比率

认股权证的理论价值、市场价值和认股权证的溢价之间的关系见图6.3。

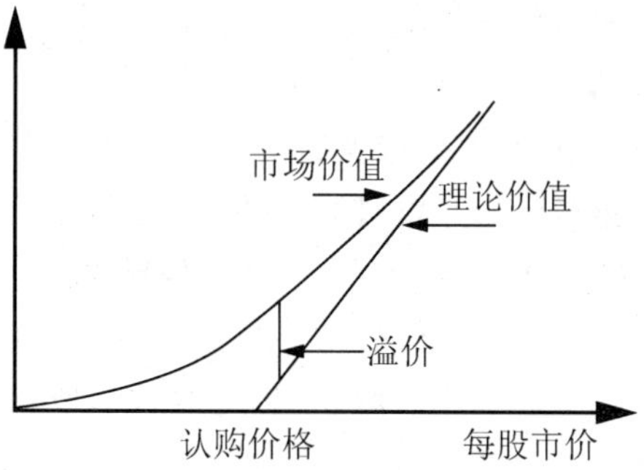

图6.3 认股权证的理论价值、市场价值和溢价之间的关系

应用案例6-2

青啤权证获大比例行权 募集资金11.9亿元

【案情简介】

2008年4月，青啤公司发行了15亿元分离交易可转债，即发行1 500万张债券，每张债券的认购人无偿获得公司派发的7份认股权证；权证存续期为2008年4月18日至2009年10月19日，在这期间，每持有2份权证可按27.82元/股的价格购买1股青啤A股股票。

2008年10月13日至19日的行权期内共行权8 553万份，占可行权份数的比例达81.46%，折合青啤A股4 276万股，募集资金11.9亿元，1 947.02万份权证未行权并被注销。成为2003年以来国内权证行权及资本市场融资的最成功范例。

青啤权证行权的权利被放弃，绝非是认股价格过高。事实上，从初始行权日10月13日至19日，青岛啤酒的股价仅仅在10月19日瞬间跌穿过27.82元行权价，最低收于27.80元，其余时段股价均在行权价格之上。以认股价购买一股青岛啤酒的股份，以10月19日最后行权日的收盘价28.66元计算，

通过权证仍然可以每股青岛啤酒获得0.84元的收益。也就是说，未行权的近2 000万份权证至少损失超过1 680万元。

【案例点评】

如果10月份行权时青啤的股价低于行权价，则行权必然失败，因此，青啤的权证筹资事实上面临严峻的市场形势。

6.5.2 可转换债券

1. 可转换债券的要素

可转换债券包括5个基本要素：

(1) 转换比率，是指一份债券可以转换为多少股股份，用公式表示为

$$转换比率=可转换债券面值/转换价格$$

【例6-10】 某公司发行可转换债券，每张面值为1 000元，若该可转换债券的转换价格为40元。

要求：计算每张债券能够转换为股票的股数。

【解】 转换比率=债券面值/转换价格=1 000/40=25

也就是说每张债券能够转换为25股股票。

(2) 转换价格，是将债券转换为股票时股票的每股价格，用公式表示为

$$转换价格=可转换债券面值/转换比率$$

【例6-11】 某公司2004年年初发行每张票面价值为1 000元的债券。规定20年内的任何时间，公司债券持有者可用每一债券调换成20股普通股，即转换比率为20。要求计算该债券的转换价格。

【解】

$$转换价格=\frac{公司债券票面价值}{转换率}=\frac{1\ 000}{20}=50(元)$$

(3) 转换期限，即指可转换债券转换为普通股份的起始日至结束日的期间。可转换债券的转换期限可以与债券的期限相同，也可以短于债券的期限。

(4) 赎回条款。赎回条款是指公司具有在一定时间按一定价格赎回这种债券的权利。公司规定的赎回价格一般略高于债券面值，当债券市场价格高于赎回价格时，公司往往行使赎回的权利，这时，投资者若不愿按赎回价格卖给公司，就只能将其转换成普通股，所以，赎回条款具有迫使投资者实行转换或将债券卖出的作用。

(5) 回售条款。回售条款规定，发行公司的股票价格在一定时期连续低于转换价格并达到一定幅度时，债券持有者可根据规定将债券出售给发行公司。回售条款具体包括回售时间、回售价格等内容。

2. 可转换债券的价值估算

(1) 已上市的可转换债券可以根据其市场价格适当调整后得到评估价值。

(2) 非上市的可转换债券价值等于纯粹价值或转股价值(视何者较高)加上期权价值

① 纯粹债券价值，其公式为

$$P_g = \sum_{t=1}^{n} \frac{I_t}{(1+r)^t} + \frac{M}{(1+r)^n}（分期付息，到期还本）$$

或

$$P_g = \frac{I+M}{(1+r)^n}（到期一次还本付息）$$

式中：P_g纯粹债券价值；I_t 为各年支付的利息；M 为债券票面值；n 为债券到期期限；r 为普通债券一般利率；t 为付息时期，一般以年为单位。

② 转股价值，指可转换债券转换为普通股，按当前股价计算的价值。

转股价值＝普通股当前价格×每份债券所能转换的普通股股数

③ 可转换债券的实际价值，即可转换债券的市场价值。

④ 期权价值。可转换债券持有者不立即转换为普通股，而是等待利用转股价值和可转换债券的实际价值的差，来决定的选择权价值，即期权价值，也称转换溢价或转换贴水。

可转换债券的实际价值一般不会低于纯粹债券价值，否则投资者会抢购可转换债券；可转换债券的实际价值也不会低于转股价值，否则投资者会大量购进可转换债券，将其转换为普通股出售获取价差，这种现象称为套利活动。其结果是可转换债券需求大于供给，价格上涨，而普通股供给量不断增加，价格下跌，直到可转换债券的市场价值等于转股价值。

可转换债券的纯粹价值、转股价值、实际价值和期权价值的关系见图 6.4。

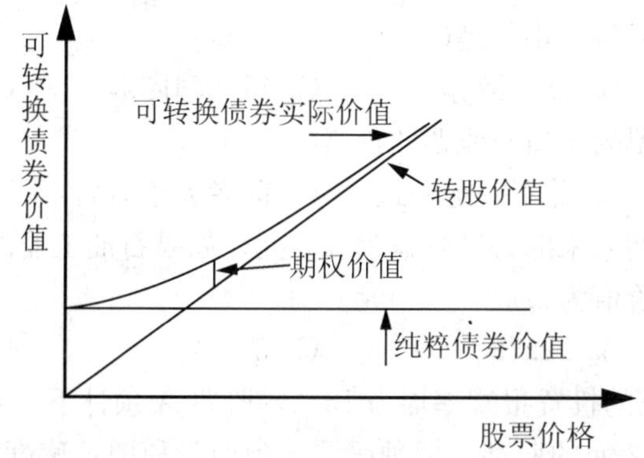

图 6.4　可转换债券的纯粹价值、转股价值、实际价值和期权价值的关系

从图 6.4 可以看出，可转换债券的实际价值包括纯粹价值和转股价值。当转股价值高于纯粹价值时，可转换债券的实际价值受转股价值影响；反之，受可转换债券纯粹价值影响。因此

可转换债券的实际价值＝纯粹价值或转股价值(视何者较高)＋期权价值

即

可转换债券的期权价值＝实际价值－纯粹价值或转股价值(视何者较高)

3. 可转换债券的投资决策

(1) 投资时机选择。较好的投资时机一般包括新的经济增长周期启动时、利率下调

时、行业景气回升时。

(2) 投资对象选择。优良的债券品质是选择可转换债券品种的基本原则。

(3) 套利机会。可转换债券的投资者可以在股价高涨时，通过转股获得收益；或者根据可转换债券的实际价值与纯粹价值或转股价值的差异套利。

与股票相比，可转换债券的投资风险较小。但也应该考虑如下风险：①股价波动风险；②利率风险；③提前赎回风险；④公司信用风险；⑤公司经营风险；⑥强制转换风险。

习　　题

1. 单项选择题

(1) 在投资人想出售有价证券获取现金时，证券不能立即出售的风险是(　　)。

A. 流动性风险　　B. 期限性风险　　C. 违约风险　　D. 购买力风险

(2) 下列证券中，能够更好地避免投资购买力风险的是(　　)。

A. 普通股　　B. 优先股　　C. 公司债券　　D. 国库券

(3) 下列因素引起的风险中，投资者可以通过证券投资组合降低的是(　　)。

A. 宏观经济状况变化　　B. 世界能源状况变化

C. 发生经济危机　　D. 被投资企业出现经营失误

(4) 下列投资中，风险最小的是(　　)。

A. 商业票据　　B. 金融债券　　C. 短期国库券　　D. 长期国库券

(5) 一般来说，股票的价值与股票的价格(　　)。

A. 总是一致的　　B. 并不一定一致　　C. 前者大于后者　　D. 前者小于后者

(6) 某石油公司预期未来的每股收益为2.5元，如果石油工业的平均市盈率为20，则该石油公司股票的内在价值为每股(　　)元。

A. 8　　B. 22.78　　C. 34.52　　D. 50

(7) A、B两种股票的投资报酬率均为15%，股票A预计下一年分派1元的股利，而股票B预计下一年分派2元的股利。两种股票的预期股利增长速度均为4%，那么股票A的内在价值(　　)。

A. 将比股票B的内在价值大　　B. 将比股票B的内在价值小

C. 将与股票B的内在价值相等　　D. 无法与股票B比较

(8) 估算股票价值时，不能使用的贴现率为(　　)。

A. 股票市场的平均收益率　　B. 债券收益率加适当的风险报酬率

C. 国债的利息率　　D. 投资人要求的必要报酬率

(9) 当再投资风险大于利率风险时，下列说法正确的是(　　)。

A. 预期市场利率持续上升　　B. 可能出现短期利率高于长期利率的现象

C. 预期市场利率不变　　D. 长期利率会高于短期利率

(10) 一笔国债，5年期，平价发行，票面利率12.22%，单利计息，到期一次还本付息，其实际收益率是(　　)。

A. 9%　　B. 11%　　C. 10%　　D. 12%

(11) 某股票投资人欲对甲股票目前的价值进行评价，已知该股票过去的实际报酬率是 12%，投资人预期的未来的报酬率是 15%，那么，他对目前股票价值进行估价时所使用的报酬率应是(　　)。

A. 15%　　B. 12%　　C. 3%　　D. 27%

(12) 下列关于债券票面利率和实际利益说法错误的是(　　)。

A. 票面利率不同于实际收益率

B. 票面利率和实际收益率均按复利计算

C. 票面利率就是年利息占票面金额的比率

D. 实际收益率等于内含报酬率

(13) 预计投资 A 股票两年内每年的股利为 1 元，第 2 年年末市价可望涨至 15 元，企业期望的报酬率为 10%，则企业能接受的目前最高市价为(　　)。

A. 15 元　　B. 14.50 元　　C. 14.13 元　　D. 14 元

(14) 假设某公司每年分配股利 1.2 元，最低收益率 15%，则该股票的内在价值为(　　)。

A. 10 元　　B. 9 元　　C. 8 元　　D. 7 元

(15) 证券市场有甲、乙两种国债一同发售，甲每年付息一次，乙到期一次还本付息，其他条件都相同，则哪种国债会受到市场青睐？(　　)

A. 甲国债　　B. 乙国债　　C. 一样　　D. 不确定

(16) 面值为 1 000 元的债券，每半年付息一次，5 年后到期，票面利率为 8%。如果投资者要求的必要报酬率为 10%，则债券的价值为(　　)元。

A. 922.78　　B. 956.33　　C. 1 075.82　　D. 1 084.32

(17) 按照投资者持有基金资产的凭证是否可赎回，基金可以分为(　　)。

A. 契约型和公司型　　B. 封闭型和开放型

C. 股权式和证券式　　D. 股权式和债券式

(18) 下列有关封闭型证券投资基金的表述不正确的是(　　)。

A. 封闭型证券投资基金不允许证券持有人在基金的存续时间内赎回基金证券

B. 封闭型证券投资基金的证券持有人只能通过证券交易所买卖证券

C. 股权型投资基金一般要求采用封闭型证券投资基金

D. 公司型的封闭投资基金，其经营业绩对基金股东并不重要

2. 多项选择题

(1) 股票投资的优点有(　　)。

A. 投资收益高　　B. 收入稳定性强

C. 购买力风险低　　D. 拥有经营控制权

(2) 债券投资的主要缺点有(　　)。

A. 购买力风险大　　B. 价格不稳定

C. 没有经营管理权　　D. 投资收益不稳定

(3) 下列证券中属于固定收益证券的是(　　)。

A. 公司债券　　B. 金融债券　　C. 优先股股票　　D. 普通股股票

(4) 企业进行股票投资的主要目的包括(　　)。

A. 获取稳定收益　　B. 为了获得股利收入及股票买卖价差

C. 取得对被投资企业的控制权　　D. 为配合长期资金的使用，调节现金余缺

(5) 影响债券价值的因素有(　　)。

A. 债券面值　　B. 债券发行价　　C. 票面利率

D. 投资者要求的报酬率　　E. 付息方式

(6) 长期债券的实际收益率(　　)。

A. 是投资债券所获得的收益率

B. 是按复利计算的收益率

C. 是使未来现金流入现值等于债券面值的贴现率

D. 是评价债券收益水平的指标

E. 其大小与债券的票面利率无关

(7) 若只考虑利率变动对债券价值的影响，下列说法正确的是(　　)。

A. 平价发行的债券，其实际收益率等于票面利率

B. 如果债券实际收益率高于投资人要求的报酬率，则应买进该债券

C. 如果债券实际收益率低于投资人要求的报酬率，则应买进该债券

D. 如果债券的价值高于其价格，则应买进该债券

E. 如果买价和面值不等，则债券的实际收益率和票面利率不等

(8) 关于债券投资，下列说法正确的是(　　)。

A. 债券的价值与其面值无关

B. 一般而言，债券的期限越长，其利率风险越大

C. 国库券为无投资风险的债券

D. 当市场利率大于票面利率时，债券价值会下降

E. 对于分期付息的债券，当其接近到期日时，债券价值则向其面值回归

(9) 下列说法正确的是(　　)。

A. 票面利率可以作为评价债券收益的标准

B. 票面利率相同的两种债券，其付息方式不同，投资人的实际经济利益亦有很大差别

C. 若债券的价值大于市价，如不考虑风险问题，则购买该债券是合算的

D. 债券以何种方式发行最主要是取决于票面利率和市场利率的一致程度

E. 债券到期收益率是指能使未来现金流入现值等于债券买入价格的贴现率

(10) 有关期权的说法不正确的是(　　)。

A. 期权是不附带义务的权利，没有经济价值

B. 任何不附带义务的权利都属于期权

C. 资产附带的期权不会超过资产本身的价值

D. 在财务上，一个明确的期权合约经常是指按照现实的价格买卖一项资产的权利

3. 思考题

(1) 简述有价证券的种类和特征。

(2) 试述普通股股东的基本权利与义务。

(3) 什么是可转换债券，如何确定其价值?

(4) 简述可转换债券和认股权证与看涨期权的区别。

(5) 基金证券与股票、债券有哪些异同?

4. 计算题

(1) B公司于2002年1月1日购入同日发行的公司债券，该公司债券的面值为5 000元，期限为5年，票面利率为10%，每年的6月30日和12月31日支付两次利息，到期一次偿还本金。

要求：

① 当时市场利率为8%时，计算该债券的发行价格；

② 当时市场利率为12%时，计算该债券的发行价格；

③ 假定该债券当时的市场价格为4 800元，试计算该债券的实际收益率，并考虑当市场利率为8%时是否值得购买。(系数保留至小数点后4位，结果保留至整数。)

(2) 某公司于2002年1月1日发行一种3年期的新债券，该债券的面值为1 000元，票面利率为14%，每年付息一次。

要求：

① 如果债券的发行价为1 040元，其实际收益率是多少?

② 假定2003年1月1日的市场利率为12%，债券市价为1 040元，是否应购买该债券?

③ 假定2004年1月1日的市场利率下降到10%，那么此时债券的价值是多少?

④ 假定2004年1月1日的债券市价为950元，此时购买债券的实际收益率为多少?(以上计算系数保留至小数点后4位，结果保留至小数点后两位。)

(3) 某公司于1999年1月1日投资1 000万元购买了正处于生命周期成长期的X股票200万股，在以后持股的3年中，每年年末各分得现金股利0.5元、0.8元、1元，并于2002年1月1日以每股6元的价格将股票全部出售。

要求：计算该项投资的投资收益率是多少?(结果保留至小数点后两位。)

(4) 某信息咨询公司最近支付了每股2元的股利，预计在以后的3年内股利将以12%的年增长率增长，在接下来的3年内增长率为8%，此后预计以5%的年增长率永远增长下去。假定投资者要求的必要报酬率为12%，那么股票的价值是多少?(系数保留至小数点后4位，结果保留至小数点后2位。)

(5) 某投资者准备从证券市场购买A、B、C 3种股票组成投资组合。

已知A、B、C 3种股票的β系数分别为0.8、1.2、2。现行国库券的收益率为8%，市场平均股票的必要收益率为14%。

要求：

① 采用资本资产定价模型分别计算这 3 种股票的预期收益率；

② 假设该投资者准备长期持有 A 股票，A 股票去年的每股股利为 2 元，预计年股利增长率为 8%，当前每股市价为 40 元，投资者投资 A 股票是否合算；

③ 若投资者按 5∶2∶3 的比例分别购买了 A、B、C 3 种股票，计算该投资组合的 β 系数和预期收益率。

5. 案例分析

天华公司分散证券投资风险的策略与方法

天华公司是一家大型家电企业。2000 年初，公司领导召开会议，集体通过了利用手中多余资金 1 500 万元对外投资的决定。经分析、整理调研资料，拟定可供公司选择的投资对象如下：

(1) 国家发行七年期国债，每年付息一次，且实行浮动利率。第一年利率为 2.63%，以后每年按当年银行存款利率加利率差 0.38%计算支付利息。

(2) 汽车集团发行五年期重点企业债券，票面利率为 10%，每半年付息一次。

(3) 春兰股份，代码 600854，中期预测每股收益 0.45 元，股票市场价格 22.50 元/股。总股本 30 631 万股，流通股 7 979 万股。公司主营：设计制造空调制冷产品，空调使用红外摇控。财务状况十分稳定，公司业绩良好，但成长性不佳。近三年财务数据及市场表现如下：

财务指标及年份	1999 年	1998 年	1997 年
主营收入(万元)	194 737		16 215
净利润(万元)	26 494		24 966
扣除后净利润(万元)	26 290	27 204	24 966
总资产(万元)	232 372	194 198	136 493
股东权益(万元)	153 660	141 690	80 310
每股收益(元)	0.865	1.15	1.57
扣除后每股收益(元)	0.86	1.24	1.65
每股净资产(元)	5.02	6.01	5.07
每股现金流量(元)	0.11	0.51	
净资产收益率(元)	17.24	19.20	31.09

(4) 格力电器，代码 0615，中期预测每股收益 0.40 元，股票市场价格为 17.00 元/股。总股本 29617 万股，流通股 21676 万股。公司主营：家用电器、电风扇、清洁卫生器具。公司空调产销量居国内第一位，有行业领先优势，尤其是出口增长迅速，比去年出口增长 70.7%，经营业绩稳定增长。近三年财务数据及市场表现如下：

财务指标及年份	1999年	1998年	1997年
主营收入(万元)	516 564	429 814	345 166
净利润(万元)	22 916	21 508	21 025
扣除后净利润(万元)	22 916	21 508	21 025
总资产(万元)	342 368	292 591	198 158
股东权益(万元)	105 724	95 814	60 225
每股收益(元)	0.705	0.66	1.40
每股净资产(元)	3.25	2.94	4.01
每股现金流量(元)	1.08	1.75	
净资产收益率(元)	21.68	22.45	34.91

(5) 华工科技，代码0988，中期预测每股收益0.10元，股票市场价格为68元/股。总股本11 500万股，流通股长3 000万股。公司主营：激光器、激光加工设备及成套设备、激光医疗设备等。该股科技含量高，成长性好，公积金也高。近三年财务数据及市场表现如下：

财务指标及年份	1999年	1998年	1997年
主营收入(万元)	9 340	8 133	5 798
净利润(万元)	3 056	2 221	1 845
总资产(万元)	18 501	13 515	11 878
股东权益(万元)	14 152	10 625	9 573
每股收益(元)	0.27	0.26	0.22
每股净资产(元)	1.67	1.25	1.13
净资产收益率(元)	21.59	20.91	19.27

[分析提示]

如果企业为了扩大经营规模，实现规模效应，应选择同行业股票进行投资，为分散或避免投资风险，应选择多种股票进行投资组合。如果企业仅为获得投资收益，可根据企业承担风险能力的大小，选择债券、股票或二者结合进行投资，为分散或避免投资风险，应选择多种证券进行投资组合。至于选择哪些证券，请你组合具体资料计算分析。

思考题：

(1) 根据上述资料，如果企业为了扩大经营规模，实现规模效应，面对上述可供选择的投资方案，应如何进行投资组合，以分散或避免投资风险？

(2) 如果企业仅为获得投资收益，面对上述可供选择的投资方案，应如何进行投资组合，以分散或避免投资风险？

（资料来源：吴安平等．财务管理学教学案例．北京：中国审计出版社，2001.）

第7章 营运资金管理

教学目标

了解营运资金的内容和特点，理解营运资金管理的基本内容，掌握现金日常收支管理、应收账款信用政策的制订、信用成本的确定和应收账款日常管理、存货成本的内容以及存货日常控制的方法等，掌握商业信用和短期借款的管理方法。

教学要求

知识要点	能力要求	相关知识
现金管理	(1) 理解现金的持有动机与成本 (2) 掌握最佳现金持有量的确定方法	(1) 营运资金 (2) 交易动机、预防动机、投机动机 (3) 管理成本、机会成本、转换成本、短缺成本 (4) 成本分析模式、因素分析模式、现金周转模式和存货模式
应收账款管理	(1) 了解应收账款的功能及成本 (2) 理解信用政策的内涵及其意义 (3) 掌握信用条件优化的定量分析方法	(1) 应收账款的功能和成本 (2) 信用标准、信用条件、收账政策 (3) 应收账款的日常管理方法

续表

知识要点	能力要求	相关知识
存货管理	(1) 理解存货成本的构成 (2) 掌握存货控制的经济批量模型 (3) 掌握存货的日常控制方法	(1) 订货成本、储存成本、购置成本、缺货成本 (2) 经济订货量、相关总成本、最佳订货批次 (3) 存货采购流程控制 (4) 订货点库存控制 (5) 存货保本期、存货保利储存期 (6) 存货ABC分类控制
流动负债管理	(1) 掌握短期借款的管理 (2) 掌握货币市场信用的管理 (3) 掌握商业信用筹资管理	(1) 短期借款、收款法、贴现法、加息法、借款抵押、补偿性余额、周转信贷协定、信贷限额 (2) 商业票据、应收账款保理、银行承兑汇票 (3) 商业信用、应付账款、商业信用成本

基本概念

现金；营运资金；机会成本；信用标准；信用条件；存货；经济订货量；商业信用。

引　言

营运资金管理是对企业流动资产及流动负债的管理。一个企业要维持正常的运转就必须要拥有适量的营运资金，因此，营运资金管理是企业财务管理的重要组成部分。据调查，公司财务经理有60%的时间都用于营运资金管理。要搞好营运资金管理，必须解决好流动资产管理和流动负债管理两个方面的问题。

7.1　营运资金概述

7.1.1　营运资金的概念和特点

1. 营运资金的概念

营运资金(working capital)是指在企业生产经营活动中占用在流动资产上的资金，也称广义营运资金；狭义的营运资金又称净营运资金，是指流动资产减去流动负债后的余额，也等于长期资本与长期资产的差额，是企业用以维持正常经营所需要的资金，即企业在生产经营中可用流动资产的净额。如果流动资产等于流动负债，则占用在流动资产上的资金全部由流动负债融资；如果流动资产大于流动负债，则与此相对应的“净流动资产”要以长期负债或股东权益的一定份额为其资金来源。因此，营运资金的管理既包括流动资产的管理，也包括流动负债的管理。

2. 营运资金的特点

为了有效地管理企业的营运资金，必须研究营运资金的特点，以便有针对性地进行管理。营运资金一般具有以下特点：

1）周转期限短

流动资产是指在一年或超过一年的一个营业周期内(视何者时间较长)变现或耗用的资产，包括以下项目：货币资金、交易性金融资产、应收票据、应收账款和存货等，它在企业的生产经营过程中连续反复地周转和循环。这一特点表明营运资金可以通过短期筹资方式加以解决。企业拥有较多的流动资产，可在一定程度上降低财务风险。流动负债又称短期融资，是指需要在一年或者超过一年的一个营业周期内(视何者时间较长)偿还的债务。主要包括以下项目：短期借款、应付票据、应付账款、应付职工薪酬、应缴税费及未缴利润等。流动负债具有成本低、偿还期短的特点，必须认真进行管理，否则，将使企业承受较大的财务风险。

2）物质形态和价值形态在经营中不断变化

流动资产在周转和循环过程中，物质形态和价值形态随着生产经营过程而不断周而复始地转化，在时间上具有继起性，在空间上具有并存性。(见第1章图1.1。)

3）数量波动较大

无论是流动资产还是流动负债的数额都会随着企业内外条件的变化而变化，时高时低，非季节性企业如此，季节性企业更是如此。

4）项目多

流动资产、流动负债的项目多而分散，“互济性”强，因此要求调度灵活，配合协调，以较低的资金占用实现较高的周转额。

5）变现能力强

流动资产一般都具有较强的变现能力，企业如遇到意外情况，出现资金周转不灵、现金短缺时，可以快速变现这些资产，获得现金。

6）投资次数频繁

企业经常面临流动资产投资的问题，有时会在一个月内多次追加对现金、存货等项目的投资。

因此，营运资金管理就好比相互咬合的齿轮，供应、生产、销售，业务流川流不息；现金、存货、应收账款，资金链息息相关。营运资金不断循环周转，才是企业利润的真正源泉。

7.1.2 企业资产组合

资产可分为流动资产与长期资产(或称非流动资产)两大类，长期资产主要包括持有至到期投资、长期应收款、长期股权投资、投资性房地产、固定资产、在建工程、无形资产、长期待摊费用、可供出售金融资产等。企业资产总额中流动资产与长期资产之间的比例关系称为企业资产组合。

企业在确定资产组合时，需要考虑的核心问题就是组合的风险与收益。一般而言，流动资产占资产总额的比重越大，营运资金短缺的风险就越小，其收益水平也较低；反之，流动资产占资产总额的比重越小，营运资金短缺的风险就越高，但相应的，其收益水平也较高。不同的管理决策者对风险的态度倾向不同，所采取的资产组合决策也不同。一般有以下 3 种选择：

（1）适中的资产组合决策。该策略是指企业在确定流动资产占总资产的比重时，在保证正常需要的情况下，再适当地留有一定的保险储备，以防不测，其预期赢利能力和风险都居于下列两种策略之间。

（2）保守的资产组合决策。该策略是指企业在确定总资产中流动资产比例时，在正常生产经营需要量和正常保险储备量的基础上，再加上一部分额外的储备量，以便降低公司的经营风险。在这一政策下，公司持有的流动资产占全部资产的比例较大。由于流动资产收益率一般低于固定资产的收益率，因此，这一政策下的预期赢利能力将比较低。

（3）冒险的资产组合决策。该策略是指企业在安排流动资产数量时，只根据正常生产经营需要量而安排很少的保险储备，以便提高公司的投资报酬率。在此政策下，公司持有的流动资产占全部资产的比例相对较少，其净营运资金也相对较少，使公司在取得较高的预期赢利能力的同时，也承受较高的财务风险。

三大类型组合策略如图 7.1 所示。

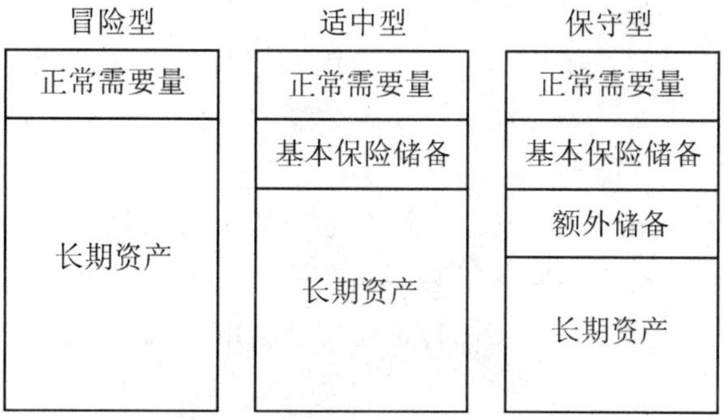

图 7.1　资产组合策略

7.2 现金管理

7.2.1 现金的持有动机与成本

现金是指在生产经营过程中暂时停留在货币形态的资金，包括库存现金、银行存款、银行本票、银行汇票等。现金是流动性最强的资产，可以用来满足生产经营开支的各种需要，也是还本付息和履行纳税义务的保证。因此，拥有足够的现金对于降低企业的风险，增强企业资产的流动性和债务的可清偿性有着重要的意义。但是，现金属于非赢利资产，持有量过多，它所提供的流动性边际效益便会随之下降。因此，企业必须合理确定现金持有量，不但在数量上与其开支需要相等，而且期限结构也要相互衔接。

应用案例 7-1

富翁与乞丐的故事

【案情简介】

某富翁遇到一个乞丐，看到其衣衫单薄，动了恻隐之心，掏钱时发现身上只有100元，想到如果把钱给了乞丐那就没法解决午饭了，就把价值1 000元的大衣脱下来送给乞丐，乞丐接过来后又马上还给他说："你还是给我现金吧，衣服不能拿去买饭吃！"这回富翁饿了一中午。

【案例点评】

故事说明了"现金为王"的道理。现金是一般等价物，它能与任何商品相交换。

（资料来源：曾建斌．看故事学财务管理．广州：广东经济出版社，2004.）

1. 现金的持有动机

企业持有一定数量的现金，主要基于以下3个方面的动机：

（1）交易动机(trading motive)，是企业用来满足日常营运的现金支出需要。如购买原材料、支付工资、缴纳税款、偿付到期债务、派发现金股利等。企业为满足交易动机所持有的现金量主要取决于企业的销售水平。

（2）预防动机(precautionary motive)，指用来应付意外事件发生对现金支出的需要。如生产事故、坏账、自然灾害等。预防性现金数额的多少，取决于企业对未来现金流量预测的准确程度和企业的融资能力。

（3）投机动机(speculative motive)，是指用于从事投机活动并从中获利的现金需要。如遇到廉价原材料或其他资产供应的机会，或在适当时机购入价格有利的股票和其他有价证券。投机动机现金持有量的大小往往与企业在金融市场或商品市场的投资机会及企业对待风险的态度有关。

2. 现金的持有成本

（1）管理成本(administration cost)，是指企业因保留现金余额而发生的管理费用，如支付给管理人员的工资和安全措施费用等，在一定范围内与现金持有量的多少关系不大，该项成本具有固定成本的性质，属于决策无关成本。

（2）机会成本(opportunity cost)，是指因持有现金而丧失的再投资收益，具有变动成本性质，与现金持有量的多少密切相关。比如，若证券投资收益率为10%，企业欲持有10万元现金，就只能放弃1万元的证券投资收益。

（3）转换成本(conversion cost)，是指企业现金与有价证券转换过程中所发生的转换成本，包括固定性转换成本和变动性转换成本。固定性转换成本，如证券过户费、实物交割手续费等，这种成本只与交易的次数有关，而与转换金额无关。在现金需要总量确定的前提下，每次转换的现金越少，现金持有量就越少，需要转换的次数就越多，相应的转换成本就越大；相反，转换成本就越少。因此，固定性转换成本与现金的持有成本决策相关。

变动性转换成本是按成交金额一定比例由投资者支付的佣金、印花税等，这些成本与交易金额相关，而与交易次数无关。在现金需要总量确定的前提下，变动性转换成本是一个确定数，因而属于与现金持有成本决策无关的成本。

(4) 短缺成本(shortage cost)，是指现金持有量不足而又无法得到及时补充而给企业造成的损失，如不能及时支付材料款而停工待料给企业造成的经济损失。现金短缺成本与现金持有量呈负相关关系。

7.2.2 最佳现金持有量的确定

确定现金最佳持有量的模式主要有成本分析模式、因素分析模式、现金周转模式和存货模式。

1. 成本分析模式

成本分析模式(cost analysis model)是根据持有现金的有关成本，分析预测其总成本最低时现金持有量的一种方法。运用成本分析模式确定现金最佳持有量时，只考虑因持有一定量的现金而产生的机会成本及短缺成本，而不考虑转换成本和管理费用。这种模式下，最佳现金持有量，就是持有现金而产生的机会成本与短缺成本之和最小时的现金持有量。

【例7-1】 某企业有A、B、C、D 4种现金持有方案，它们各自的机会成本、短缺成本相关资料见表7-1。

表7-1 现金持有方案

(单位：元)

方案	A	B	C	D
现金持有量	25 000	50 000	75 000	100 000
机会成本	3 000	6 000	9 000	12 000
短缺成本	12 000	6 750	2 500	0

根据上表的资料，计算各方案持有现金的总成本，见表7-2。

表7-2 现金持有总成本

(单位：元)

方案	A	B	C	D
机会成本	3 000	6 000	9 000	12 000
短缺成本	12 000	6 750	2 500	0
总成本	15 000	12 750	11 500	12 000

将以上各方案的总成本加以比较可知，C方案的总成本最低，也就是说当企业持有75 000元现金时，机会成本和短缺成本之和最低，故75 000元是该企业的最佳现金持有量。

成本分析模式的优点是适用范围较广泛，尤其适用于现金收支波动较大的企业。缺点是企业持有现金的短缺成本较难预测。

2. 因素分析模式

因素分析模式是根据上年现金实际占用额以及本年有关因素的变动情况，并对不合理的现金占用进行调整，来确定最佳现金持有量的方法。这种方法在实际工作中具有较强的实用性，同时也比较简便易行。一般来说，现金持有量与企业的销售收入呈正比关系，销售收入增加，企业的现金需要量就会随之增加。基于此，因素分析模式的计算公式可以表示为

最佳现金余额=(上年现金平均占用额－不合理占用额)×(1±预计销售收入变动的百分比)

例如，某企业2008年平均占用现金为1 000万元，经分析其中有100万元为不合理占用额，2009年销售收入预计较2008年增长20%，求2009年最佳现金余额。

最佳现金余额=(1 000－100)×(1＋20%)=1 080(万元)

3. 现金周转模式

现金周转模式是根据现金周转期来确定最佳现金持有量的方法。现金周转期是指从现金投入生产经营活动开始，经过供应、生产和销售等过程，最终又转化为现金所需要的时间。在企业的全年现金需求总量一定的情况下，现金周转期越短，企业的现金持有量就越小。现金周转期的计算公式为

现金周转期=应收账款周转期－应付账款周转期＋存货周转期

现金周转期是现金周转一次所需要的天数，包括以下几个方面：

(1) 应付账款周转期是指从购货收到发票账单开始到偿还货款支付现金所需要的时间。

(2) 存货周转期是指从购货收到发票账单开始到产成品出售所需要的时间。

(3) 应收账款周转期是指将应收账款转换为现金所需要的时间。

例如，购买材料生产产品，1月1日购进材料收到发票账单(赊购)，2月1日支付材料款，3月1日产成品对外销售(赊销)，4月1日收回赊销款。1月1日至2月1日为应付账款周转期，1月1日至3月1日为存货周转期，3月1日至4月1日为应收账款周转期，2月1日至4月1日为现金周转期。

上述3个方面与现金周转期之间的关系如图7.2所示。

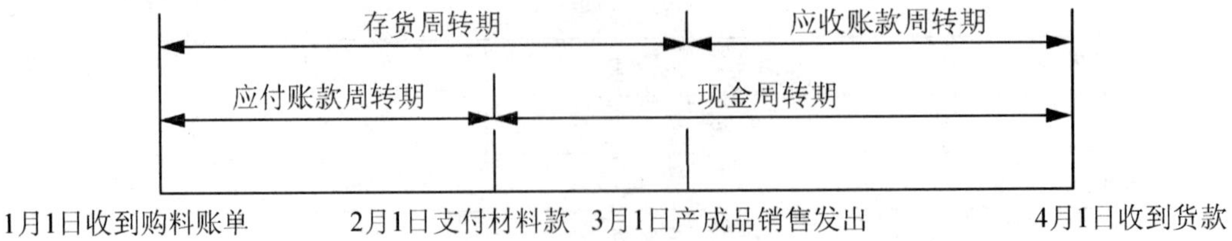

图7.2 现金周转期示意图

根据现金周转期可以计算出现金周转率，即在一年中现金周转的次数。其计算公式为

现金周转率=360÷现金周转期

现金周转率越高，说明企业现金周转的速度越快，在全年现金需求总量一定的情况

下，企业所需的现金持有量就越小。

在企业全年的现金需求总量确定后，可以根据现金周转期或者现金周转率来计算最佳现金持有量，其计算公式为

最佳现金持有量＝(年现金需求总量÷360)×现金周转期

或者

最佳现金持有量＝年现金需求总量÷现金周转率

【例 7－2】 某企业的材料采购和产品销售都采用赊销方式，其应收账款的周转期为 60 天，应付账款的周转期为 50 天，存货的周转期为 40 天。预计该企业 2008 年的现金需求总量为 2 000 万元。要求采用现金周转模式确定该企业 2008 年的最佳现金持有量。

首先，计算该企业的现金周转期：现金周转期＝40＋60－50＝50(天)

其次，计算该企业的现金周转率：现金周转率＝360÷50＝7.2(次)

最后，确定该企业的最佳现金持有量：最佳现金余额＝2 000÷7.2＝277.78(万元)

现金周转模式确定现金最佳余额方法简单明了。但是，要求企业的生产经营活动应当始终保持稳定，企业的生产和销售都比较平稳，并且要保持长期稳定的信用政策。否则，计算出的最佳现金余额是不准确的。

4. 存货模式

存货模式(inventory model)是将存货经济订货批量模型应用于确定目标现金持有量。在这一方法下，对现金持有量的确定是建立在持有现金的机会成本和把有价证券转换为现金的固定性转换成本的基础上的。利用存货模式计算现金最佳持有量时，对短缺成本不予考虑，只对机会成本和转换成本予以考虑。机会成本和转换成本随着现金持有量的变动而呈现出相反的变动趋向，因而能够使现金管理的机会成本与转换成本之和保持最低的现金持有量，即为最佳现金持有量。

存货模式应用的基本前提：①企业的现金流入量是稳定并可预测的。也就是企业在一定时期内，其现金收入是均匀发生的，并能够可靠地预测其数量。②企业的现金流出量是稳定并可预测的。即现金支出也是均匀发生的，并能可靠预测其数量。③在预测期内，企业不能发生现金短缺，可以通过出售有价证券来补充现金。④证券的利率或报酬率以及每次的转换成本可以确定。

根据这些假设条件，企业便可利用存货模式来确定现金的最佳持有量，计算公式如下：

设 A 为一个周期内现金总需求量；B 为每次转换有价证券的固定性转换成本；Q 为最佳现金持有量(每次证券变现的数量)；C 为有价证券利息率(机会成本)(注意：C 与 A 的期间必须一致)；TC 为现金管理相关总成本。则

现金管理相关总成本＝机会成本＋固定性转换成本

即

$$TC=(Q/2)\times C+(A/Q)\times B$$

持有现金的机会成本与证券变现的固定性转换成本相等时，现金管理的相关总成本最低，此时的现金持有量为最佳现金持有量。可根据上式采用导数方法求出最小值。(公式推导过程参见“7.4 节存货经济订货批量基本模型”推导)

$$最佳现金持有量\ Q=\sqrt{\frac{2AB}{C}}$$

$$最佳平均现金持有量=\frac{Q}{2}$$

将上式代入总成本计算公式得

$$最佳现金管理总成本\ TC=\sqrt{2ABC}$$

$$最佳转换次数=A/Q$$

$$最佳转换间隔期=360\div 最佳转换次数$$

该分析模型计算结果比较精确，但由于其使用条件的局限性，使该方法的使用受到一定的限制。

【例 7-3】 假设某公司预计每月现金需要量为 400 000 元，现金与有价证券的每次固定性转换固定成本为 200 元，有价证券的月收益率为 10%，则：

最佳现金持有量 $Q=(2\times 400\ 000\times 200\div 10\%)^{1/2}=40\ 000$(元)

最佳平均现金持有量$=40\ 000\div 2=20\ 000$(元)

最佳现金管理总成本 $TC=\sqrt{2ABC}=\sqrt{2\times 400000\times 200\times 10\%}=4000$(元)

最佳转换次数$=A/Q=400000/40000=10$(次)

最佳转换间隔期$=360\div$最佳转换次数$=360/10=36$(天)

7.2.3 现金日常管理

现金的日常管理是现金管理的一个重要而经常的内容，其主要目的是降低现金的运营成本，提高现金的周转速度。现金日常管理主要包括现金回收管理、现金支出管理和闲置现金投资管理。

1. 现金回收管理

企业在生产经营过程中应尽量加速账款回收，加速现金周转，以提高现金的使用效率。一般来说，企业账款的收回包括客户开出票据、企业收到票据、银行收到票据、企业收到现金等环节。

企业账款收回的时间包括票据邮寄时间、票据在企业停留时间以及票据结算的时间。前两个阶段所需时间的长短不但与客户、企业与银行之间的距离有关，而且与收款的效率有关。企业账款收回流程如图 7.3 所示。

票据邮寄时间(可缩短)	票据停留时间(可缩短)	票据结算时间

图 7.3 企业账款收回流程

在实际工作中，缩短这两段时间的方法主要采用银行业务集中法。银行业务集中法(concentration banking)是指在收款比较集中的若干地区设立多个收款中心(collection center)，来代替通常只在公司总部设立的单一收款中心，并指定一个主要银行(通常是公司总部所在地的银行)作为集中银行，以加快账款回收速度的一种方法。采用银行业务集中法可以缩短收款时间，提高收款的效率。企业的客户只需将款项交到距其最近的收款中心即可，不必交到企业总部，各个收款中心的银行再将扣除补偿性余额后的多余现金汇入企业总部的集中银行账户。

采用银行业务集中法的主要优点：①由各个收款中心向各地区客户寄发付款账单，客户付款直接邮寄到最近的收款中心。②各个收款中心收到客户交来的支票，可以直接存入当地的银行，这样可以缩短支票兑现的时间。

银行业务集中法的主要缺点：①各个收款中心的地方银行都要求有一定的补偿性余额。②设立收款中心需要一定的管理费用。收款中心设立得越多，发生的管理费用就越多，从而增加了企业的成本开支。

在有条件的地方与企业，利用金融机构和企业之间的信息交换和价值转移的信息联网系统，把付款人的款项直接通过金融信息联网系统迅速划转过来。

2. 现金支出管理

企业在加强现金收入管理的同时，还应当严格控制现金支出。与现金收入的加速收款相反，现金支出管理的主要任务是尽可能延缓现金支出的时间，当然这种延缓必须是合理合法的。延期支付账款的方法主要有如下几种：①合理利用“浮游量”。所谓现金的“浮游量”，是指企业账户上银行存款余额与银行账户上所示的存款余额之间的差额；②推迟支付应付款；③采用银行汇票付款；④改进工资支付方式等。

3. 闲置现金投资管理

企业在筹资和经营时，会产生大量的现金，这些现金在用于资本投资或其他活动之前，通常会闲置一段时间。这些现金可用于短期证券投资，比如企业债券、企业股票等以获取利息收入或资本利得，这样，既能保证有较多的利息收入，又能够增强企业的变现能力。因此，要合理地管理闲置现金，为企业创造更多的经济利益。

7.3　应收账款管理

应收账款(account receivable)是指企业对外销售产品、提供劳务而应向购买商品、接受劳务的单位收取的款项。2010年数据显示，目前我国企业应收账款总量大约有5.5万亿元，占企业总资产的30%左右，而大多数中小企业资产价值的60%以上是应收账款。如何加强应收账款管理就成为企业财务管理的重要内容。

7.3.1　应收账款的功能与成本

1. 应收账款的功能

应收账款的功能是指应收账款在企业生产经营过程中所具有的作用。应收账款具有以下功能：

1）促进销售的功能

在竞争激烈的市场经济中，采用赊销方式为客户提供商业信用，可以扩大产品销售，提高产品的市场占有率。通常为客户提供的商业信用是不收利息的，所以，对于接受商业信用的企业来说，实际上等于得到一笔无息贷款，这对客户具有较大的吸引力。与现销方式相比，客户更愿意购买采用赊销方式的企业产品。因此，应收账款具有促进销售的功能。

2）减少存货的功能

企业持有产品存货，要增加管理费、仓储费和保险费支出；相反，赊销促进了产品销售，自然就减少了企业库存产品的数量，加快了企业存货的周转速度。因此，企业通过赊销的方式，将产品销售出去，资产由存货形态转化为应收账款形态，这样可以节约企业的费用支出。

2. 应收账款的成本

应收账款的成本包括以下几个方面：

（1）机会成本，是指企业的资金因投放于应收账款而必须放弃其他投资机会所丧失的收益。

应收账款机会成本＝应收账款占用资金×资本成本

应收账款占用资金＝应收账款平均余额×变动成本率

应收账款平均余额＝日销售额×平均收现期

（2）管理成本，是指企业因管理应收账款而发生的各项费用。如对客户的资信调查费用、收集相关信息的费用、账簿的记录费用，收账费用及其他费用。

（3）坏账成本，是指企业的应收账款因故不能收回而发生的损失，与应收账款数量成正比，为避免发生坏账成本，以致给企业经营活动的稳定性造成不利影响，财务制度规定企业应以应收账款余额的一定比例或按应收账款账龄等标准提取坏账准备。

应用案例 7－2

迅猛增加的应收账款预示着业绩风险

【案情简介】

某上市公司2000年实现主营业务收入139亿元，与1999年同期相比上升26%，但净利润却为－8.4亿元。这是为什么呢？从该公司的应收账款来看，2000年全年增加额达14.93亿元，是所有上市公司中增速最快的公司。由于应收账款过多地占用流动资金，造成现金流不足，该公司只有增加有息负债，从而使有息负债规模从年初的35.81亿元扩大到年末的75.55亿元，净增40亿元，当期负担的财务费用则达6亿元。

【案例点评】

该公司2000年不仅要承担高额的财务费用，而高达近30亿元的应收账款，其坏账准备的计提更将给企业业绩造成巨大的压力。因此，该公司必须从信用标准、信用条件和收账政策3个方面改善信用政策，加强应收账款日常管理。

7.3.2 信用政策

信用政策(credit policy)又称应收账款政策，是指企业为对应收账款进行规划与控制而确立的基本原则性行为规范，是企业财务政策的一个重要组成部分，主要作用是调节企业应收账款的水平和质量。信用政策主要包括信用标准、信用条件、收账政策 3 部分内容。

1. 信用标准

信用标准(credit standard)是指企业决定授予客户信用所要求的最低标准，代表企业愿意承担的最大的付款风险的金额。如果企业的信用标准比较严格，只对信誉较好的客户提供商业信用，则可以减少坏账损失，降低应收账款的机会成本和管理成本，但是，也会减少企业的销售量；反之，如果企业的信用标准比较宽松，虽然会增加销售量，但是，也会相应地增加坏账损失和应收账款的机会成本与管理成本。因此，企业必须在扩大销售与增加成本之间权衡利弊，制定比较合理的信用标准。

企业对客户信用标准的确定可以通过“5C”系统进行。“5C”系统是指评估客户信誉质量的 5 个方面，即品质(Character)、能力(Capacity)、资本(Capital)、抵押(Collateral)和条件(Conditions)。

(1) 品质是指客户的信誉，即履行偿债义务的可能性，这一点经常被视为评价客户信用的首要因素。因此，企业必须设法了解客户过去的付款记录，看其是否有按期如数付款的一贯做法，及与其他供货企业的关系是否良好等。

(2) 能力是指客户的现实偿债能力，即其流动(或速动)资产的数量和质量以及与流动负债的比例。客户的流动资产越多，其转换为现金支付款项的能力越强。同时，还应注意客户流动资产的质量，看是否有存货过多、过时或质量下降，影响其变现能力和支付能力的情况。

(3) 资本是指客户的财务能力和财务状况，企业可以分析客户的资本构成情况、可能偿还债务的背景等。管理者通过对方企业的财务比率所反映的企业资产构成状况进行判断，其中有形资产在总资产中所占的比率是非常重要的指标。

(4) 抵押是指客户拒付款项或无力支付款项时能被用作抵押的资产。这对于不知底细或信用状况不佳的顾客尤为重要。如果这些顾客提供足够的抵押，就可以考虑向其提供相应的信用。

(5) 条件是指可能影响客户经营状况与付款能力的经济环境。比如，万一出现经济危机，会对顾客的财务状况产生什么影响，顾客能否及时偿还款项等，这需要做科学、谨慎的分析。

2. 信用条件

前面介绍的信用标准是决定是否给客户提供商业信用的一道门槛，只有符合要求的客户才能提供商业信用。当客户获得了商业信用，就要考虑客户支付赊销款项的具体条件，这就是信用条件(credit term)，主要包括信用期限和现金折扣两个方面。企业通常根据行业惯例提出信用条件，也可以根据外部环境和自身财务承受能力制定信用条件，以提高市场竞争力。

1）信用期限

信用期限(credit line)是指企业允许客户从购货到支付货款的时间限定。信用期限的确定，主要是分析改变现行信用期对收入和成本的影响。

2）现金折扣

现金折扣(cash discount)是指企业为鼓励客户早日付款而对客户在商品价格上所做的扣减。企业提供这种优惠的主要目现的在于吸引客户为享受优惠而提前付款，缩短企业的平均收款期，降低坏账损失率，并能招揽一些视折扣为减价出售的客户前来购买，借此扩大销售量。

金折扣的表示常采用如“5/10、3/20、N/50”这样的一些符号形式。其含义分别如下：5/10表示10天内付款，可享受5%的优惠，即只需支付原价的95%；3/20表示超过10天但在20天内付款，则优惠3%；N/50表示超过20天付款，不再优惠，但可在50天内付款，此时的50天即为信用期限。

现金折扣在给企业带来收益的同时也会增加成本，其增加的成本是指价格折扣损失。企业是否愿意以及提供多大程度的现金折扣，应当结合信用期限考虑折扣所能带来的收益与成本，权衡利弊，作出选择。

特别提示

商业折扣(trade discount)是指企业为促进销售而在商品标价上给予的扣除。在销售实际已发生，即企业销售实现时，按扣除商业折扣后的净额确认销售收入，开具发票，不需作单独的账务处理。

销货退回与折让是指因错发商品或商品质量不合格而被购买方退回的商品或在价格上给予的折扣。销货退回与折让涉及产品销售收入、流转税等变化，因此，会计上需作专门的账务处理。

【例7-4】 某企业预计信用期限为20天，销量可达50万件；信用期若延长到40天，销量可增加到60万件。假定该企业投资报酬率为9%，产品单位售价为4元，其余条件见表7-3。

表7-3 不同信用期限对损益的影响

（单位：万元）

信用期	20天	40天
销售额	200	240
销售成本 变动成本	60	72
固定成本	20	20
毛利	120	148
收账费用	10	12
坏账损失	3	5

要求：确定该企业应选择哪一个信用期限？

【解】 信用期由20天延长到40天，则

增加销售利润＝148－120＝28(万元)

增加机会成本＝240/360×40×72/240×9%－200/360×20×60/200×9%

＝0.42(万元)

增加收账成本＝12－10＝2(万元)

增加坏账成本＝5－3＝2(万元)

增加净收益＝28－(0.42＋2＋2)＝23.58(万元)

结论：应选择 40 天信用期。

3. 收账政策

收账政策是指企业为了催收已过期的应收账款所采取的一系列程序和方法的组合。企业对各种时间的应收账款，应采取不同的催账方式：对过期较短的客户，不要过多打扰；对过期稍长的客户，可措辞委婉地催收；对过期较长的客户，在去电去函的基础上，不妨派人与客户直接进行协商，彼此沟通意见达成谅解妥协；对过期很长的客户可在催款时措辞严厉，必要时提请有关部门仲裁或提起诉讼仲裁或提起诉讼等。企业在制定收账政策时，应充分考虑应收账款的机会成本以及坏账损失与收账费用之间的此消彼长关系，并权衡对客户关系的影响后再作决定。

特别提示

对资金缺乏的中小企业来说，一方面缺乏有效的抵质押担保而无法获得银行的授信支持；另一方面手头有大量的应收账款而占用流动资金。如何盘活企业应收账款就成了中小企业财务管理一项非常重要的工作。事实上，应收账款向银行申请质押可以有效地盘活中小企业手中所持有的大量应收账款，是缓解中小企业融资担保难、增强中小企业循环发展、持续发展能力的重要途径。通过使用有收款保证的合格应收账款质押，一方面有效解决了企业授信额度不足的问题；另一方面帮助企业盘活了应收账款，降低了资金成本。

7.3.3　应收账款的日常管理

应收账款的日常管理通常包括应收账款账龄分析、应收账款收现率分析和建立应收账款坏账准备制度。

1. 应收账款账龄分析

应收账款账龄分析(aging of accounts receivable)是企业根据已发生的应收账款时间的长短，按顺序进行排序分析。一般来说，时间越长，款项收回的可能性越小，形成坏账的可能性越大。因此，企业有必要在收账之前，编制账龄分析表对应收账款的回收情况进行全面分析，为收账政策的制定奠定基础。对可能发生的坏账损失，需提前作出准备，充分估计这一因素对企业损益的影响。对尚未过期的应收账款，也不能放松管理监督，以防止沦为新的拖欠。通过应收账款的账龄分析，提示财务人员在把过期款项视为工作侧重点的同时，进一步研究与制定新的信用政策。

2. 应收账款收现率分析

由于企业当期现金支付需要量与当期应收账款收现额之间存在着非对称性矛盾，并呈现出预付性与滞后性的差异特征，这就决定了企业必须对应收账款收现水平制定一个必要的控制标准，即应收账款收现保证率。

应收账款收现保证率是为了适应企业现金收支匹配关系的需要，所确定出的有效收现的账款应占全部应收账款的百分比，是二者应当保持的最低比例。公式如下：

$$应收账款收现保证率=\frac{当期必要现金支付总额-当期其他稳定可靠的现金流入总额}{当期应收账款总计金额}$$

式中，其他稳定可靠的现金流入总额是指从应收账款收现以外的途径可以取得的各种稳定可靠的现金流入数据，包括短期有价证券变现净额、可随时取得的银行贷款额等。企业应定期计算应收账款实际收现率，看其是否达到既定的控制标准，如果发现实际收现率低于应收账款收现保证率，应查明原因，采取相应措施，确保企业有足够的现金满足同期必需的现金支付要求。

3. 应收账款坏账准备制度

企业一旦采用了信用销售方式，就会发生坏账损失。对坏账进行管理就要建立坏账准备制度。其关键是合理确定计提坏账准备的比例，计提比例的确定是建立在历史经验数据的基础上的。企业通常根据以往应收账款发生坏账的比例和目前信用政策的具体情况来估计坏账准备计提比例。

应用案例 7-3

计提应收账款坏账准备导致公司出现较大亏损

【案情简介】

据上海证券报报道，A上市公司 2004 年 12 月 28 日发布的年度预亏提示性公告显示，由于拟对 APEX 公司应收账款计提坏账准备等事项，公司 2004 年度将会出现较大的亏损。

截至 2004 年 12 月 25 日，A上市公司应收 APEX 账款余额 46 750 万美元。根据对 APEX 公司现有资产的估算，A上市公司对 APEX 公司应收账款可能收回的资金在 1.5 亿美元以上，预计最大计提金额有 3.1 亿美元左右。目前正在进行对账和核实工作，具体计提金额将在 2004 年年度报告中披露。同时，为了最大限度地减少损失，公司正积极努力通过各种合法途径对该笔应收账款进行清收。

A上市公司还表示，吸取了 APEX 公司欠款的教训，自 7 月份以来，公司所有营销活动均实行现款交易。现阶段公司各项财务指标逐渐好转，应收账款已经采取有利措施进行清收，存货大幅下降，预计到年底，经营性现金流量将仍然保持为正。公司目前的经营状况良好。

【案例点评】

企业必须加强应收账款管理，否则可能会给企业造成重大损失。但A上市公司吸取 APEX 公司欠款的教训，所有营销活动均实行现款交易的做法，值得商榷。

7.4 存货管理

7.4.1 存货管理目标

存货(inventory)是指企业拥有的、为了销售或者耗用而储备的商品和货物，它是企业流动资产的重要组成部分，在流动资产中所占的比重较大，主要包括原材料、在产品、产成品、半成品、商品及修理用备品备件等；企业代销、代管、代修、受托加工的存货，虽不归企业所有，也应纳入企业存货管理范畴。

1. 存货的种类

企业的存货数量和种类很多，对存货进行科学分类，有利于存货的管理。存货可以按照不同的标准进行分类，主要有以下几种：

1）按照经济用途分类

存货按照其经济用途不同，通常可以分为销售用存货、生产用存货和其他存货 3 类。

（1）销售用存货是指为了销售这个目的而储存的存货，主要包括产成品、库存商品等。

（2）生产用存货是指为了生产耗用而储存的存货，主要包括原材料、各种辅助材料、在产品、修理备用件、半成品等。

（3）其他存货是指以上存货之外的，供企业一般性耗用的物品，如职工福利用品、劳保用品等。这部分存货一般所占比重较小。

2）按照来源分类

存货按照来源不同，可以分为外购存货和自制存货两种。

3）按照存放地点分类

存货按照其存放地点的不同，可以分为库存存货、在途存货、委托加工存货和委托代销存货等。

2. 存货管理的基本目标

一般生产企业的存货业务流程可分为取得、验收、仓储保管、生产加工、盘点处置等 5 个阶段，历经取得存货、验收入库、仓储保管、领用发出、原料加工、装配包装、盘点清查、销售处置等主要环节。企业建立和完善存货内部控制制度，必须结合本企业的生产经营特点，针对业务流程中的主要风险点和关键环节，权衡存货的成本与收益，制定有效的控制措施；同时，充分利用计算机信息管理系统，强化会计、出入库等相关记录，确保存货管理全过程的风险得到有效控制。

7.4.2 存货成本

（1）订货成本(ordering cost)或进货费用，是指企业为组织订购存货而发生的各种费用支出，如为订货而发生的差旅费、邮资、通信费、专设采购机构的经费等。订货成本分为变动性订货成本和固定性订货成本。变动性订货成本与订货次数成正比，而与每次订货数量关系不大，订货次数越多，变动性订货成本越高，如采购人员的差旅费、通信费等；固定性订货成本与订货次数无关，如专设采购机构的经费支出等。

(2) 购置成本(acquisition cost)或存货进价。它是指构成存货本身价值的进价成本，主要包括买价、运杂费等。购置成本一般与采购数量成正比变化，它等于采购数量与单位采购成本的乘积，是存货成本的主要组成部分。

(3) 储存成本(storage cost)。储存成本是指企业为储存存货而发生的各种费用支出，如仓储费、保管费、搬运费、保险费、存货占用资金支付的利息费、存货残损和变质损失等。存货的储存成本也分为变动性储存成本和固定性储存成本。变动性储存成本与存货的数量有关，如存货资金的应计利息等。固定性储存成本与存货数量的多少无关，如仓库折旧、仓库职工的工资等。

(4) 缺货成本(shortage cost)。缺货成本是指因为存货不足而给企业造成的停产损失、延误发货的信誉损失及丧失销售机会的损失等。缺货成本一般难以准确计量，需要管理人员凭经验加以估计。

与进货批量直接相关的存货成本有订货成本和储存成本，其关系见图 7.4。

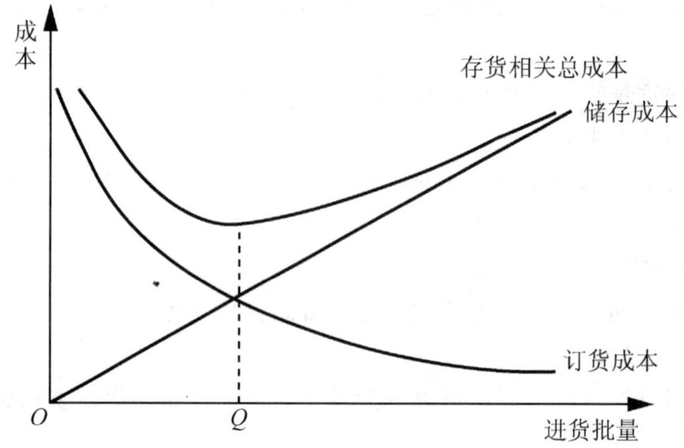

图 7.4　进货批量与存货相关成本项目的关系图

7.4.3　存货经济批量模型

1. 存货经济订货批量基本模型

保持一定数量的存货是保持生产经营活动连续性、降低成本、扩大销售所必需的，但过多的存货必然使企业支付不必要的成本，造成浪费。因此，存货管理的核心问题是确定并保持合理的存货量。控制存货量的关键是确定存货经济订货量(economic order quantity，EOQ)，即在保证企业生产经营活动需要的情况下，企业一定时期存货相关总成本最低的订货量。

在不允许出现缺货的情况下，订货成本与储存成本总和最低时的进货批量，就是经济进货批量。设 Q 为经济订货批量；A 为某种存货年度计划进货总量；B 为每次订货成本；

C 为单位存货年度单位储存成本；P 为进货单价。

则

$$存货相关总成本=储存成本+订货成本$$

即
$$TC=(Q/2)\times C+(A/Q)\times B \tag{7-1}$$

存货的储存成本与订货成本相等时，存货的相关总成本最低，此时的存货量为经济进货批量。根据上式，存货相关总成本 TC 是经济订货批量 Q 的函数，因此，可求 TC 对 Q 的导数，并令其为零，即

$$TC'=\left(\frac{QC}{2}+\frac{AB}{Q}\right)'=\frac{C}{2}-\frac{AB}{Q^2}=0$$
$$\frac{C}{2}=\frac{AB}{Q^2} \tag{7-2}$$
$$Q^2=\frac{2AB}{C}$$

所以

$$经济进货批量\ Q=\sqrt{\frac{2AB}{C}} \tag{7-3}$$

将式(7－3)代入式(7－1)，得

$$经济进货批量的存货相关总成本\ TC=\sqrt{2ABC}$$

由式(7－2)得

$$\frac{A}{Q^2}=\frac{C}{2B}$$

$$最佳进货批次(N)=\frac{A}{Q}=\sqrt{\frac{AC}{2B}}$$

$$经济进货批量平均占用资金(W)=\frac{PQ}{2}=P\sqrt{\frac{AB}{2C}}$$

【例 7－5】 某企业全年需要甲材料 3 600 千克，每次订货成本为 200 元，每千克甲材料的年平均储存变动成本为 4 元，材料单价 50 元/千克。要求计算甲材料的经济订货量、最佳相关总成本、最佳订货批次及经济进货批量平均占用资金。

【解】 经济订货量(Q)－$(2\times3\ 600\times200\div4)^{1/2}$＝600(千克)

相关总成本＝$600/2\times4+3\ 600/600\times200=\sqrt{2\times3\ 600\times200\times4}=2\ 400$(元)

最佳订货批次＝$3\ 600/\ 600=\sqrt{\frac{3\ 600\times4}{2\times200}}=6$(次)

经济进货批量平均占用资金(W)＝$\frac{50\times600}{2}=50\sqrt{\frac{3\ 600\times200}{24}}=15\ 000$(元)

存货经济订货量的基本模型是建立在一系列假设的基础上的，其假设主要包括以下几个方面：①企业能够及时补充存货，即需要订货时便可立即取得存货；②能集中到货，而不是陆续入库；③不允许缺货；④存货需求量稳定，并能较准确地预测；⑤存货单价不变，不考虑现金折扣；⑥企业现金充足，不会因现金短缺而影响进货；⑦企业所需存货市场供应充足，不会因买不到需要的存货而影响生产经营。

2. 实行数量折扣的经济进货批量模式

存货总成本包括购置成本、订货成本和储存成本。

存货总成本的计算公式为

$$存货总成本=购置成本+订货成本+储存成本$$

实行数量折扣的经济进货批量具体步骤如下：

第一步，按照基本经济进货批量模式确定经济进货批量；

第二步，计算按经济进货批量进货时的存货总成本；

第三步，按给予数量折扣的不同批量进货时，计算存货总成本；

第四步，比较不同批量进货时的存货总成本。此时，最佳进货批量就是使存货总成本最低的进货批量。

【例 7-6】 宏远工厂全年需用丙零件 10 000 件。每次变动性订货成本为 50 元，每件丙零件年平均变动性储存成本为 4 元。当采购量小于 600 件时，单价为 10 元；当采购量大于或等于 600 件，但小于 1 000 件时，单价为 9 元；当采购量大于或等于 1 000 件时，单价为 8 元。

要求：计算最优采购批量及全年最小总成本。

【解】 先计算经济批量：

$$Q_1=\sqrt{\frac{2\times 50\times 10\ 000}{4}}=500(件)$$

这时丙零件单价为 10 元。

$$总成本\ TC_1=10\times 10\ 000+\sqrt{2\times 50\times 10\ 000\times 4}=102\ 000(元)$$

当单价为 9 元时：

$$Q_2=600(件)$$

$$总成本\ TC_2=9\times 10\ 000+50\times\frac{10\ 000}{600}+4\times\frac{600}{2}\approx 92\ 033.33(元)$$

当单价为 8 元时：

$$Q_3=1\ 000(件)$$

$$总成本\ TC_3=8\times 10\ 000+50\times\frac{10\ 000}{1\ 000}+4\times\frac{1\ 000}{2}=82\ 500(元)$$

本例中，最优采购批量为 1 000 件，全年最少相关总成本为 82 500 元。

7.4.4 存货日常控制

存货的日常控制是指日常生产经营过程中，按照存货规划要求，对存货的采购、使用和周转情况进行组织、调节和监督。存货日常控制的主要方法有以下 4 种：

1. 存货采购流程控制

存货采购流程控制主要涉及编制需求计划和采购计划、请购、选择供应商、确定采购价格、订立框架协议或采购合同、管理供应过程、验收、退货、付款、会计控制等环节。

具体流程控制如图 7.5 所示。

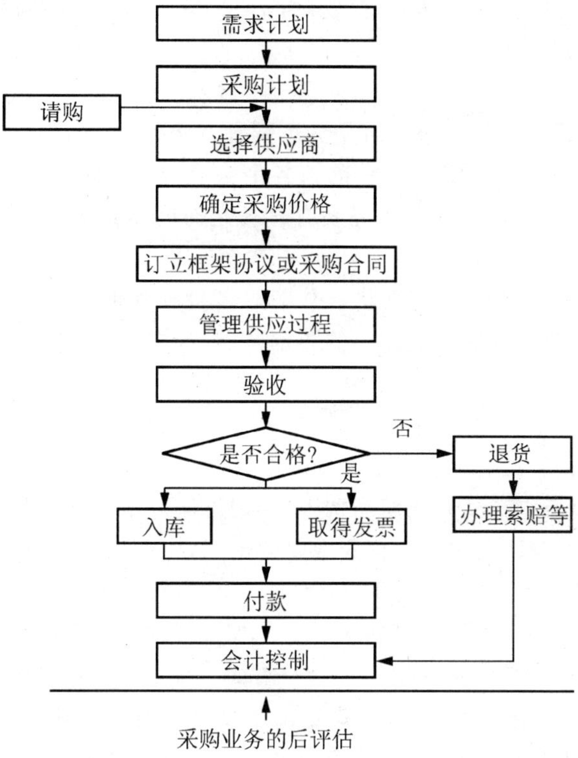

图 7.5 存货采购流程控制图

（资料来源：财政部会计司解读《企业内部控制应用指引第 7 号——采购业务》）

2. 订货点库存控制

对于某种存货，由于生产或销售的原因而逐渐减少，当库存量降低到某一预先设定的点时，即开始发出订货单(采购单或加工单)来补充库存，直至库存量降低到安全库存时，发出的订单所定购的物料(产品)刚好到达仓库，补充前一时期的消耗，此时订货的数值点(库存量)，即称为订货点，如图 7.6 所示。

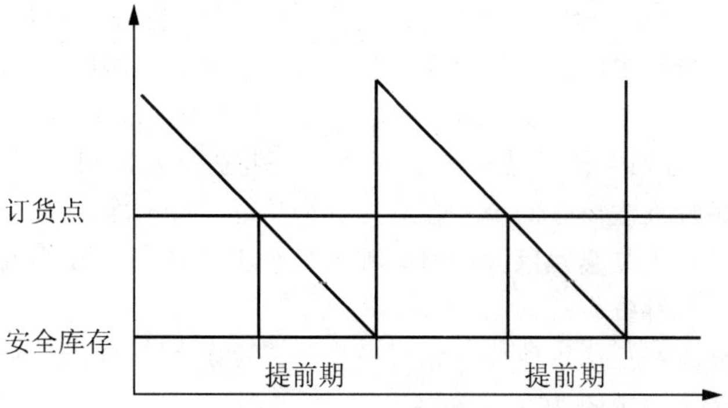

图 7.6 订货点确定图

订货点的确定方法：设存货的订货提前期为 T，平均每天正常耗用量为 C，预计每天最大耗用量为 H，安全库存量(保险库存量)为 I，则订货点(即订货点库存量) Q 的计算公式为

$$Q=C\times T+I=H\times T$$

式中的 T 在一般情况下是常量，可用如下两种方法确定。

(1) 查定法。即精确地查定订货提前期各个构成环节所需的时间，并加总求和。即 T＝派员外出办理订货手续时间＋供方备货办理托运时间＋运方装运时间＋转运检验入库时间。

(2) 统计法。即使用 T 的历史资料，并消除订货提前期中由于偶然因素造成的波动(即剔除历史数据中少数偏离平均值较大的数据)，进行算术平均，得出 T。

3. 存货储备期控制

1) 存货保本期

存货保本期是指从存货入库(或商品购入)到销售保持不盈不亏状态的储备天数，它是商品储存期的盈亏分界点。在这个储存天数以内销售，企业可以取得一定的利润，超过这个储备天数就会发生亏损。其公式为

利润＝毛利－固定费用－销售税金及附加－变动储存费用

＝毛利－固定费用－销售税金及附加－日变动储存费用×储存天数

存货的储存成本不断增加的原因主要是由于变动储存费用随储存期的延长而不断增加。当毛利与固定费用和销售税金及附加的余额正好等于变动储存费用时，即利润为零时，说明存货已经到了保本期。

$$\text{存货保本储存期}=\frac{\text{毛利}-\text{固定储存费}-\text{销售税金及附加}}{\text{日变动储存费}}$$

2) 存货保利储存期

存货保利储存期是指为保证实现一定的目标利润，存货储存的天数。其公式为

$$\text{存货保利储存期}=\frac{\text{毛利}-\text{固定储存费}-\text{销售税金及附加}-\text{目标利润}}{\text{日变动储存费}}$$

4. 存货 ABC 分类控制

ABC 分类法是由意大利经济学家帕累托首创的。该分析方法的核心思想是在决定一个事物的众多因素中分清主次，识别出少数的但对事物起决定作用的关键因素和多数的但对事物影响较小的次要因素。存货 ABC 分类管理就是按照一定的标准，将企业的存货划分为 A、B、C 3 类，分别实行分品种重点管理、分类别一般控制和按总额灵活掌握的存货管理方法。分类的标准主要有两个：金额标准和品种数量标准。

(1) A 类存货的特点是金额巨大，但品种数量很少。其品种数约占全部品种的 5%～15%，累计金额约占库存资金总额的 60%～80%。

(2) B 类存货金额一般，品种数量相对较多，品种数约占全部品种数的 20%～30%，累计金额约占库存资金总额的 20%～30%。

(3) C 类存货品种数量繁多，但金额却很小，品种数约占全部品种数的 60%～80%，

累计金额约占库存资金总额的5%～15%。

一般而言，3类存货的金额比重大致为A∶B∶C=0.7∶0.2∶0.1，而品种数量比重大致为A∶B∶C=0.1∶0.2∶0.7。

3种存货在品种数与价值量上的特点如图7.7所示。

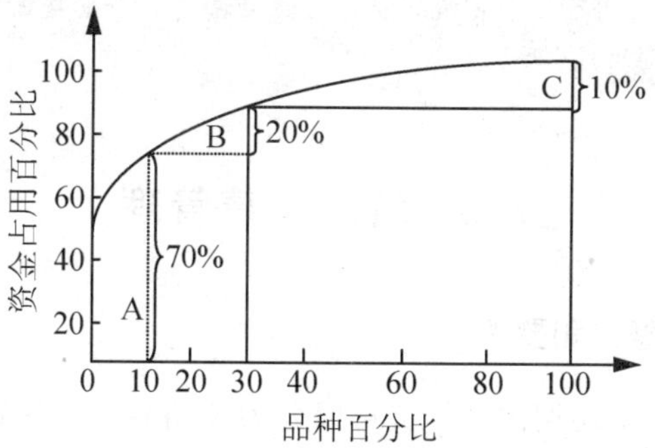

图7.7 3种存货品种数与价值量的关系

特别提示

目前，我国已有不少商业银行推出了存货质押类的银行融资产品，为企业存货管理提供了一条新思路。如中国银行针对棉花、家具、茧丝绸和畜牧等行业的中小企业，以其拥有的存货为质押，开发了一系列专属产品；中信银行推出"存货质押贷款"等。一般来说，存货质押的融资额度可根据申请人及货物的不同情况采取不同的质押率，最高不超过所质押存货总价值的70%。同时，存货质押融资业务可采取多种融资形式，包括流动资金短期贷款、银行承兑汇票、综合授信、银行付款保函等多个品种。

应用案例7-4

存货变化揭示产销矛盾

【案情简介】

某上市公司的存货以电视机为主，从1995～2001年该公司的存货变化中，我们可以分析其在销售情况变化下的存货策略变化(见下表，单位：万元)。

年份	1995	1996	1997	1998	1999	2000	2001
存货	111 217	150 529	263 028	331 209	472 709	497 754	282 593
增长率	12.64%	35.35%	74.74%	25.92%	42.72%	5.30%	−43.23%
主营业务收入	361 022	500 632	634 337	857 389	1 012 710	901 273	674 812
增长率	51.26%	38.67%	26.71%	35.16%	18.12%	−11.00%	−25.13%

【案例点评】

1995年，该公司销售收入出现大幅增长，消化历史存货量当然较大，于是1996、1997年公司加大了存货投资，1997年年底的存货账面金额已经比1995年翻了一番多，明显高于销售收入的增长。由于存货政策的惯性，企业无法及时根据销售市场的变化对存货政策进行大幅调整，在1999年销售收入同比增幅已经大大滑坡的情况下，存货规模仍然以42%的速度增加。2000年公司虽然开始意识到问题的严重性，但此时销售收入已经转为负增长，而存货仍在积累。结果，这种前期对市场乐观的情绪带来的存货大量积压使企业经营处于困境。虽然该公司通过业务重整进入了新的发展阶段，但其在彩电存货上的教训无疑是深刻的。

7.5 流动负债管理

7.5.1 流动负债管理的意义和要求

根据企业所筹资金的偿还期限，筹资可以分为长期筹资和短期筹资两种形式，短期筹资在企业的资产负债表上表现为流动负债。因此，流动负债管理也就是企业的短期筹资管理。

根据提供资金的主体不同划分，流动负债可分为短期借款和商业信用。短期借款包括短期银行借款和货币市场信用，一般由商业银行、金融公司或其他公开货币市场提供，而商业信用则由企业的供应商提供。一般而言，商业信用在企业的日常经营活动中自发形成，是企业利用最多的短期筹资方式。由于不同种类的流动负债既有相同的地方，又有不同的特点，因此，流动负债的金额和结构的变化、流动负债和流动资产的不同比例关系，会对企业的财务风险、筹资成本及生产经营产生不同的影响。流动负债管理的主要目的就在于尽量消除或避免流动负债对企业的不利影响，降低负债成本，同时满足企业的短期资金需求。

1. 流动负债管理的意义

由于企业利用不同形式和金额的流动负债，会对企业产生不同的影响，所以加强流动负债管理对企业具有重要的意义。

(1) 加强流动负债管理，有助于及时满足企业短期资金需求。市场环境经常处于变动之中，在企业日常生产经营过程中，经常会出现季节性或临时性的资金需要。当企业现金不足以满足此资金需要时，就要利用流动负债。企业如果利用长期负债或权益资本来满足短期资金需要，就可能承担较高的成本。因此，流动负债是企业获得短期资金的一条重要途径。

(2) 加强流动负债管理，有助于降低企业的财务风险。因为流动负债要在短期内偿还，与长期筹资相比，短期筹资具有较高的筹资风险。为了避免集中偿还造成的现金短缺，企业应合理安排流动负债的规模和期限结构。

(3) 加强流动负债管理，有助于降低企业的筹资成本。不同种类的流动负债，会给企业带来不同的收益和成本。因此，企业财务管理人员要根据企业的财务政策，选择合适的负债形式，以降低企业的筹资成本。

2. 流动负债管理的要求

企业进行流动负债管理，应满足以下基本要求：

（1）合理确定短期资金需要量，努力提高流动负债的利用效果。因为资金的需要产生资金的供给，所以企业应根据自身经营的特点合理确定企业需要资金的时间和规模，使资金的筹措时间和筹集量与其需要时间和需要量达到平衡，使资产的流动性与资金来源的使用期限合理配比，以防止流动负债不足而影响生产经营或者筹集资金过剩而影响资金使用效益。

（2）认真选择流动负债来源，尽量降低资金成本。企业短期筹资可以采取不同的方式，选择不同的来源，而对于不同的筹资方式和来源、筹资的难易程度、资金成本和财务风险各不相同，所以，企业应综合考虑各种筹资方式和来源，研究各种短期资金来源的优点和缺点，设计出最优的筹资组合，以降低综合的资金成本。

（3）适时取得流动负债，保证资金运用需要。流动负债的取得应把握好时机。企业在筹措短期资金时，应按照资金运用的时间来合理安排资金的取得时间，使资金筹措和资金运用在时间上紧密衔接，以避免资金取得过早而造成的闲置或者资金取得滞后而贻误运用的有利时机。

（4）合理确定流动负债规模，保持适当的偿债能力。企业利用流动负债的规模要与企业的偿债能力相适应，使企业的营运资金保持适当的金额，保证生产经营的正常进行。流动性强的企业，可适当扩大流动负债的规模；反之，流动性差的企业，应谨慎扩大流动负债规模。企业既要防止负债过多，导致财务风险过大，又要有效地利用负债，提高资产的收益水平。

（5）遵守国家有关法律法规，维护各方的合法权益。企业的筹资活动，影响着社会资金的流向和流量，涉及国家、债权人、企业等有关各方的经济利益，为此，企业必须接受国家的宏观指导与控制，遵守国家有关的法律法规，根据公开、公平、公正的市场原则，履行约定的责任，维护有关各方的合法权益。

7.5.2　银行短期借款管理

企业短期借款是一种外部短期融资工具，主要包括银行短期借款和货币市场信用。其中，短期银行借款主要来源于商业银行和其他一些非银行金融机构，是企业短期资金筹措的主要渠道。

1. 短期借款的银行选择

随着金融信贷业的不断发展，可以向企业提供贷款的银行和非银行金融机构不断增多。当企业决定选择短期借款时，企业就应该在可能提供贷款的贷款机构之间作出选择。在选择金融机构时，企业应重点考虑借款种类、借款成本和借款条件。此外，还应考虑下列有关因素：

（1）银行对企业的态度。不同银行对企业的态度各不相同。有些银行积极地为企业提供建议，帮助企业分析存在的财务问题，为企业提供良好的服务，也乐于为有发展潜力的企业发放大量贷款，在企业遇到困难时帮助其渡过难关；也有些银行很少提供咨询服务，在企业遇到困难时一味地为清偿贷款而施加压力。

(2) 银行对贷款风险的偏好。通常银行对其贷款风险有不同的偏好，有的倾向于保守，只愿意承担较少的贷款风险；有的则富有开拓精神，敢于承担较大的贷款风险。

(3) 银行的稳定性。稳定的银行可以保证企业的借款不致中途发生变故。银行的稳定性取决于它的资本规模、存款水平波动程度和存款结构。一般来讲，资本雄厚、存款水平波动小、定期存款比重大的银行稳定性好；反之则稳定性差。

(4) 贷款的专业化程度。一些大银行设置有不同的专业部门，分别负责处理不同类型、不同行业的贷款。企业如果能与这些拥有丰富专业化贷款经验的银行经常合作，会受益更多。

2. 短期借款的信用条件

按照国际通行做法，银行发放短期借款往往带有一些信用条件，主要有以下几个方面：

1) 信贷限额

信贷限额(credit line)是银行对借款人规定的无担保贷款的最高额。信贷限额的有效期限通常为一年，根据情况也可延期一年。一般来讲，企业在批准的信贷限额内，可随时使用银行借款。但是银行并不承担必须提供全部信贷限额的义务。如果企业信誉恶化，即使银行曾同意过按信贷限额提供贷款，企业也可能得不到借款。这时，银行不需承担法律责任。

特别提示

信贷限额并不是银行向企业提供的具有法律义务的信用。如果借款企业信用不断恶化，即使银行曾经同意按信贷限额提供贷款，企业也可能无法得到借款，银行以后也可能不再提供这类信用，银行不会因此而承担法律责任。但是在大多数情况下，银行希望遵守信贷限额。

2) 周转信贷协定

周转信贷协定(revolving credit facility)是银行具有法律义务地承诺提供不超过某一最高限额的贷款协定。在协定的有效期内，只要企业的借款总额未超过最高限额，银行必须满足企业任何时候提出的借款要求。企业享用周转信贷协定，通常要就贷款限额的未使用部分付给银行一笔承诺费。例如，如果周转信贷限额是150万元，企业已经借了100万元，那么在协定期限内的任何时候企业都可以再借50万元。周转信贷协定的期限经常在一年以上。正因为企业享有周转信贷协定赋予的特权，企业就应该在协定到期时，为没使用但可以使用的信贷余额支付一定的承诺费。

【例7-7】 某企业与银行签订周转信贷协定，贷款限额为500万元，企业年度内使用400万元，若贷款年利率7%，承诺费为0.5%，则企业应付银行利息及承诺费计算如下：

$$\text{年利息} = 400 \times 7\% = 28(\text{万元})$$

$$\text{承诺费} = 100 \times 0.5\% = 0.5(\text{万元})$$

则应付利息与费用总额为 28.5 万元。

3）补偿性余额

补偿性余额(compensating balance)是银行要求借款企业在银行中保持按贷款限额或实际借用额一定百分比(一般为 10%～20%)的最低存款余额。从银行的角度讲，补偿性余额可降低贷款风险，补偿可能遭受的贷款损失。对于借款企业来讲，补偿性余额则提高了借款的实际利率。

【例 7－8】 某企业需 50 万元贷款，须保留 20%补偿性余额，若年利率为 8%，企业实际年利率则为

$$\frac{50\times 8\%}{50\times(1-20\%)}\times 100\%=10\%$$

4）借款抵押

银行向财务风险较大的企业或对其信誉没有把握的企业发放贷款，有时需要有抵押品担保，以减少自己蒙受损失的风险。短期借款的抵押品经常是借款企业的应收账款、存货、股票、债券等。银行接受抵押品后，将根据抵押品的面值决定贷款金额，一般为抵押品面值的 30%～90%。这一比例的高低，取决于抵押品的变现能力和银行的风险偏好。企业向贷款人提供抵押品会限制其财产的使用和将来的借款能力。

特别提示

对于应收账款抵押融资而言，抵押的应收账款可以转让，也可以代理。采用应收账款转让方式时，银行如果不能到期收回贷款，不但对抵押的应收账款有置留权，而且对借款者有追索权。应收账款代理是指银行在不能收回到期贷款时，有权将抵押的应收账款出售给代理人(即第三方购买者)，由代理人对应收账款收账，并由其承担全部坏账风险。

存货抵押借款以存货为抵押品，一般有 3 种类型：①设置存货抵押贷款置留权，使借款方所有存货的置留权都转移到贷款银行；②借贷双方签订信托收据，该文件规定借款方以贷款方名义持有抵押品，抵押的存货一旦出售，收入必须立即送交贷款方；③现场仓储融资。在这种方式下，由第三方仓储公司为贷款者监视存货。

3. 短期借款利息的支付方法

1）收款法

收款法是在借款到期时向银行支付利息的方法。银行向工商企业发放的贷款大都采用这种方法收息。

2）贴现法

贴现法是银行向企业发放贷款时，先从本金中扣除利息部分，等到期时由借款企业偿还贷款全部本金的一种计息方法。采用这种方法，企业可利用的贷款额只有本金减去利息部分后的差额，因此贷款的实际利率高于名义利率。

【例 7－9】 某企业从银行取得借款 50 000 元，期限 1 年，年利率(即名义利率)8%，利息额 4 000 元，按照贴现法付息，企业实际可利用的贷款为 46 000(50 000－4 000)元，该项贷款的实际利率为

$$\frac{50\ 000\times 8\%}{50\ 000-50\ 000\times 8\%}\times 100\%\approx 8.7\%$$

3）加息法

加息法是银行发放分期等额偿还贷款时采用的利息收取方法。在分期等额偿还贷款的情况下，银行要将根据名义利率计算的利息加到贷款本金上，计算出贷款的本息和，要求企业在贷款期内分期偿还本息和的金额。由于贷款分期均衡偿还，借款企业实际上平均使用了贷款本金的半数，却支付全额利息。这样，企业所负担的实际利率便高于名义利率大约1倍。

【例7-10】 某企业借入年利率12%的贷款300 000元，分12个月等额偿还本息，则该借款的实际利率为

$$\frac{300\ 000\times 12\%}{300\ 000\div 2}=24\%$$

7.5.3 货币市场信用管理

企业短期借款的另一渠道是货币市场信用，包括银行、非银行金融机构、其他法人资本、民间资本以及国外和我国港澳台资本等，筹资方式主要有商业票据、银行承兑汇票和应收账款保理等。

1. 商业票据

商业票据(commercial bill)又称商业证券，其内涵不同于以商品信用交易为基础的商业汇票、本票等广义上的商业票据，而是一种没有抵押和担保，出票人凭自身的信用发行并允诺到期付款的短期流动票据。

商业票据是从商业信用工具逐渐演化而来的。在商品交易的过程中，每笔交易的成交，通常在货物运出或劳务提供以后，卖方向买方取款，买方则可按合约规定，开出一张远期付款的票据给卖方。卖方可以持有票据，也可以拿到金融市场上去贴现。由此可见，这种商业信用工具既是商品交易的工具，又可作为融通资金的工具。随着金融市场的发展，这种工具的融资职能与商品交易相分离，变成了单纯债权债务关系的融资工具。

特别提示

中期票据是指具有法人资格的非金融企业(以下简称企业)在银行间债券市场按照计划分期发行的，约定在一定期限还本付息的债务融资工具。中国银行间市场交易商协会(以下简称交易商协会)负责受理债务融资工具的发行注册。

中期票据特点及功能：①中期票据可用于中长期流动资金、置换银行借款、项目建设等；②中期票据的发行期限在1年以上；③中期票据最大注册额度为企业净资产40%；④中期票据主要是信用发行，接受担保增信；⑤发行体制比较市场化，发行审核方式为注册制，一次注册通过，在两年内可分次发行；⑥发行定价比较市场化，中期票据发行的利率取决于当期市场利率水平；⑦企业既可选择发行固定利率中期票据，也可选择发行浮动利率中期票据。

2. 银行承兑汇票

银行承兑汇票是由在承兑银行开立存款账户的存款人出票，向开户银行申请并经银行审查同意承兑的，保证在指定日期无条件支付确定金额给收款人或持票人的商业汇票。对出票人签发的商业汇票进行承兑是银行基于对出票人资信的认可而给予的信用支持。银行承兑汇票按票面金额向承兑申请人收取的手续费。承兑期限最长不超过6个月。承兑申请人在银行承兑汇票到期未付款的，按规定计收逾期罚息。

如果承兑行是信誉良好的大银行，商业汇票就具有很高的流动性。这时出票人可以将汇票在市场上转让给投资者。当投资者在汇票到期要求承兑时，若出票人在其开户行存入资金不足以支付该汇票，由承兑银行先行垫付。这样，出票人就获得了最长不超过6个月的信用融资。从这个意义上讲，出票人就是一个借款人。

并不是所有企业都能通过银行承兑汇票来获得短期借款，只有那些经营业绩好、信用好的企业才能利用这种方式筹资，这也是银行承兑汇票应用上的局限性。银行承兑汇票的出票人应具备以下条件：①在承兑银行开立存款账户的法人以及其他组织；②与承兑银行具有真实的委托付款关系；③能提供具有法律效力的购销合同及其增值税发票；④有足够的支付能力，良好的结算记录和结算信誉；⑤与银行信贷关系良好，无贷款逾期记录；⑥能提供相应的担保，或按要求存入一定比例的保证金。

货币市场信用的存在一定程度上会激励企业改善生产经营，不断发展壮大，不断提高企业信用，以求得以更低的成本获得短期借款。

应用案例 7-5

票据业务创新，融资成本降低

【案情简介】

2002年3月份，民生银行和麦当劳开始洽谈。麦当劳的财务总监问银行：你们能为麦当劳做什么？你们能帮麦当劳创造的价值在哪里？民生银行就说看能不能把票据做进麦当劳。麦当劳的财务总监说，我们的产品主要是卖给小孩子的，我不可能要求他们用票据来买汉堡包。但我们有大量的采购，要采购牛奶、薯条、面包、纸杯等。现在，我们都是付现金采购，付出的现金说到底就两种来源，要么是资本金，要么是贷款。如果使用票据，就要从筹资成本考虑，你的票据产品能让麦当劳付的利息比贷款利息低，我就能接受你。

于是，民生银行业务部经理思路明确了，麦当劳由现金采购改为票据采购，这是可行的。但为了不降低采购竞争力，票据贴现的利息不能让供应商承担，而由采购方麦当劳支付，这就是买方付息票据。而麦当劳也可以接受，因为麦当劳原本就是要付财务成本的，而买方付息票据方式下的资金成本是低于现金采购的。

【案例点评】

任何资金都是有成本的，贷款需要付利息，股本投入也同样有资金成本。既然任何资金都有成本，那么，帮助客户降低资金成本，就是增加客户价值。本案例在不损害供应商利益的前提下，实现了银行和麦当劳的“双赢”。

3. 应收账款保理

应收账款保理业务是指企业把由于赊销而形成的应收账款有条件地转让给银行，银行为企业提供资金，并负责管理、催收应收账款和坏账担保等业务，企业可借此收回账款，加快资金周转。

1）应收账款保理业务的分类

按照风险承担方式，保理可以分为如下3种：

(1) 无追索权保理(买断型)和有追索权保理(非买断型)。如果保理商对毫无争议的已核准的应收账款提供坏账担保，则称为无追索权保理。而有追索权保理，保理商不负责审核买方资信，不确定赊销额度，也不提供坏账担保，仅提供贸易融资、账户管理及债款回收等服务。如果出现坏账，无论其原因如何，保理商都有权向供货商追索预付款。

(2) 明保理和暗保理。明保理是指供货商在债权转让的时候应立即将保理情况告知购货商，并指示购货商将货款直接付给保理商；暗保理是将购货商排除在保理业务之外，由银行和供货商单独进行保理业务，在到期后供货商出面进行款项的催讨，收回之后再交给保理商。

(3) 折扣保理和到期保理。折扣保理是指当出口商将代表应收账款的票据交给保理商时，保理商立即以预付款方式向出口商提供不超过应收账款80%的融资，剩余20%的应收账款待保理商向债务人收取全部货款后，再行清算。到期保理是保理商在收到出口商提交的、代表应收账款的销售发票等单据时并不向出口商提供融资，而是在单据到期后，向出口商支付货款。

2）应收账款保理业务的程序

(1) 选择保理的种类。对于债权人或销售企业来说，首先应根据企业自身的经营情况、筹资能力和承担风险的能力，权衡风险和收益，选择不同的应收账款保理业务。

无追索权的保理适合销售企业对买方的信誉不是很了解，或者是面对信誉较差的客户，但是，保理商也会根据保理业务的评估风险来收取保理费用；相反，有追索权保理对销售企业来说风险转移的力度不明显，但成本相对较低。

折扣保理比较适合于资金不是很宽余、资金周转速度快的企业。这种保理与应收票据的贴现相似，唯一不同的是应收票据贴现到期不能收回账款时，票据贴现企业必须承担偿还责任。折扣保理可以把风险转移给保理商，但所付出的代价较高。

(2) 签订保理合同。选择好保理业务的种类之后，接下来的是如何签定好保理合同，使得销售企业在委托应收账款管理和应收账款融资方面得到应有的保证。

首先，应该明确保理合同的内容。为了保证保理业务能够在客户拒付时收回账款，销售企业和保理商在合同之中必须注明应收账款的支付方式和期限。一般支付方式有两种：到期日方式和收款日方式。到期日方式由保理商与卖方约定自发票日、自债权让与日或自发票提交保理商日等，保理商向卖方支付价款。收款日方式即在买方债务人向保理商支付货款后，保理商再向卖方支付债权价款，或自应收账款到期日一定期限后，买方未付款时，保理商担保付款等。

其次，为保理合同提供公正。公证人可以为银行与买卖双方签订保理合同提供法律咨询，规范保理业务市场。作为保理商的银行也未必能够全面了解保理合同的各方面内容。因此，应通过公证来保障合同的有效性。

最后是签订保理合同。

7.5.4 商业信用筹资管理

商业信用(commercial trust or commercial credit)筹资是指在企业日常商品交易中，由延期付款或预收货款所形成的供应商与客户的债权、债务关系，是企业的一种自发性融资方式。商业信用筹资的规模主要取决于企业的经营规模。一般来说，随着企业经营规模的扩大，商业信用形成的流动负债会随之增加。商业信用筹资的具体形式有应付账款、预收账款、商业承兑汇票等。

1. 应付账款管理

应付账款(accounts payable)是企业购买货物暂未付款而欠对方的款项，即卖方允许买方在购货后的一定时期内支付货款的一种方式。应付账款是企业的供应商提供的商业信用。企业的应付账款对应的是其供应商的应收账款，因此企业供应商的信用政策直接影响企业对应付账款的运用。

在带有信用条件的商品交易中，因为获得不同的信用要负担不同的成本，购货方企业要在利用哪种信用之间作出决策。一般情况下，购货方企业在决策时应主要考虑商业信用成本。

商业信用成本是指企业因放弃现金折扣而产生的商业信用筹资的机会成本。倘若买方企业购买货物后在卖方规定的折扣期内付款，享受了现金折扣，这种情况下企业就没有商业信用成本。只有当买方放弃了现金折扣时，商业信用才有成本。可按下式计算：

$$\text{放弃现金折扣的机会成本}=\frac{\text{现金折扣率}}{1-\text{现金折扣率}}\times\frac{360}{\text{信用期}-\text{折扣期}}$$

一般情况下，放弃现金折扣的成本率要高于银行的借款利率，所以，在可能的情况下，买方会尽可能地享受现金折扣。

【例7-11】 某企业购进一批价值100 000元的材料，对方开出的信用条件是“3/10，N/60”，假设企业在购货后的第10天、第60天付款，试分别计算商业信用的成本率。

① 如果企业在购货后的第10天付款，便享受了10天的免费信用期，并获得折扣3 000(100 000×3%)元，只需支付97 000 (100 000－3 000)元，此时，商业信用没有成本。

② 如果企业不享受这一现金折扣，在购货后第60天付款，则需支付100 000元，这就比享受现金折扣多付3 000元，可以理解为企业为占用对方货款97 000元(期限为50天)支付了3 000元的利息，折算成年利率为

$$\frac{3\ 000}{97\ 000}\times\frac{360}{50}\times 100\%\approx 22.27\%$$

或直接用公式计算为

$$\text{放弃现金折扣成本率}=\frac{3\%}{1-3\%}\times\frac{360}{60-10}\times 100\%\approx 22.27\%$$

应用案例 7-6

中宏公司的现金折扣成本

【案情简介】

中宏公司向友利公司购买原材料，友利公司开出的付款条件是“2/10，N/30”。中宏公司的财务经理王洋查阅公司记录时发现，会计人员对此项交易的处理方式是，一般在收到货物后15天付款。当王洋询问公司会计为什么不取得现金折扣时，负责该项交易的会计回答：这一交易的资本成本仅为2%，而银行贷款的成本为12%。

【案例点评】

① 会计人员混淆了资金的5天使用成本与1年的使用成本。必须将时间长度转化一致，这两种成本才具有可比性。②放弃折扣成本率=[2%/(1－2%)] ×360/5≈146.94%。③假如公司被迫使用推迟付款方式，则应在购货后30天付款，而非15天付款，这样年利息成本可下降至36.73%，即放弃折扣成本率=[2%/(1－2%)] ×360/20≈36.73%。

（资料来源：秦志敏等．财务管理习题与案例．大连：东北财经大学出版社，2005.）

2. 商业承兑汇票管理

商业承兑汇票(commercial acceptance bill)是由销货方出票，由付款人在指定日期无条件支付确定金额给收款人或持票人的票据。商业承兑汇票与应付账款不同，虽然都是由商品交易引起的流动负债，但应付账款是尚未结清的债务，而商业承兑汇票是一种期票，是企业延期付款的证明，有承诺付款的票据作为凭证，是一种正式确认购货方所欠货款的方式。

商业承兑汇票按交易双方的约定，由销货企业签发，由银行以外的付款人承兑，承兑不得附有任何条件。商业承兑汇票按是否支付利息划分，分为带息应付票据和不带息应付票据两种。商业承兑汇票的利率一般比银行借款的利率低，而且不用保持相应的补偿余额以及支付协议费，所以商业承兑汇票的筹资成本低于银行借款成本。但是，票据到期必须归还，如延期便要交付罚金，因此风险较大。

3. 预收账款管理

预收账款(unearned revenue)是卖方企业在交付货物之前向买方预先收取部分或全部货款的信用形式，相当于卖方在交货之前，向买方先借了一笔资金。通常，买方企业对于紧俏商品乐于采用这种形式，以便取得期货。卖方企业运用预收账款，一般是出于以下几方面的考虑：

(1) 卖方企业已知买方信用欠佳，但仍然想与之交易，扩大销售。为了降低坏账损失的风险，通常会选择运用预收账款的信用方式。

(2) 卖方是生产销售周期长、售价高的产品的企业。在这种信用条件下，销货单位可以得到暂时的资金来源，而购货单位却要预先垫支一笔资金。

此外，企业往往还存在一些在非商品交易中产生但亦为自发性筹资的应付费用，如应付工资、应缴税金、其他应付款等。应付费用使企业受益在前、费用支付在后，一定程度上缓解了企业的资金需要。但应付费用的期限具有强制性，不能由企业自由安排，有时还可能付出代价。例如，企业如果不能按时支付应付工资，企业的生产经营可能会出现混乱或停滞；企业如果不能按时支付应缴税金，可能会受到政府的严厉惩罚。

应用案例 7-7

移动通信的话费优惠活动

【案情简介】

2003年，中国移动通信公司××分公司实行了一项话费优惠活动，具体如下：若该公司的手机用户在2002年12月底前向该公司预存2003年全年话费4 800元，可以获赠价值2 000元的缴费卡，若预存3 600元，可以获赠1 200元缴费卡，若预存1 200元，可以获赠300元的缴费卡。

【案例点评】

该通信公司通过这种诱人的话费优惠活动，可以为公司筹集到巨额的资金，据保守估计，假设有5 000个客户参与这项优惠活动，该公司至少可以筹资1 000万元，假设有5万个客户参与，则可以筹资1亿元，公司可以利用这笔资金去拓展新的业务，扩大经营规模。另外，该通信公司通过话费让利，吸引了一批新的手机用户，稳定了老客户，在与经营对手的竞争中赢得了先机。

习　　题

1. 单项选择题

(1) 企业为满足交易动机而持有现金，所需考虑的主要因素是(　　)。

A. 企业销售水平的高低　　B. 企业临时举债能力的大小

C. 企业对待风险的态度　　D. 金融市场投机机会的多少

(2) 持有过量现金可能导致的不利后果是(　　)。

A. 财务风险加大　　B. 收益水平下降

C. 偿债能力下降　　D. 资产流动性下降

(3) 在成本分析模式和存货分析模式下确定最佳货币资金持有量时，都须考虑的成本是(　　)。

A. 现金的机会成本　　B. 短缺成本　　C. 管理成本　　D. 转换成本

(4) 在对存货实行ABC分类管理的情况下，ABC 3类存货的品种数量比重大致为(　　)。

A. 0.7∶0.2∶0.1　　B. 0.1∶0.2∶0.7

C. 0.5∶0.3∶0.2　　D. 0.2∶0.3∶0.5

(5) 采用ABC法对存货进行控制时，应当重点控制的是(　　)。

A. 数量较多的存货　　B. 占用资金较多的存货

C. 品种较多的存货　　D. 库存时间较长的存货

(6) 贷款银行具有法律义务地承诺提供某一限额的贷款保证，被称为(　　)。

A. 周转信用协议　B. 信用额度　C. 借款抵押　D. 补偿性余额

(7) 企业按年利率10%从银行借款100万元，银行要求维持10%的补偿性余额，则其实际利率为(　　)。

A. 10%　B. 11.11%　C. 12%　D. 11%

(8) 某企业预测的年度赊销收入净额为600万元，应收账款收账期为30天，边际贡献率为40%，资金成本率10%，则应收账款的机会成本为(　　)万元。

A. 10　B. 6　C. 3　D. 2

(9) 下列(　　)属于应收账款的机会成本。

A. 对客户的资信调查费用　B. 收账费用

C. 坏账损失　D. 应收账款占用资金的应计利息

(10) 某公司预计2002年应收账款的总计金额为3 000万元，必要的现金支付为2 100万元，应收账款收现以外的其他稳定可靠的现金流入总额600万元，则该公司2002年的应收账款收现保证率为(　　)。

A. 70%　B. 20.75%　C. 50%　D. 28.57%

2. 多项选择题

(1) 企业在确定为应付紧急情况而持有现金数额时，需考虑的因素有(　　)。

A. 企业销售水平的高低　B. 企业临时举债能力的强弱

C. 金融市场投资机会的多少　D. 企业现金流量预测的可靠程度

(2) 用存货模式分析确定最佳现金持有量时，应考虑的成本费用项目有(　　)。

A. 现金管理费用　B. 现金与有价证券的固定性转换成本

C. 持有现金的机会成本　D. 现金短缺成本

(3) 下列有关信用期限的表述中，正确的有(　　)。

A. 缩短信用期限可能增加当期现金流量

B. 延长信用期限会扩大销售

C. 降低信用标准意味着将延长信用期限

D. 延长信用期限将增加应收账款的机会成本

(4) 下列说法正确的有(　　)。

A. 现金持有量越大，机会成本越高　B. 现金持有量越低，短缺成本越大

C. 现金持有量越大，管理成本越大　D. 现金持有量越大，收益越高

(5) 在短期借款的利息计算和偿还中，企业实际负担利率高于名义利率的有(　　)。

A. 利随本清法付息

B. 贴现法付息

C. 按贷款到期的本利和总额在贷款期内定期等额偿还

D. 每月末按贷款余额付息，到期还本

(6) 企业对顾客进行资信评估应当考虑的因素主要有(　　)。

A. 信用品质　B. 偿债能力　C. 资本和抵押品　D. 经济环境

(7) 通常在基本模型下确定存货经济批量时，应考虑的成本是(　　)。

A. 购置成本　　B. 订货成本　　C. 储存成本　　D. 缺货成本

(8) 下列各项中，使放弃现金折扣成本提高的情况有(　　)。

A. 信用期、折扣期不变，折扣百分比提高

B. 折扣期、折扣百分比不变，信用期延长

C. 折扣百分比不变，折扣期和信用期等量延长

D. 折扣百分比、信用期不变，折扣期延长

(9) 下列各项中，属于信用政策的有(　　)。

A. 信用条件　　B. 信用标准　　C. 收账政策　　D. 现销政策

(10) 延长信用期间有可能会使(　　)。

A. 销售额增加　　B. 应收账款增加　　C. 收账费用增加　　D. 坏账损失增加

3. 思考题

(1) 简述营运资金的含义及企业持有营运资金的原因。

(2) 简述企业持有现金的动机。

(3) 什么是信用政策？企业制定信用政策应包括哪些内容？

(4) 经济订货量基本模式的确定是以哪些基本假设为前提的？

4. 计算分析题

(1) 已知：某公司现金收支平稳，预计全年(按360天计算)现金需要量为250 000元，现金与有价证券的转换成本为每次500元，有价证券年利率为10%。

要求：① 计算最佳现金持有量。

② 计算最佳现金持有量下的全年现金管理总成本、全年现金转换成本和全年现金持有机会成本。

③ 计算最佳现金持有量下的全年有价证券交易次数和有价证券交易间隔期。

(2) M公司全年需用A产品2 400吨，每次订货成本为400元，每吨产品年储备成本为12元，求每年最佳订货次数。

(3) 某企业全年需从外购入某零件1 200件，每批进货费用400元，单位零件的年储存成本6元，该零件每件进价10元。销售企业规定：客户每批购买量不足600件，按标准价格计算；每批购买量达到600件，价格优惠3%。

要求：① 计算该企业进货批量为多少时，才是有利的。

② 计算该企业最佳的进货次数。

③ 计算该企业最佳的进货间隔期为多少天？

(4) 某企业因生产急需准备借款购进一批材料，供应商报价如下：

① 立即付款，价格为9 700元。

② 30天内付款，价格为9 800元。

③ 30～60天内付款，价格为10 000元。

假设银行的短期借款利率为15%，要求计算放弃折扣的机会成本，并确定对该企业最

有利的付款日期和价格。

(5) 某公司拟制定下年度的信用政策，现有以下两个信用政策方案供选择。

方案A：信用标准比较严格，确定的坏账损失率为5%，信用条件是30天内全部付清，并采取积极的收账政策，预计全年的收账费用为10 000元。采用这种信用政策，预计全年可实现销售收入1 000 000元，预计平均收账期为45天。

方案B：信用标准相对宽松，确定的坏账损失率为8%，信用条件是“1/10，n/40”，采取一般的收账政策，预计全年的收账费用为6 000元。采取这种信用政策，预计全年可实现销售收入1 200 000元，50%的款项会在折扣期内支付，预计平均收账期为60天。

该公司的销售利润率为20%，变动成本率为60%，有价证券利息率为10%。

要求：根据以上资料，选择较好的信用政策方案。

(6) 某公司向银行借入短期借款100万元，支付银行贷款利息方式有3种：①采用收款法付息，利息率为14%；②采用贴现法付息，利息率为12%；③利息率为10%，银行要求的补偿性余额比例为20%。请问：你选择哪种借款方式，并说明理由。

5. 案例分析

“意外”公司短期筹资决策

“意外”公司是一个季节性很强、信用为AA级的中型企业，每年一到经营旺季，资金链就断裂，急得厂长和财务主管团团转，面对企业资金严重不足、产品供不应求的现状，两个人真可谓“挖空了心思，绞尽了脑汁”。后经多方努力，最终使生产急需的100万元资金有了着落。

1) 企业财务数据

“意外”公司1999年年末资产负债表，见表7-4。

表7-4 “意外”公司1999年年末资产负债表

财务指标	账面价值(千元)
总资产	5 600
其中：应收款项	125
货币资金	800
一年内到期的长期负债	188
商业票据和其他应付票据	812
短期负债合计	1 000
长期负债	2 600
所有者权益	2 000
负债及所有者权益	5 600

2) 备选融资方案

(1) 银行短期借贷。工商银行提供期限为3个月的短期借款120万元，年利率为12%，补偿性存款余额20%。

(2) 商业信用。A 公司愿意为其提供商业信用，即按“2/10，N/30 的条件每天为其提供 50 000 元的材料。

(3) 安排专人将应收款项催回。

思考题：

① 根据案情资料，分别以不同融资方式计算意外公司的可融资数额。

② 试比较哪种融资方式更适合意外公司的生产经营急需。

③ 在市场经济条件下，短期融资方式中哪种将成为企业短期融资的主要来源，为什么？

（资料来源：http：//61.190.184.19/w/jwc/lhm/alfx3.asp.）

第8章

利润分配

教学目标

通过本章的学习，理解利润总额的构成、利润分配的原则和股利发放的方式及程序，掌握利润的分配顺序及常见的股利政策。

教学要求

知识要点	能力要求	相关知识
利润的构成及分配	(1) 理解利润总额的构成 (2) 掌握利润分配的顺序	(1) 利润总额、营业利润 (2) 利润分配的内容和顺序
股利政策、类型及发放	(1) 理解股利政策的概念及其内涵、股利的发放顺序 (2) 掌握几种常用的股利政策、股利的类型	(1) 股利政策 (2) 股利的类型、种类 (3) 股利的发放

基本概念

利润；利润分配；股利；股利政策；营业利润；法定盈余公积；亏损弥补；股利发放；现金股利；股票股利；剩余股利；固定股利；股票分割；股票回购。

引　言

亚吉公司2007年度实现利润总额8 000万元，缴纳所得税2 640万元，税后净利5 360万元。其利润分配情况如下：提取法定盈余公积金536万元，可供投资者分配的利润4 824万元。经过股东大会决议，本年度提取15%任意盈余公积金，提取后可供分配利润为4 100.40万元。企业下一年打算筹建新项目，需要大量现金，该企业年末资产负债表中的货币资金为1 280万元，预计近几个月不会有太大的波动。根据财务部门提供的资料，公司应收票据的到期日为2008年4月初，短期投资也大部分在4月初到期。请你站在公司的立场考虑一下，该企业2007年是否该发放股利？该以何种形式发放？该选择何时发放？要回答这一系列的问题，必须对企业的股利政策进行研究。

本章重点介绍企业利润总额的构成、利润分配的原则和顺序、企业的股利政策、股利的发放程序等。

8.1　利润总额的构成

8.1.1　利润的意义

利润(profit)是企业一定时期的经营成果，是全部收入扣除全部支出后的余额(若为负数则表示亏损)，它集中反映了企业生产经营活动各方面的效益，是衡量企业生产经营管理和各方面工作的重要指标。就利润的基本性质而言，是企业净资产的增值。

从整个企业的财务管理来说，利润管理只是企业财务管理这个系统的子系统，但从它所处的地位来说，则是整个企业财务管理的核心，原因如下：

(1) 利润是企业持续经营的必要条件，是企业经营所追求的目标。没有利润，企业就不可能生存，当然更谈不上发展，财务管理的目标也就无法实现。同时，利润管理制约着其他方面的管理，为其他方面的运行提供物质保障。其他方面管理的经济效果，也会在利润上得到体现，影响企业的经济效益。

(2) 利润是企业投资者和债权人进行投资决策和信贷决策的重要依据。

(3) 利润是企业收益分配的基础。企业的利润最终要在国家、企业所有者和职工以及再投资之间进行分配，各个方面在某一时期究竟能分配到多少数额，要视国家的经济政策、企业的利润水平、企业的偿债能力以及企业的发展前景等因素而定。

8.1.2　利润的构成内容

利润有税前利润(earnings before tax，EBT)和税后利润(earnings after tax，EAT)之分。税前利润即利润总额，是指扣除所得税前的利润，它由营业利润、直接记入当期损益的利得和损失等构成，即

$$利润总额=营业利润+利得-损失$$

税后利润是利润总额扣除所得税后的净利润，即

净利润＝利润总额－所得税费用

1. 营业利润

营业利润是企业从事日常生产经营活动所实现的利润，它是企业利润总额的主要构成内容。营业利润是企业日常活动中实现的收入、收益减去费用、损失后的净额，用公式可表示为

营业利润＝主营业务收入＋其他业务收入－主营业务成本－其他业务成本
－营业税金及附加－销售费用－管理费用－研发费用－财务费用
－资产减值损失＋公允价值变动收益＋投资收益

上式中各利润构成项目的解释如下：

(1) 主营业务收入，是指企业经常性的、主要业务所产生的收入，如制造业的销售产品和提供工业性劳务作业的收入，商品流通企业的商品销售收入，旅游服务业的门票收入、客户收入、餐饮收入等。

(2) 其他业务收入，是指企业除主营业务以外的其他附带业务所取得的收入，如材料销售收入、无形资产使用权转让收入、以经营租赁方式出租固定资产收入、代购代销、包装物出租收入等。

(3) 主营业务成本，是指公司生产和销售与主营业务有关的产品或服务所必须投入的直接成本，主要包括原材料、人工成本(薪酬)和固定资产折旧等。

(4) 其他业务成本，是指除主营业务以外的其他销售或其他业务所发生的支出，是指企业取得其他业务收入相应发生的成本，是“其他业务收入”的对称，包括其他业务的销售成本，提供劳务所发生的相关成本、费用等。

(5) 营业税金及附加，是指企业日常应负担的税金及附加，包括营业税、消费税、城市建设维护税、资源税、土地增值税和教育费附加等。

(6) 管理费用，是指企业行政管理部门为管理组织经营活动而发生的各项费用，包括公司经费、工会经费、职工教育经费、劳动保险费、待业保险费、董事会费、咨询费、审计费、诉讼费、排污费、绿化费、印花税、车辆购置税、土地使用税等相关税金、技术转让费、技术开发费、无形资产摊销、业务招待费、聘请中介机构费、矿产资源补偿费以及其他管理费用。

(7) 研发费用，指企业在产品、技术、材料、工艺、标准的研究、开发过程中发生的各项费用。我国企业所得税法及其实施细则规定，企业开发新技术、新产品、新工艺发生的研究开发费用支出，可以在计算应纳税所得额时加计扣除，未形成无形资产计入当期损益的，在按照规定据实扣除的基础上，按照研究开发费用的50％加计扣除；形成无形资产的，按照无形资产成本的150％摊销。

(8) 销售费用，是指企业在销售过程中所发生的费用，如运输费、装卸费、包装费、保险费、展览费、销售佣金、委托代销手续费、广告费、租赁费、销售服务费用和专设销售机构费用等。

(9) 财务费用，是指企业在生产经营过程中为筹集资金而发生的各项费用，包括企业生产经营期间发生的利息支出(减利息收入)、汇兑净损失、金融机构手续费，以及筹资发生的其他财务费用(如债券印刷费、借款担保费等)。企业发生的财务费用，虽为取得营业

收入而发生，但与营业收入的实现没有明显的因果关系，不宜将其计入生产经营成本，只能作为期间费用，计入当期损益。

(10) 资产减值损失，是指各项资产由于减值可能发生的损失。我国《会计准则第8号——资产减值》规定，资产减值损失一经确认，在以后会计期间不得转回。因此，企业在会计核算中通常只会产生由于计提资产减值准备的损失，一般不会产生转回已计提的资产减值准备的收益。

(11) 公允价值变动收益，是指某些按照公允价值计价的资产，由其公允价值变动所产生的收益减去所产生的损失后的净额。比如按新会计准则规定，对交易性金融资产期末要采用公允价值计量，对公允价值与其账面价值的差额应计入当期损益，即计入公允价值变动损益。

(12) 投资收益，是指企业对外投资所取得的收益扣除所发生的损失后的净额。如企业转让交易性投资、长期股权投资、持有到期投资等获得的价款高于或低于其账面价值的差额等应计入投资收益。

2. 利得和损失

利得和损失是日常交易活动以外发生的经济利益的流入和流出。利得和损失不同于日常经营活动中的收入和费用。第一，收入和费用是与日常的经营活动有关的，具有经常性；而利得和损失是由偶发的交易或事项产生的。第二，收入和费用具有一定的配比关系。即企业一定会计期间的收入总是与一定的费用相匹配，费用是为取得收入而发生的，不可能只有收入，没有费用。而利得和损失并没有配比关系，也没有因果关系。

企业的利得和损失有两类：一类是不计入当期损益而直接计入所有者权益的利得和损失；另一类是直接计入当期损益的利得和损失。

不计入当期损益而直接计入所有者权益的利得和损失，就是计入“资本公积－其他”的金额。例如，采用权益法核算的长期股权投资，被投资单位除净损益以外所有者权益的其他变动；以权益结算的股份支付；存货或自用房地产转为投资性房地产，公允价值大于账面价值的差额以及可供出售金融资产公允价值的变动等。

计入当期损益的利得是指企业发生的与其经营活动无直接关系的各项净收入，主要包括处置非流动资产(处置固定资产、无形资产等)利得、非货币性资产交换利得、债务重组利得、罚没利得、政府补助利得，确实无法支付而按规定程序经批准后转作营业外收入的应付款项。计入当期损益的损失是指企业发生的与其经营活动无直接关系的各项净支出，主要包括处置非流动资产损失、非货币性资产交换损失、债务重组损失、罚款支出、捐赠支出和非常损失等。

8.2 利润分配的原则和顺序

企业的利润分配(profit distribution)一般是指税后净利的分配，是公司财务管理的重要内容，涉及职工、债权人、投资者的近期利益和企业的长远利益。这些不同利益主体之间的利益并不一致，甚至互相冲突。因此，税后利润的分配制度应当能够平衡这些利益冲突，保障各方的利益。我国《公司法》对可供分配的利润范围、分配原则、分配顺序等作出了具体而明确的规定，体现了国家为保护上述主体利益而对公司事务的介入和干预。

8.2.1 利润分配的原则

税后利润分配应遵循以下原则：

1）依法分配原则

为规范企业的利润分配行为，国家制定和颁布了若干法规，这些法规规定了企业利润分配的基本要求、一般程序和分配比例。企业的利润分配必须依法进行，这是正确处理企业各项财务关系的关键。

2）无盈余不得分配原则

《公司法》第117条第5款规定：“公司弥补亏损和提取公积金、法定公益金后所余利润，有限责任公司按照股东的出资比例分配”。因此，当企业出现亏损，特别是出现连续亏损时，企业不得分配股利或进行投资分红，无盈余不得分配原则的目的是维护公司的财产基础及其信用能力。但在特殊条件下，也可用以前年度积累进行分配，但必须要有一定的比例限制。例如，某公司的利润在2000～2003年均为亏损，但2000～2002年3年却均提前支付红利分配给股东，这就违反了公司向股东分配股利应遵循的基本准则——无盈余不得分配原则的规定。

3）同股同权、同股同利原则

企业在对投资者分红时，必须坚持同股同权、同股同利的原则，在利益的天平上做到不偏不倚，不得以损害其他投资者利益为代价来提高部分投资者的收益，也不得“以权谋私”，利润分配方案要提交股东大会讨论并决议，并充分尊重中小股东的意见，利润分配要做到“公平、公正、公开”，维护投资者的权益。因此，同股同权、同股同利不仅是公开发行股份时应遵循的原则，同时也是公司向股东分配股利应遵守的原则。

4）分配与积累并重原则

企业进行利润分配时，要正确处理长期利益和近期利益这两者的关系，坚持分配与积累并重。企业除按规定提取法定盈余公积金以外，可适当留存一部分利润作为积累，这部分未分配利润仍归企业所有者所有。这部分积累的净利润不仅可以为企业扩大生产筹措资金，增强企业发展和抵抗风险的能力，同时，还可供未来年度进行分配，起到以丰补亏、平抑利润分配数额波动、稳定投资报酬的作用。

应用案例8-1

A上市公司分配预案引起不满

【案情简介】

A上市公司2000年度分配预案一公布，许多中小股东对此分配预案颇为不满，随后即有宋毅等投资者委托北京君之创证券投资咨询有限公司代为出席股东大会，行使股东权利，建议公司修改2000年度“不进行分配，也不实施公积金转增股本”的预案。

A上市公司2001年1月18日发布董事会公告：公司2000年度的分配预案为不进行分配，也不实施公积金转增股本，并定于2001年2月20日提交股东大会审议。对此分配预案，中小股东为什么纷纷提出异议，我们回顾一下A上市公司的情况。

A上市公司1998年上市，当年每10股派1.25元(含税)，1999年每10股转增5股，2000年为不分配，不转增。公司财务报表显示，公司2000年每股净利润1.60元，每股净资产6.60元，净资产收益率24.09%，截至2000年年底，公司未分配利润为1 356 607 152.17元，按1999年年底总股本48 000万股计算，平均每股未分配利润2.83元，每股公积金2.17元。

一些投资者认为，既然积累了如此多的未分配利润，没有道理连续两年不给股东以现金回报，而且还要以较高的股价配股；公司现金流量充足，用此作为投资足矣，没必要再从股东的口袋中掏钱。

【案例点评】

A上市公司违背了分配与积累并重的利润分配原则，忽视了中小股东的利益，未能真正把给股东回报这一点放在首位。

5）持有的本公司股份不得分配原则

我国《公司法》第167条规定："公司持有的本公司股份不得分配利润。"公司应在利润分配方案中明确说明对公司持有的本公司股份不分配利润，无须对该部分股份计提应付股利。这是公司法修改之后新增的，这与新公司法关于公司股份回购的相关规定相配合。

8.2.2 税后利润分配顺序

企业缴纳所得税后的利润，除国家另有规定外，按照下列顺序分配：

1）弥补以前年度亏损

企业的亏损有两种，即政策性亏损和经营性亏损。政策性亏损可向国家申请补贴；经营性亏损，其弥补方式一般有3种，即以前年度的盈余公积弥补、以后年度的税前利润弥补和以后年度的税后利润弥补。公司发生的经营性亏损，首先应当用次年的税前利润弥补。不足弥补的，可以在以后连续5年内由税前利润延续弥补，如果发生的亏损在5年内用税前利润仍然不足弥补的，从第6年开始，以税后利润弥补，也可用盈余公积弥补。

2）提取法定公积金

企业的税后利润在弥补亏损后，应当计提法定公积金。法定公积金按照税后利润扣除用于补亏利润后差额的10%提取，法定公积金达到注册资本的50%时，可不再提取。盈余公积金可用于弥补亏损，经过批准也可用于转增资本金。但是，转增资本金后，法定盈余公积金一般不得低于注册资本金的25%。

3）提取任意盈余公积金

我国《公司法》规定，公司从税后利润中提取法定公积金，经股东会或股东大会决议还可以从税后利润中提取任意公积金，提取任意盈余公积金的目的是为了让更多的利润留存于公司，用于公司今后发展的需要，另外它也能起到限制普通股利的分配，平衡各年股利分配的作用。任意盈余公积金的计提比例没有法定要求，可由公司董事会提出方案，经股东大会审议通过后实施。

4）分配普通股股利

企业的利润在弥补亏损、提取法定公积金和任意盈余公积金之后，可按照普通股股东所持股份的比例按同股同利的原则进行分配。

需要强调的是，上述利润分配是有顺序的，在弥补亏损之前，不能提取法定公积金，在提取法定公积金之前，不能向投资者分配利润。如果公司违背上述利润分配顺序，必须将违反规定发放的利润退还给公司。

不同所有制形式和经营方式的企业，都应遵循上述利润分配顺序，但对于股份制企业，在提取法定公积金之后，应先支付优先股股利，然后提取任意盈余公积金，最后支付普通股股利。

8.3 股利政策

8.3.1 股利政策的基本理论

股利政策是有关公司是否发放股利、发放多少股利、以何种形式发放以及何时发放等的方针策略。长期以来，股利政策对公司的股价或企业价值是否有影响，一直是人们探讨的内容。长期探讨的结果，形成了一系列股利政策的基本理论。股利政策的基本理论主要有“在手之鸟”理论、信号传递理论、代理理论、MM 理论、税收效应理论等。

1）“在手之鸟”理论

“在手之鸟”理论(bird-in-the-hand theory)认为，用留存收益再投资带给投资者的收益具有很大的不确定性，并且随着时间的推移，投资风险将不断加大，因此，投资者更喜欢现金股利，而不太喜欢将利润留存公司。该理论认为，公司分配的股利越多，公司的市场价值也就越大。

2）信号传递理论

信号传递理论(signal transferring theory)认为，在信息不对称的情况下，公司可以通过股利政策向市场传递有关公司未来赢利能力的信息。一般说来，如果公司连续保持较为稳定的股利支付率，那么，投资者就可能对公司未来的赢利能力与现金流量抱有较为乐观的预期。不过，公司以支付现金股利的方式向市场传递信息，通常也要付出较为高昂的代价，包括以下几个方面：①较高的所得税负担；②一旦公司因分派现金股利造成现金流量短缺，就有可能被迫重返资本市场发行新股，摊薄每股收益，对公司的市场价值产生不利影响；③如果公司因分派现金股利造成投资不足，并丧失有利的投资机会，还会产生一定的机会成本。

需要注意的是，股利信号的作用取决于它的性质而非变化方向。例如，我国上市公司2001 年年报一个突出的特点是非良性现金分红的公司增多。有的公司将利润分光吃光，超能力派现，如承德露露(每股收益 0.38 元，每股派现 0.66 元)；有的公司为了支付高额派现，于派现当年推出再融资方案，如盐田港 A(中期每 10 股配 3 股，年末每股派现 0.5 元)。这显然片面地理解了股利信号的作用。市场更加关注的是股利信号的性质而不是股利变化的方向。

3）代理理论

代理理论(agency theory)是研究在利益相冲突和信息不对称的环境下，委托人如何设计最优契约激励代理人。代理理论认为，股利政策相当于是协调股东与管理者之间代理关系的一种约束机制。高水平的股利支付政策将有助于降低企业的代理成本，但同时也增加了企业的外部融资成本。因此，最优的股利政策应使两种成本之和最小化。

4）MM 理论

MM 理论(MM theory)是由美国财务管理学家莫迪格利尼(Modigliani)和米勒(Mertor Miller)于 1958 年创建的。MM 理论认为，在完全资本市场的条件下，股利完全取决于投资项目需用盈余后的剩余，投资者对于赢利的留存或发放股利毫无偏好。

5）税收效应理论

税收效应是指政府课税所引起的各种经济反应。税收效应理论认为，在考虑税赋因素，并且是在对股利和资本收益征收不同税率的假设下，公司选择不同的股利支付方式，不仅会对公司的市场价值产生不同的影响，而且也会使公司(及个人)的税收负担出现差异。考虑到纳税的影响，企业应采用低股利政策。

8.3.2 影响股利政策的因素

1. 法律因素

国家有关法规如《公司法》对企业利润分配的限制主要有资本保全约束、资本积累约束、偿债能力约束和超额累积利润约束。

(1) 资本保全约束。资本保全是企业财务管理应遵循的一项重要原则，它要求企业所发放的股利或投资分红不得来源于原投资额(或股本)，而只能来源于企业的各种保留盈余或当期利润。该约束还要求企业在股利分配政策上，贯彻“无利不分”的原则，即当企业出现年度亏损时，一般不得分配利润。

(2) 资本积累约束。资本积累约束要求企业在投资并取得收益时，必须按一定的比例和基数提取各种公积金留存企业。

(3) 偿债能力约束。这是规定企业在分配股利时，必须保持充分的偿债能力。企业分配股利不能只看利润表上净利润的数额，还必须考虑企业的现金是否充足。

(4) 超额累积利润约束。对于股份公司而言，由于投资者接受股利缴纳的所得税要高于进行股票交易的资本利得税，许多公司就通过积累利润使股价上涨的方式来帮助股东避税。西方各国税法都注意到这一点，从而在法律上明确规定公司不得超额累积利润，一旦公司保留盈余超过法律认可的水平，将被加征额外税款。我国目前对此尚未作出规定。

2. 公司因素

公司出于长期发展和短期经营需要，应综合考虑以下因素：

(1) 现金流量。公司在分配现金股利时，必须考虑到现金流量，过多地分配现金股利会减少公司的现金持有量，影响未来的支付能力，甚至会出现财务困难。

(2) 举债能力。举债能力是企业在制定股利分配政策时应考虑的一个重要方面。如果企业的举债能力较强，在企业缺乏资金时，能够较容易地从资本市场上筹集到资金，则可采取较宽松的股利政策；反之，则应采取比较紧缩的股利政策，少发放现金股利。

(3) 投资机会。利润分配政策要受到企业未来投资机会的影响。主要表现在，当企业未来有良好的投资机会，且投资收益率大于投资者的期望收益率时，企业应当考虑少发放现金股利，增加留存利润，用于再投资，这样可以加速企业的发展，增加企业未来的收益，这种股利政策往往也易于为股东所接受；反之，在企业没有良好的投资机会时，往往倾向于多发放现金股利。

(4) 资金成本。资金成本是企业选择筹资方式的基本依据。把税后收益用于再投资，同发行新股和举借债务相比，具有成本低、隐蔽性好的优点。合理的股利政策实际上是要解决分配与留用的比例关系以及如何合理、有效地利用留用利润的问题。如果企业一方面大量发放现金股利，另一方面又要通过资本市场筹集较高成本的资金，这无疑有悖于财务管理的基本原则。因此，在制定股利政策时，应当充分考虑企业对资金的需求以及企业承担的资金成本等问题。

3. 股东因素

股东在稳定收入、股权稀释、税赋等方面的要求也会对公司的股利政策产生影响。

(1) 稳定收入和避税。企业的股东，有的要求支付稳定的股利，比如一些退休者，他们靠公司发放的现金股利维持生活，因此，他们要求公司能够定期地支付稳定的股利，反对公司留利过多。而我国税法规定，股东从公司分得股息和红利，应按20%的税率缴纳个人所得税，因此，对于一些高收入阶层的股东而言，出于避税的考虑，往往反对公司发放过多的现金股利，对他们而言，股票价格上涨获得的收益比分得股息、红利更具吸引力。

(2) 控制权的稀释。所有者权益由资本金、资本公积和留存收益等组成。如果公司发放了大量的现金股利，留存收益减少，就可能造成企业未来经营资金的短缺，不得不依靠增加投资、发行股票等方式筹资，而追加投资和发行新股意味着公司的控制权有旁落他人或其他公司的危险。因此，他们宁愿少分现金股利，也不愿看到自己的控制权被稀释，当他们拿不出足够的现金认购新股时，就会对分配现金股利的方案投反对票。

8.3.3 股利政策的类型

股利政策是关于公司是否发放股利、发放多少股利以及何时发放股利等方面的方针和策略。股利政策受多种因素的影响，而且不同的股利政策也会对公司的股票价格产生不同的影响。股利政策的核心问题是确定分配与留利的比例，即股利支付比率问题。长期以来，股份公司常用的股利政策主要包括剩余股利政策、固定股利政策、固定股利支付率政策和低正常股利加额外股利政策等。

1. 剩余股利政策

剩余股利政策(residual dividend policy)，是指在企业有良好投资机会时，根据目标资本结构测算出投资所需的权益资本，先从盈余当中留用，然后将剩余的盈余作为股利予以分配。基本步骤如下：

(1) 设定目标资本结构，即确定股权资本与债务资本的比例。在此资本结构下，综合资本成本应接近最低状态。

(2) 确定目标资本结构下投资必需的股权资本以及与现有股权资本之间的差额。

(3) 最大限度地使用税后利润以满足投资及资本结构调整对股权资本追加的需要。

(4) 对于剩余的税后利润，作为股利发放给股东。

【例8-1】 某企业本年度投资规模5 250万元，产权比率4∶1即资产负债率80%，本年度提取了法定盈余公积金(80万元，拟予转增资本)后，尚有可供分配的剩余税后利润1 500万元，考虑到当前资产负债率较高，下年度拟通过增加资本的方式将资产负债率降至60%。资本结构调整的途径有两个：①通过可转换债券转换成资本600万元；②依靠税后利润解决差额部分。调整后，若还有剩余税后利润，将用作派发股利。

【解】 资本结构调整后的投资规模为

$$投资规模=(5\ 250\times 80\%-600)/60\%=6\ 000(万元)$$

资本结构调整后的股权资本额为

$$股权资本额=6\ 000\times(1-60\%)=2\ 400(万元)$$

资本结构调整后的需追增股权资本额为

$$需追增股权资本额=2\ 400-5\ 250\times(1-80\%)=1\ 350(万元)$$

需以税后利润转增资本额为

$$转增资本额=1\ 350-600-80=670(万元)$$

资本结构调整后的剩余税后利润为

$$剩余税后利润=1\ 500-670=830(万元)$$

采用剩余股利政策，存在以下几方面的优点：①有利于公司保持理想的资本结构，使综合资金成本降至最低；②满足企业增长而社会融资难度较大情况下对资金的需要；③在企业债务比率较高、利息负担及财务风险较大的情况下，满足投资规模扩大对资金增加的需要。但是，采用此股利政策也存在一定的缺陷：采用该政策会造成各年股利发放额不固定、忽高忽低，从而给股东以企业经营状况不稳定的感觉，也会因股利发放率过低而影响股价上涨，导致企业市场价值被错误低估等。

2. 固定股利政策

固定股利(regular dividend)政策是将每年派发的股利额固定在某一水平上并在较长的时期内不变，只有当公司认为未来盈余会显著地、不可逆转地增长时，才提高年度的股利发放额。

固定股利政策的主要目的是避免出现由于经营不善而削减股利的情况。这种股利政策存在以下优点：①稳定的股利向市场传递着公司正常发展的信息，有利于树立公司的良好形象，稳定公司股票价格，增强投资者对公司的信心；②稳定的股利额有利于投资者安排收入与支出，特别是那些对股利有很高依赖性的股东更希望采用这种股利政策。其主要缺陷如下：①公司股利支付与公司盈余相脱离，造成投资的风险与投资的收益不对称；②固定的股利支付可能会给公司造成较大的财务压力，甚至可能侵蚀公司留存利润和公司资本。固定股利政策一般适用于经营比较稳定或正处于成长期、信誉一般的公司。

3. 固定股利支付率政策

固定股利支付率(constant payout ratio)政策，是公司确定一个股利与盈余的比率，长期按此比率支付股利的政策。在固定股利支付率政策下，各年度发放的股利额随着经营业绩的变动而上下波动。

采用固定股利支付率政策的优点：①使股利分配与企业盈余紧密结合，以体现多盈多分、少盈少分、不盈不分的原则；②保持股利与利润间的一定比例关系，体现了投资风险与投资收益的对称性。不足之处：①公司财务压力较大，缺乏财务弹性；②确定合理的固定股利支付率难度很大。固定股利支付率政策只能适用于稳定发展的公司和公司财务状况较稳定的阶段。

4. 低定额加额外股利政策

低定额加额外股利政策是企业在一般年份只支付一个固定的、数额通常低于正常水平的股利，在赢利较多或不需要较多留存收益的年份，向股东增发部分额外的股利。但额外股利并不固定化，完全视理财的实际需要而定。

这种股利政策的优点是股利政策具有较大的灵活性。当公司盈余较少或投资需用较多资金时，可维持较低但正常的股利，股东不会有股利跌落感，而当盈余有较大幅度增加时，则可适度增发股利，使股东增强对公司的信心，有利于稳定股票的价格，同时，这种股利政策可使那些依靠股利度日的股东每年至少可以得到虽然较低，但比较稳定的股利收入。正常股利加额外股利政策，既可以维持股利的一定稳定性，又有利于优化资本结构，使灵活性与稳定性较好地结合。其缺点：①股利派发缺乏稳定性；②如果公司较长时期一直发放额外股利，股东就会误认为这是“正常股利”，一旦取消，容易给投资者造成公司“财务状况”逆转的负面印象，从而导致股价下跌。

8.4 股利的发放

8.4.1 股利的支付形式

股份有限公司支付股利的形式一般有现金股利、股票股利、财产股利和负债股利等，后两种形式应用较少，我国有关法律规定股份公司只能采用现金股利和股票股利两种形式。

1) 现金股利形式

现金股利(cash dividend)形式是指股份公司以现金的形式发放给股东的股利。发放现金股利的多少主要取决于公司的股利政策和经营业绩。上市公司发放现金股利主要出于3个原因：投资者偏好、减少代理成本和传递公司的未来信息。现金股利的发放会对股票价格产生直接的影响，在股票除息日之后，股票价格可能会下跌。

公司采用现金股利形式时，必须具备两个基本条件：①公司要有足够的未指明用途的留存收益(未分配利润)；②公司要有足够的现金。

现金股利形式会导致公司现金流出，减少公司的资产和所有者权益规模，降低公司内部筹资的总量，既影响所有者权益内部结构，又影响整体资本结构。

2）股票股利形式

股票股利(stock dividend)形式是指企业以股票形式发放的股利，即按股东股份的比例发放股票作为股利的一种形式。可以用于发放股票股利的，除了当年可供分配的利润外，还有公司的盈余公积金和资本公积金。它不会引起公司资产的流出或负债的增加，不影响公司的资产、负债及所有者权益总额的变化，不直接增加股东的财富，而只涉及股东权益内部结构的调整，即将未分配利润转为股本(面值)或资本公积(超面值溢价)。但是股票股利会增加市场上流通的股票数量，从而使股票价格相应下降。

对于企业来说，分配股票股利不会增加其现金流出量，因此如果企业现金紧张或者需要大量的资金进行投资，可以考虑采用股票股利形式。但应当注意的是，一直实行稳定的股利政策的企业，因发放股票股利而扩张了股本，如果以后继续维持原有的股利水平，势必会增加未来的股利支付，这实际上向投资者暗示本企业的经营业绩在今后将大幅度增长，从而会导致股价上扬。但如果以后业绩不能大幅增长，每股利润因股本扩张而被摊薄，这样就可能导致股价下跌。

发放股票股利的优点：①可将现金留存公司用于追加投资，同时减少筹资费用；②股票变现能力强，易流通，股东乐于接受；③可传递公司未来经营绩效的信号，增强经营者对公司未来的信心；④便于今后配股融通更多资金和刺激股价。

8.4.2 股利的发放程序

股份公司分配股利必须遵循法定的程序，先由董事会提出分配预案，然后提交股东大会决议，股东大会决议通过分配预案之后，向股东宣布发放股利的方案，并确定股权登记日、除息(或除权)日和股利支付日等。

(1) 股利宣告日(dividend declaration date)。即股东大会决议通过利润分配预案并由董事会宣布发放股利的日期。在宣布分配方案的同时，要公布股权登记日、除权除息日和股利发放日。

(2) 股权登记日(registration date)。股权登记日是有权取得本期股利的股东资格登记截止日期。由于股票是经常流动的，股权登记日是确定股东能否领取股利的日期界限。只有在股权登记日及之前在公司股东名册上登记有名的股东，才有权分享股利。而在股权登记日之后登记在册的股东，即使在股利发放之前取得股票，也无权领取本次分配的股利。

(3) 除息日(除权日)(ex-dividend date)。除息日是指股利所有权与股票本身分离的日期，即将股票中含有的股利分配权利予以解除。从除息日起购买公司普通股票的投资者将不能取得公司上一个宣告日公布的股利。对于公司股票来说，有普通股和优先股之分，普通股可以获得股利，优先股则只能获得优先股息。一般来说，除权(XR)日是针对普通股而言的，而除息(XD)日则是针对优先股的，由于两者具有相同的内涵，通常将两者统称为除权除息日。除息日对股票的价格有明显的影响，在除息日之后的股票价格不再包含本次股利，所以股价会下降。

(4) 股利支付日(dividend payment date)。即股利发放日，也称付息日，即向股东发放股利的日期。

【例8-2】 河南黄河旋风股份有限公司2010年06月18日公布2009年度红利分配实

施公告：本公司董事会、监事会及其董事、监事、高级管理人员保证本报告所载资料不存在任何虚假记载、误导性陈述或者重大遗漏，并对其内容的真实性、准确性和完整性承担个别及连带责任。

重要内容提示：

每10股派发现金红利0.5元(含税)

扣税前每股现金红利0.05元；扣税后每股现金红利0.045元

股权登记日：2010年6月23日

除息日：2010年6月24日

现金红利发放日：2010年6月29日

本例中，2010年6月18日为黄河旋风股份有限公司的股利宣告日；2010年6月23日为其股权登记日；2010年6月24日为除权除息日；2010年6月29日则为其股利支付日。

8.5 股票分割与股票回购

8.5.1 股票分割

股票分割(share split)又称拆股，是将面额较高的股票交换成面额较低的股票，是公司管理当局将其股票分割或拆细的行为。

股票分割会导致发行在外的股票股数增加，使得每股面额降低，每股盈余和每股市价下降；但公司价值不变，资本结构不会改变，股东权益总额、权益各项目的金额及其相互间的比例也不会改变。

【例8-3】 某公司原发行面额2元的股票100 000股，若按1股换成2股的比例进行股票分割，分割前、后的股东权益项目见表8-1和表8-2。

表8-1 股票分割前的股东权益

普通股(面额2元，已发行100 000股)	200 000
资本公积	400 000
未分配利润	2 000 000
股东权益合计	2 600 000

表8-2 股票分割后的股东权益

普通股(面额1元，已发行200 000股)	200 000
资本公积	400 000
未分配利润	2 000 000
股东权益合计	2 600 000

分割前、后的每股盈余计算如下：

假定公司本年净利润220 000元，那么股票分割前的每股收益为2.2(220 000÷100 000)元。

假定股票分割后公司净利润不变，分割后的每股收益为1.1元，每股市价也会因此而下降。

股票分割不属于股利分配，但与股票股利在效果上有一些相似之处：①公司通过实行股票分割达到增加股票股数，降低每股市价，从而促进股票流通和交易的目的；②股票分割一般是成长中公司的行为，实行股票分割，有利于树立公司形象，有助于公司并购政策的实施，增加对被并购方的吸引力；③股票分割虽会导致每股收益下降，但只要股票分割后每股现金股利的下降幅度小于股票分割幅度，股东仍能多获现金股利，因此股票分割可能增加股东的现金股利，使股东感到满意。

股票分割与发放现金股利都能达到降低公司股价的目的，但一般情况下，只有在公司股价暴涨且预期难以下降时，才采用股票分割的办法来降低股价；而在公司股价上涨幅度不大时，往往通过发放股票股利将股价维持在理想的范围之内。

8.5.2 股票回购

1. 股票回购的含义与方式

股票回购(stock repurchases)，是指上市公司出资将其发行的流通在外的股票以一定价格购买回来予以注销或作为库藏股的一种资本运作方式。公司在股票回购完成后可以将所回购的股票注销，但在绝大多数情况下，公司将回购的股份作为“库藏股”保留，仍属于发行在外的股份，但不参与每股收益的计算和收益分配。库藏股日后可移作他用(如雇员福利计划、发行可转换债券等)，或在需要资金时将其出售。

股票回购的方式主要有3种：①在市场上直接购买；②向股东标购；③与少数大股东协商购买。

2. 股票回购的法律规定

我国《公司法》规定，公司不得收购本公司股份，但有下列情形之一的除外：

(1) 减少公司注册资本。

(2) 与持有本公司股份的其他公司合并。

(3) 将股份奖励给本公司职工。

(4) 股东因对股东大会作出的公司合并、分立决议持异议，要求公司收购其股份的。

3. 股票回购的动机

在证券市场上，股票回购的动机主要有以下几点：

1) 现金股利的替代

对公司来讲，派发现金股利会对公司产生未来的派现压力，而股票回购属于非正常股利政策，不会对公司产生未来的派现压力。对股东来讲，需要现金的股东可以选择出售股票，不需要现金的股东可以选择继续持有股票。因此，当公司有富余资金，但又不希望通过派现方式进行分配的时候，股票回购可以作为现金股利的一种替代。

2) 提高每股收益

由于财务上的每股收益指标是以流通在外的股份数作为计算基础的，有些公司为了自身形象、上市需求和投资人渴望高回报等原因，采取股票回购的方式来减少实际支付股利的股份数，从而提高每股收益指标。

3）改变公司的资本结构

股票回购可以改变公司的资本结构，提高财务杠杆水平。

4）传递公司的信息以稳定或提高公司的股价

由于信息不对称和预期差异，证券市场上的公司股票价格可能被低估，而过低的股价将会对公司产生负面影响。因此，如果公司认为公司的股价被低估时，可以进行股票回购，以向市场和投资者传递公司真实的投资价值，稳定或提高公司的股价。

5）巩固既定控制权或转移公司控制权

许多股份公司的大股东为了保证其所代表股份公司的控制权不被改变，往往采取直接或间接的方式回购股票，从而巩固既有的控制权。

6）防止敌意收购

股票回购有助于公司管理者避开竞争对手企图收购的威胁，因为这可以使公司流通在外的股份数变少，股价上升，从而使收购方要获得控制公司的法定股份比例变得更为困难。

7）满足认股权的行使

在企业发行可转换债券、认股权证或实行经理人员股票期权计划及员工持股计划的情况下，采取股票回购的方式既不会稀释每股收益，又能满足认股权的行使。

8）满足企业兼并与收购的需要

在进行企业兼并与收购时，产权交换的实现方式包括现金购买及换股两种。如果公司有库藏股，则可以用公司的库藏股来交换被并购公司的股权，这样可以减少公司的现金支出。

4. 股票回购的影响

1）股票回购对上市公司的影响

(1) 股票回购需要大量资金支付回购的成本，容易造成资金紧张，资产流动性降低，影响公司的后续发展。

(2) 公司进行股票回购，无异于股东退股和公司资本的减少，在一定程度上削弱了对债权人利益的保障。

(3) 股票回购可能使公司的发起人、股东更注重短期利润的兑现，而忽视公司长远的发展，损害公司的根本利益。

(4) 股票回购容易导致公司操纵股价。公司回购自己的股票，容易导致其利用内幕消息进行炒作，或操纵财务信息，加剧公司行为的非规范化，使投资者蒙受损失。

应用案例 8-2

申能股份资本运作

【案情简介】

1999 年 12 月，申能股份利用溢余的现金向母公司申能集团定向协议回购 10 亿股国有法人股，回购股数占申能股份总股本的 37.98%，回购单价为每股净资产 2.51 元，共计 25.1 亿元的回购资金来源全部为公司自有资金。

企业利用溢余的现金进行股份回购有什么意义呢？我们通过表8-3所示的存量现金状况和表8-4所示的每股收益对比就可以得到答案，通过对比回购前后的每股收益变化，每股收益增加近50%，股东价值提高了。并且，由于货币资金占比大幅度下降，资产结构得到优化，总资产收益率也有较大提高。

表8-3 1998—1999年回购前后申能股份存量现金状况

（单位：百万元）

	1998年中报	占总资产比重	1998年年报	占总资产比重	1999年中报	占总资产比重	1999年年报	占总资产比重
货币资金	596	6%	1 478	14%	1 404	13%	924	7%
短期投资	1 829	18%	2 106	20%	2 416	22%	887	7%
合计	2 425	24%	2 253	34%	3 820	36%	1 811	14%

表8-4 申能股份回购前后股本及每股收益变动对照表

	总股本(亿元)	国有法人股(%)	社会法人股(%)	社会公众股(%)	1999年每股收益(元)
回购前	26.33	80.25	10.22	9.53	0.31
回购后	16.33	68.16	16.47	15.37	0.51

2）股票回购对股东的影响

对于投资者来说，与现金股利相比，股票回购不仅可以节约个人税收，而且具有更大的灵活性。因为股东对公司派发的现金股利没有是否接受的可选择性，而对股票回购则具有可选择性，需要现金的股东可选择卖出股票，而不需要现金的股东则可继续持有股票。如果公司急于回购相当数量的股票，而对股票回购的出价太高，以至于偏离均衡价格，那么结果会不利于选择继续持有股票的股东，因为回购行动过后，股票价格会出现回归性下跌。

8.5.3 股权流通对价

所谓股权流通对价，是指非流通股股东为获取流通权而付出的一种代价，对价的方式基本有四种：送股、送现金、送权证和缩股，前三种对价形式对股权分置改革的上市公司既没有导致经济利益流入，也没有导致经济利益流出，对上市公司本身的注册资本、股本总额和资产、负债、所有者权益总额及其内部结构没有影响。而缩股对价则将使上市公司本身的注册资本和总股本减少。

习　　题

1. 单项选择题

（1）企业在分配收益时，必须按一定的比例和基数提取各种公积金，这一要求体现的是(　　)。

A. 资本保全约束　　B. 资本积累约束
C. 偿债能力约束　　D. 超额累积利润约束

(2) 按照剩余股利政策，假定某公司目标资金结构为自有资金与借入资金之比为3:2，该公司下一年度计划投资600万元，今年年末实现的净利润为1 200万元，股利分配时，应从税后净利中保留(　　)万元用于投资需要，再将剩余利润发放股利。

A. 600　　B. 250　　C. 375　　D. 360

(3) 一般而言，固定股利政策适用于(　　)。

A. 公司的初创阶段
B. 经营比较稳定或正处于成长期、信誉一般的公司
C. 赢利波动较大的公司
D. 赢利较高但投资机会较多的公司

(4) 主要依靠股利维持生活的股东和养老基金管理人最不赞成的公司股利政策是(　　)。

A. 剩余股利政策　　B. 固定股利政策
C. 固定股利支付率政策　　D. 正常股利加额外股利政策

(5) 在下列股利分配政策中，能保持股利与利润之间一定的比例关系，并体现风险投资与风险收益对等原则的是(　　)。

A. 剩余股利政策　　B. 固定股利政策
C. 固定股利支付率政策　　D. 正常股利加额外股利政策

(6) 上市公司按照剩余股利政策发放股利的好处是(　　)。

A. 有利于公司合理安排资金结构　　B. 有利于投资者安排收入与支出
C. 有利于公司稳定股票的市场价格　　D. 有利于公司树立良好的形象

(7) 相对于其他股利政策而言，既可以维持股利的稳定性，又有利于优化资本结构的股利政策是(　　)。

A. 剩余股利政策　　B. 固定股利政策
C. 固定股利支付率政策　　D. 低正常股利加额外股利政策

(8) 下列有关股票分割表述正确的是(　　)。

A. 股票分割的结果会使股数增加、股东权益增加
B. 股票分割的结果使股东权益各账户的余额发生变化
C. 股票分割会使每股收益和每股市价降低
D. 股票分割不影响股票面值

(9) 公司以股票形式发放股利，可能带来的结果是(　　)。

A. 引起公司资产减少　　B. 引起公司负债减少
C. 引起股东权益内部结构变化　　D. 引起股东权益与负债同时变化

(10) 下列不属于股票回购负效应的是(　　)。

A. 需要大量资金支付回购的成本，易造成资金紧缺，资产流动性变差
B. 使公司的发起人股东忽视公司长远的发展
C. 容易导致内部操纵股价
D. 会造成短期效应

2. 多项选择题

(1) 确定企业收益分配政策时需要考虑的法规约束因素主要包括( )。

A. 资本保全约束 B. 资本积累约束

C. 偿债能力约束 D. 稳定股价约束

(2) 若上市公司采用了合理的收益分配政策，则可获得的效果有( )。

A. 能为企业筹资创造良好条件 B. 能处理好与投资者的关系

C. 改善企业经营管理 D. 能增强投资者的信心

(3) 按照资本保全约束的要求，企业发放股利所需资金的来源包括( )。

A. 当期利润 B. 留存收益 C. 原始投资 D. 股本

(4) 股东在决定公司收益分配政策时，通常考虑的主要因素有( )。

A. 筹资成本 B. 偿债能力约束

C. 防止公司控制权旁落 D. 避税

(5) 采用固定股利政策对公司不利的方面表现在( )。

A. 稀释了股权 B. 股利支付与公司盈余脱节，资金难以保证

C. 易造成公司不稳定的印象 D. 无法保持较低的资本成本

(6) 股利政策的制定受多种因素的影响，包括( )。

A. 税法股利和出售股票收益的不同处理

B. 未来公司的投资机会

C. 各种资金来源及其成本

D. 股东对当期收入的相对偏好

(7) 恰当的股利分配政策有利于( )。

A. 增强公司积累能力 B. 增强投资者对公司的投资信心

C. 提高企业的市场价值 D. 改善企业资本结构

(8) 上市公司发放股票股利可能导致的结果有( )。

A. 公司股东权益内部结构发生变化 B. 公司股东权益总额发生变化

C. 公司每股利润下降 D. 公司股份总额发生变化

(9) 发放股票股利，可能会产生下列影响( )。

A. 引起每股盈余下降 B. 使公司留存大量现金

C. 股东权益各项目的比例发生变化 D. 股东权益总额发生变化

E. 股票价格下跌

(10) 下列表述正确的是( )。

A. 在除息日前，股利权从属于股票

B. 在除息日前，持有股票者不享有领取股利的权利

C. 在除息日前，股利权不从属于股票

D. 从除息日开始，新购入股票的投资者不能分享股利

E. 股权登记日在除息日之前

3. 思考题

（1）企业税后利润的分配顺序如何？

（2）影响股利政策制定的因素有哪些？

（3）试述剩余股利政策和固定股利政策各自的运作原理及两者之间的区别。

（4）固定股利支付率政策的优缺点体现在哪里？

（5）股利的发放形式主要有哪几种？

4. 计算题

（1）某公司今年年底的所有者权益总额为 6 000 万元，普通股 4 000 万股。目前的资本结构为长期负债占 55%，所有者权益占 45%，没有需要付息的流动负债。该公司的所得税率为 25%。预计继续增加长期债务不会改变目前 10%的平均利率水平。董事会在讨论明年资金安排时提出：

① 计划年度分配现金股利 0.1 元/股；

② 为新的投资项目筹集 3 000 万元的资金．

③ 计划年度维持目前的资本结构，并且不增发新股，不举借短期借款。

要求：测算实现董事会上述要求所需要的息税前利润。

（2）某公司成立于 2007 年 1 月 1 日，2007 年度实现的净利润为 1 000 万元，分配现金股利 550 万元，提取盈余公积 450 万元(所提盈余公积均已指定用途)。2008 年实现的净利润为 900 万元(不考虑计提法定盈余公积的因素)。2009 年计划增加投资，所需资金为 700 万元。假定公司目标资本结构为自有资金占 60%，借入资金占 40%。

要求：

① 在保持目标资本结构的前提下，计算 2009 年投资方案所需的自有资金额和需要从外部借入的资金额。

② 在保持目标资本结构的前提下，如果公司执行剩余股利政策。计算 2008 年度应分配的现金股利。

③ 在不考虑目标资本结构的前提下，如果公司执行固定股利政策，计算 2008 年度应分配的现金股利、可用于 2009 年投资的留存收益和需要额外筹集的资金额。

④ 不考虑目标资本结构的前提下，如果公司执行固定股利支付政策，计算该公司的股利支付率和 2008 年度应分配的现金股利。

⑤ 假定公司 2009 年面临着从外部筹资的困难，只能从内部筹资，不考虑目标资本结构，计算在此情况下 2008 年度应分配的现金股利。

5. 案例分析

花旗集团股利决策案例

花旗集团是花旗银行的母公司，由于巨额房地产贷款损失和一些其他问题，于 1991 年宣布暂停其股利支付。新闻报道透露银行监管者开始着手结束银行的监管活动，并迫使花旗银行暂停股利支付，直到其资本复原。到1993年，花旗集团的状况大为改善。

从1990年年末到1993年年末，该集团控制的资本从160亿美元升至235亿美元，并且其第一层杠杆资本比率(第一层资本，主要为普通股股东权益与平均资产的比率)达到6.8%(最低要求为4%)。现在花旗集团正在考虑重新开始支付股利。

在暂停股利支付前两年，花旗集团的股利分配方案见表8-5。

表8-5　花旗集团的股利分配方案

季　度	股利分配方案(美元)	季　度	股利分配方案(美元)
1990(1)	现金股利0.405	1991(1)	现金股利0.25
1990(2)	现金股利0.445	1991(2)	现金股利0.25
1990(3)	现金股利0.445	1991(3)	现金股利0.25
1990(4)	现金股利0.445	1991(4)	暂停支付(1991年10月15日)

花旗集团过去数年的每股盈余和1994年4月以后数年的预期每股盈余(用F表示)见表8-6。

表8-6　花旗集团数年的每股盈余和预期每股盈余

年　份	1988	1989	1990	1991	1992	1993	1994F	1995F	1996F
每股盈余(美元)	4.87	1.16	0.57	−3.22	1.35	3.53	6.00	6.50	7.50

花旗集团在重新确定现金股利时需要考虑可比同类银行的股利政策。表8-7提供了其所考虑的一些信息。

表8-7　银行的股利政策

银　行	净值与资产比率(%)			股利支付率(%)			股利收益率(%)
	1991年	1992年	1993年	1991年	1992年	1993年	
花旗银行	4.4	5.2	6.5	—	—	—	—
纽约银行	7.4	8.6	8.9	131	36	32	1.7
美国商业银行	7.0	8.6	9.2	25	31	29	4.1
银行家信托公司	5.3	5.3	4.9	34	33	26	5.1
大通银行	5.5	6.8	8.0	38	35	63	4.1
化工银行	5.2	7.1	7.4	955	31	24	4.2
摩根银行	5.9	6.9	7.4	36	32	29	4.3
国民银行	5.9	6.6	6.3	195	33	33	4.0

股利收益率＝4×最近一季季度股利/每股价格

思考题：

(1) 1990年花旗集团的股利支付率为多少？

(2) 为什么花旗集团在1991年的第一个季度要削减股利，当时它是否应当暂停股利支付？

(3) 1992年可比银行的平均股利支付率为多少？1993年呢？

(4) 你认为在1994年春季，当花旗集团宣告发放现金股利时，市场将如何反应？这一信息传递可信吗？

(5) 根据已有信息，你建议花旗集团应采用多高的股利支付率？如果你需要作出更有把握的推荐，还须增加了解哪些信息？

(6) 假定花旗集团的股票价格为 39 美元，如果该公司希望它的股票能提供“平均股利收益率”，那么它应宣告的每季股利是多少？

(7) 花旗集团应宣告现金股利吗？如果应该，你建议应为多少？

（资料来源：王化成．财务管理教学案例．北京：中国人民大学出版社，2001.）

第9章

财务预算

教学目标

通过本章学习应理解预算的本质，了解全面预算的内容、业务流程和作用，理解财务预算的内容和地位，掌握财务预算的编制方法和程序。

教学要求

知识要点	能力要求	相关知识
全面预算	(1) 了解预算的本质、全面预算的组成内容、业务流程和具体分类 (2) 明确全面预算的作用	预算、计划、全面预算
财务预算的地位和内容	(1) 掌握财务预算的含义、组成内容 (2) 理解财务预算在全面预算体系中的地位	财务预算、业务预算、专门决策预算
财务预算的编制方法	(1) 理解各种预算编制方法的适用范围 (2) 理解各种预算编制方法的编制原理 (3) 掌握弹性预算、零基预算和滚动预算的编制	(1) 固定预算、弹性预算 (2) 增量预算、零基预算 (3) 定期预算、滚动预算

续表

知识要点	能力要求	相关知识
财务预算的编制程序	(1) 理解并掌握业务预算、财务预算、专门决策预算的编制原理 (2) 掌握销售预算、生产预算、直接材料采购预算及现金预算的编制程序	(1) 销售预算、生产预算、材料采购预算、直接人工预算、制造费用预算、产品成本预算、销售及管理费用预算 (2) 现金预算、预计损益表、预计资产负债表

基本概念

预算；全面预算；财务预算；固定预算；弹性预算；零基预算；滚动预算；业务预算；现金预算；预计资产负债表；预计利润表。

引　言

美能达公司在2006年度取得了辉煌的战绩，利税总额均在上年的基础上实现了翻番。但是对于2007年度，考虑到销售形势的持续旺盛，原材料价格的上涨，直接人工成本上升这些因素，企业的发展形势会不会受到影响？企业的利税总额又将会达到多少？这是企业高层管理者在2007年来临之前必须考虑的问题。

为了回答这一问题，企业首先预测在2007年可能达到的销售量，进而确定销售收入；然后根据以销定产原则，确定生产量、采购量，进而确定采购资金的占用额，再计算出加工费用、销售费用等，得出计划年度的利税总额。同时为了保证上述利税总额在2007年的顺利实现，企业还必须据此做好周密的资金安排等。所有这些问题，都可以在财务预算编制过程及其结果中得到解决。

本章将从全面预算入手，介绍财务预算的含义、地位、编制方法和程序。

9.1 全面预算

9.1.1 预算的本质

人们常说：很少有企业计划去失败，而许多失败的企业却是因为没有计划。预算(budget)是指企业或个人未来的一定时期内经营、资本、财务等各方面的收入、支出、现金流的总体计划，目的是协调和控制一定时期内资源的获得、配置和使用。正如格伦·A·韦尔升(Glenm A. Welsh)所说，企业预算乃是一种涵盖未来一定期间所有营运活动过程的计划，它是企业最高管理者为整个企业及其各部门设定的目标、战略及方案的正式表达，可以说预算是控制范围最广的技术，因为它关系到整个组织机构而不仅是其中的几个部门。因此，编制预算可以看成是将构成组织机构的各种利益整合成一个所有各方都同意的计划，并在试图达到目标的过程中，说明计划是可行的。

查尔斯·T·亨格瑞(Charles T. Horngren)认为预算是行动计划的数量表达。但预算并不等同于计划。任何有意义的设想都可以称之为计划，如工作目标、实现目标的步骤和方法等，而预算则专指使用货币量度的计划。预算总是针对特定期间的，如一年或几年，也可能是某一事项的开始至结束，如某项工程的预算。预算的前提是企业已经确定了计划期目标。为了达到和完成企业的总体目标，企业的销售、生产、供应、财务等职能部门必须相互配合、协调一致地开展工作，这就是预算的编制过程。因此，在企业的计划和控制中，预算是使用最为广泛的工具之一。企业要想在激烈的市场竞争中立于不败之地，实现经济利益的最大化，就必须事先编制预算。

9.1.2 全面预算的内容

全面预算(comprehensive budget)是指企业对一定期间经营活动、投资活动、财务活动等作出的预算安排。它主要由销售预算、生产预算、采购预算、销售及管理费用预算、财务费用预算、资本支出预算、一次性专门业务预算、现金预算、预计损益表、预计资产负债表等构成，可分为业务预算、财务预算和专门决策预算3大类。由此可见，全面预算是由一系列预算构成的，反映企业的整个经营目标是一个相互关联、不可分割的有机整体。总会计师或分管会计工作的负责人应当协助企业负责人负责企业全面预算管理工作的组织领导。各种预算之间的相互关系见图9.1。

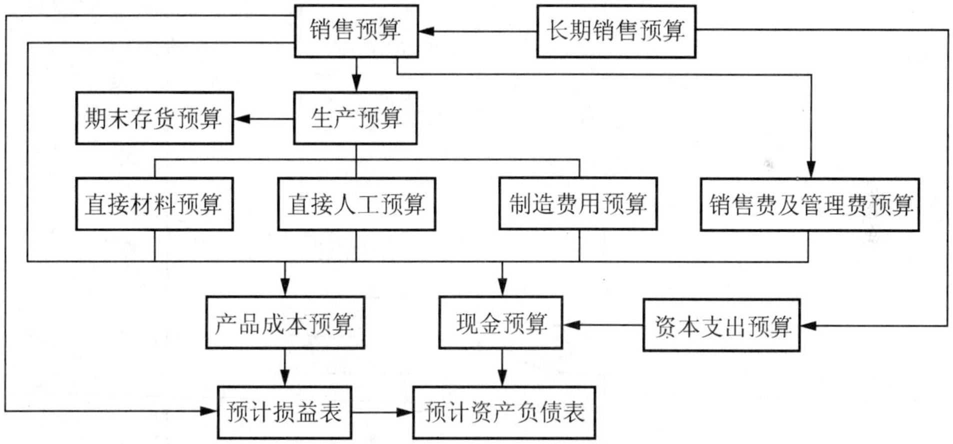

图9.1 财务预算关系图

上述各种预算间存在下列关系：销售预算是各种预算的起点，是生产费用预算、销售及管理费用预算、现金预算和资本预算的编制基础；现金预算是销售预算、生产费用预算、期间费用预算和资本预算中有关现金收支的汇总；预算损益表要根据销售预算、生产费用预算、期间费用预算、现金预算编制，预计资产负债表要根据期初资产负债表和销售、生产费用、资本等预算编制。

9.1.3 全面预算的分类

预算按照期限长短可分为长期预算和短期预算。通常长期与短期的划分以一年为限。长期预算(long-term budget)主要指预算期为一年以上的预算，主要包括资本支出预算(capital expenditure budgets)和长期销售预算。由于长期投资所需资金金额较大，影响期较长，故长期预算编制的好坏，会影响到一个企业的长期财务目标是否能如期实现，影响到企业今后若干年的经济效益，影响到短期预算的编制。短期预算(short-term budget)是指年度预算，或者时间更短的季度或月度预算，如直接材料预算、现金预算等。

全面预算按照涉及的内容分为总预算和专门预算。总预算(overall budget)是指预计利润表预算和预计资产负债表预算，它们反映企业的总体情况，是各种专门预算的综合。专门决策预算(special decision budget)是指反映企业某一方面经济活动的预算。

9.1.4 全面预算基本业务流程

企业全面预算业务的基本流程一般包括预算编制、预算执行和预算考核 3 个阶段。其中，预算编制阶段包括预算编制、预算审批、预算下达等具体环节；预算执行阶段涉及预算指标分解和责任落实、预算执行控制、预算分析、预算调整等具体环节。这些业务环节相互关联、相互作用、相互衔接，周而复始地循环，从而实现对企业全面经济活动的控制，如图 9.2 所示。

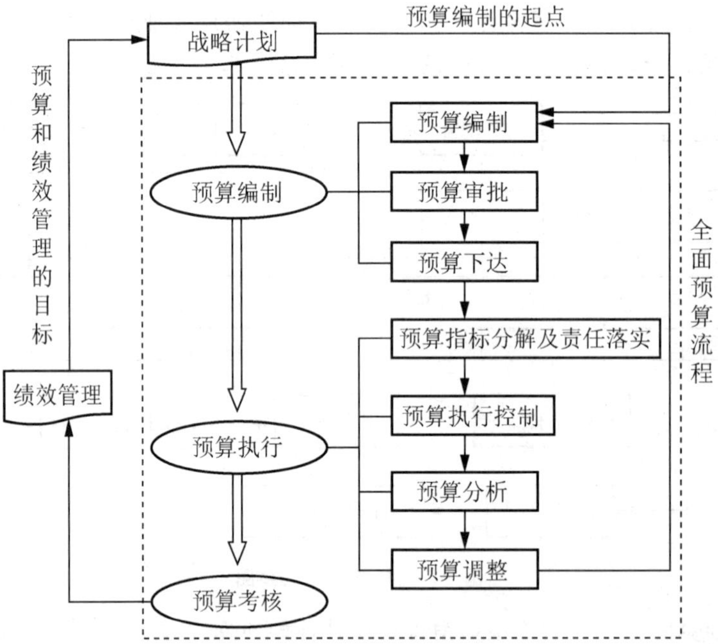

图 9.2　全面预算基本业务流程图

(资料来源：财政部会计司解读《企业内部控制应用指引第 15 号——全面预算》)

9.1.5 全面预算的作用

全面预算是各层次、各部门工作的奋斗目标、沟通与协调工具、规划与控制标准、评价与激励依据，在企业的经营管理中发挥着重大作用。

1. 明确目标

预算是具体化的经营目标。通过全面预算的编制，有助于整个企业内部各个职能部门的全体职工了解本企业、本部门、本人在实现企业经营目标过程中的地位、作用和责任，促使其想方设法完成各自的责任目标和企业的总目标。

2. 沟通与协调工具

企业内部各部门间的工作既是分工负责，又是有机结合的，任何一个环节缺乏统一步调，都会导致整个企业顾此失彼、相互脱节，从而无法圆满完成企业的决策目标。全面预算围绕着企业的经营目标，把企业生产经营过程中各个环节、各个方面的工作严密地组织起来，使企业内部上下左右协调，保持平衡，减少和消除可能出现的各种矛盾冲突，从而使企业成为一个为完成其经营目标而顺利运转的有机整体。

3. 规划与控制标准

预算是一只"有形的手"，能够对企业资源进行规划与控制。预算的控制作用表现为3个方面：①事前控制，即在编制预算前广泛征求各有关部门和人员的意见，分析和说明所提出的计划和应支出的金额是否合理，使预算真正落到实处；②事中控制，即在预算的执行过程中对实际脱离预算的差异进行认真分析，以便采取必要的措施加以纠正，保证预定目标的顺利实现；③事后控制，即将企业经营活动的实际结果与预算进行对比，分析差异产生的原因，提出改进措施，为下期的预算编制提供依据。

4. 评价与激励依据

全面预算不仅是控制企业日常经济活动的主要依据，而且也是评价企业各部门和员工工作业绩的重要准绳。在生产经营过程中，把实际结果和预算加以比较，揭示出来的差异，可以考核各部门的工作业绩，同时也可用来检查预算编制的质量。

特别提示

企业实行全面预算管理，至少应当关注下列风险：①不编制预算或预算不健全，可能导致企业经营缺乏约束或盲目经营；②预算目标不合理、编制不科学，可能导致企业资源浪费或发展战略难以实现；③预算缺乏刚性、执行不力、考核不严，可能导致预算管理流于形式。(《企业内部控制应用指引第15号——全面预算》第三条)

9.2 财务预算的内容和地位

9.2.1 财务预算的内容

财务预算(financial budget)是一系列专门反映企业未来一定期限内预计财务状况和经营成果，以及现金收支等价值指标的各种预算的总称，包括现金预算、预计利润表和预计资产负债表等内容。编制财务预算是企业财务管理的一项重要内容。财务预算必须服从企业决策目标的要求，使决策目标具体化、系统化和定量化。

9.2.2 财务预算在全面预算体系中的地位

全面预算是一种管理工具，也是一套系统的管理方法，是关于企业在一定的时期内(一般为一年或一个预算期间内)各项业务活动、财务表现等方面的总体预测。企业通过全面预算方法合理分配企业人、财、物等战略资源协助企业实现既定的战略目标，与相应的绩效管理配合以促进战略目标的实现，控制费用支出，并预测资金需求、利润和期末财务状况等。具体包括业务预算、专门决策预算和财务预算 3 大类。

业务预算是指与企业日常经营活动直接相关的经营业务的各种预算，也是编制财务预算的基础。包括销售预算、生产预算、采购预算、直接人工预算、制造费用预算、生产成本预算、销售及管理费用预算等。这些预算相互勾稽，既有价值指标，又有实物指标，还有时点或时期指标。

专门决策预算(special decision budget)是反映企业某一方面经济活动的预算，实际上是一种方案评价和选择的决策方法和过程，如资本支出预算，其编制依据可追溯到决策之前搜集到的有关资料。

财务预算作为全面预算的最后环节，从价值方面总括地反映经营期专门决策预算与业务预算的结果，也称总预算(master budget)，反映企业的总体情况，是各种专门预算的综合，能使全面预算目标具体化、系统化和定量化。其他预算编制服务于财务预算编制，构成财务预算编制的基础。因此，财务预算是全面预算的核心。

9.3 财务预算的编制方法

9.3.1 固定预算与弹性预算

编制预算的方法按业务量基础的数量特征不同，可分为固定预算和弹性预算。

1. 固定预算

1）固定预算的含义

固定预算(fixed budget)是指以一定的业务量水平为基础，根据预算期内正常的、可实现的某一业务量水平为基础来编制的预算。这种预算在编制时不考虑预算期内生产经营活动可能发生的变动对预算的影响，是编制预算的最基本的方法。

2）固定预算的缺点

(1) 固定预算过于机械呆板。固定预算是根据某一业务量水平为基础编制的，无论预算期内业务量水平是否发生变动，该方法均按事先确定的某一业务量水平作为编制预算的基础。

(2) 固定预算可比性差。在市场经济体制下，企业的生产要根据市场需求安排，但由于市场变化莫测，加之企业内部经常也会有意外的变化，以至于企业有时对经济业务量很难准确预算，往往出现实际完成的业务量与预算业务量不相吻合，甚至差距很大的情况，因而无法根据固定预算控制、考核和评价企业及各部门的预算执行情况。

3）固定预算的应用范围

通常，对不随业务量变化而变化的固定成本采用固定预算进行编制。固定预算也适用于业务量较为稳定的企业或非营利组织。

2. 弹性预算

1）弹性预算的含义

弹性预算(flexible budget)是在将成本划分为固定成本和变动成本的基础上，根据收入、成本同业务量之间的关系，按不同的预算期业务量水平标准编制的，并由一系列个别预算组成的预算。由于这种预算随着业务量的变化而变化，具有伸缩性，因而称之为弹性预算，又称变动预算。

编制弹性预算所依据的业务量可以是产量、销售量、直接人工工时、机器工时、材料消耗量等。

2）弹性预算的优点

相对于固定预算，弹性预算主要有以下优点：

(1) 预算范围宽。弹性预算能够反映预算期一定相关范围内不同业务量水平下的相应预算额。即在相关范围内，弹性预算可随业务量变动而做相应调整的一组预算，预算的适用范围更为宽广。

(2) 预算可比性强。在预算期内，当实际业务量与预计业务量不一致时，可将实际指标与实际业务量下的预算额进行比较，使预算执行情况的评价与考核建立在更加客观和可比的基础上，更好地发挥预算的控制作用。

3）弹性预算的应用范围

由于未来业务量的变动会影响到成本费用和利润等各个方面，因此从理论上讲弹性预算适用于所有与业务量有关的预算。在实际工作中，弹性预算主要用于成本费用预算和利润预算的编制。

4）弹性预算的编制

(1) 弹性成本费用预算的编制。弹性成本费用预算主要用于涉及各种间接费用的预算，如间接制造费用、销售及管理费用等预算。直接材料和直接人工是随产量成正比例变动的费用，可以通过标准成本进行控制和考核，不一定要编制弹性预算。

在编制弹性成本费用预算之前，首先需选择适当的业务量水平，并确定其可能的变动幅度(可按历史资料或正常生产能量的70%～110%确定)；其次，根据该业务量范围内有关成本费用项目之间的内在联系进行编制。

弹性成本费用预算的基本公式如下：

$$成本费用预算=固定成本预算+销售量\times单位变动成本预算$$

从上述公式可以发现，采用弹性预算的方法编制成本预算，关键在于将所有的成本划分为固定成本和变动成本两部分。变动成本主要根据单位业务量来进行控制，而固定成本则按总额来进行控制。

【例9-1】 海利得公司本月预计生产A产品5 000件，实际产量为5 500件。该月产品预算成本资料和实际成本资料见表9-1。

表 9-1 固定预算和实际成本差异表

生产量		固定预算	实际	差异
		5 000 件	5 500 件	+500 件
成本项目	直接材料	50 000 元	53 000 元	+3 000 元
	直接人工	16 000 元	18 000 元	+2 000 元
	制造费用	30 000 元	33 000 元	+3 000 元
	合计	96 000 元	104 000 元	+8 000 元

从表 9-1 可以看出，将实际成本与固定预算进行比较，实际超过预算 8 000 元。但由于实际成本与固定预算所依据的生产量不同，难以说明企业生产经营活动的好坏。如果将实际成本与成本的弹性预算进行比较，结论就会清晰明了，见表 9-2。

表 9-2 弹性预算与实际成本差异表

生产量	弹性预算			实际	差异
		5 000 件	5 500 件	5 500 件	
成本项目	单位成本(元)	总成本(元)	总成本(元)	总成本(元)	
直接材料	10.00	50 000	55 000	53 000	−2 000
直接人工	3.20	16 000	17 600	18 000	+400
变动制造费用	2.50	12 500	13 750	13 200	−550
小计	15.7	78 500	86 350	84 200	−2 150
固定制造费用	3.5	17 500	17500	19 800	+2 300
合计	19.2	96 000	103 850	104 000	+150

从表 9-2 中可以看出，就个别成本项目来看，有超支的，也有节约的，但总成本只超支 150 元，而不是 8 000 元。可见，弹性预算比固定预算能够更真实地说明企业各个部门的工作质量与效果，正确地评价企业的各项工作，明确经济责任，从而调动职工的积极性。

(2) 弹性利润预算的编制。编制完成本的弹性预算以后，就可以编制利润的弹性预算。利润的弹性预算以预算期内预计的多种可能实现的销售收入作为出发点，按照成本的性态扣除相应的成本，借以分别确定基于不同销售量可能实现的损益。该预算反映了企业在预算期内各种业务量水平上应获得的利润。如例 9-1 中的 A 产品，假设 A 产品的销售单价为 30 元，固定销售管理费用为已知数，其他资料同前例。利润的弹性预算与实际利润的比较见表 9-3。

表 9-3 利润弹性预算表

项目	弹性预算		实际	差异(元)
销售量	5 000 件	5 500 件	5 500 件	
销售收入(元)	150 000	165 000	158 000	−7 000
变动成本(元)	78 500	86 350	84 200	−2 150

续表

项　　目	弹性预算		实　　际	差异(元)
边际贡献(元)	71 500	78 650	73 800	−4850
固定制造成本(元)	17 500	17 500	19 800	+2300
固定销售管理费(元)	12 000	12 000	12 500	+500
税前利润(元)	42 000	49 150	41 500	−7650

注：固定销售管理费为假设数。

利润弹性预算的基本公式如下：

利润预算＝销售量×预计单位售价－固定成本－销售量×预计单位变动成本

从表 9－3 可以看出，A 产品的税前利润总额实际数比预算数减少了 7 650 元，原因在于：A 产品的销售收入实际数比预算数减少了 7 000 元，而变动成本实际数比预算数节约了 2 150 元，故边际贡献实际比预算减少了 4 850 元；同时也可以发现，A 产品的固定成本没有控制好，固定成本总额实际比预算也超支了 2 800(2 300＋500)元。因此，税前利润总额相应减少了 7 650(4 850＋2 800)元。

9.3.2　增量预算与零基预算

编制成本费用预算的方法按其出发点的特征不同，可分为增量预算和零基预算。

1. 增量预算

1）增量预算的含义

增量预算(incremental budget)是以基期成本费用水平为基础，结合预算期业务量水平及有关降低成本的措施，通过调整有关原有费用项目而编制的预算。其基本计算原理与 7.2 节因素分析模式类似。

2）增量预算的缺点

增量预算在编制过程中是以过去的经验为基础的，假设企业原有的经营活动是正常的，原有的各项开支是合理的，基本上应予以保留。这种预算编制方法存在以下不足。

(1) 导致不合理支出继续存在。该种预算在编制过程中，往往不加分析地保留或接受原有预算项目，从而造成原有不合理开支继续存在，助长低效和浪费。

(2) 造成预算编制简单化。预算编制人员在编制预算过程中，往往凭主观想象平均增加或削减预算费用，不利于调动各部门降低费用的积极性。

(3) 没有考虑到企业的长远发展。增量预算实际上是过去的延续，没有考虑到企业未来发展的需要，未能对预算项目进行适当的删减和增加。

2. 零基预算

1）零基预算的含义

零基预算(zero-base budgeting，ZBB)，是指在编制预算时，对任何一种费用的开支数，不是以现有费用开支水平为基础的，即不考虑以往的水平，而是一切以零为起点，根据其必要性来确定预算期内费用支出数额的大小。

20世纪60年代美国乔治亚州的政府预算首先使用该方法，美国得州仪器公司于20世纪70年代开始使用，现在已为大多数企业所采用。

2）零基预算的编制程序

(1) 确定预算目标。由企业提出总体目标，然后企业内部各有关部门根据企业的总目标和各部门的责任目标，详细讨论预算期内需要发生的费用项目，并对每一项费用具体说明其性质、目的、作用及所需要的支出数额。

(2) 对费用开支进行分析。企业需成立预算审核委员会，按成本—效益原则逐项审核各项业务开支的必要性，将预算项目分为不可避免项目和可避免项目。对不可避免项目必须保证资金供应；对可避免项目采用对比的方法，即将其所费与所得进行对比，权衡各项费用开支的轻重缓急，并结合所需资金的多少分成等级，确定各项费用的优先顺序。

(3) 分配资金，落实预算。在严格审核的基础上，根据企业预算期内可能获得的收入、实现的利润以及筹集资金的能力，按照(2)所确定的顺序分配资金，将预算落实。

3）零基预算的优点

(1) 有助于压缩、节约预算开支。编制预算时不考虑过去支出的水平，所有支出均以零为起点进行观察、分析、衡量，不受现行预算的约束，这有助于压缩、节约开支。

(2) 有助于提高资金的使用效果。零基预算要求对每项业务预算，都要进行成本—效益分析，从经济效益上考虑各项支出的必要性和数额，从而可以促进企业各基层单位精打细算，量力而行，合理使用资金，提高资金的使用效果。

(3) 有助于企业的未来发展。零基预算对一切支出均以零为起点进行分析研究，无论是对原有预算项目，还是关系到企业未来发展的新增预算项目均做到一视同仁，和增量预算相比，有助于企业的未来发展。

4）零基预算的适用范围

零基预算在编制时以零为出发点进行分析研究，确定预算金额，因而编制的工作量较大、时间长，而且稍不注意，就会顾此失彼、重点不明。因此，零基预算主要应用于固定成本的预算。

【例9－2】 假定海利得公司按照零基预算的编制方法编制下年度的销售及管理费用预算。

首先，经过企业销售部门和行政管理部门的全体职工根据下年度企业总体目标和本部门的责任目标，多次讨论研究，反复协商，一致认为计划期内需发生以下一些费用项目及其预计的开支水平：

产品包装费	5 000元
广告费	8 000元
销售管理人员培训费	3 000元
房屋租金	5 000元
差旅费	4 000元
办公费	3 000元

在上述费用中，房屋租金、旅差费和办公费被一致认为均属计划期内必不可少的费用支出，需全额得到保证。

其次，由销售部门有关人员根据历史资料，对包装费、广告费和职工技术培训费进行“成本—效益分析”，其结果见表9-4。

表9-4 成本—效益分析结果表

（单位：元）

项　目	成本金额	收益金额
包装费	1	17
广告费	1	15
培训	1	8

再次，审计委员会对上述费用项目，按其性质和轻重缓急排列，分成如下3个等级：

第一等级，房屋租金、差旅费、办公费，总额为12 000元，必须全额保证资金需要。

第二等级，包装费、广告费。如果企业财力允许，应按原讨论结果安排预算；若企业财力有限，则可适当削减。

第三等级，职工技术培训费。这项费用属于智力方面的投资，在企业财力不允许的情况下，这项预算可做适当调整，如限制培训人员数量，或者减少培训项目等。

假定该企业在下年度对销售及管理费用可动用的财务资源只有20 000元，那么就根据以下排列的等级顺序分配资金，落实预算。

房屋租金、旅差费、办公费必须得到全额保证，合计金额为12 000元。

那么，尚可分配的资金为8 000元，应按成本收益率的比例在包装费、广告费、职工培训费之间进行分配。

包装费可分配的资金＝8 000×17÷(17＋15＋8)＝3 400(元)

广告费可分配的资金＝8 000×15÷(17＋15＋8)＝3 000(元)

职工培训费可分配的资金＝8 000×8÷(17＋15＋8)＝1 600(元)

必须指出的是，由于不同的企业生产经营的特点不同，管理水平不同，各企业分配资金的具体方法也会有所不同。

9.3.3 定期预算与滚动预算

编制预算的方法按照其选择预算期的时间特征不同，可分为定期预算和滚动预算。

1. 定期预算

1）定期预算的含义

定期预算(periodic budget)，是指在编制预算时以固定的会计期间作为预算期的一种预算编制方法。该种预算的预算期间与会计期间相吻合，便于考核和评价预算的执行效果。

2）定期预算的缺点

(1) 远期指导性差。定期预算一般是在上一年末的最后一个季度或年初编制，因此它对预算年度的生产经营活动难以作出准确的预测，缺乏远期指导性。这给预算的执行带来诸多困难，不利于对企业的生产经营活动进行评价和考核。

(2) 灵活性差。由于定期预算不能随客观情况变化及时调整，而当预算中所规划的经营活动发生重大变化时，就容易造成预算的滞后，失去预算的指导作用。

(3) 连续性差。由于定期预算是人为划定预算期间，容易对经营管理者的决策造成时间上的断裂，缺乏前后各期的通盘考虑，不利于企业的长远发展。

2. 滚动预算

1) 滚动预算的含义

滚动预算(rolling forecast budget)又称连续预算或永续预算，是指在编制预算时，将预算期与会计年度脱离，随着预算的执行不断延伸补充预算，逐期向后滚动，使预算期永远保持为一个固定期间(如12个月)的一种预算编制方法。

滚动预算按其预算编制和滚动的时间单位不同可分为逐月滚动、逐季滚动和混合滚动3种方式。

2) 滚动预算的优点

与传统的定期预算方法相比，按滚动预算方法编制的预算具有以下优点：

(1) 透明度高。预算不再是在预算年度之前编制，而是采取逐期滚动的方式，与企业的日常管理结合紧密，能够为企业从动态的角度规划未来，使预算的透明度增强。

(2) 及时性强。预算能根据前期预算的执行情况及时修订本期或近期预算，使预算更切合实际，有助于发挥预算的指导和控制作用。

(3) 连续性、完整性和稳定性突出。滚动预算不受日历年度限制，能够连续不断地规划企业未来的经济活动，可以动态地为企业规划未来一定时期内，如一年内的总体规划和近期目标，确保企业日常工作的完整性和稳定性。

但这种方法也有其缺点，那就是预算工作量较大，加大了预算编制人员的工作强度，而且不一定能够保证信息的质量，同时，滚动预算也没有办法防止企业经理人员调整预算数据以适应计划的需要。

3) 滚动预算的方式

(1) 逐月滚动方式。逐月滚动方式是指在预算编制过程中，以月为预算的编制和滚动单位，每月编制一次预算。

(2) 逐季滚动方式。逐季滚动方式是指在预算编制过程中，以季为预算的编制和滚动单位，每季编制一次预算。逐季滚动预算和逐月滚动预算相比，工作量较小，但预算精确度较差。

(3) 混合滚动方式。混合滚动方式是指在预算编制过程中，同时使用月和季为预算的编制和滚动单位来编制预算。这是一种折中的预算编制方式。在预算编制过程中，对近期预算需安排详尽，精确度高，应采用按月编制的方式；对远期经济活动，需适当安排，做到有计划、有部署，精确度相对较低，应采用按月编制的方式。这样，整个预算既突出重点，又详略得当，部分地简化了预算的编制工作。

9.4 财务预算的编制程序

财务预算的编制以业务预算和专门决策预算编制为基础，具体程序如下：

9.4.1 业务预算的编制

业务预算，也叫经营预算(operation budget)，是反映企业日常发生的各项具有实质性的基本经济业务活动的预算。制造企业的业务预算涵盖企业的供应、生产、销售各项经济活动，包括销售预算、生产预算、采购预算、直接人工预算、制造费用预算、单位生产成本及存货预算、销售费及管理费预算等。

1. 销售预算

在市场经济条件下，企业的生产必须根据市场需求量来决定，即以销定产。因此，销售预算就成了全面预算的基础，也是编制全面预算的关键。其他预算均以销售预算为基础。销售预算的编制适当与否，将直接影响整个预算体系的编制质量。

销售预算(sales budget)通常以产品销售数量和销售金额表示。编制销售预算时，首先要对本企业的销售历史资料进行分析并进行预测，确定有可能使企业经济效益达到最好的销售量和销售单价以及货款的回收情况。由于赊销方式的存在，当期所取得的销售收入与同期的现金收入可能不一致。因此，在实际工作中，一般还要附加编制预计现金收入的计算表，来反映预算期内因销售而发生的现金收入，并作为今后编制现金预算的依据之一。

【例9-3】 假定美能达公司在预算年度内只生产和销售一种产品，销售单价为100元，每季度销售收入的60%于当季以现金收讫，40%于下一季度收回。2007年第1、2、3、4季度的预计销售量分别为12 000件、14 000件、16 000件、20 000件。此外，年初应收账款为560 000元。现根据以上资料编制销售预算，见表9-5。

表9-5 美能达公司销售预算

摘要		第一季度	第二季度	第三季度	第四季度	全年
预计销售量(件)		12 000	14 000	16 000	20 000	62 000
销售价格(元)		100	100	100	100	100
预计销售收入(元)		1 200 000	1 400 000	1 600 000	2 000 000	6 200 000
预计现金收入计算表	期初应收账款(元)	560 000				560 000
	第一季度销售收现(元)	720 000	480 000			1 200 000
	第二季度销售收现(元)		840 000	560 000		1 400 000
	第三季度销售收现(元)			960 000	640 000	1 600 000
	第四季度销售收现(元)				1 200 000	1 200 000
	现金收入合计(元)	1 280 000	1 320 000	1 520 000	1 840 000	5 960 000

2. 生产预算

销售预算编制好以后，可以根据每季度的销售量按产品名称、数量分别编制生产预算，即生产预算(production budget)是用来反映预算期内有关产品的生产数量及其在各生产期间的分布情况。生产预算中的预计生产量可用下列公式计算：

预计生产量＝预计销售量＋预计期末产品存货量－预计期初产品存货量

在实际工作中，应根据产品销售的季节性特征，在销售量、生产量和库存量三者之间保持一定的比例关系，以避免储备不足、产销脱节或超储积压等情况出现。

【例 9－4】 承例 9－3，美能达公司各季度期末的产成品存货为下期销售量的 10%，预计年末的存货量为 1 400 件，则生产预算见表 9－6。

表 9－6　美能达公司生产预算

单位：元

项　目	第一季度	第二季度	第三季度	第四季度	全　年
预计销售量	12 000	14 000	16 000	20 000	62 000
加：期末存货	1 400	1 600	2 000	1 400	1 400
减：期初存货	1 200	1 400	1 600	2 000	1 200
预计生产量	12 200	14 200	16 400	19 400	62 200

从表 9－6 可以看出，由于预算期内各个季度的销售量不同，使得各个季度内的生产量也不相同。又由于期初、期末存货的影响，使各个季度的生产量和销售量不同，生产总量与销售总量也不相同。存货在销售量与生产量之间起调节作用，特别是当生产或销售具有一定季节性的情况下，存货起着明显的调节作用。

年度生产预算编制完毕以后，还应根据企业的实际情况排出生产进度日程表，组织好生产，使企业的生产能力得到充分有效的利用。由此可见，生产预算是编制直接材料采购预算、直接人工预算、制造费用预算的基础。

3. 直接材料采购预算

直接材料(direct raw materials purchase budget)采购预算是在生产预算的基础上编制的，是用来反映预算期内直接材料的采购数量、采购成本及预计由此产生的现金支出额。直接材料采购预算编制的主要依据是产品的预计生产量、单位产品的材料耗用量、预计期初与期末的库存量等。

直接材料预计采购量可按下面的公式计算确定：

直接材料预计采购量＝预计产量×单位产品材料耗用量
＋预计期末库存材料－预计期初库存材料

在实际工作中，材料采购预算一般附有预算期间的预计现金支出计算表，其中包括前期应付购料款的偿还以及本期材料款的支付。

【例 9－5】 假设例 9－1 中美能达公司单位产品的材料消耗定额为 5 千克，计划单价为 10 元/千克。每季度的购料款当季支付 60%，其余在下一季度付讫。每季度材料期末库存量按下一季度生产需要量的 20%计算，年初预计库存材料为 12 200 千克，年末预计库存材料为 13 900 千克。假设应付购料款年初余额为 328 000 元。根据以上资料，编制直接材料采购预算，见表 9－7。

表9-7 直接材料采购预算

摘要		第一季度	第二季度	第三季度	第四季度	全年
直接材料采购预算	预计生产量(件)	12 200	14 200	16 400	19 400	62 200
	单耗(千克)	5	5	5	5	5
	材料耗用量(千克)	61 000	71 000	82 000	97 000	311 000
	加：期末存货(千克)	14 200	16 400	19 400	13 900	13 900
	减：期初存货(千克)	12 200	14 200	16 400	19 400	12 200
	预计材料采购量(千克)	63 000	73 200	85 000	91 500	312 700
	单位采购成本(元)	10	10	10	10	10
	预计材料采购金额(元)	630 000	732 000	850 000	915 000	3 127 000
预计现金支出计算表	期初应付账款(元)	328 000				328 000
	第一季度购料付现数(元)	378 000	252 000			630 000
	第二季度购料付现数(元)		439 200	292 800		732 000
	第三季度购料付现数(元)			510 000	340 000	850 000
	第四季度购料付现数(元)				549 000	549 000
现金支出合计(元)		706 000	691 200	802 800	889 000	3 089 000

4. 直接人工预算

直接人工预算(direct labor budget)的编制与直接材料预算的编制相同，也是在生产预算的基础上编制的，主要用来确定预算期内生产车间人工工时的消耗水平、人工成本水平及相关现金支出额。

直接人工预算的编制步骤如下：

(1) 确定直接人工总工时。根据生产预算中的预计生产量和单位产品直接人工工时，计算出预计直接人工总工时数。

(2) 确定直接人工成本。根据计算出的直接人工总工时乘以小时工资率，计算出预计直接人工成本。

另外，如果产品的生产需要多个工种，则必须先按工种类别分别计算，然后加以汇总。

【例9-6】 承前例，假设美能达公司生产单位产品需用直接人工1.5小时，每小时直接人工成本12元。根据以上资料，编制直接人工预算，见表9-8。

表9-8 直接人工预算

项目 \ 时间	第一季度	第二季度	第三季度	第四季度	全年
预计生产量(件)	12 200	14 200	16 400	19 400	62 200
单位产品直接人工工时(小时)	1.5	1.5	1.5	1.5	1.5
直接人工小时总数(小时)	18 300	21 300	24 600	29 100	93 300
直接人工小时工资(元)	12	12	12	12	12
直接人工成本总额(元)	219 600	255 600	295 200	349 200	1 119 600

5. 制造费用预算

制造费用预算(overhead budget)是用来反映直接材料和直接人工预算以外的其他一切生产费用的预算。为编制预算，首先需要将制造费用按成本习性分为变动性制造费用和固定性制造费用两部分，然后分别编制变动性制造费用预算和固定性制造费用预算。

为了给编制现金预算提供必要的资料，在制造费用预算中也附有现金支出预算表。众所周知，由于固定资产折旧等非付现费用不涉及现金支出，因此，在编制预计现金支出表时，应将非付现费用项目从中扣除。

【例 9-7】 承前例，美能达公司变动性制造费用项目和固定性制造费用明细项目在表内列出，则编制的制造费用预算见表 9-9。

表 9-9 制造费用预算

(单位：元)

项目 \ 时间	第一季度	第二季度	第三季度	第四季度	全年
变动性制造费用：					
间接人工	6 588	7 668	8 856	10 476	33 588
间接材料	6 588	7 668	8 856	10 476	33 588
维修费	17 568	20 448	23 616	27 936	89 568
水电费	13 176	15 336	17 712	20 952	67 176
小计	43 920	51 120	59 040	69 840	223 920
固定性制造费用：					
管理人员工资	22 600	22 600	22 600	22 600	90 400
折旧	36 775	36 775	36 775	36 775	147 100
维修费	4 000	4 000	4 000	4 000	16 000
保险费	3 000	3 000	3 000	3 000	12 000
财产税	3 600	3 600	3 600	3 600	14 400
小计	69 975	69 975	69 975	69 975	279 900
合计	113 895	121 095	129 015	139 815	503 820
减：折旧	36 775	36 775	36 775	36 775	147 100
预计现金支付的制造费用	77 120	84 320	92 240	103 040	356 720

6. 产品成本预算

产品成本预算(product cost budget)主要反映产品的单位成本和总成本的预计构成情况。单位产品成本数据主要来自于直接材料预算、直接人工预算、制造费用预算，生产量、期末存货量数据主要来自于生产预算，销售量数据主要来自于销售预算。

值得注意的是，库存商品的计价方法有很多，有先进先出法、加权平均法、个别计价法等，编制预算时可根据企业实际情况选择其中的一种加以运用。

【例9-8】 为说明问题方便起见，本例假定库存商品的期初和期末存货的单位成本一致，具体内容见表9-10。

表9-10 产品成本预算

项目	单位成本			生产成本 63 400件	期末存货 1 400件	销售成本 62 000件
	数量	单价	金额			
直接材料(元)	5千克	10	50	3 170 000	70 000	3 100 000
直接人工(元)	1.5工时	12	18	1 141 200	25 200	1 116 000
变动性制造费用(元)	1.5工时	2.4	3.6	228 240	5 040	223 200
固定性制造费用(元)	1.5工时	3	4.5	285 300	6 300	279 000
合计(元)			76.1	4 824 740	106 540	4 718 200

7. 销售及管理费用预算

销售及管理费用预算(selling and administrative expense budget)是指制造业务以外的产品销售及管理费用的预算。销售费用是指在产品销售过程中需要支出的有关费用，如销售人员的工资、广告费、运杂费、包装费等。管理费用是指企业一般性行政管理费用，如行政管理人员工资、报纸杂志费、办公费等。销售及管理费用预算编制方法大体类似于制造费用预算，按变动性费用和固定性费用分别列示。

销售及管理费用的大部分属于现金支出，如果包括非付现项目，如折旧和无形资产摊销等，则需要从预算中加以扣除。因此，在编制销售及管理费用预算的同时，往往还附有预计销售及管理费用的现金支出计算表，以便为编制现金预算提供资料。

【例9-9】 承前例，假定美能达公司预算年度的销售及管理费用情况如下：变动性费用为销售收入的6%，固定性费用574 000元，其中管理人员薪金380 000元，广告费160 000元，保险费用10 000元，计入管理费用的各项税费10 400元，折旧8 000元，各项杂费5 600元。

根据上述资料，美能达公司编制的销售及管理费用预算见表9-11。

表9-11 销售及管理费用预算

（单位：元）

时间 项目	第一季度	第二季度	第三季度	第四季度	全年
预计销售收入(见表9-5)	1 200 000	1 400 000	1 600 000	2 000 000	6 200 000
变动性销售及管理费用	72 000	84 000	96 000	120 000	372 000
固定性销售及管理费用 管理人员薪金	55 000	55 000	55 000	55 000	220 000
广告费用	20 000	20 000	20 000	20 000	80 000
保险费	2 500	2 500	2 500	2 500	10 000
税费	2 600	2 600	2 600	2 600	10 400

续表

项目＼时间	第一季度	第二季度	第三季度	第四季度	全年
折旧	2 000	2 000	2 000	2 000	8 000
杂费	1 400	1 400	1 400	1 400	5 600
小计	83 500	83 500	83 500	83 500	33 4000
合计	55 500	167 500	179 500	203 500	706 000
减：折旧	2000	2 000	2 000	2 000	8 000
预计现金支付的销售及管理费用	153 500	165 500	177 500	201 500	698 000

9.4.2 专门决策预算的编制

专门决策预算(special-decision budget)是指企业为不经常发生的长期投资决策项目或一次性专门业务所编制的预算。专门决策预算一般分为资本支出预算和一次性专门业务预算两类。由于专门决策预算所涉及的决策事项不尽相同，因而没有统一的预算表格，企业可按需要自行设计。

1. 资本支出预算

1）资本支出预算的概念

资本支出预算(capital expenditure budgets)又称资本预算，主要反映企业在预算年度发生的长期投资项目的预算情况，该预算需详细列出该项目在寿命周期内各年度的现金流入和流出情况。

2）资本支出预算的特点

(1) 资金量大。由于资本预算涉及固定资产投资，新产品投产和研发等项目。这些项目往往需要企业投入大量的资金。

(2) 周期长。资本性支出的受益期间往往涉及多个会计期间，投资正确与否，直接影响到企业战略目标的实现。

(3) 风险大。由于资金量大、时间长，造成了投资的风险大，因此，在编制资本支出预算时，需充分考虑各种不确定的因素及货币的时间价值。

3）资本支出预算的作用

(1) 有利于对资本支出项目进行事前评价和筛选。在资本支出项目投入执行实施之前，分析各方案可能为企业带来的现金流入量和现金流出量，并根据风险程度，筛选出未来收益和风险相对称的方案，供企业决策者决策所需。

(2) 有利于对预算执行情况进行事中控制。资本支出项目的资金投入往往是分批投入的，同时在预算执行过程中还会遇到许多意外问题，因此，在预算执行过程中必须依据预定标准，考虑突发问题，对资本支出项目进行控制，保证资本支出项目顺利完成。

(3) 有利于对资本支出项目完成后的综合评价。资本预算的数据可作为资本项目完成后成功与否的评价标准，同时也可为企业今后相类似的资本支出项目的资本预算的编制提供资料。

4）资本支出预算的编制

【例 9-10】 承前例，假定美能达公司经董事会批准，在预算年度 2007 年 1 月，以自有资金购置机器设备一台，价值 400 000 元，该设备预计可使用 5 年，按直线法计提折旧，使用期满预计残值为 4 000 元。采用新设备每年可为公司带来 45 800 元的净利润，根据上述资料编制的该公司的资本支出预算见表 9-12。

表 9-12 资本预算

（单位：元）

资本支出项目	购置日期	投资总额(元)	使用年限(年)	残　值	资金来源	资金成本(%)	现金净流量	回收期(年)
购置设备	2007.1	400 000	5	0	自有	10%	125 000	3.2

$$\text{现金净流量}=\frac{400\ 000-4\ 000}{5}+45\ 800=125\ 000(\text{元})$$

$$\text{回收期}=400\ 000\div 125\ 000=3.2(\text{年})$$

资本支出预算的编制原理和详细方法可参见本书第 5 章 5.2 节内容。

2. 一次性专门业务预算

企业为了提高资金的使用效率，需要对现金进行合理的安排，即对资金的投放、筹措等其他财务决策一次性专门业务进行预算。

【例 9-11】 承前例，假定美能达公司财务部门经过预测，根据税法规定，预算期间每季度季末支付所得税 45 000 元。又根据董事会决定预算期间每季度季末支付股东股利 20 000 元。根据上述资料编制的该公司的其他现金支出预算见表 9-13。

表 9-13 其他现金支出预算

（单位：元）

专门业务名称	支付对象	第一季度	第二季度	第三季度	第四季度	全　年
预付所得税	国税局	45 000	45 000	45 000	45 000	180 000
预付股利	股东	20 000	20 000	20 000	20 000	80 000

9.4.3 财务预算的编制

财务预算(financial budget)是反映预算期内有关现金收支、经营成果和财务状况的预算，主要由现金预算、预计利润表和预计资产负债表组成。由于企业的各项业务预算和专门决策预算的资料均可以金额反映在财务预算中，所以财务预算也可称为“总预算”，而其他各种预算则称为“分预算”。在企业完成各项业务预算和专门决策预算后，便需要进一步汇总编制财务预算。

1. 现金预算

现金预算(cash budget)是用来反映预算期内企业现金流转状况的预算。这里所说的现金包括现金和银行存款等一切货币资金。编制现金预算的目的是为了合理安排企业的现金收入和支出，并由此计算现金的盈余或不足，进而确定资金运用或筹措的方式、时间及金额，保证企业财务的正常运转。

1）现金预算的内容

现金预算主要包括如下4个部分：

（1）现金收入，包括期初的现金余额和预算期内可获得的现金收入，主要有现销收入、收回的应收账款、应收票据到期兑现和票据贴现等，该数据可从销售预算的预计现金收入表中获取。

（2）现金支出，指预算期内的全部现金支出，主要有材料采购、工资、制造费用、销售及管理费用、税金、利润以及资本预算支出等。

（3）现金盈余或不足，指现金收入和现金支出相抵以后的余额。若余额为正数，则表示现金有盈余；若余额为负数，则表示现金不足。

（4）资金的筹措与运用，当企业预算期内现金不足时，需向银行借款或发放短期商业票据来筹措资金；当企业预算期内现金有盈余时，可通过偿还借款、借款利息或进行短期投资来运用资金。

通过现金预算，可以了解企业在预算期内的现金流转现状。为加强对现金的管理，合理安排及筹措资金，现金预算的编制期愈短愈好。现金预算可以按年度、季度、月、旬编制，甚至还可以按周或逐日编制，但由于工作量的关系，一般情况下，还是按年度或季度进行编制。

2）现金预算的编制

（1）现金预算表的基本格式：

期初现金余额
＋本期现金收入总额
本期可动用现金总额
－本期现金支出总额
本期现金盈余(或不足)
＋(－)本期资金的运用(或筹集)
期末现金余额

（2）现金预算表的编制举例：

【例9－12】 承前例，假定美能达公司是按年度分季编制现金预算，该公司各季度末现金余额的最低限额为100 000元，最高限额为200 000元。假设从银行取得的借款为1 000元的整数倍。试根据以上各种预算中的有关资料编制现金预算表。现金预算见表9－14。

表9－14 现金预算

（单位：元）

项目＼时间	第一季度	第二季度	第三季度	第四季度	全年
期初现金余额	110 000	118 780	103 660	104 920	110 000
现金收入总额(见表9－5)	1 280 000	1 320 000	1 520 000	1 840 000	5 960 000
本期可动用现金合计	1 390 000	1 438 780	1 623 660	1 944 920	6 070 000
现金支出					
直接材料采购(见表9－7)	706 000	691 200	802 800	889 000	3 089 000
直接人工(见表9－8)	219 600	255 600	295 200	349 200	1 119 600

续表

项目＼时间	第一季度	第二季度	第三季度	第四季度	全　年
制造费用(见表9-9)	77 120	8 4320	92 240	103 040	356 720
销售及管理费用(见表9-11)	153 500	165 500	177 500	201 500	698 000
购置设备(见表9-12)	400 000	—	—	—	400 000
支付所得税(见表9-13)	45 000	45 000	45 000	45 000	180 000
支付利润(见表9-13)	20 000	20 000	20 000	20 000	80 000
现金支出合计	1 621 220	1 261 620	1 432 740	1 607 740	5 923 320
现金盈余(或不足)	−231 220	177 160	190 920	337 180	146 680
资金的筹集与运用 从银行取得借款(期初)	350 000				350 000
偿还借款(期末)		70 000	80 000	200 000	350 000
支付利息(年利率10%)		3 500	6 000	20 000	29 500
期末现金余额	118 780	103 660	104 920	117 180	117 180

注：1. 第二季度支付利息 70 000×10%×6/12=3 500(元)
2. 第三季度支付利息 80 000×10%×9/12=6 000(元)
3. 第四季度支付利息 200 000×10%=20 000(元)

2. 预计损益表

预计损益表(budgeted income statement)是按照损益表的内容和格式编制，综合反映企业在预算期间利润目标的预算报表。预计损益表是财务预算中的一个重要环节，是编制预计资产负债表的基础。

预计损益表通常按照变动成本法进行编制，相关数据主要来源于销售预算、直接材料采购预算、直接人工预算、制造费用预算、产品成本预算、销售及管理费用预算、专门决策预算等。

【例9-13】 承前例，假定美能达公司预算年度预计损益表见表9-15(按变动成本法编制)。

表9-15　2007年度预计损益表

(单位：元)

项目＼季度	全　年
销售收入(见表9-5)	6 200 000
变动成本 变动生产成本(见表9-10)	4 439 200
变动性销售及管理费用(见表9-11)	372 000
变动成本小计	4 811 200

续表

季度 项目	全年
边际贡献	1 388 800
固定成本 固定性制造费用(见表 9-10)	279 000
固定性销售及管理费用(见表 9-11)	334 000
固定成本小计	613 000
息税前利润 减：利息支出(见表 9-14)	775 800 29 500
税前利润 减：所得税(见表 9-13)	746 300 180 000
税后利润	566 300

另外，需要说明的是，预计损益表中的“所得税”是在利润规划时的估计数，来源于其他现金支出预算。这个数据不是根据利润和所得税税率计算而来的，没有考虑诸多的纳税调整事项。

3. 预计资产负债表

预计资产负债表(budgeted balance sheet)是按照资产负债表的内容和格式编制的，综合反映企业在预算期期末的财务状况的预算报表。预计资产负债表是在上期期末资产负债表的基础上，根据前述诸预算提供的有关资料加以调整编制而成的。

编制预计资产负债表的目的是为了判断预算所反映的财务状况活动的稳定性和流动性。如果通过预计资产负债表的分析，发现企业的某些财务比率不理想，可科学修改有关预算，以改善企业的财务状况。

【例 9-14】 承前例，假定美能达公司 2006 年度资产负债表见表 9-16。试根据基期资产负债表编制 2007 年度的预计资产负债表。美能达公司预算年度预计资产负债表见表 9-17。

表 9-16 美能达公司 2006 年度资产负债表

(单位：元)

资产		负债及所有者权益	
项目	金额	项目	金额
流动资产 现金	110 000	流动负债 应付账款	328 000
应收账款	560 000	流动负债合计	328 000
存货		负债合计	328 000
原材料	122 000		
库存商品	91 320		

续表

资产		负债及所有者权益	
项目	金额	项目	金额
存货总计	213 320	所有者权益	
流动资产合计	883 320	普通股股本	1 000 000
固定资产		未分配利润	1 255 320
建筑物	1 200 000	所有者权益合计	2 255 320
设备	1 000 000		
累计折旧	500 000		
固定资产合计	1 700 000		
资产合计	2 583 320	负债及所有者权益合计	2 583 320

表 9-17 美能达公司 2007 年度预计资产负债表

（单位：元）

资产		负债及所有者权益	
项目	金额	项目	金额
流动资产		流动负债	
现金(见表 9-14)	117 180	应付账款(见表 9-7)	366 000
应收账款(见表 9-5)	800 000	流动负债合计	366 000
存货		负债合计	366 000
原材料(见表 9-7)	139 000		
库存商品(见表 9-10)	106 540		
存货总计	245 540	所有者权益	
流动资产合计	1 162 720	普通股股本	1 000 000
固定资产		未分配利润	1 741 620③
建筑物	1 200 000	所有者权益合计	2 741 620
设备	1 400 000①		
累计折旧	655 100②		
固定资产合计	1 944 900		
资产合计	3 107 620	负债及所有者权益合计	3 107 620

注：① 由年初数 1 000 000 元加上预计购入设备(表 9-12)400 000 元形成。

② 由年初数 500 000 元加上预计全年折旧额(表 9-9，表 9-11)155 100(147 100+8 000)元形成。

③ 由年初数 1 255 320 元加上本期利润(表 9-15)566 300 元减去本期支付股利(表 9-13)80 000 元形成。

习　题

1. 单项选择题

(1) 全面预算编制的起点是(　　)。

A. 直接材料采购预算　　B. 销售预算

C. 存货预算　　D. 生产预算

(2) 在下列预算中，不属于业务预算的是(　　)。

A. 销售预算　　B. 生产预算　　C. 现金预算　　D. 直接材料采购预算

(3) A公司10月份月初存货为200件，月末存货为400件，本月预计销售量为3 500件，则该公司10月份的预计生产量为(　　)件。

A. 3 500　　B. 3 600　　C. 3 700　　D. 3 900

(4) 直接材料采购预算是以(　　)为基础编制的。

A. 销售预算　　B. 制造费用预算　　C. 生产预算　　D. 现金预算

(5) 预算在执行过程中自动延伸，使预算期永远保持一定期间的预算称为是(　　)。

A. 零基预算　　B. 增量费用预算　　C. 弹性预算　　D. 滚动预算

(6) 某企业按百分比法编制弹性利润预算表，预算销售收入为100万元，变动成本为60万元，固定成本为30万元，利润总额为10万元；如果预算销售收入达到110万元，则预算利润总额为(　　)万元。

A. 14　　B. 10　　C. 4　　D. 11

(7) 不受现有费用项目和开支水平限制，并能够克服增量预算方法缺点的预算方法是(　　)。

A. 弹性预算方法　　B. 固定预算方法　　C. 零基预算方法　　D. 滚动预算方法

(8) 某企业每季度销售收入中，本季度收到现金60%，另外的40%要到下季度才能收回现金。若预算年度的第四季度含税销售收入为40 000元，则预计资产负债表中年末应收账款项目金额为(　　)。

A. 16 000　　B. 24 000　　C. 40 000　　D. 20 000

(9) 某企业编制第四季度的直接材料消耗与采购预算，预计季初材料存量为500千克，季度生产需用量为2 500千克，预计期末存量为300千克，材料采购单价为10元，若材料采购货款有40%当期付清，另外60%在下季度付清，则该企业预计资产负债表年末"应付账款"项目为(　　)。

A. 10 800　　B. 13 800　　C. 23 000　　D. 16 200

(10) 下列预算中，不能既反映经营业务又反映现金收支内容的有(　　)。

A. 生产预算　　B. 直接材料消耗及采购预算

C. 销售预算　　D. 制造费用预算

2. 多项选择题

(1) 财务预算的内容包括(　　)。

A. 现金预算　　B. 销售预算　　C. 预计利润表　　D. 预计资产负债表

(2) 全面预算按照涉及的内容分为(　　)。

A. 长期预算　　B. 短期预算　　C. 总预算　　D. 专门预算

(3) 资本支出预算具有的特点有(　　)。

A. 资金量大　　B. 周期长　　C. 范围广　　D. 风险大

(4) 产品成本预算的编制依据包括(　　)。

A. 生产预算　　B. 直接材料采购预算

C. 直接人工预算　　D. 制造费用预算

(5) 编制生产预算时，应考虑(　　)的预计水平。

A. 采购量　　B. 期初存货　　C. 期末存货　　D. 销售量

(6) 现金预算主要包括(　　)部分。

A. 现金收入　　B. 现金支出　　C. 现金盈余或不足　D. 资金的筹措与运用

(7) 下列关于利润表预算编制的说法正确的是(　　)。

A. “销售收入”项目的数据来自于销售收入预算；“销售成本”项目的数据，来自产品成本预算

B. “利息”项目的数据，来自于现金预算

C. “所得税”项目的数据与现金预算中的数据相同

D. 利润表预算与实际利润表的内容、格式不同

(8) 财务预算编制的基础是(　　)。

A. 业务预算　　B. 专门决策预算　　C. 弹性预算　　D. 滚动预算

(9) 销售预算的主要内容包括(　　)。

A. 销售收入　　B. 销售单价　　C. 销售数量　　D. 销售收款条件

(10) 直接人工预算列示了全年和分季度预计需用的(　　)。

A. 直接人工工时　　B. 预计产量　　C. 直接人工成本　　D. 预期的现金支出

3. 复习思考题

(1) 什么是财务预算？财务预算包括哪些内容？

(2) 什么是弹性预算？简述弹性预算的编制方法。

(3) 什么是滚动预算？简述滚动预算的优点及适用范围。

(4) 什么是零基预算？简述零基预算的优点及适用范围。

4. 计算题

(1) 东方公司计划生产和销售甲产品，预计每件甲产品的材料消耗定额为20千克，计划单价10元。为了保证生产的顺利进行，要求材料每季季初的存货量至少达到当季用量的25%。该公司2007年1月1日的材料库存正好与要求相符，预计2007年各季甲产品的销售量分别为12 000件、13 000件、11 000件和1 500件。假设该公司无产品存货，其产成品存货各季末结存量应为下季销售量的30%，其年初产成品存货为3 600件，年末预计的产成品存货的数量为4 200件，年末预计库存材料的数量为70 000千克。

要求：① 编制东方公司 2007 年甲产品的生产预算；

② 编制东方公司 2007 年甲产品的直接材料采购预算。

(2) 假设东方公司采用零基预算法编制下年度的销售及管理费用预算。该公司未经公司预算委员会审核的销售及管理费用项目数额见下表：

项　　目	金　　额
预计销售收入(元)	4 000 000
变动性销售及管理费用(元) (为预计销售收入的 7%)	280 000
固定性销售及管理费用(元)	
管理人员薪金	160 000
广告费用	120 000
保险费	10 000
折旧	18 000
办公费	8 000
推销人员培训费	20 000

经公司预算委员会审核后，确定全年的销售及管理费用预算额为 450 000 元。其中变动性销售及管理费用应降为预计销售收入的 5%，管理人员薪金、保险费、折旧、办公费为必不可少的开支项目，保证全额供给，剩余的广告费用、推销人员培训费项目的支出比率为 8:1。

要求：根据上述内容编制该公司可行的销售及管理费用预算。

(3) 东方公司着手编制 2007 年 10 月份的现金预算。预计 2007 年 10 月月初现金余额为 18 000 元；月初应收账款 10 000 元，预计月内可收回 60%；本月销货 250 000 元，预计月内收款比例为 50%。

要求：编制东方公司 2007 年 10 月份的现金预算。

5. 案例分析

潍坊亚星集团全面预算管理

潍坊亚星集团于 10 年前从德国引进年产 6 000 吨的 CPE 装置，目前已达年产 5 万吨，为企业年创销售收入 6 个多亿，无论从产量还是数量上都已经超过了美国、德国和日本。但是集团董事长陈华森认识到：企业有两个轮子，如果只有一个轮子在转动，那这个企业只能在原地打转，而不会前进。因此，亚星集团于 5 年前确立了以财务管理为中心的企业管理机制。

实施以财务管理为中心，要从组织上、制度上、行为上和监督上体现出来。比如，曾有一个车间提出购买冷冻压缩机用的一种钢管，报了一个计划，物资采购部门和仓储部门也不知道是做什么用的，结果就买回来了，财务部门则付款了事，后来检查发现，钢管的数量足够他们用 100 年。为解决物资采购方面存在的问题，集团实施了“购销比价管理”。通过一系列具体措施，做好了财务管理的基础工作，这些都是和全面预算控制有机地结合在一起的。

1. 全面预算控制制度的作用

全面预算控制可以起到如下5个作用。

(1) 全面预算控制可以规划企业在某一个时期的活动和成果。董事会通过的全面预算控制下达以后，财务人员可以根据它进行财务支出的控制，虽然这样看起来亚星集团的工作很繁琐，但从另一个方面来讲操作起来又很容易，因为它不需要某个人具体地去操纵它，每个部门的工作和业务量已定，企业就会自动运转起来。

(2) 全面预算控制是财务部门间接进行经济活动的依据。

(3) 全面预算控制可以作为评价各个部门业绩的标准。

(4) 全面预算控制可以帮助各部门明确自己的工作目标方向。比如公司规定小车班一个月4万元的维修费，那它就必须控制在4万元以内，多一分也不行，而且不能透支，这样可以约束自己。

(5) 全面预算控制有利于企业整体目标的完成。

全面预算控制可以帮助我们管好企业，否则，就会出现一系列的问题。比如，集团下属的一个企业，尽管一直强调要建立全面预算控制制度，但就是建立不起来。如今这个企业已经经营不下去了，甚至到了欠职工工资不发的境地。

2. 全面预算控制制度的执行

1) 精心、科学地编制

这个编制是有重点的，其主线是资金流。未来一个月或几个月资金的运作满足两个条件：一是现有资金要能够维持企业的经营活动；二是持有的资金要满足企业机会成本的要求。

预算计划是这样安排的，一个是收，一个是支，把所有的收入项以及各部门在未来一段时间内费用支出列出来，交到分管副总那里，分管副总再交到总经理那里，总经理合并起来，看收大于支还是支大于收，然后再把它带到办公会上进行讨论。盘子定下来以后，对于总经理来讲就是年度计划的分解。对于不合理的，要进行讨论、调整。

全面预算编制的原则有16个字："先急后缓、实事求是、量入为出、统筹兼顾。"计划的审批程序是年度计划由股东大会审议批准，月度预算由董事会审议批准。

2) 严格控制执行

(1) 全面预算控制由总经理负责。控制各预算项目实际发生值与预算控制计划值月度差额比例在4%～5%。

(2) 由财务部门控制，对资金流进行动态跟踪。

(3) 维护全面预算的权威性。财务预算的确定部门是刚性的，尽管执行过程中有弹性，但对执行部门来说是刚性的；预算的调整过程是弹性的，但预算的调整程序是刚性的。

(4) 加强监控。一个途径是以日控为单元，另一个途径是在计算机内查看。在监控进程中，最要紧的是资金流量，这是每个经理都关心的，因为这个月的资金流量，关系到对下个月的工作安排。

3. 全面预算的效果

通过实施全面预算管理，企业的成本得到了控制，资金得到了控制，各种漏洞得以堵塞。同时带来了企业管理观念的转变，确保了企业经济利益的最大化。举个例子：如果让你去买东西，却没有钱怎么办？在这次国际石油价格猛涨之前，估计到了油价的上涨趋势，赶快把多余的原料在涨价之前买进来，但这些原料没在预算计划之内，这时采购员一方面要付厂家保证金，另一方面又要货到付款。在这种情况下，既不要付款，又要拿东西，怎么办呢？那就给大家开远期承兑，待事实发生了之后再付钱，因为企业的信誉较好，到时就可以把货款提出来。这个月的预算可以不做，货款进来以后也可以不做，但预算控制的资金不会发生困难。这些手段的执行，都要看全面预算计划。亚星化学去年1～9月份销售收入比上年同期增长了16%，在原材料涨价的情况下，做到这些是不容易的。

4. 实施全面预算控制的体会

(1) 实施全面预算控制，必须建立在企业高层决策人员认识统一的基础之上，仅凭某个分管财务的人员去做，就难以行得通。

(2) 实施全面预算控制，必须要有完善的法人治理结构作为依托，即要有明确的权责关系和正确的履行机制，如果一个企业各部门权责关系不清楚，制度就难以实施。

(3) 实施全面预算控制，必须先有规范严密的财务管理制度。

(4) 实施全面预算控制，要把激励机制与奖惩机制结合起来，才能推动全面预算制度的顺利进行。

思考题：

本案例给你什么启示?

（资料来源：陈华森．陈华森话理财．企业管理，2001(2).）

第10章 财务控制

教学目标

通过本章学习应了解财务控制的意义、基本内容和方式；熟悉责任中心的类型，掌握各责任中心财务控制的方法；理解各种类型内部转移价格的制定原则。

教学要求

知识要点	能力要求	相关知识
财务控制的意义和方式	(1) 理解财务控制的含义和特征 (2) 掌握财务控制的基本内容和方式	(1) 财务控制 (2) 组织架构控制、授权批准控制、预算控制、资产保护控制、绩效考评控制、会计系统控制、内部审计控制
责任中心财务控制	掌握责任中心的类型	成本中心、利润中心、投资中心
责任预算与业绩考核	(1) 理解责任预算的编制方法 (2) 掌握各责任中心考评指标的应用	(1) 可控成本、责任成本、责任报告 (2) 成本降低率、部门经理边际贡献、投资报酬率、剩余收益
责任结算	(1) 了解内部转移价格的作用 (2) 理解制定内部转移价格的原则 (3) 理解各种类型内部转移价格的制定方法	(1) 一致性原则、自主性原则、激励性原则 (2) 市场价格、协商价格、双重价格、变动成本加固定费用价格、全部成本转移价格

基本概念

财务控制；责任中心；成本中心；利润中心；投资中心；责任预算；责任报告；投资报酬率；剩余收益；内部转移价格。

引　言

2008年度宝山钢铁股份有限公司实现营业收入2 003.32亿元，利润总额81.54亿元，加权平均净资产收益率6.99%，每股经营活动产生的现金流量净额为0.93元，其他财务指标也保持了较高的水平。宝钢财务管理经验的核心内容主要包括5个方面，即以企业价值最大化为导向，以全面预算管理为基本方法，以标准成本管理为基础，以现金流量控制为核心，以信息化技术为支撑的财务控制体系。

财务控制是企业财务管理的重要内容，加强企业财务控制是一个经久不衰的论题，也是当今企业需要解决的重要问题。本章主要介绍财务控制的基本原理和方法。

10.1　财务控制的意义和方式

10.1.1　财务控制的含义和特征

控制是指掌握对象不使其任意活动或超出范围，或使其按控制者的意愿活动。财务控制是指按照一定的程序与方法，对企业资金的投入及收益过程和结果进行衡量与校正，确保企业及其内部机构和人员全面落实和实现财务预算的过程。财务控制是内部控制的一个重要组成部分，是内部控制的核心，是内部控制在资金和价值方面的体现，与财务预测、财务决策、财务分析一起成为财务管理的重要环节之一。

财务控制具有以下特征：

(1) 以价值控制为手段。而财务控制是以实现财务预算为目标的。财务预算所包括的现金预算、预计利润表、预计资产负债表等，都是以价值形式来反映的。所以，必须借助价值手段进行财务控制。

(2) 以综合经济业务为控制对象。财务控制以价值为手段，可以将不同岗位、不同部门、不同层次的业务活动综合起来。

(3) 以控制日常现金流量为主要内容。加强现金流量控制是企业生存的基本要求，能够保证企业健康、稳定的发展，有效提高企业的竞争力。

10.1.2　财务控制的基本内容

1) 合理划分责任中心，明确责权范围

为实行财务控制目标，首先应根据企业的行政管理体制和内部管理的实际需要，把企业所属各部门、各单位划分为若干个分工明确、责权范围清晰的责任中心。在责任中心内，规定中心的负责人在企业授予的权力范围内独立、自主地履行职责，并向上一级中心承担相应的经济责任。在授予责任中心负责人权责的同时，注意将其经济利益与业绩直接挂钩。

2）编制责任预算，确定考核标准

把企业生产经营的总目标进行指标分解，明确各责任中心的具体目标，进而编制责任预算，做到局部与整体的统一，使各责任中心在实现企业总体目标的过程中，明确各自的目标和任务，并将其作为控制经济活动的主要依据。这个用以衡量各责任中心的目标和任务就成为企业最高层管理者评价各责任中心的标准。

3）建立跟踪系统，进行反馈控制

在责任预算确定以后，责任中心须建立一套完整、严密的关于责任预算的跟踪系统，即责任会计核算体系。该体系以责任中心为核算对象，围绕责任中心的成本、收入、利润、资金进行信息的收集、整理、记录、计算，收集有关责任预算的执行情况，并根据责任核算要求各责任中心正确、及时地编制责任报告，以便及时了解各责任中心开展生产经营活动的情况和结果，控制其经营活动并督促其及时采取有效措施改进工作。

4）考评业绩，建立奖惩制度

为了充分调动各责任承担者的工作积极性，企业最高管理层必须制定一套科学合理的奖惩制度，根据各责任中心实际完成情况进行评价考核，公平、公正、公开，奖优罚劣，督促各责任中心及时采取有效措施，扬长避短，不断降本增效。

5）合理制定内部转移价格

在责任会计体系中，每个责任中心都是一个独立存在的个体。为了正确评价各责任中心的工作业绩，对于各责任中心之间相互提供产品或劳务的业务活动，必须由企业管理部门制定出适合本企业特点的内部转移价格。

制定合适的内部转移价格，既便于分清各责任主体的责任、调动各责任中心生产经营的主动性和积极性，又便于测定各责任中心的资金流量。

10.1.3 财务控制的方式

1）组织架构控制

组织架构，是指企业按照国家有关法律法规、股东(大)会决议和企业章程，结合本企业实际，明确股东(大)会、董事会、监事会、经理层和企业内部各层级机构设置、职责权限、人员编制、工作程序和相关要求的制度安排。《企业内部控制应用指引第1号——组织架构》规定：企业在确定职权和岗位分工过程中，应当体现不相容职务相互分离的要求。不相容职务通常包括可行性研究与决策审批、决策审批与执行、执行与监督检查等。根据财务控制的要求，单位在确定和完善财务组织架构的过程中，应当明确不相容职务相分离的要求，即一个人不能兼任同一部门财务活动中的不同职务。不相容职务包括授权批准、业务经办、会计记录、财产保管、稽核检查等职务。如有权批准采购的人员不能直接从事采购业务，从事采购业务的人员不得从事入库业务。

特别提示

企业至少应当关注组织架构设计与运行中的下列风险：①治理结构形同虚设，缺乏科学决策、良性运行机制和执行力，可能导致企业经营失败，难以实现发展战略。②内部机构设计不科学，权责分配不

合理，可能导致机构重叠、职能交叉或缺失、推诿扯皮，运行效率低下。(企业内部控制应用指引第1号——组织架构)

2) 授权批准控制

授权批准控制是规定各级员工的职责范围和业务处理权限。企业内部各级员工必须获得相应的授权，才能实施决策或执行业务，严禁越权办理。按照授权对象和形式的不同，授权分为常规授权和特别授权。常规授权一般针对企业日常经营管理过程中发生的程序性和重复性工作，可以在由企业正式颁布的岗(职)位说明书中予以明确，或通过制定专门的权限指引予以明确。特别授权一般是由董事会给经理层或经理层给内部机构及其员工授予处理某一突发事件(如法律纠纷)、作出某项重大决策、代替上级处理日常工作的临时性权力。企业的重大决策、重大事项、重要人事任免及大额资金支付业务等，应当按照规定的权限和程序实行集体决策审批或者联签制度。任何个人不得单独进行决策或者擅自改变集体决策意见。此项要求是我国部分企业优秀管理经验的总结，可以有效避免“一言堂”、“一支笔”现象。特别是，“三重一大”事项实行集体决策和联签制度有利于促进国有企业完善治理结构和健全现代企业制度。(财政部会计司解读《企业内部控制应用指引第1号——组织架构》)

3) 预算控制

预算控制是在西方比较流行的财务管理方式。企业办理采购与付款、销售与收款、成本费用、工程项目、对外投融资、研究与开发、信息系统、人力资源、安全环保、资产购置与维护等业务和事项，均应符合预算要求。涉及生产过程和成本费用的，还应执行相关计划、定额定率标准。在我国以新兴铸管、宝钢为代表的一批企业都实践着以预算控制作为企业管理一种新的控制机制。企业预算管理工作机构应当加强与各预算执行单位的沟通，运用财务信息和其他相关资料监控预算执行情况，采用恰当方式及时向决策机构和各预算执行单位报告、反馈预算执行进度、执行差异及其对预算目标的影响，促进企业全面预算目标的实现。

4) 资产保护控制

资产管理贯穿于企业生产经营全过程，也就是通常所说的“实物流”管控。《企业内部控制应用指引第8号——资产管理》，着重对存货、固定资产和无形资产等资产提出了全面风险管控要求，旨在促进企业在保障资产安全的前提下，提高资产效能。企业应当按照内部控制规范提出的各项存货、固定资产和无形资产管理的要求，结合所在行业和企业的实际情况，建立健全各项资产管理措施。属于缺乏相关资产管理制度的，应当建立健全相关制度；属于现行管理制度不健全的，应当对现行制度予以补充完善；属于现行制度执行不到位的，应当加大制度执行力，避免形式主义作“表面文章”。在激烈的竞争时代，企业只有科学管理，强化管控措施，确保各项资产安全并发挥效能，才能防范资产风险，提升核心竞争力，实现发展目标。

5) 绩效考评控制

绩效考评是指对照工作目标或绩效标准，采用一定的考评方法，评定员工的工作任务完成情况、员工的工作职责履行程度和员工的发展情况，并将上述评定结果反馈给员工的过程。因此，绩效考评是绩效考核和评价的总称。《企业内部控制基本规范》第35条规定，绩效考评控制要求企业建立和实施绩效考评制度，科学设置考核指标体系，对企业内部各责任单位和全体员工的业绩进行定期考核和客观评价，将考评结果作为确定员工薪酬以及职务晋升、评优、降级、调岗、辞退等的依据。

6）会计系统控制

会计系统控制要求企业严格执行国家统一的会计准则制度，设置会计机构，配备会计人员，加强会计凭证、会计账簿和财务会计报告的基础工作，明确会计凭证、会计账簿和财务会计报告的处理程序，保证会计资料真实、完整。

企业应当依法设置会计机构，配备会计从业人员。从事会计工作的人员，必须取得会计从业资格证书。会计机构负责人应当具备会计师以上专业技术职务资格。

大中型企业应当设置总会计师，以加强对财务与会计工作的领导。设置总会计师的企业，不得设置与其职权重叠的副职。

7）内部审计控制

内部审计是指由被审计单位内部机构或人员，对其内部控制的有效性、财务信息的真实性和完整性以及经营活动的效率和效果等开展的一种评价活动。内部审计的内容十分广泛，一般包括内部财务审计和内部经营管理审计。内部审计控制就是确认、评价企业内部控制有效性的过程，包括确认、评价企业控制设计和控制运行缺陷及缺陷等级，分析缺陷形成原因，提出改进内部控制建议。内部审计不仅是财务控制的有效手段，也是保证会计资料真实、完整的重要措施。

10.2 责任中心财务控制

责任中心(responsibility center)是指由特定人员承担经营管理责任，并行使相应职权的企业内部单位，其基本特征是责、权、利、效相统一。由此可见，责任中心必须具备4个条件：①要有责任者，即承担经济责任的主体；②要有资金运动，即确定经济责任的客观对象；③要有经营绩效指标，即考核经济责任的基本标准；④要有一定的职责与权利，即承担经济责任的基本条件。若不具备上述条件的单位，则不能称之为责任中心。

根据企业内部各责任中心的权限范围的大小及业务活动的特点不同，责任中心通常分为成本(费用)中心、利润中心与投资中心3类。

10.2.1 成本中心

1. 成本中心的概念

成本中心(cost center)是指没有或者有少量收入，但不成为主要的考核内容，仅考核所发生的成本或费用的责任单位。这类责任中心主要指产品生产部门、劳务提供部门以及给予一定费用指标的企业管理科室等。

2. 成本中心的类型

成本中心包括标准成本中心和费用中心两种类型。

标准成本中心(standard cost center)是指企业中那些产品品种稳定、产品成本发生的数额经过技术分析可以相对可靠地计算出来的责任中心，其投入量与产出量之间存在密切关系。例如，产品生产过程中所发生的直接材料、直接人工、制造费用等，其发生额可以通过标准成本或弹性预算加以控制。该中心主要适用于制造业的工厂、车间班组等。其考核指标是既定产品质量和数量条件下的标准成本，不对生产能力利用程度负责。

费用中心(expense center)是指企业中的那些由部门经理决定其数额的成本项目，其投入量与产出量之间没有直接关系，以控制经营管理费用为主要责任的责任中心。主要包括各种管理费用和某些间接成本项目，如研究开发费、职工培训费等。对其控制应放在弹性预算编制时的审批上。该中心主要适用于企业的行政管理、工艺技术、财务、后勤等部门。通常采用费用预算来评价其成本控制业绩，但要结合费用中心的工作质量和服务水平作出有根据的评价。

3. 成本概念辨析

为了进一步了解成本中心的含义，还需把握下述成本的区别：

1）可控成本与责任成本

可控成本(controllable cost)是指在特定时期内，特定责任中心能够直接控制的成本。反之，为不可控成本。由此可见，成本的可控性是相对的，有时间和范围的限制。不同层次的责任中心，可控范围不同，对上层责任中心来说是可控成本项目，对下一层责任中心来说就有可能为不可控成本项目。同一项成本费用，在不同的时间段，可控性也不相同。例如，某一项成本在消耗或支付的当期通常是可控的，而一旦发生或支付后就不再可控。从整个企业的空间范围和时间范围来看，所有成本的发生都是人们决策的结果，都是可控的，但从中任意截取一个时间段或空间范围，针对这一特定的时间和空间范围，就可以发现，有些是可控的，有些是不可控的。

可控成本应具备的条件如下：

（1）成本能够直接计入某一责任中心，如直接材料、直接人工和生产单位零用的低值易耗品、机物料等。

（2）责任中心能够对所发生的成本进行准确计量。

（3）责任中心在发现成本偏差时，能够通过自己的行为对成本加以调节和控制。

凡不同时具备上述3个条件的成本通常为不可控成本，不可控成本一般不包括在成本中心的责任范围之内。属于某个成本中心的各项可控成本之和，就构成该中心的责任成本。

2）产品成本与责任成本

要分清产品成本与责任成本，需要从两者之间的区别和联系来辨析。

两者之间的区别如下：

（1）核算对象不同。产品成本的核算对象是产品；责任成本的核算对象是责任中心。

（2）核算目的不同。核算产品成本是为了准确计量存货成本与期间损益；核算责任成本是为了评价责任中心的成本控制水平。

（3）核算范围不同。产品成本的核算范围为产品的制造成本，包括直接材料、直接人工、制造费用等成本项目；责任成本的核算范围为该责任中心所发生的可控成本。

(4) 分配原则不同。产品成本是以该部门生产的产品作为归集和分配的对象，按照“谁受益，谁承担”的配比原则进行分配；责任成本是以责任中心作为成本归集和分配的对象，按照“谁负责，谁承担”的原则进行分配。两者之间的联系如下：从某一特定时期看，整个企业的产品总成本与整个企业的责任成本之和是相等的。

10.2.2 利润中心

1. 利润中心的概念

利润中心(profit center)是指在发生费用的同时产生收入，既对成本负责，又对收入和利润负责的责任中心。利润中心的概念隐含如下3个基本假设：

(1) 利润中心责任人的决策能够影响该中心的利润。

(2) 利润中心的利润或边际贡献的增长对整个企业是有利的。

(3) 利润中心的各项经济活动不受其他部门制约，具有相对的自主权和独立性。

由此可见，并不是所有可以计算利润的责任部门都是责任中心，只有那些有权决定供货来源、有权选择市场的责任部门才能称为利润中心。利润中心一般是企业中较高层次的责任中心。例如，企业的分公司、分厂或事业部等。

2. 利润中心的类型

利润中心可以分为自然的利润中心和人为的利润中心两种类型。

自然的利润中心是指直接向企业外部出售产品提供劳务，给企业带来利润的责任中心。例如，实行事业部制的企业，事业部具有一定的独立性，各个事业部均有采购、生产、销售的职能，这样的事业部就是自然的利润中心。

人为的利润中心是指在企业内部按内部结算价格向企业内部各责任中心出售产品的责任中心。例如，大型企业内部分成若干个工序前后相关联的生产部门，这些生产部门的产品主要在企业内部转移，很少出现各部门直接对外出售的情况，即使需要大规模对外销售也由企业专设的销售机构完成，这样的生产部门就是人为的利润中心。

建立利润中心的真正目的是激励下级制定有利于整个企业的决策并使其努力工作。通俗地说，就是使企业内部各责任中心具有经营管理思想，在增产节约的同时加快半成品和产成品的流转，降低库存，提高资金的使用效率，努力实现企业的最优均衡生产。由此可见，利润中心的这些作用是成本中心无法比拟的。

10.2.3 投资中心

1. 投资中心的概念

投资中心(investment center)是指不仅要对成本、收入、利润等有关短期经营决策负责，而且要对投资规模、投资类型等长期投资决策负责的责任中心。投资中心的责任人不仅能控制除接受分摊管理费用以外的本中心的全部成本与收入，而且能控制其所占用的资产。

2. 投资中心、利润中心、成本中心之间的关系

从决策范围看，成本中心、利润中心、投资中心，决策范围依次扩大。其中投资中心是企业内部最高层次的责任中心，投资中心的负责人直接向企业的最高管理者负责。企业的高层管理者一般不过多干涉投资中心的日常活动，能够使投资中心享有较为充分的决策权。

从组织形式看，成本中心一般不是独立的法人，利润中心则可能是或不是独立的法人，而投资中心一般都是独立的法人。

总之，三者之间的关系是成本中心就其可控成本向利润中心负责，利润中心就其利润向投资中心负责，投资中心就其占用资产和投资收益向企业最高管理层负责。

10.3 责任预算与业绩考核

10.3.1 责任预算

1. 责任预算的概念

责任预算(responsibility budget)是指以责任中心为对象，以其可以控制的成本、费用、收入和利润等为内容编制的预算。责任预算是对企业内部各责任中心应承担的实际责任的价值说明，它既是责任中心的努力目标和控制依据，又是考核各责任中心业绩的标准。编制责任预算的过程实际上就是把全面预算所确定的企业总体目标分解落实到各责任中心的过程。对于实行责任会计的企业来说，责任预算是企业总预算的落实和具体化。

2. 责任预算的编制

编制责任预算的方法一般有两种。一种是在企业总预算的基础上，从责任中心的角度对总预算进行层层分解，形成各责任中心的预算。这种自上而下、指标层层分解的方式是常用的责任预算的编制方法。其优点是使整个企业浑然一体，便于统一指挥和调度；其不足之处可能会遏制责任中心的工作积极性和创造性。另一种是采取自下而上的方式，即先由各责任中心自行列示各自的预算指标，层层汇总，最后再由预算委员会等机构汇总、调整，编制企业总预算。其优点是有利于发挥各责任中心的积极性；其缺点也显而易见，即容易使各责任中心只顾及本中心的情况，造成彼此协调差、支持少，很可能与企业的总体目标不相符。同时，这种层层汇总的调整，工作量也很大。因此，第二种预算编制的方法不可取，在实际工作中应用较少。

1）成本预算的编制

成本中心编制的预算为责任成本预算，责任成本预算应根据各责任中心的可控成本的详细项目，按照成本标准，定期分产品、分项目编制各责任中心的成本预算。

【例 10-1】 利奥公司的南林分厂下设生产部门共有一车间和二车间两个生产车间，生产部门及其下属的两个车间均为成本中心。其预算年度的成本预算见表 10-1。

表 10-1 南林分厂生产部门成本预算(2005 年)

(单位：元)

责任中心	责任单位	项 目	责任预算	负责人
成本中心	一车间	变动生产成本：		一车间主任
		直接材料	600 000	
		直接人工	560 000	
		变动性制造费用	120 000	
		变动生产成本小计	1 280 000	
		固定生产成本：		
		固定性制造费用	365 000	
		固定生产成本小计	365 000	
		合 计	1 645 000	
成本中心	二车间	变动生产成本：		二车间主任
		直接材料	280 000	
		直接人工	706 400	
		变动性制造费用	138 000	
		变动生产成本小计	1 124 400	
		固定生产成本：		
		固定性制造费用	297 000	
		固定生产成本小计	297 000	
		合 计	1 421 400	
成本中心	生产部门	责任成本总计	3 066 400	生产部经理

注：1. 车间发生的变动成本为本部门的可控成本，固定成本为不可控成本。
2. 生产部门对车间发生的各项变动成本和固定成本为本部门的可控成本。

2）利润预算的编制

对于既要控制成本，又要控制收益的利润中心，应编制利润预算。编制利润预算时，可以按照企业的内部转移价格与内部销售产品的数量或提供劳务的数量的乘积，确定该责任中心的销售收入，并以此收入与产品或劳务成本进行比较，计算出预计的内部目标利润，据以编制该责任中心的预计损益表，从而控制和考核实际利润的完成情况。

【例 10-2】 利奥公司的南林分厂为利润中心。该中心预算年度预计完成甲产品 60 000 件，内部结算价格为每件 65 元。该中心已编制本年度成本预算：单位变动生产成本为 40 元，单位变动管理费用为 5 元，固定生产成本为 662 000 元，固定管理费用为 152 000 元。该中心编制预算年度利润预算见表 10-2。

表 10-2 南林分厂的利润预算(2005 年)

(单位：元)

摘 要	预算额
销售收入	3 900 000
变动成本	
变动生产成本	2 400 000

续表

摘　　要	预算额
变动管理费用	300 000
变动成本小计	2 700 000
边际贡献	1 200 000
固定成本	
固定生产成本	662 000
固定管理费用	152 000
固定成本小计	814 000
税前净利	386 000

3）投资预算的编制

对于既要对成本、收入和利润负责，又要对资金使用情况负责的投资中心，应编制投资预算。如所属企业内部独立核算的分厂、分公司等，除应编制可控成本支出预算、预计利润表等财务预算外，还应计算各种资金占用额、预计资金利润率、投资报酬率，编制预计资产负债表等一整套财务预算。这种预算实际上类似于企业的全面预算，只是以责任中心为单位进行编制，以便对该责任中心进行全面规划、控制和考核，使该责任中心的成本、利润和资金占用等指标能够全面完成，以保证企业全面预算的实现。

【例 10-3】 利奥公司为长江集团的一个投资中心，利奥下设南林、北林两分厂。该投资中心平均占用资产总额为 1 480 000 元。该中心除了编制成本预算、利润预算之外，还应编制投资预算，预算年度投资预算见表 10-3。

表 10-3　投资预算(2005 年)

摘　　要	预算额
销售收入(元)	8 200 000
变动成本	
变动生产成本(元)	5 100 000
变动销售管理费用(元)	590 000
变动成本小计(元)	5 690 000
边际贡献(元)	2 510 000
固定成本	
固定生产成本(元)	865 000
固定销售管理费用(元)	317 000
固定成本小计(元)	1 182 000
经营净收益(元)	1 328 000
资产平均占用额(元)	10 800 000
销售利润率(%)	16.2
投资报酬率(%)	12.3
剩余收益(元)	248 000

注：假设该企业设定的最低投资报酬率为 10%。

10.3.2 责任报告

责任报告(responsibility reporting)又称业绩报告或绩效报告，它是根据责任会计记录编制的、反映责任预算实际执行情况的会计报告。企业内部各个责任中心都要编制责任报告向上级管理部门汇报其责任预算的执行情况。

责任报告按其反映的经济业务内容，可分为成本报告与财务报告；按编制的时间，可分为日报、周报、旬报、季报和年报；按报告的形式，可分为书面报告、图表报告和口头报告。责任报告应根据责任会计记录，分栏列示各个项目的预算额、实际数和差异额3种金额。

由于责任报告是反映各责任中心履职情况的专门报告，因此，在揭示差异的同时，必须对重大差异进行分析，并提出改进建议，以供各责任中心和企业管理层加强控制。

以下分别列示成本预算、利润预算和投资预算的一般格式，见表10-4、表10-5、表10-6和表10-7。

表10-4 南林分厂生产部门一车间责任报告(2005年)

(单位：元)

项 目	预算额	实际数	差异额
变动生产成本			
直接材料	600 000	597 000	−3 000
直接人工	560 000	561 000	1 000
变动性制造费用	120 000	113 000	−7 000
变动生产成本小计	1 280 000	1 271 000	−9 000
固定生产成本			
固定性制造费用	365 000	—	—
固定生产成本小计	365 000	—	—
合 计	1 645 000	—	—

注：差异额中正数为不利差异，负数为有利差异。

表10-5 南林分厂生产部门责任报告(2005年)

(单位：元)

项 目	预算额	实际数	差异额
变动生产成本			
直接材料	880 000	891 000	11 000
直接人工	1 266 400	1 262 100	−4 300
变动性制造费用	258 000	256 500	−1 500
变动生产成本小计	2 404 400	2 409 600	5 200
固定生产成本			
固定性制造费用	662 000	656 000	−6 000
固定生产成本小计	662 000	656 000	−6 000
合 计	3 066 400	3 065 600	−800

表 10-6　南林分厂利润预算责任报告(2005 年)

(单位：元)

摘　要	预算额	实际数	差异额
销售收入	3 900 000	4 250 000	350 000
变动成本			
变动生产成本	2 400 000	2 640 000	240 000
变动管理费用	300 000	330 000	30 000
变动成本小计	2 700 000	2 970 000	270 000
边际贡献	1 200 000	1 280 000	80 000
固定成本			
固定生产成本	662 000	670 000	8 000
固定管理费用	152 000	150 000	－2 000
固定成本小计	814 000	820 000	6 000
税前净利	386 000	460 000	74 000

表 10-7　利奥公司投资预算责任报告(2005 年)

摘　要	预算额	实际数	差异额
销售收入(元)	8 200 000	8 640 000	440 000
变动成本			
变动生产成本(元)	5 100 000	5 350 000	250 000
变动销售管理费用(元)	590 000	610 000	20 000
变动成本小计(元)	5 690 000	5 960 000	270 000
边际贡献(元)	2 510 000	2 680 000	170 000
固定成本			
固定生产成本(元)	865 000	839 000	－26 000
固定销售管理费用(元)	317 000	320 000	3 000
固定成本小计(元)	1 182 000	1 159 000	－23 000
经营净收益(元)	1 328 000	1 521 000	193 000
资产平均占用额(元)	10 800 000	10 980 000	180 000
销售利润率(%)	16.2	17.6	1.4
投资报酬率(%)	12.3	13.85	1.55
剩余收益(元)	248 000	423 000	175 000

10.3.3　业绩考核

1. 成本中心的业绩评价与考核

由于成本中心仅对产品生产或劳务提供过程中的生产耗费负责，因此其业绩的考核，应以产品质量和数量既定条件下的责任成本为重点，主要包括成本降低额和成本降低率两个指标。计算公式如下：

$$成本降低额=预算成本-实际成本$$
$$=实际产量\times预算单位成本-实际产量\times实际单位成本$$
$$=实际产量\times(预算单位成本-实际单位成本)$$

$$成本降低率=\frac{成本降低额}{预算成本}$$

当成本降低额为正数时，即实际成本小于预算成本，为有利差异；反之，为不利差异。对差异额需分成本项目展开分析，找出原因，为以后编制责任成本预算提供经验教训。同时利用差异评判成本中心的业绩，结合奖惩制度，鞭策或激励成本中心更好地开展工作。

【例10-4】 承例10-1，南林分厂下设的一车间主要生产A类产品，预计产量40 000件，预计单位变动成本32元，实际产量41 000件，实际单位变动成本31元。试对该车间的业绩进行考核。

$$成本降低额=41\ 000\times(32-31)=41\ 000(元)$$

$$成本降低率=\frac{41\ 000}{1\ 280\ 000}=3.2\%$$

该成本中心的成本降低额为41 000元，成本降低率为3.2%，均为有利因素。另外，在分析时，实际成本总额小于预算成本总额所形成的有利差异，可能是成本中心努力降低材料耗费，提高劳动效率的结果，也可能是实际产量低于预计产量所导致的总成本的降低。为防止有利差异评价结果的失真，需结合弹性预算指标进行双重控制。

2. 利润中心的业绩评价与考核

利润中心的业绩评价与考核主要是通过成本目标、销售目标同实际销售成本和实际销售收入的对比，分析实际实现的利润与预算(或目标)利润的差异，并对差异形成的原因和责任进行剖析，借以对其经营上的得失和有关人员的功过作出全面、正确的评价。因此，对利润中心的考评重点是边际贡献、可控边际贡献、部门边际贡献、部门税前利润，其计算公式如下：

边际贡献=收入总额-变动成本总额

可控边际贡献=边际贡献-可控固定成本

部门边际贡献=可控边际贡献-不可控固定成本

部门税前利润=部门边际贡献-分配转入的公司管理费用

以边际贡献作为利润中心业绩评价依据不够全面，以部门税前利润评价利润中心业绩显然是不恰当的，以可控边际贡献作为利润中心业绩评价依据应当是最好的衡量部门经理业绩的指标，而部门边际贡献不适合对部门经理的评价，更适合评价该部门对企业利润和管理费用的贡献。

3. 投资中心的业绩评价与考核

投资中心是较高层的责任中心，业绩考评的基本内容除了有关责任中心的成本、收入和利润外，还要重点考核投资报酬率和剩余收益两项反映投资利用效果的评价指标。

1）投资报酬率

投资报酬率(return on investment，ROI)是指部门边际贡献与部门资产平均占用额的比率，其计算公式如下：

$$投资报酬率=\frac{部门边际贡献}{部门资产平均占用额}\times 100\%$$

【例 10-5】 假设利奥公司(投资中心)预算期的部门边际贡献为 1 458 000 元，部门资产平均占用额为 10 800 000 元，试计算该投资中心的投资报酬率。

$$投资报酬率=\frac{1\ 458\ 000}{10\ 800\ 000}\times 100\%=13.5\%$$

投资报酬率反映了投资中心的投资效率，是一个相对数指标，可用于企业内部不同规模投资中心之间的比较。但是该指标也存在缺陷，如部门经理会放弃高于资本成本而低于目前部门投资报酬率的机会，使部门业绩获得较好评价，造成投资中心为了自己的局部利益而放弃企业的整体发展目标。

2）剩余收益

剩余收益(residual value)是指部门边际贡献与部门资产平均占用额的机会成本的差额，计算公式如下：

$$\begin{aligned}剩余收益&=部门边际贡献-部门平均资产应计成本\\&=部门边际贡献-部门平均资产\times资本成本\end{aligned}$$

【例 10-6】 承例 10-5，假设利奥公司的资本成本为 10%，试计算该投资中心的剩余收益。

$$\begin{aligned}剩余收益&=1\ 458\ 000-10\ 800\ 000\times 10\%\\&=378\ 000(元)\end{aligned}$$

剩余收益反映了投资中心的投资效果，以该指标作为投资中心的考核指标可使投资中心的目标与企业的整体目标保持一致，引导部门经理采纳高于企业资本成本的决策，并使用不同风险调整资本成本，从而弥补投资报酬率的不足。但剩余收益指标是绝对数指标，不便于不同部门之间的比较，只有和投资报酬率指标结合使用，才能对投资中心进行较为全面、客观的评价。

10.4 责任结算

10.4.1 内部转移价格

内部转移价格(transfer pricing)是企业内部各责任中心之间相互提供产品或劳务时所选用的一种计价标准。一个责任中心转出的中间产品往往是另一个责任中心的投入。企业内部的许多中间产品或劳务并不对外销售，因此这些内部转移价格就没有独立的法律上的意义。内部转移价格的变动不会直接影响到企业的税利，因此，也不会引起国家财税部门的干预。企业内部各责任中心之间相互提供产品或劳务按内部转移价格进行结算的目的是为了正确地评价和考核各责任中心的经营业绩。制定内部转移价格是建立责任会计制度后必须配备的一种机制。

1. 内部转移价格的意义和作用

内部转移价格为各责任中心购销中间产品制定了一个科学合理的计算标准。各中心在既定的购销差价条件下，能够计算出本中心获得的内部利润。这样，各责任中心如果想获得更大的利润空间，必须从各方面降低经营成本，提高内部经营管理水平。

1）有助于明确各责任中心的经济责任

划分企业内部各责任中心的经济责任，是实行责任会计制度的目的之一，而制定合理的内部转移价格，又是划分经济责任不可缺少的手段之一。因为划清各责任中心的经济责任，首先就要确定有关的责任中心之间发生业务联系、进行经济往来时所使用的结算价格，只有这样，才能较好地维护彼此间的经济权益，明确划分经济责任。

2）有助于企业管理者客观、公正地对各责任中心的业绩进行评价和考核

内部转移价格不仅为各责任中心的奖惩提供了公正且易于计量的基础，而且提供了反映各责任中心的生产经营业绩的内部利润，使各责任中心的业绩考评工作能够顺利地进行。

3）有助于保证各责任中心与企业的经营目标保持一致

由于现代化企业经营规模的扩大化与经营权力的分散化同时存在，企业最高经营决策层越来越不能及时、有效地集中处理各种各样、千变万化的信息，不得不把经营决策权力适当地分散到各部门，而各部门在进行经营决策时又理所当然地要追求自身利益最大化。内部转移价格使企业能根据各责任中心提供的相关信息资料，结合企业的最优生产经营计划，使企业的资源得到有效利用，从而达到整个企业经济利益的最大化。

2. 制定内部转移价格的原则

1）一致性原则

一致性原则是制定内部转移价格的最基本的原则。一致性原则要求各责任中心的分部利益与企业的整体利益必须保持一致，以保证企业利益最大化目标的实现。

2）激励性原则

企业制定的内部转移价格应具有激励性，它既能调动各责任中心的工作积极性，又能使各责任中心从彼此转移产品过程中感到有利可图，能够客观公正地反映各责任中心的经营业绩，使其努力工作与所获得的利益相适应。

3）自主性原则

在要求各责任中心的分部利益与企业的整体利益必须保持一致的前提下，承认各责任中心的相对独立、自主经营，就必须给予各责任中心相对独立的自主经营权。企业制定的内部转移价格作为各责任中心转移中间产品的计价标准，必须被购销双方所接受，如果有一方不接受，则该内部转移价格就不成立。

10.4.2 内部转移价格的类型

1. 市场价格

以市场价格(market based transfer prices)为基础的内部转移价格是指将外部市场价格扣除必要的对外销售费用(如广告费、包装费和运输费等)后作为企业的内部转移价格。采用这种结算价格的责任中心，应该是独立核算的利润中心，其有权决定产品的产销数量、购销对象及相应的价格。

在以市场价格为内部转移价格时，内部交易双方一般应遵循以下原则：

(1) 若卖方对内销售，售价不高于市场价格且质量与市场产品相当时，则买方有购买的义务，不得拒绝购买。

(2) 若卖方的售价高于市场价格或质量达不到买方要求时，则买方有向外购买的自由。

(3) 卖方有选择对内还是对外销售的自由。

西方企业一般认为，市场价格是制定内部转移价格的最好依据。原因是只有通过市场竞争所确定的价格，才是被社会所承认的价格。企业以这样的价格作为内部转移价格，有利于在企业内部创造竞争性的市场环境，从而使各责任中心成为真正意义上的独立经营者。以市场价格为基础的内部转移价格适用于完全竞争市场条件下，即企业的中间产品存在正常的市场价格。但人们知道，企业内部很难存在真正意义上的完全竞争市场，因此，这也限制了以市场价格为基础的内部转移价格的运用。

2. 协商价格

协商价格(negotiated transfer prices)是指有关责任中心以市场价格为基础，共同协商确定一个双方均愿意接受的价格，作为内部转移价格。协商价格一般是在以市场价格扣除必要的销售费用后的价格为上限、以单位变动成本为下限的范围内，通过协商共同确定的。它适用于企业的中间产品存在非完全竞争的市场条件下。虽然这种方法在协商过程中会牵扯双方大量的时间和精力，但由于其价格有一定的弹性，所以在实际工作中运用范围较广。

【例 10-7】 假设某企业生产的自制半成品(中间产品)的市场价格为 75 元，该自制半成品的单位变动成本为 38 元，单位固定成本为 12 元，应分摊的销售费用 8 元，试确定该自制半成品协商价格的范围。

分析：协商价格的上限＝75－8＝67(元)

协商价格的下限＝单位变动成本＝38(元)

由分析可知：该自制半成品协商价格应在 38 元与 67 元之间，由双方协商确定。

另外，在协商定价时，需注意两个问题：①该种中间产品应存在外部市场，内部交易双方可以选择接受或拒绝某一价格；②当内部交易双方协商相持不下时，上级部门应在公平的前提下进行适当的干预，帮助确定价格。

3. 双重价格

双重价格(dual transfer pricing)就是对买方责任中心和卖方责任中心分别采用不同的转移价格作为计价基础的内部转移价格。例如，对于存在内部交易的两个责任中心，销售方可按市场价格计价，而购买方可按销售方的单位变动成本计价，其差额由会计部门调整。这种双重定价，有利于自制半成品接受部门正确地进行经营决策，防止因内部定价过高而向外部进货，进而使内部供货方的生产能力发生闲置，影响其从事生产经营活动的积极性和主动性。

这种以双重价格为企业内部转移价格的结算方法适用于各责任中心的中间产品有外部市场，内部交易的责任中心生产能力不受限制，且变动成本低于市场价格，这种情况下，企业的整体经济效益才能得到提高。

4. 变动成本加固定费用价格

变动成本加固定费用价格由单位变动成本和固定费用两部分组成，卖方除向买方收取变动成本部分的价款外，还向买方收取一定的固定费用作为长期低价供应产品的补偿。在这种定价方式下，无论买方进货量如何变动，卖方固定费用均保持不变，因此买方承担了较大的市场风险。显而易见，该种方法对买方不公平，买卖双方应共同承担市场风险。

5. 全部成本转移价格

全部成本转移价格(cost based transfer prices)是指以全部成本(单位变动成本、分摊的固定成本)或全部成本加上一定比例的利润所形成的内部转移价格。这种价格确定的方法与财务会计观点相符，计量方便。但是这种定价方法，既不是业绩评价的良好尺度，也不能引导责任中心负责人作出有利于企业的决策，是上述几种定价方法中最不宜采用的一种，原因如下：

(1) 该种方法以各责任中心的成本为基础，加上一定百分比作为利润，缺乏理论说服力。一方面以当前成本为基础，会变相鼓励责任中心负责人维持较高成本水平，并获得更多的利润；若是降低成本，则会造成下一期转移价格下降，从而降低利润水平。另一方面成本加成率的确定也缺乏科学依据。

(2) 在连续式生产企业中，随着产品在各责任中心之间流转，产品成本也在不断累加，使用相同的成本加成率，也会使后序责任中心的利润明显大于前序责任中心，造成利润分布失衡。

综上所述，只有在其他形式的内部转移价格无法采用时，才考虑使用全部成本转移价格。

习　　题

1. 单项选择题

(1) 一个责任中心业绩考评的基本内容除了成本、收入、利润外，还要重点考核投资报酬率和剩余收益两项指标，这一责任中心是(　　)。

A. 利润中心　　B. 成本中心　　C. 收入中心　　D. 投资中心

(2) 责任预算编制对象是(　　)。

A. 企业集团　　B. 企业法人　　C. 责任中心　　D. 行政管理部门

(3) 成本中心的业绩评价是以(　　)为对象，其目的是提高成本中控制的有效性。

A. 可控成本　　B. 不可控成本　　C. 固定成本　　D. 边际贡献

(4) 对成本中心而言，下列各项中，不属于该类中心特点的是(　　)。

A. 只考核本中心的责任成本　　B. 只对本中心的可控成本负责

C. 只对责任成本进行控制　　D. 只对直接成本进行控制

(5) 真正意义的利润中心是指(　　)。

A. 可以计算利润的经济组织

B. 有收入的中心

C. 对企业外部销售取得利润的中心

D. 能同时控制生产和销售，管理人员有权对其供货的来源和市场的选择进行决策的单位

(6) 作为利润中心的业绩考核指标，“可控边际贡献”的计算公式是(　　)。

A. 收入总额－变动成本总额

B. 边际贡献－可控固定成本

C. 可控边际贡献－不可控固定成本

D. 部门边际贡献－分配转入的公司管理费用

(7) 在投资中心的主要考核指标中，能使个别投资中心的利益与整个企业的利益统一起来的指标是(　　)。

A. 投资利润率　　B. 可控成本　　C. 利润总额　　D. 剩余收益

(8) 某投资中心预算期部门边际贡献为 1 000 万元，企业预算期期初的营业资产为 3 900 万元，预算期期末的资产占用为 4 100 万元，则该投资中心投资报酬率为(　　)。

A. 20%　　B. 25%　　C. 30%　　D. 35%

(9) 某企业一责任中心将甲产品转让给另一责任中心时，厂内银行按甲产品的市场售价向供货中心支付价款，同时按甲产品的单位变动成本计算出的价格从另一购货中心收取价款。据此推测，该项内部交易采用的内部转移价格是(　　)。

A. 市场价格　　B. 协商价格

C. 全部成本转移价格　　D. 双重价格

(10) 利润中心相互转移中间产品时，最不宜采用的内部转移价格是(　　)。

A. 市场价格　　B. 协商价格

C. 全部成本转移价格　　D. 双重价格

2. 多项选择题

(1) 按照权限范围的大小及业务活动的特点不同，责任中心通常分为(　　)。

A. 成本(费用)中心　B. 利润中心　　C. 投资中心　　D. 结算中心

(2) 对责任中心而言，可控成本必须具备的条件是(　　)。

A. 成本能够直接计入某一责任中心

B. 责任中心能够对所发生的成本进行准确计量

C. 责任中心在发现成本偏差时，能够通过自己的行为对成本加以调节和控制

D. 责任中心能够完全控制其所属较低层次责任中心的成本

(3) 适合于建立费用中心进行成本控制的单位有(　　)。

A. 生产企业的生产车间　　B. 餐饮店的制作间

C. 行政管理部门　　D. 研究开发部门

(4) 下列有关责任中心的说法中，正确的有(　　)。

A. 任何发生成本的责任领域都可以确定为成本中心

B. 任何可以计量利润的组织单位都可以确定为利润中心

C. 与利润中心相比，成本中心仅缺少销售权

D. 投资中心不仅能够控制生产和销售，还能控制占用的资产

(5) 甲利润中心常年向乙利润中心提供中间产品，在其他条件不变的情况下，如果提高该中间产品的内部转移价格，可能出现的结果是(　　)。

A. 企业的利润总额增加　　B. 企业的利润总额不变

C. 甲利润中心内部利润增加　　D. 乙利润中心内部利润增加

(6) 作为评价投资中心业绩的指标，"剩余收益"的优点是(　　)。

A. 可以使业绩评价与企业目标保持一致　B. 适宜于不同部门之间的比较

C. 可以根据不同的风险调整资金成本　　D. 能够对投资中心进行全面、客观的评价

(7) 相对剩余收益指标而言，投资报酬率指标的缺点有(　　)。

A. 无法反映投资中心的综合盈利能力

B. 不利于引导部门经理采纳高于企业资本成本但低于部门投资报酬率的决策

C. 不便于考虑风险因素的调整

D. 不便于各投资中心经营业绩的横向比较

(8) 如果需要制定企业内部转移价格，可以考虑的转移价格有(　　)。

A. 市场价格　　B. 以市场为基础的协商价格

C. 变动成本加固定费转移价格　　D. 全部成本转移价格

E. 全部成本加成转移价格

(9) (　　)指标结合使用，能够对投资中心进行较为全面、客观的评价。

A. 可控成本　　B. 利润总额　　C. 剩余收益　　D. 投资报酬率

(10) 下列各项中，需要利用内部转移价格在有关责任中心之间进行责任结转的有(　　)。

A. 因供应部门外购材料的质量问题造成的生产车间超定额耗用成本

B. 因上一车间加工缺陷造成的下一车间超定额耗用成本

C. 因生产车间生产质量问题造成的销售部门降价损失

D. 因生产车间自身加工不当造成的超定额耗用成本

3. 复习思考题

(1) 财务控制的基本方式有哪些?

(2) 什么是责任中心？责任中心有几种形式？它们之间的关系如何？

(3) 什么是责任预算？为什么要编制责任预算？

(4) 对各责任中心的业绩如何进行考评？

(5) 内部转移价格有几种？它们的使用范围如何？

4. 计算题

(1) 假设某公司下属一分厂为成本中心。该成本中心下有甲、乙两个生产车间。甲、乙两个生产车间的可控成本及厂部的可控费用见表 10－8。

表 10－8 成本中心资料

(单位：元)

成本项目	甲车间		乙车间		厂 部	
	预 算	实 际	预 算	实 际	预 算	实 际
直接材料	500 000	480 000	620 000	625 000		
直接人工	80 000	83 000	91 000	90 000		
制造费用	22 000	24 000	29 000	30 000		
厂部可控费用						
管理人员薪金					48 000	50 000
折旧费					15 000	15 000
其他费用					10 000	11 000

注：生产车间发生的成本费用均为可控成本。

要求：根据上述资料编制该分厂的成本预算。

(2) 某企业下设甲、乙两个投资中心，现有一个投资项目，投资额为 800 万元，预期可获得部门边际贡献 120 万元，该项目可由甲投资中心或乙投资中心进行投资，假设该企业的资本成本为 12%。

要求：① 计算并填写表 10－9 中的空格；

② 说明甲投资中心或乙投资中心是否应该接受该项投资。

表 10－9 投资中心资料

投资中心		部门边际贡献(万元)	营业资产(万元)	投资报酬率(%)	剩余收益(万元)
投资前	甲	420	2 400		
	乙	400	2 400		
仅由甲部门投资	甲				
	乙				
仅由乙部门投资	甲				
	乙				

(3) 假设某企业下设甲、乙两个分部，甲分部生产的半成品可以对外销售，也可以对内销售给乙分部继续加工。假设甲分部在不影响对外销售的基础上，还有剩余生产能力对内销售，有关资料见表10-10。

表10-10 甲乙分部有关产品资料

项目	甲分部	乙分部
完工半成品或产成品单位市场售价(元)	50	90
单位变动成本：(元)		
直接材料	18	
加工费用	16	16
销售费用	4	6
固定费用(元)	60 000	15 000
预计产量(件)	10 000	1 000

要求：计算确定甲、乙两个分部均认为合理的内部转移价格，并说明理由。

(4) 盐工公司下设甲、乙两个投资中心，甲投资中心的投资额为200万元，投资报酬率为15%；乙投资中心的投资报酬率为17%，剩余收益为20万元，盐工公司要求的平均最低投资报酬率为10%。盐工公司决定追加投资100万元，若投向甲投资中心，每年可增加利润20万元；若投向乙投资中心，每年可增加利润15万元。

要求：① 计算追加投资前甲投资中心的剩余收益；

② 计算追加投资前乙投资中心的投资额；

③ 计算追加投资前盐工公司的投资报酬率；

④ 若甲投资中心接受追加投资，计算其剩余收益；

⑤ 若乙投资中心接受追加投资，计算其投资报酬率；

5. 案例分析

YCJS公司的财务控制

YCJS公司主营精密机床的生产和销售，在华东、华中和华南分设3个公司，其中华东分公司下设采购、制造、销售、运输和检修5个部门，华中和华南分公司下设销售、运输和检修3个部门。各部门主要职责如下：

采购部门：主要负责从市场购入生产经营所需的各种材料及物资。

制造部门：下设生产和组装两个车间，生产车间负责各种机床零部件的生产；组装车间负责将零部件组装成成品机床。

销售部门：主要负责销售本公司所生产的精密机床。

运输部门：主要负责提供对采购物资和销售商品的运输服务。

检修部门：主要负责本公司生产设备的日常检修，已售机床的售后服务，同时承接其他品牌机床的维修服务。

各分公司可以根据所在地区的市场情况选择销售不同型号的机床，也可以根据自身的需要购进固定资产。

当前，YCJS公司的高层管理者拟在公司内部建立一套科学、合理的财务控制制度，以提高企业的整体经济效益。

请针对以下问题为该公司提供一份财务控制建议报告：

① 确定YCJS公司的责任中心及类型；

② 为各责任中心制定责权范围；

③ 为各责任中心设计合理的考核指标；

④ 分析该公司可能面临的市场情况，并针对各种可能出现的情况为其制定合理的内部转移价格。

第11章

财务分析

教学目标

通过本章的学习，理解财务分析的基本概念，了解企业财务分析的意义、基础和程序，识记企业财务分析的目的、种类、方法，掌握企业偿债能力、营运能力、获利能力和发展能力分析的常用指标，熟悉企业财务状况的趋势分析和综合分析方法。

教学要求

知识要点	能力要求	相关知识
财务报告分析	(1) 准确理解财务报告分析的概念、目的 (2) 掌握财务报告分析的基本原理和方法	(1) 资产负债表分析 (2) 利润表分析 (3) 现金流量表分析 (4) 所有者权益变动表分析
财务效率分析	(1) 熟悉企业财务效率分析的基本目的和内容 (2) 掌握企业财务效率分析的基本指标的计算和评价方法	(1) 偿债能力分析 (2) 营运能力分析 (3) 获利能力分析 (4) 发展能力分析
企业财务状况综合分析	(1) 理解和掌握杜邦分析法、财务比率综合评分法的基本原理 (2) 了解杜邦分析法、财务比率综合评分法的区别	(1) 财务状况趋势分析 (2) 杜邦分析法及其拓展 (3) 财务比率综合评分法

基本概念

财务分析；比较分析；比率分析；偿债能力分析；营运能力分析；获利能力分析；发展能力分析；趋势分析；综合分析；杜邦分析法；财务比率综合评分法。

引　言

远洋公司是一家以船舶制造和销售为主的公司，近几年市场销量不断上涨，公司经济实力不断增强。公司高级管理层有人建议董事长适时投资生物制药行业，这样既可以提高公司的投资收益率，又可以分散投资风险。孙芳是公司的财务副经理，董事长要求孙芳在一周内对公司的财务状况作出全面分析，并写一份分析报告给董事长，以便其根据本公司各方面的财务状况作出正确的财务决策。

请问：

(1) 为完成该分析报告，孙芳应搜集哪些主要资料？

(2) 孙芳应从哪些方面、分别通过哪些指标对本公司的财务状况进行分析？

(3) 孙芳可以采用什么方法分析本公司的财务状况？如何分析？

本章将对企业财务分析的概念、目的、方法，以及企业财务状况分析的基本指标等作出详细的介绍。

11.1 财务分析概述

11.1.1 财务分析的意义和目的

1. 财务分析的意义

财务分析(financial analysis)以企业的财务报告及其他相关资料为基础，对企业的财务状况和经营成果进行评价和剖析，反映企业在运营过程中的利弊得失和发展趋势，从而为改进企业财务管理和优化经济决策提供重要的财务信息。

财务分析是评价企业财务状况的重要依据。企业的投资者、债权人、经营者及其他利益相关者通过财务分析，可以取得系统、完整的财务分析资料，便于全面了解企业的资产、资金结构及现金流量状况，从而为作出经济决策提供依据。

财务分析是衡量企业及其内部各部门业绩的重要依据。企业的投资者、债权人、经营者及其他有关各方通过财务分析，可以检查企业及其内部各职能部门和单位完成财务计划指标的情况，考核企业及其内部各部门和单位的工作业绩，以便揭示企业及其内部各部门管理中存在的问题，总结经验教训，提高管理水平。

2. 财务分析的内容和目的

对企业进行财务分析所依据的资料是客观的，但是，不同的分析人员所关心问题的侧重点不同，因此，进行财务分析的目的也各不相同。根据《企业内部控制应用指引第 14 号——财务报告》，财务分析的内容和目的主要有以下几个方面：

(1) 企业应当分析企业的资产分布、负债水平和所有者权益结构，通过资产负债率、流动比率、资产周转率等指标分析企业的偿债能力和营运能力；分析企业净资产的增减变化，了解和掌握企业规模和净资产的不断变化过程。

(2) 企业应当分析各项收入、费用的构成及其增减变动情况，通过净资产收益率、每股收益等指标，分析企业的盈利能力和发展能力，了解和掌握当期利润增减变化的原因和未来发展趋势。

(3) 企业应当分析经营活动、投资活动、筹资活动现金流量的运转情况，重点关注现金流量能否保证生产经营过程的正常运行，防止现金短缺或闲置。

11.1.2 财务分析的基础

财务分析是以企业的会计核算资料及相关计划、预算、定额资料为基础，通过对会计所提供的核算资料及计划、定额资料进行加工整理，得出一系列科学、系统的财务指标，以便进行比较、分析和评价。这些会计核算资料包括日常核算资料和财务报告，但财务分析主要是以财务报告为基础，日常核算资料只作为财务分析的一种补充资料。财务报告是企业向政府部门、投资者、债权人等与本企业有利害关系的组织或个人提供的，反映企业在一定时期内的财务状况、经营成果以及影响企业未来经营发展的重要经济事项的书面文件。企业的财务报告主要包括资产负债表、利润表、现金流量表、所有者权益变动表、其他附表以及财务状况说明书。这些报表及财务状况说明书集中、概括地反映了企业的财务状况、经营成果和现金流量情况等财务信息，对其进行财务分析，可以更加系统地揭示企业的偿债能力、资金营运能力、获利能力等财务状况。下面主要介绍常用的4种基本会计报表：资产负债表、利润表、现金流量表和所有者权益变动表。

1. 资产负债表

资产负债表(balance sheet)是反映企业一定日期财务状况的会计报表。它以“资产=负债+所有者权益”这一会计等式为依据，按照一定的分类标准和次序反映企业在某一个时点上资产、负债及所有者权益的基本状况。资产负债表的结构见表11-1。

表11-1 资产负债表

编制单位：甲公司　　2006年12月31日　　(单位：元)

资　产	期末余额	年初余额	负债及股东权益	期末余额	年初余额
流动资产			流动负债		
货币资金	4 342 376	2 477 750	短期借款	19 201 000	4 700 000
交易性金融资产	53 650	8 778	交易性金融负债		
应收票据	14 566 349	7 696 712	应付票据	6 780 000	4 080 000
应收账款	275 269	380 980	应付账款	8 607 190	6 746 472
预付款项	199 617	2 652 288	预收款项	1 064 005	2 933 627
应收利息			应付职工薪酬	245 602	639 288
应收股利			应交税费	10 395	280 739
其他应收款	70 960	68 025	应付利息		

续表

资　　产	期末余额	年初余额	负债及股东权益	期末余额	年初余额
存货	18 319 735	15 510 889	应付股利		
一年内到期的非流动资产			其他应付款	495 580	447 104
其他流动资产			一年内到期的非流动负债	200 305	
			其他流动负债		
流动资产合计	37 827 956	28 795 422	流动负债合计	36 604 077	19 827 230
非流动资产			非流动负债		
可供出售的金融资产			长期借款		200 305
持有至到期的投资			应付债券		
长期应收款			长期应付款		
长期股权投资	10 170 615	9 658 973	专项应付款	140 000	
投资性房地产			预计负债		
固定资产	16 736 202	10 144 666	递延所得税负债		
在建工程	3 215 114	1 829 133	其他非流动负债		
工程物资	622 734	1 300 987	非流动负债合计	140 000	200 305
固定资产清理			负债合计	36 744 077	20 027 535
生产性生物资产			股东权益		
油气资产			股本	12 000 000	12 000 000
无形资产			资本公积	1 842 880	1 836 280
开发支出			减：库存股		
商誉			盈余公积	4 218 016	3 909 570
长期待摊费用			未分配利润	13 767 648	13 955 796
递延所得税资产			股东权益合计	31 828 544	31 701 646
其他非流动资产					
非流动资产合计	30 744 665	22 933 759			
资产总计	68 572 621	51 729 181	负债及股东权益总计	68 572 621	51 729 181

从资产负债表的结构来看，它主要包括资产、负债与股东权益 3 大类项目。资产负债表的左方反映企业的资产状况，资产按其流动性从大到小来分项列示，顺次为流动资产、非流动资产。非流动资产主要包括可供出售的金融资产、持有至到期的投资、固定资产、无形资产和其他资产等。资产负债表的右方反映企业的负债与股东权益的状况，它说明了企业资金的来源情况，即有多少资金来源于债权人，有多少资金来源于企业所有者的投资及企业生产经营过程的积累。

资产负债表是进行财务分析的一张重要财务报表，它提供了企业的资产结构、资产流动性、资金来源状况、负债水平以及负债结构等财务信息。分析者通过对资产负债表的分析，可以了解企业的偿债能力、资金营运能力等财务状况，为债权人、投资者以及企业管理者提供决策依据。

2. 利润表

利润表(income statement)也称损益表，是反映企业在一定期间生产经营成果的财务报表。利润表是以“利润＝收入－费用”这一会计等式为依据编制而成的。通过利润表可以考核企业利润计划的完成情况，分析企业的获利能力以及利润增减变化的原因，预测企业利润的发展趋势，为投资者及企业管理者等各方面提供财务信息。在利润表中，通常按照利润的构成项目来分别列示，其结构见表11-2。

表11-2 利润表

编制单位：甲公司　　2006年度　　(单位：元)

项　　目	本年金额	上年金额
一、营业收入	95 164 937	93 794 178
减：营业成本	90 355 185	81 407 717
营业税金及附加	242 329	395 536
销售费用	91 516	63 855
管理费用	1 351 178	2 046 401
财务费用	901 290	417 161
资产减值损失	28 339	13 856
加：公允价值变动收益(净损失以“－”号填列)	10 650	
投资收益(损失以“－”号填列)	404 316	495 579
其中：对联营企业和合营企业的投资收益		
二、营业利润(亏损以“－”号填列)	2 610 066	9 945 231
加：营业外收入	157 899	668
减：营业外支出	66 989	199 986
其中：非流动资产处置损失(收益以“－”号)	－39 180	184 395
三、利润总额(亏损以“－”号填列)	2 700 976	9 745 913
减：所得税费用	590 084	3 106 795
四、净利润(净亏损以“－”号填列)	2 110 892	6 639 118

企业的收入主要包括营业收入(主营业务收入、其他业务收入)、投资收益及营业外收入。费用支出主要包括营业成本(主营业务成本、其他业务支出)、销售费用、管理费用、财务费用、营业税金、投资损失以及营业外支出等。总收入减去总费用就是利润总额。企业的利润按收入与费用的不同配比，可以分为3个层次：营业利润、利润总额(税前利润)和净利润。营业利润是营业收入扣除营业成本、营业税金、销售费用、管理费用、财务费用等后的利润，主要反映企业的经营所得；营业利润加上投资净收益和营业外收入减去营业外支出就是利润总额，是计算所得税的基础；利润总额扣除应纳的所得税后就是企业的净利润，这是企业所有者可以得到的实际收益。

3. 现金流量表

现金流量表(cash flow statement)是以现金(cash)以及现金等价物(cash equivalent)为

基础编制的财务状况变动表，是企业对外报送的一张重要会计报表。它为会计报表使用者提供企业一定会计期间内现金和现金等价物流入和流出的信息，以便报表使用者了解和评价企业获取现金和现金等价物的能力，并据以预测企业未来的现金流量。现金流量表的结构见表 11－3。

表 11－3 现金流量表

编制单位：甲公司　　2006 年度　　(单位：元)

项　目	本年金额	上年金额
一、经营活动产生的现金流量		
销售商品、提供劳务收到的现金	115 759 178	113 858 391
收到的税费返还	111 272	
收到其他与经营活动有关的现金	1 805 821	2 498 156
经营活动现金流入小计	117 676 271	116 356 547
购买商品、接受劳务支付的现金	100 187 927	97 117 607
支付给职工及为职工支付的现金	3 102 980	2 104 882
支付的各项税费	4 633 414	6 948 727
支付其他与经营活动有关的现金	2 495 765	3 806 682
经营活动现金流出小计	110 420 086	109 977 898
经营活动产生的现金流量净额	7 256 185	6 378 649
二、投资活动产生的现金流量		
收回投资收到的现金	10 266	78
取得投资收益收到的现金	439 594	143 706
处置固定资产、无形资产和其他长期资产收回的现金净额	39 180	44 673
处置子公司及其他营业单位收到的现金净额		
收到其他的投资活动有关的现金	36 422	52 324
投资活动现金流入小计	525 462	240 781
购建固定资产、无形资产和其他长期资产支付的现金	6 944 150	6 190 115
投资支付的现金	656 638	66
取得子公司及其他营业单位支付的现金净额		
支付其他与投资活动有关的现金		
投资活动现金流出小计	7 600 788	6 190 181
投资活动产生的现金流量净额	－7 075 326	－5 949 400
三、筹资活动产生的现金流量		
吸收投资收到的现金		
取得借款收到的现金	8 150 000	7 200 000
收到其他与筹资活动有关的现金		
筹资活动现金流入小计	8 150 000	7 200 000
偿还债务支付的现金	4 700 000	5 500 000
分配股利、利润或偿付利息支付的现金	2 316 233	2 493 581
支付其他与筹资活动有关的现金		

续表

项　　目	本年金额	上年金额
筹资活动现金流出小计	7 016 233	7 993 581
筹资活动产生的现金流量净额	1 133 767	−793 581
四、汇率变动对现金的影响		
五、现金及现金等价物净增加额	1 314 626	−364 332
期初现金及现金等价物余额	2 477 750	2 842 082
期末现金及现金等价物余额	3 792 376	2 477 750

（资料来源：罗金明等．新编会计学．杭州：浙江大学出版社，2007.）

根据《企业会计准则》的要求，企业应在年末编制年报时编报现金流量表。为了正确地分析现金流量表，必须要明确现金流量表中这样几个重要的概念：现金、现金等价物、现金流量。现金流量表中的现金是指企业的库存现金以及可以随时用于支付的存款，包括库存现金、银行存款和其他货币资金。但是，应注意的是，银行存款和其他货币资金中不能随时用于支付的存款不应作为现金，而应作为投资，如不能随时支取的定期存款等。现金等价物是指企业持有的期限短、流动性强、易于转换为已知金额现金、价值变动风险很小的短期投资。现金等价物虽然不是现金，但其支付能力与现金差别不大，可以视为现金。一项投资被确认为现金等价物必须同时具备4个条件：期限短、流动性强、易于转换为已知金额现金、价值变动风险很小。其中，期限短一般是指从购买日起，3个月内到期。现金流量是某一段时期内企业现金流入和流出的数量，主要包括经营活动产生的现金流量、投资活动产生的现金量和筹资活动产生的现金流量3类。

4. 所有者权益变动表

所有者(股东)权益变动表(statement of owners equity)是反映一定时期内所有者权益各项目的增减变动情况的报表。股东权益变动表格式见表11－4。

表11－4　股东权益变动表

编制单位：乙公司　　2008年度　　(单位：万元)

项　　目	本年金额						上年金额
	股本	资本公积	减：库存股	盈余公积	未分配利润	股东权益合计	(略)
一、上年末余额	28 978	40 006		4 305	−7 829	65 460	
加：会计政策变更					4 892	4 892	
前期差错更正							
二、本年年初余额	28 978	40 006		4 305	−2 937	70 352	
三、本年增减变动金额							
(一)净利润					11 718	11 718	

续表

项　　目	本年金额						上年金额
	股本	资本公积	减：库存股	盈余公积	未分配利润	股东权益合计	(略)
(二)直接计入股东权益的利得和损失							
1. 可供出售金融资产公允价值变动净额							
2. 权益法下被投资单位其他股东权益变动的影响							
3. 与计入股东权益项目相关的所得税影响							
4. 其他							
上述(一)和(二)小计					11 718	11 718	
(三)所有者投入和减少资本							
1. 所有者投入资本							
2. 股份支付计入股东权益的金额							
3. 其他							
(四)利润分配							
1. 提取盈余公积				1 731	−1 731		
2. 对股东的分配							
3. 其他							
(五)股东权益的内部结转							
1. 资本公积转增股本							
2. 盈余公积转增股本							
3. 盈余公积弥补亏损							
4. 其他							
四、本年年末余额	28 978	40 006	0	6 036	7 050	82 070	

特别提示

企业编制、对外提供和分析利用财务报告，至少应当关注下列风险：①编制报告违反会计法律法规和国家统一的会计准则制度，可能导致企业承担法律责任和声誉受损。②提供虚假报告，误导报告使用者，造成决策失误，干扰市场秩序。③不能有效利用报告，难以及时发现企业经营管理中存在的问题，可能导致企业和经营风险失控。(《企业内部控制应用指引第14号——财务报告》第三条)

11.1.3 财务分析的原则和程序

1. 财务分析的原则

(1) 实事求是的原则。进行财务分析要从实际出发，坚持实事求是，不能主观臆断、结论先行、搞数字游戏。

(2) 一分为二的原则。进行财务分析要全面看问题，坚持一分为二，不能片面看问题。要兼顾主观因素和客观因素、有利因素和不利因素、经济因素和技术因素、内部因素和外部因素。

(3) 相互联系的原则。进行财务分析，要注意事物之间的联系，坚持相互联系地看问题，不能孤立地看问题，要注意局部和全局的关系、偿债能力和盈利能力的关系、成本和收益的关系、报酬和风险的关系、现在和将来的关系。

(4) 定量分析和定性分析相结合的原则。进行财务分析，要将定量分析和定性分析相结合，不能只重视定性分析，而忽视定量分析；也不能只重视定量分析，而忽视定性分析。定性分析是基础和前提，没有定性分析就弄不清本质、趋势和与其他事物的联系。定量分析是工具和手段，没有定量分析就弄不清数量界限、阶段性和特殊性。

2. 财务分析的程序

无论是企业的经营管理者，还是投资者、债权人，在作出财务评价和经营决策时，都必须进行充分的财务分析。为了保证财务分析有效地进行，必须遵循科学的程序。财务分析的程序就是进行财务分析的步骤，一般包括以下几步：

1) 确定分析范围，搜集相关资料

对企业进行财务分析的目的决定了财务分析的范围，财务分析范围可以是企业经营活动的某一方面，也可以是企业经营活动的全过程。如债权人可能只关心企业偿还债务的能力，这样就不必对企业经营活动的全过程进行分析，而企业的经营管理者则需进行全面的财务分析。财务分析的范围决定了所要搜集的信息资料的数量，财务分析所需的资料主要是财务核算、预算、定额等经济资料。如果要进行全面的财务分析，则需要搜集企业各方面及同行业其他企业的经济资料。

2) 选择分析方法，作出分析评价

财务分析方法的选择取决于财务分析的目的和范围。常用的财务分析方法有比较分析法、比率分析法、因素分析法等，这些方法各有特点，在进行财务分析时可以结合使用。局部的财务分析，可以选择其中的某一种方法；全面的财务分析，则应该综合运用多种方法，以便进行对比，作出客观、全面的评价。利用这些分析方法，比较分析企业的有关财务数据、财务指标，对企业的财务状况作出评价。

3) 进行因素分析，抓住主要矛盾

通过财务分析，找出影响企业经营活动和财务状况的主要矛盾，即影响企业经营活动和财务状况的主要因素，然后才能有的放矢，提出相应的建议。

4）写出分析报告，为经济决策服务

财务分析的最终目的是为经济决策提供依据。通过上述比较与分析，就可以写出具体的分析报告，说明企业财务状况、获利能力、发展能力等及其变动的原因，为决策者进行经济决策提供参考。通过财务分析，还可以总结经验，吸取教训，以便改进工作。

11.1.4 财务分析的方法

1. 比较分析法

比较分析法(method of comparative analysis)是对两个或几个相关的可比数据进行对比，揭示差异和矛盾的一种分析方法。比较分析法按比较对象不同可分为以下几种：

（1）与本企业历史相比较，即不同时期指标对比，也称“纵向比较”或“趋势分析”。

（2）与同类公司相比较，即与行业平均数或竞争对手比较，也称“横向比较”。

（3）与计划预算相比较，即实际执行结果与计划指标对比，也称“预算差异分析”。

运用比较分析法应注意比较标准的科学性。运用比较分析，需要选用一定的标准与之对比，以便于对企业的财务状况作出评价。通常而言，科学合理的对比标准有预定目标(如预算指标、设计指标、定额指标等)、历史标准(如上期实际、上年同期实际、历史先进水平及有典型意义时期的实际水平等)、行业标准(如主管部门或行业协会颁布的技术标准、国内外同类企业的先进水平、国内外同类企业的平均水平等)、公认标准。

2. 比率分析法

比率分析法(ratio analysis method)是通过计算各种比率指标来确定经济活动变动程度的分析方法。比率是相对数，采用这种方法，能够把某些条件下的不可比指标变为可以比较的指标，以利于分析。比率指标主要有构成比率、效率比率、相关比率3类。

1）构成比率

构成比率又称结构比率，是指某项财务指标的各组成部分数值占总体数值的百分比，反映部分与总体的关系。其计算公式如下：

$$构成比率=某项目数值/总体数值\times100\%$$

比如，企业资产中流动资产、固定资产和无形资产等占资产总额的百分比(资产构成比率)，企业负债中流动负债和长期负债占负债总额的百分比(负债构成比率)等。利用构成比率，可以考察总体中某个部分的形成和安排是否合理，以便协调各项财务活动。

2）效率比率

效率比率是某项财务活动中所消费与所得的比率，反映投入与产出的关系。利用效率比率指标可以进行得失比较，考察经营成果，评价经济效益。比如，将利润项目与销售成本、销售收入、资本金等项目加以对比，可计算出成本利润率、销售利润率及资本金利润率等指标，可以从不同层次观察比较企业获利能力的高低及其增减变化情况。

3）相关比率

相关比率是以某个项目和与其有关但又不同的项目加以对比所得的比率，反映经济活动的相互关系。利用相关比率指标，可以考察企业有联系的相关业务安排得是否合理，以保障运营活动顺利进行。比如，将流动资产与流动负债加以对比，计算出流动比率，据以判断企业的短期偿债能力。

比率分析法的计算简便，计算结果也比较容易判断，而且可以使某些指标在不同规模的企业之间进行比较。

采用比率分析法时应注意以下几点：

(1) 对比项目的相关性。计算比率的分子和分母必须具有相关性。在构成比率指标中部分指标必须是总体指标这个大系统的一个小系统；在效率比率指标中，投入与产出必须有因果关系；在相关比率指标中，两个对比指标也要有内在联系，才能评价有关经济活动之间是否协调，安排是否合理。

(2) 对比口径的一致性。计算比率的分子和分母必须在计算时间、范围等方面保持口径一致。

3. 因素分析法

因素分析法是依据分析指标与其影响因素的关系，从数量上确定各因素对分析指标影响方向和影响程度的一种方法。因素分析法既可以全面分析各因素对某一经济指标的影响，又可以单独分析某个因素对经济指标的影响，在财务分析中应用颇为广泛。采用因素分析法的程序简述如下：

因素分析是将分析指标分解为各个可以计量的因素，并根据各个因素之间的依存关系，顺次用各因素的比较值(通常即实际值)替代基准值(通常为标准值或计划值)，据以测定各因素对分析指标的影响。可用以下公式表示：

设某项经济指标 E 是由 A、B、C3 个因素组成的。在分析时，若是用实际指标与计划指标进行对比，则计划指标与实际指标的计算公式如下：

计划指标　　$E_0 = A_0 \times B_0 \times C_0$

实际指标　　$E_1 = A_1 \times B_1 \times C_1$

分析对象为 $E_1 - E_0$ 的差额。

采用因素分析法测定各因素变动对指标 N 的影响程度时，各项计划指标、实际指标及替代指标的计算公式如下：

计划指标　　$E_0 = A_0 \times B_0 \times C_0$　　(1)

第一次替代　　$E_2 = A_1 \times B_0 \times C_0$　　(2)

第二次替代　　$E_3 = A_1 \times B_1 \times C_0$　　(3)

实际指标　　$E_1 = A_1 \times B_1 \times C_1$　　(4)

各因素变动对指标 E 的影响数额按下式计算：

由于 A 因素变动的影响 $=(2)-(1)=E_2 - E_0$

由于 B 因素变动的影响 $=(3)-(2)=E_3 - E_2$

由于 C 因素变动的影响 $=(4)-(3)=E_1 - E_3$

将上述 3 个因素变动的影响相加，即为各因素变动对指标 E 的总影响程度，它与分析对象应相等。

【例 11-1】 某公司 2011 年和 2012 年两个年度的资产负债表、利润表及其附表资料以及会计报表附注，给出以下分析数据：

项　　目	2011 年	2012 年
平均总资产(千元)	8 348	16 231
平均净资产(千元)	7 683	12 369
利息支出(千元)	48	186
利润总额(千元)	932	1 548
所得税率	18%	25%

要求：用因素分析法计算各因素变动对净资产收益率的影响程度。

解：根据“4.2 节财务杠杆的概念”所述的公式可得：

$$净资产收益率=\left[总资产报酬率+\frac{负债资本}{股权资本}\times(总资产报酬率-平均负债利率)\right]\times(1-所得税税率)$$

所以，根据数据计算如下财务指标：

项　　目	2011 年	2012 年
总资产报酬率(%)	11.74	10.68
负债利息率(%)	7.22	4.82
负债资本/股权资本	0.0866	0.3122
净利润(千元)	764.24	1 161
净资产收益率(%)	9.95	9.39

分析对象：9.39%−9.95%=−0.56%

采用因素分析法计算如下：

2011 年：[11.74%+0.0866×(11.74%−7.22%)] ×(1−18%)=9.95%

第一次替代：[10.68%+0.0866×(10.68%−7.22%)] ×(1−18%)=9.00%

第二次替代：[10.68%+0.3122×(10.68%−7.22%)] ×(1−18%)=9.64%

第三次替代：[10.68%+0.3122×(10.68%−4.82%)] ×(1−18%)=10.26%

2012 年：[10.68%+0.3122×(10.68%−4.82%)] ×(1−25%)=9.39%

总资产报酬率变动的影响为：9.00%−9.95%=−0.95%

资本结构变动的影响为：9.64%−9.00%=0.64%

负债利息率变动的影响为：10.26%−9.64%=0.62%

税率变动的影响为：9.39%−10.26%=−0.87%

4 个因素变动总的影响：−0.95%+0.64%+0.62%−0.87%=−0.56%

11.2　企业偿债能力分析

偿债能力是指企业偿还各种到期债务本息的能力。偿债能力分析是企业财务分析的一个重要方面，通过这种分析可以揭示企业的财务风险。企业财务管理人员、企业债权人及投资者都十分重视企业的偿债能力分析。偿债能力分析主要分为短期偿债能力分析和长期偿债能力分析。

11.2.1 短期偿债能力分析

短期偿债能力(solvency of current liability)是指企业一年内或超过一年的一个营业周期内的还债能力，即指企业偿付流动负债的能力。流动负债是将在一年内或超过一年的一个营业周期内需要偿付的债务，这部分负债对企业的财务风险影响较大，如果不能及时偿还，就可能使企业面临倒闭的危险。在资产负债表中，流动负债与流动资产形成一种对应关系。一般来说，流动负债需以流动资产来偿付，特别是，通常它需要以现金来直接偿还。因此，可以通过分析企业流动负债与流动资产之间的关系来判断企业的短期偿债能力。通常，评价企业短期偿债能力的财务比率主要有流动比率、速动比率、现金流量比率等。

1. 流动比率

流动比率(current ratio)是企业流动资产与流动负债的比值，表明企业每一元流动负债有多少流动资产作为偿还保证。其计算公式为

流动比率=流动资产/流动负债

流动资产主要包括货币资金、交易性金融资产、应收及预付款项、存款、一年内到期的非流动资产、其他流动资产等，一般用资产负债表中的期末(或期初)的流动资产总额来表示；流动负债主要包括短期借款、交易性金融负债、应付及预收款项、各种应交款项、一年内即将到期的非流动负债等，通常也用资产负债表中的期末(或期初)的流动负债总额来表示。

一般情况下流动比率越高，反映企业短期偿债能力越强，债权人的权益越有保证。国际上通常认为流动比率的下限为1，而流动比率等于2时较为适当，它表明企业的财务状况比较稳定可靠，除了满足日常生产经营的流动资金需要外，还有足够的财力偿付到期短期债务。如果流动比率过低，则表示企业可能捉襟见肘，难以如期偿还债务。但流动比率也不可以过高，过高则表明企业流动资产占用较多，会影响企业的资金使用效率和企业的筹资成本，进而影响企业的获利能力。

【例11-2】 根据表11-1中甲公司资产负债表，该公司流动比率为

2006年末流动比率=37 827 956/36 604 077=1.033

2006年初流动比率=28 795 422/19 827 230=1.452

这表明甲公司2006年末每有1元的流动负债，就有1.033元的流动资产做保障。2006年初每有1元的流动负债，就有1.452元的流动资产做保障。表明甲公司2006年短期偿债能力有所下降。

对流动比率的分析应结合不同的行业特点，有的行业流动比率较高，有的行业流动比率较低，不可一概而论。对流动比率的分析还应结合企业流动资产结构及各项流动资产的实际变现能力等因素，有时流动比率较高，但其短期偿债能力未必很强，因为可能是存货积压或滞销的结果，而且，企业也很容易伪造这个比率，以掩饰其偿债能力。如年终时故

意将借款还清，下年初再借入，这样就可人为地提高流动比率。假设某一公司有流动资产20万元、流动负债10万元，则流动比率为2:1；如果该公司在年终编制会计报表时，故意还清5万元短期借款，待下年初再借入，则该公司流动资产就变成了15万元，流动负债就成了5万元，流动比率为3，流动比率提高，粉饰了短期偿债能力。因此，利用流动比率来评价企业短期偿债能力存在一定的片面性。

2. 速动比率

速动比率又称酸性试验比率(acid test ratio)是企业速动资产与流动负债的比值。速动资产是流动资产减去变现能力较差且不稳定的存货、预付账款、一年内到期的非流动资产和其他流动资产等之后的余额。速动比率能够比流动比率更加准确、可靠地评价企业资产的流动性及其偿债能力。其计算公式为

速动比率＝速动资产/流动负债

速动资产＝货币资金＋交易性金融资产＋应收账款＋应收票据

＝流动资产－存货－预付账款－一年内到期的非流动资产－其他流动资产

一般情况下，速动比率越高，说明企业的短期偿债能力越强，国际上通常认为，速动比率为1:1比较合适。

【例11-3】 根据表11-1中的有关数据，计算甲公司的速动比率为

2006年末速动比率＝(37 827 956－18 319 735－199 617)/36 604 077＝0.527 5

2006年初速动比率＝(28 795 422－15 510 889－2 652 288)/19 827 230＝0.536 2

甲公司2006年末的速动比率为0.527 5，2006年初的速动比率为0.536 2，该公司速动比率偏低，并且年末比年初更低，说明该公司面临很大的财务风险。但在实际分析时，应该根据企业性质和其他因素来综合判断，不可一概而论。通常影响速动比率可信度的重要因素是应收账款的变现能力，如果企业的应收账款中，有较大部分不易收回，可能会成为坏账，那么速动比率就不能真实地反映企业的偿债能力。

3. 现金流量比率

现金流量比率(cash flow ratio)是企业一定时期经营活动现金净流量与流动负债的比值，它可以从现金流量角度来反映企业当期偿付短期负债的能力。其计算公式为

现金流量比率＝经营活动现金净流量/流动负债

上式中经营活动的现金净流量是指分析期的现金净流量，流动负债是指分析期期末的流动负债额。

现金流量比率越高，说明企业短期偿债能力越强；反之，现金流量比率越低，说明企业短期偿债能力越差。

【例11-4】 根据表11-1和表11-3的资料，甲公司的现金流量比率为

2006年现金流量比率＝7 256 185/36 604 077＝0.198

2005年现金流量比率＝6 378 649/19 827 230＝0.322

由上述计算可见，甲公司2006年现金流量比率为0.198，2005年的现金流量比率为0.322，说明该公司短期偿债能力有所下降，主要是由于该公司流动负债大幅度提高引起的。

值得注意的是，经营活动所产生的现金流量是过去一个会计年度的经营成果，而流动负债则是未来一个会计年度需要偿还的债务，两者的会计期间不同。因此，这个指标是在假设企业各年的经营活动现金净流量比较均衡的基础上的，所以使用这一财务比率时，需要考虑未来一个会计年度影响经营活动现金净流量变动的因素，从而分析现金流量的变化对现金流量比率及企业偿债能力的影响。

11.2.2 长期偿债能力分析

长期偿债能力(solvency of long-term liability)是指企业超过一年以上或企业整个经营期内的还债能力，即企业偿还全部债务的能力。企业的长期债权人不仅关心企业的短期偿债能力，更关心企业的长期偿债能力。因此，在对企业进行短期偿债能力分析的同时，还需分析企业的长期偿债能力，以便债权人和投资者全面了解企业的偿债能力及财务风险。反映企业长期偿债能力的财务比率主要有资产负债率、产权比率、权益乘数、长期资本债务率、偿债保障比率、现金利息保障倍数等。

1. 资产负债率

资产负债率(asset-liability ratio)是企业负债总额占资产总额的百分比，也称为负债比率或举债经营比率，它反映企业的资产总额中有多少是通过举债而得到的。其计算公式为

资产负债率＝负债总额/资产总额×100％

资产负债率反映企业偿还债务的综合能力，这个比率越低，企业偿还债务的能力越强；反之，偿还债务的能力越弱。

【例 11－5】 根据表 11－1 的有关数据计算甲公司的资产负债率如下：

2006 年末资产负债率＝36 744 077/68 572 621×100％＝53.58％

2006 年初资产负债率＝20 027 535/51 729 181×100％＝38.72％

甲公司 2006 年末的资产负债率为 53.58 ％，2006 年初的资产负债率为 38.72％，说明甲公司 2006 年的资产负债率有所提高，偿债能力有所下降。

对于资产负债率，企业的债权人、股东和企业经营者往往从不同的角度来评价。

(1) 企业的债权人最关心的是其贷给企业资金的安全性。如果这个比率过高，说明在企业的全部资产中，股东提供的资本所占比重太低，这样，企业的财务风险就主要由债权人承担，其贷款的安全也缺乏可靠的保障，所以债权人总是希望企业的负债比率低一些。

(2) 企业股东关心的是投资收益的高低，企业借入的资金与股东投入的资金在生产经营中可以发挥同样的作用，如果企业负债所支付的利率低于总资产报酬率，股东就可以利用举债经营取得更多的投资收益。因此，股东所关心的往往是总资产报酬率是否超过了负债利息率。若总资产报酬率超过负债利息率，股东一般希望资产负债率高一些，这样有利于提高股东权益报酬率；反之，若总资产报酬率低于负债利息率，股东一般希望资产负债率低一些，这样有利于降低财务风险。

(3) 企业经营者既要考虑企业的盈利，又要顾及企业所承担的财务风险。资产负债率作为财务杠杆不仅反映了企业的长期财务状况，也反映了企业管理当局的进取精神。如果企业不利用举债经营或者负债比率很小，则说明企业经营者比较保守，对前途信心不足，

利用债权人资本进行经营活动的能力较差。但是，负债也必须有一定的限度，负债比率过高，企业的财务风险将增大，一旦资产负债率超过1，则说明企业资不抵债，有濒临倒闭的危险。

资产负债率为多少才合理，并没有一个统一的标准。不同行为、不同类型的企业及企业生产经营所处的不同阶段都是有较大的差异的。一般处于高速成长期的企业，其资产负债率可能会高一些，这样所有者会得到更多的杠杆利益。但是，企业财务管理人员在确定企业的资产负债率时，一定要审时度势，充分考虑企业内部各种因素和企业外部的市场环境，在收益与风险之间权衡利弊得失，然后才能作出正确的财务决策。

2. 产权比率

产权比率(debt to equity ratio)是负债总额与股东权益总额的比例，也称负债股权比率。其计算公式为

$$产权比率=负债总额/股东权益总额$$

产权比率反映了债权人所提供资金与股东所提供资金的对比关系，因此它可以揭示企业的财务风险以及股东权益对债务的保障程度。该比率越低，说明企业长期财务状况越好，债权人贷款的安全性越高，企业财务风险越小。

【例 11-6】 根据表 11-1 的有关数据，甲公司的产权比率为

$$2006年末产权比率=36\ 744\ 077/31\ 828\ 544=1.15$$

$$2006年初产权比率=20\ 027\ 535/31\ 701\ 646=0.63$$

甲公司 2006 年末的产权比率为 1.15，2006 年初的产权比率为 0.63，说明甲公司 2006 年的产权比率有所提高，偿债能力有所降低。

3. 权益乘数

权益乘数(equity multiplier)是指资产总额是股东权益总额的倍数。权益乘数表明每一元股东权益拥有的总资产额，该乘数越大，说明股东投入的资本在资产中所占的比重越小，企业债务偿还的保证程度越小。其计算公式为

$$\begin{aligned}权益乘数&=资产总额/股东权益总额\\&=资产总额/(资产总额-负债总额)\\&=1/(1-资产负债率)\end{aligned}$$

【例 11-7】 根据表 11-1 的有关数据，甲公司的权益乘数为

$$2006年末权益乘数=68\ 572\ 621/31\ 828\ 544=1\bigg/\left(1-\frac{36\ 744\ 077}{68\ 572\ 621}\right)=2.15$$

$$2006年初权益乘数=51\ 729\ 181/31\ 701\ 646=1\bigg/\left(1-\frac{20\ 027\ 535}{51\ 729\ 181}\right)=1.63$$

甲公司 2006 年末权益乘数为 2.15，2006 年初的权益乘数为 1.63，说明该公司股东投入的资本在资产中所占比重有所下降，企业债务偿还的保证程度减小了，企业经营所承担的财务风险增加了。

4. 债务偿还期

债务偿还期是负债总额与经营活动现金净流量的比值，反映用企业经营活动产生的现金净流量偿还全部债务所需的时间。其计算公式为

债务偿还期＝负债总额/经营活动现金净流量

一般认为，经营活动产生的现金流量是企业偿债资金的最主要来源，投资活动和筹资活动所产生的现金流量虽然在必要时也可用于偿还债务，但不能将其视为经常性的现金流量。所以，债务偿还期就可以衡量企业通过经营活动所获得的现金偿还债务的能力。债务偿还期越短，企业偿还债务的能力越强。

【例 11-8】 根据表 11-1 和表 11-3 的有关数据，甲公司 2006 年的债务偿还期为

债务偿还期＝36 744 077/7 256 185＝5.06(年)

5. 长期资本债务率

长期资本债务率是指企业非流动负债占长期资本的百分比，反映企业长期资本中有多少是通过负债形式取得的。长期资本债务率越大，企业的长期偿债能力越弱。

长期资本债务率＝非流动负债/(非流动负债＋股东权益)×100%

【例 11-9】 根据表 11-1 的有关数据，甲公司的长期资本债务率为：

2006 年末长期资本债务率＝140 000/(140 000＋31 828 544)×100%＝0.44%

2006 年初长期资本债务率＝200 305/(200 305＋31 701 646)×100%＝0.63%

甲公司 2006 年末的长期资本债务率为 0.44%，2006 年初的长期资本债务率为 0.63%，说明该公司的长期资本中负债比例有所下降，企业的长期资本结构有所好转。

6. 现金利息保障倍数

现金利息保障倍数(cash interest coverage ratio)是指支付利息和所得税之前的经营活动现金净流量是利息费用的倍数。现金利息保障倍数可用于分析企业用经营所得现金来偿付债务利息支出的能力。其计算公式为

现金利息保障倍数＝(经营活动现金净流量＋现金利息支出＋付现所得税)/现金利息支出

从上式可知，现金利息保障倍数是企业一定时期经营活动所取得的现金为支付利息支出的倍数，它更明确地反映了企业实际偿付利息支出的能力。现金利息保障倍数越大，反映企业偿还负债利息的能力越强；反之，现金利息保障倍数越小，反映企业偿还负债利息的能力则越弱。

【例 11-10】 根据表 11-3 的有关数据，假设甲公司 2006 年上缴所得税支付现金为 656 000 元，偿还利息支付现金为 780 000 元，则甲公司 2006 年的现金利息保障倍数为

现金利息保障倍数＝(7 256 185＋656 000＋780 000)/780 000＝11.14

现金利息保障倍数究竟达到多少时，才说明企业偿付利息的能力强，并没有一个确定的标准，通常要根据历年的经验和行业特点来判断。

11.2.3 影响企业偿债能力的其他因素

上述的财务比率是分析企业偿债能力的主要指标，分析者可以比较最近几年的有关财务比率来判断企业偿债能力的变化趋势，也可以比较某一企业与同行业其他企业的财务比率，来判断该企业偿债能力的强弱。但是，在分析企业偿债能力时，除了使用上述指标以外，还应考虑到以下因素对企业偿债能力的影响，这些因素既可影响企业的短期偿债能力，也可影响企业的长期偿债能力。

1. 担保责任

在经济活动中，企业可能会以本企业的资产为其他企业提供法律担保，如为其他企业的银行借款担保、为其他企业履行有关经济合同提供法律担保等。这种担保责任(cuarantee obligation)，在被担保人没有履行合同时，就有可能会成为企业的负债，增加企业的债务负担，但这些担保责任在会计报表中并未得到反映，因此，在进行财务分析时，必须考虑企业是否有巨额的法律担保责任。

特别提示

企业办理担保业务至少应当关注下列风险：①对担保申请人的资信状况调查不深，审批不严或越权审批，可能导致企业担保决策失误或遭受欺诈；②对被担保人出现财务困难或经营陷入困境等状况监控不力，应对措施不当，可能导致企业承担法律责任；③担保过程中存在舞弊行为，可能导致经办审批等相关人员涉案或企业利益受损。(《企业内部控制应用指引第 12 号——担保业务》第三条)

2. 经营租赁活动

企业在生产经营活动中，可以通过财产租赁的方式解决急需的设备。通常财产租赁有两种形式：融资租赁(financial leasing)和经营租赁(operating lease)。采用融资租赁方式，租入的固定资产都作为企业的固定资产入账，租赁费用作为企业的长期负债入账，这在计算前面有关的财务比率中都已经计算在内。但是，经营租赁资产，其租赁费用并未包含在负债之中，如果经营租赁的业务量较大、期限较长或者具有经常性，则其租金虽然不包含在负债之中，但对企业的偿债能力也会产生较大的影响。在进行财务分析时，也应考虑这一因素。

3. 可动用的银行贷款指标

可动用的银行贷款指标是指银行已经批准而企业尚未办理贷款手续的银行贷款限额。这种贷款指标可以随时使用，增加企业的现金，这样可以提高企业的支付能力，缓解目前的财务困难。

4. 未决诉讼

企业生产经营过程中经常会有一些资产负债表日尚未判决的案件即未决诉讼(pending litigation)，未决诉讼一旦判决败诉，便有可能增加企业的负债，从而影响企业的偿债能力。

5. 分阶段付款承诺

建造合同、长期资产购置合同中的分阶段付款，也是一种具有法定义务的承诺，应视同负债。

此外，准备很快变现的非流动资产、偿债能力的声誉也影响企业短期偿债能力。

11.3 企业营运能力分析

企业的营运能力是指企业基于外部市场环境的约束，通过企业内部人力资源和生产资料的配置组合而对财务目标实现所产生作用的大小，反映了企业资金周转的状况，对此进行分析，可以了解企业的营业状况及经营管理水平。资金周转状况好，说明企业的经营管理水平高，资金利用效率高。企业营运能力分析常用的指标主要有资产周转率和资产周转天数两类。

资产周转率(次数)是一定时期资产周转额占该项资产平均占用额的百分比。资产周转额是指一定量的资产在一定时期所完成的工作量的大小，不同的资产其周转额的具体含义不完全一样。资产平均占用额一般可用其期初余额加期末余额除以2进行计算。占用额随生产的季节性变化影响较大的资产，其平均占用额可先按月平均，然后再按季、按年平均。

资产周转天数是某项资产周转一次所需要的天数，可用计算期天数除以资产周转率来计算。资产周转率越大，周转天数越小，反映企业资产营运能力越强，资产利用效率越高。下面分别介绍企业总资产、固定资产、流动资产及存货和应收账款周转率和周转天数的计算。

11.3.1 总资产周转率

总资产周转率(total assets turnover)，也称总资产利用率，是企业销售收入与资产平均总额的比率。其计算公式为

总资产周转率＝销售收入净额/资产平均总额

公式中的销售收入净额指扣除销售退回、销售折扣和折让后的销售收入。总资产周转率可用来分析企业全部资产的使用效率。如果这个比率较低，说明企业利用其资产进行经营的效率较差，会影响企业的获利能力，企业应该采取措施提高销售收入或处置资产，以提高总资产利用率。

【例 11-11】 根据表11-1和表11-2的有关数据，甲公司2006年的总资产周转率为

总资产周转率＝95 164 937/［(51 729 181＋68 572 621)÷2］＝1.58

11.3.2 固定资产周转率

固定资产周转率(fixed assets turnover ratio)，也称固定资产利用率，是企业销售收入与固定资产平均净值的比率。其计算公式为

固定资产周转率＝销售收入/固定资产平均净值

固定资产平均净值＝(期初固定资产净值＋期末固定资产净值)/2

固定资产净值是指固定资产原值扣除累计折旧的差额。

这项比率主要用于分析对厂房、设备等固定资产的利用效率，该比率越高，说明固定资产的利用率越高，管理水平越好。如果固定资产周转率与同行业平均水平相比偏低，说明企业的生产效率较低，可能会影响企业的获利能力。

【例 11-12】 根据表 11-1 和表 11-2 的有关数据，甲公司 2006 年的固定资产周转率为

固定资产周转率=95 164 937/［(10 144 666+16 736 202)÷2］=7.08

11.3.3 流动资产周转率

流动资产周转率(current assets turnover ratio)是销售收入与流动资产平均余额的比率，它反映的是全部流动资产的利用效率。其计算公式为

流动资产周转率=销售收入/流动资产平均余额

流动资产平均余额=(流动资产期初余额+流动资产期末余额)/2

流动资产周转率表明在一个会计年度内企业流动资产周转的次数，它反映了流动资产周转的速度。该指标越高，说明企业流动资产的利用效率越好。

【例 11-13】 根据表 11-1 和表 11-2 的有关数据，甲公司 2006 年的流动资产周转率为

流动资产周转率=95 164 937/［(37 827 956 + 28 795 422)÷2］

=2.86

流动资产周转率是分析流动资产周转情况的一个综合指标，流动资产周转得越快，可以节约流动资金，提高资金的利用效率。但是究竟流动资产周转率为多少才合理，并没有一个确定的标准。对流动资产周转率的分析，一般应比较企业历年的数据并结合行业特点进行分析。

11.3.4 存货周转率

存货周转率(inventory turnover ratio)是企业一定时期的销售成本与存货资金平均占用额的比率。其计算公式为

存货周转率=销售成本/存货平均占用额

存货平均占用额=(期初存货余额+期末存货余额)/2

公式中的销售成本一般可用利润表中的营业成本，存货平均占用额是期初存货余额与期末存货余额的平均数，可以根据资产负债表计算得出。如果企业生产经营活动具有很强的季节性，则年度内各季度的销售成本与存货都会有较大幅度的波动，因此，平均存货应该按季度或月份余额来计算，先计算出各月份或各季度的平均存货，然后再计算全年的平均存货。

存货周转状况也可以用存货周转天数来表示。其计算公式为

存货周转天数=计算期天数/存货周转率

存货周转天数表示存货周转一次所需要的时间，天数越短说明存货周转得越快。

【例 11-14】 根据表 11-1 的有关数据，甲公司 2006 年的存货周转率为

存货周转率=90 355 185/［(18 319 735+15 510 889)÷2］=5.34

存货周转天数=360/5.34=67.40(天)

存货周转率说明了一定时期内企业存货周转的次数，可以用来反映企业存货的变现速度，衡量企业的销售能力及存货是否过量。存货周转率反映了企业的销售效率和存货使用效率。在正常情况下，如果企业经营顺利，存货周转率越高，说明存货周转得越快，企业的销售能力越强，营运资金占用在存货上的金额也会越少。但是，存货周转率过高，也可能说明企业管理方面存在一些问题，如存货水平太低，甚至经常缺货，或者采购次数过于频繁，批量太小，采购成本上升等。存货周转率过低，常常是库存管理不力，销售状况不

好，造成存货积压，说明企业在产品销售方面存在一定的问题，应当采取积极的销售策略，但也可能是企业调整了经营方针，因某种原因增大库存的结果，因此，对存货周转率的分析，要深入调查企业库存的构成，结合实际情况作出判断。

11.3.5 应收账款周转率

应收账款周转率(accounts receivable turnover)是企业一定时期赊销收入净额与应收账款平均余额的比率，也称应收账款周转次数。它反映了企业应收账款的周转速度。应收账款周转速度的快慢也可以用应收账款周转天数表示，应收账款周转天数(accounts receivable collection period)也称平均收账期，是应收账款周转一次所需要的时间。应收账款周转率和周转天数的计算公式分别为

应收账款周转率＝赊销收入净额/应收账款平均占用额

应收账款周转天数＝计算期天数/应收账款周转率

＝应收账款平均占用额×计算期天数/赊销收入净额

＝应收账款平均占用额/平均日赊销收入净额

式中：应收账款平均占用额＝（期初应收账款＋期末应收账款）/2

公式中赊销收入净额是指销售收入扣除了销货退回、销货折扣折让及现销收入后的赊销净额，但实际工作中现销收入资料很难准确取得，经常直接用销售收入净额代替赊销收入净额。应收账款平均占用额是期初和期末扣除坏账准备前的应收账款余额的平均数。

【例 11－15】 根据表 11－1 和表 11－2 的有关数据，设甲公司未提取坏账准备，甲公司 2006 年的应收账款周转率和平均收账期为

应收账款周转率＝95 164 937/［(380 980＋275 269)÷2］＝290.03(次)

平均收账期＝360/290.03＝1.24(天)

在当前市场经济条件下，商业信用被广泛应用，应收账款成为企业的重要流动资产之一。应收账款周转率和周转天数是评价应收账款流动性大小的一个重要财务比率，它反映了企业在一个会计年度内应收账款的周转次数和应收账款周转一次需要的天数，可以用来分析企业应收账款的变现速度和管理效率。应收账款周转率越高，平均收账期越短，说明企业催收账款的速度越快，可以减少坏账损失，而且资产的流动性强，企业的短期偿债能力也会增强，在一定程度上可以弥补流动比率低的不利影响。但是，如果应收账款周转率过高，平均收账期过短，可能是企业的信用政策、信用标准和付款条件过于苛刻的结果。这样会限制企业销售量的扩大，从而会影响企业的盈利水平。这种情况往往表现为存货周转率同时偏低。如果企业的应收账款周转率过低，平均收账期过长，则说明企业催收账款的效率太低，或者信用政策十分宽松，这样会影响企业资金利用率和资金的正常周转。

甲公司 2006 年应收账款周转率为 290.03，平均收账期为 1.24 天，说明甲公司从赊销产品到收回账款的平均天数为 1.24 天。说明该公司信用标准、信用条件、收账政策可能过于严格，这样会影响其存货的销售。

11.4 企业获利能力分析

企业生产经营的直接目的就是不断追求资金增值，获利能力就是企业资金增值的能

力，通常表现为企业收益数额的大小和水平的高低。获利不仅关系到企业所有者的利益，也是企业偿还债务的重要资金来源。因此，企业的债权人、所有者以及管理者都十分关心企业的获利能力。获利能力分析是企业财务分析的重要组成部分，也是评价企业经营管理水平的重要依据。企业的各项经营活动都会影响到企业的盈利，但是，对企业获利能力的分析，一般只分析企业正常的经营活动的盈利能力，不涉及非正常的经营活动。这是因为一些非正常的、特殊的经营活动，虽然也会给企业带来收益，但不是经常的和持久的，不能将其作为企业的一种获利能力加以评价。

评价企业获利能力通用的财务比率主要有销售利润率、成本费用利润率、总资产报酬率、股东权益报酬率等；评价股份有限公司盈利能力的专用指标主要有每股利润、每股现金流量、每股股利、股利支付率、每股净资产、市盈率等。

11.4.1 各类企业通用指标

1. 销售利润率

销售利润率(profit ratio of sales)是企业一定时期实现的利润占销售收入净额的百分比。根据计算销售利润率所用的利润不同，销售利润率可分为销售毛利率、销售营业利润率、销售总利率和销售净利率。下面主要介绍销售毛利率、销售营业利润率和销售净利率：

1) 销售毛利率

销售毛利率是企业一定时期实现的销售毛利占销售收入净额的百分比。其计算公式为

$$\begin{aligned}\text{销售毛利率} &= \text{销售毛利}/\text{销售收入净额}\times 100\% \\ &= (\text{销售收入}-\text{销售成本})/\text{销售收入净额}\times 100\% \\ &= 1-\text{销售成本率}\end{aligned}$$

公式中，销售毛利是企业销售收入净额与销售成本的差额，销售收入净额是指产品销售收入扣除销售退回、销售折扣与折让后的净额，若企业没有其他业务收入，可以用利润表中的营业收入。销售毛利率反映了企业的销售毛利与销售收入净额的比例关系，毛利率越大，说明在销售收入净额中销售成本所占比重越小，企业通过销售获取利润的能力越强。

【例 11-16】 根据表 11-2 的有关数据，假设该公司没有其他业务收支，甲公司 2006 年的销售毛利率为

$$\text{销售毛利率}=(95\ 164\ 937-90\ 355\ 185)/95\ 164\ 937\times 100\%=5.05\%$$

甲公司 2005 年的销售毛利率为

$$\text{销售毛利率}=(93\ 794\ 178-81\ 407\ 717)/93\ 794\ 178\times 100\%=13.2\%$$

从计算可知，甲公司 2006 年的销售毛利率为 5.05%，比 2005 年的销售毛利率 13.2%有所下降，主要是销售成本率有所提高所致。

2) 销售营业利润率

销售营业利润率是企业一定时期所实现的营业利润占销售收入净额的百分比。其计算公式为

销售营业利润率＝营业利润/销售收入净额×100％

销售营业利润率越高，表明企业的盈利能力越强、未来的发展潜力越大。

【例 11－17】 根据表 11－2 的有关数据，甲公司 2006 年的销售营业利润率为

销售营业利润率＝2 610 066/95 164 937×100％＝2.74％

甲公司 2005 年的销售营业利润率为

销售营业利润率＝9 945 231/93 794 178×100％＝10.60％

从计算结果可见，甲公司 2006 年的销售营业利润率为 2.74％，比 2005 年有大幅度下降。

3）销售净利率

销售净利率(profit margin on sales)是企业净利润占销售收入净额的百分比。其计算公式为

销售净利率＝净利润/销售收入净额×100％

销售净利率表明企业每一元销售净收入可实现的净利润的多少，反映了企业通过经营获取利润的能力。该比率越高，说明企业通过扩大销售获取收益的能力越强。

【例 11－18】 根据表 11－2 的有关数据，甲公司 2006 年的销售净利率为

销售净利率＝2 110 892/95 164 937×100％＝2.22％

甲公司 2005 年的销售净利率为

销售净利率＝6 639 118/93 794 178×100％＝7.08％

从计算可知，甲公司 2006 年的销售净利率为 2.22％，2005 年的销售净利率为 7.08％。评价企业的销售净利率时，应比较企业历年的指标，从而判断企业销售净利率的变化趋势。同时，销售净利率的分析还应该结合不同行业的具体情况进行分析。

2. 成本费用利润率

成本费用利润率(ratio of profits to cost)是指企业一定时期实现的利润占成本费用的百分比。根据计算成本费用利润率所用的利润和成本费用内涵的不同，可将成本费用利润率分为成本费用营业利润率、成本费用总利率和成本费用净利率。下面主要介绍成本费用净利率：

成本费用净利率是企业一定时期的净利润占成本费用总额的百分比。其计算公式为

成本费用净利率＝净利润/成本费用总额×100％

成本费用净利率反映企业生产经营过程中所消耗的每百元成本费用所提供的净利润的多少。成本费用是企业为了取得利润而付出的代价，主要包括营业成本、销售费用、营业税金及附加、管理费用、财务费用和所得税等。这一比率越高，说明企业为获取收益而付出的代价越小，企业的获利能力越强。因此，通过这个比率不仅可以评价获利能力的高低，也可以评价企业对成本费用的控制能力和经营管理水平。

【例 11－19】 根据表 11－2 的有关数据，甲公司 2006 年的成本费用利润率计算如下：

成本费用总额＝90 355 185＋242 329＋91 516＋1 351 178＋901 290＋590 084

＝93 531 582(元)

成本费用净利率＝2 110 892/93 531 582×100％＝2.26％

甲公司 2005 年的成本费用利润率计算如下：

成本费用总额＝8 1407 717＋395 536＋63 855＋2 046 401＋417 161＋3 106 795
＝87 437 465(元)

成本费用净利率＝6 639 118/87 437 465×100％＝7.59％

甲公司 2006 年的成本费用净利率为 2.26％，比 2005 年的成本费用净利率 7.59％有所降低。说明该公司每获取一元的净利润所耗费的代价提高了。

3. 资产利润率

资产利润率，也称资产收益率，是企业在一定时期内所实现的利润占资产平均总额的百分比。根据资产利润率计算中所用的利润内涵的不同，可将资产利润率分为总资产报酬率、资产净利率等。

1) 总资产报酬率

总资产报酬率(return on asset，ROA)，也称息税前资产利润率(basic earning power ratio)，是指企业一定时期实现的息税前利润占资产平均占用额的百分比。其计算公式为

总资产报酬率＝息税前利润/资产平均占用额×100％

式中的息税前利润通常指企业支付利息和所得税之前的利润，可以用利润表中的利润总额加上财务费用中的利息费用进行计算，资产平均占用额一般用期初资产总额与期末资产总额的平均值进行计算。

【例 11-20】 根据表 11-1 和表 11-2 的有关数据，假设甲公司 2006 年的利息费用为 75 万元，甲公司 2006 年的总资产报酬率计算如下：

总资产报酬率＝(2 700 976＋750 000)/［(51 729 181＋68 572 621)÷2］×100％
＝5.74％

计算结果表明，甲公司每百元资产占用额可以产生 5.74 元的息税前利润。

2) 资产净利率

资产净利率(profit margin on total assets)是指企业一定时期实现的净利润占资产平均占用额的百分比。其计算公式为

资产净利率＝净利润/资产平均占用额×100％

式中的净利润通常指利润表中的净利润，资产平均占用额一般用期初资产总额与期末资产总额的平均值来表示。

资产净利率可以分解为资产周转率与销售净利率的乘积。其计算公式为

资产净利率＝销售净利率×资产周转率

由此可见，资产净利率主要取决于总资产周转率与销售净利率这两个因素。企业的销售净利率越大，资产周转速度越快，则资产净利率越高。因此，提高资产净利率可以从两个方面入手，一方面加强资产管理，提高资产利用率；另一方面加强销售管理，增加销售收入，节约成本费用，提高利润水平。

【例 11-21】 根据表 11-1 和表 11-2 的有关数据，甲公司 2006 年的资产净利率为

资产净利率＝2 110 892/［(5 1729 181＋68 572 621)÷2］×100％＝3.51％

计算结果表明，甲公司每百元资产占用额可以产生 3.51 元的净利润。

资产净利率主要用来衡量企业利用资产获取利润的能力，反映了企业总资产的利用效率。这一比率越高，说明该企业的获利能力越强。

在日益激烈的市场竞争环境下，资本通过市场竞争会流向利润率较高的行业，这样会使各行业的资产净利率趋于平均化。但这并不否定个别企业因其先进的技术、良好的商业信誉而获得高于同行业平均水平的资产净利率。在分析企业的资产净利率时，通常要与该企业前期、与同行业平均水平和先进水平进行比较，这样才能判断企业资产利用效率，及时发现企业经营管理中存在的问题，调整企业的经营方针，加强经营管理，挖掘潜力，增收节支，提高资产的利用效率。

4. 净资产收益率

净资产收益率(return on common equity)，也称股东权益报酬率、净值报酬率、所有者权益报酬率或自有资金收益率，是企业一定时期所实现的净利润占净资产(股东权益)平均总额的百分比。其计算公式为

$$净资产收益率=净利润/净资产平均总额\times 100\%$$

$$净资产平均总额=(期初净资产总额+期末净资产总额)/2$$

【例 11-22】 根据表 11-1 和表 11-2 的有关数据，甲公司 2006 年的净资产收益率为

$$\begin{aligned}净资产收益率&=2\ 110\ 892/\ [(31\ 701\ 646+31\ 828\ 544)\div 2]\ \times 100\%\\&=6.65\%\end{aligned}$$

净资产收益率是评价企业盈利能力的一个重要财务比率，它反映了企业股东获取投资报酬的高低。该比率越高，说明企业的盈利能力越强。

净资产收益率可用如下两个公式表示：

$$净资产收益率=资产净利率\times 平均权益乘数$$

或

$$\begin{matrix}净资产\\收益率\end{matrix}=\left[\begin{matrix}总资产\\报酬率\end{matrix}+\left(\begin{matrix}总资产\\报酬率\end{matrix}-\begin{matrix}负债\\利息率\end{matrix}\right)\times\frac{负债}{净资产}\right]\times(1-所得税率)$$

上述两个公式表明，影响净资产收益率的因素主要有资产净利率、总资产报酬率、负债利息率、企业资本结构(平均权益乘数、负债/净资产)和所得税税率等。但所得税率是企业无法控制的，因此，企业提高净资产收益率可以有两种途径：①在企业资本结构和所得税率一定的情况下，通过增收节支，提高资产利用效率即提高资产净利率，来提高净资产收益率。②在总资产报酬率大于负债利息率的情况下，可以通过调整企业资本结构，适当增大权益乘数或提高净资产负债率，来提高净资产收益率。第一种途径不会增加企业的财务风险，而第二种途径会导致企业的财务风险增大。所以通过第二种途径提高企业净资产收益率时一定要注意把握好度，注意结合企业的财务风险控制能力。

11.4.2 股份制企业专用指标

1. 每股盈余与市盈率

1) 每股盈余

每股盈余(earnings per share)，也称每股利润或每股收益，每股盈余是股份公司一定

时期实现的税后净利润扣除优先股股利后的余额，除以发行在外的普通股平均股数。其计算公式为

每股盈余=(净利润-优先股股利)/发行在外的普通股平均股数

发行在外的普通股平均股数可按股份公司实际发行在外的普通股股数及其实际发行在外的时间(月数或天数)加权平均计算。其计算公式为

$$\text{发行在外的普通股平均股数}=\text{期初发行在外的普通股股数}+\text{当期新发行普通股股数}\times\frac{\text{已发行时间}}{\text{报告期时间}}-\text{当期回购普通股股数}\times\frac{\text{已回购时间}}{\text{报告期时间}}$$

每股盈余反映股份制企业普通股股东持有每一股普通股所能享有的企业利润或需要承担的企业亏损额，是衡量股份制企业盈利能力时最常用的财务分析指标。每股盈余越高，一般说明股份公司的盈利能力越强。

【例 11-23】 根据表 11-1 和表 11-2 的资料，若甲公司每股面值为 1 元，该公司 2005 年和 2006 年发行在外的普通股股数均没有变化，则该公司 2005 年、2006 年发行在外的普通股平均股数均为 12 000 000 股，且没有优先股，则甲公司 2006 年和 2005 年的每股盈余分别为

2006 年每股盈余=2 110 892/12 000 000=0.176

2005 年每股盈余=6 639 118/12 000 000=0.553

计算结果表明，甲公司 2006 年的每股盈余为 0.176，比 2005 年的每股盈余 0.553 有所下降，说明该公司发行在外的普通股每股的获益能力有所降低。

虽然每股盈余可以很直观地反映股份公司的获利能力以及股东的报酬，但是它是一个绝对指标，在具体分析股份公司盈利能力时，还应结合流通在外的股数。如果某一股份公司采用股本扩张的政策，大量配股或以股票股利的形式分配股利，这样必然会摊薄每股盈余，使每股盈余减小。

2) 市盈率

每股盈余只反映股份公司发行在外的普通股每股收益的大小，没有与股票的投资成本联系起来，分析者还应注意到每股股价的高低。如果甲、乙两个公司的每股盈余都是 0.84 元，但是乙公司股价为 20 元，而甲公司的股价为 10 元，则投资于甲、乙两公司的风险和报酬很显然是不同的。因此，投资者不能只片面地分析每股盈余，而要结合股价来分析公司的获利能力和风险。每股收益与股票价格相结合进行分析的常用指标主要是市盈率。

市盈率(price/earnings ratio)，也称价格盈余比率，是指普通股每股市价是每股盈余的倍数。其计算公式为

市盈率=普通股每股市价/普通股每股盈余

市盈率是反映股份公司获利能力的常用财务比率之一，是投资者作出投资决策的主要参考因素，投资者一般都非常关注这个比率。一般来说，市盈率高，说明投资者对该公司的发展前景看好，愿意出较高的价格购买该公司股票，所以一些成长性较好的高科技公司股票的市盈率通常要高一些。但是，也应注意，如果某一种股票的市盈率过高，则也意味着这种股票具有较高的投资风险。

【例 11-24】 假定 2006 年甲公司的股票价格为每股 6 元，则其市盈率为

市盈率=6/0.176=34.09

2. 每股股利与股利支付率

1）每股股利

每股股利(dividend per share)是股份公司每年发放的普通股现金股利总额与其年末发行在外的普通股股数之比，它反映了普通股获得的现金股利的多少。其计算公式为

每股股利=(现金股利总额-优先股股利)/发行在外的普通股股数

每股股利的高低，不仅取决于公司每股盈余的大小，还取决于公司的股利政策和现金是否充裕。倾向于分配现金股利的投资者，应当比较分析历年的每股股利，从而了解公司的股利政策。

【例 11-25】 假设甲公司根据 2006 年的收益情况，准备发放的普通股现金股利为 1 056 000 元，2006 年末发行在外的普通股股数为 12 000 000 股。则该公司 2006 年的每股股利为

每股股利=1 056 000/12 000 000=0.088(元)

2）股利支付率

股利支付率(payout ratio)，也称股利发放率，是普通股每股股利占每股收益的百分比。它表明股份公司的净收益中有多少用于股利的分派。其计算分式为

股利支付率=每股股利/每股收益×100%

【例 11-26】 根据前述甲公司 2006 年度每股收益和每股股利的资料，则该公司的股利支付率为：

股利支付率=0.088/0.176×100%=50%

甲公司的股利发放率为 50%，说明甲公司将利润的 50%用于支付普通股股利。

若股份公司当期发行在外的普通股股数没有变化，并且没有优先股，则股利支付率也可以用以下公式计算：

股利支付率=普通股现金股利总额/净利润×100%

股利支付率主要取决于公司的股利政策，没有具体的标准来判断股利发放率是大好还是小好。一般而言，如果一家公司的现金比较充裕，并且目前没有更好的投资项目，则可能会倾向于发放现金股利，股利支付率往往较高；反之，如果公司有较好的投资项目，或现金比较紧缺，则可能会少发现金股利，而将资金用于投资，股利支付率通常较低。

3. 每股净资产与市净率

1）每股净资产

每股净资产(book value per share)，也称每股账面价值，是股份公司年末的股东权益总额与其年末发行在外的普通股股数之比。其计算公式为

每股净资产=股东权益总额/发行在外的普通股股数

每股净资产越高，表明普通股股东每持有一股股票所能分享的股东权益额越大。每股净资产多大比较合适，并没有一个统一的标准，但是，投资者可以通过比较分析公司历年的每股净资产的变动趋势，来了解公司的发展趋势和获利能力。

【例 11-27】 根据表 11-1 的有关数据，甲公司 2006 年末的每股净资产为

每股净资产=31 828 544/12 000 000=2.65

甲公司 2005 年末的每股净资产为

每股净资产=31 701 646/12 000 000=2.64

计算结果表明，甲公司 2006 年末的每股净资产略有提高。

2）市净率

市净率(market/book ratio)是指股份公司期末每股市价是每股净资产的倍数。其计算公式为

市净率=每股市价/每股净资产

市净率越高，说明投资者对公司单位净资产愿意付出的价格越高，反映投资者对股份公司的未来发展前景越看好。

4. 每股现金流量

注重股利分配的投资者不仅仅关心股份公司每股收益的高低，同时还要关注其每股现金流量的多少。因为虽然每股收益与股利分配有密切的关系，但不是决定股利分配的唯一因素。如果某一公司的每股收益很高，但是缺乏现金，那么也无法分配现金股利。因此，每股现金流量是影响股份公司股利支付能力的主要财务指标之一。

每股现金流量(cash flow per share)是股份公司一定时期所实现的经营活动现金净流量扣除优先股股利后的余额，与其发行在外的普通股平均股数的比值。其计算公式如下：

每股现金流量=(经营活动现金净流量－优先股股利)/发行在外的普通股平均股数

式中的普通股平均股数应按普通股实际发行在外的时间加权平均计算。若股份公司的每股收益、未来投资机会和筹资能力一定，每股现金流量越高，说明公司支付现金股利的能力越强；反之，每股现金流量越低，公司支付现金股利的能力越弱。

【例 11-28】 根据表 11-1 和表 11-3 的资料，若甲公司每股面值为 1 元，该公司 2005 年和 2006 年发行在外的普通股股数均没有变化，则该公司 2005 年、2006 年发行在外的普通股平均股数均为 12 000 000 股，并且没有优先股。甲公司 2006 年的每股现金流量为

每股现金流量=7 256 185/12 000 000=0.60(元)

甲公司 2005 年的每股现金流量为

每股现金流量=6 378 649/12 000 000=0.53(元)

计算结果表明，甲公司 2006 年的每股现金流量为 0.60 元，比 2005 年的 0.53 元略有提高。

11.5 企业发展能力分析

企业发展能力是指企业未来生产经营活动的发展趋势和发展潜能，也可以称为增长(或成长)能力。企业发展能力主要是通过自身的生产经营活动，不断扩大积累而形成的，主要依托于不断增长的销售收入、不断增加的资金投入和不断创造的利润等。一个发展能力强的企业，能不断为股东创造财富，不断增加企业价值。反映企业发展能力的财务指标

主要有营业收入增长率，利润增长率、资产增长率、股东权益增长率等。

11.5.1 营业收入增长率

营业收入增长率表示企业营业收入的增减变动程度，是衡量企业经营状况和市场占有能力、预测企业经营业务拓展趋势的重要指标。其计算公式为

营业收入增长率＝(本期营业收入－上期营业收入)/上期营业收入×100%

营业收入增长率越高，表明企业营业收入增长速度越快，市场前景越好，分析时应结合企业上期的收入大小，不能简单地以增长率大小进行评价。

11.5.2 利润增长率

利润增长率是反映企业盈利增长情况的财务比率。根据需要，其中的利润可以是营业利润，也可以是利润总额，或者是净利润。其计算公式为

利润增长率＝(本期利润额－上期利润额)/上期利润额×100%

利润增长率越高，表明企业的盈利增长越快，可持续发展能力越强，企业发展潜力越大。但由于利润指标受会计政策的影响较大，人为因素较多，企业的利润有时会出现大起大落的情况，因此，分析时要注意阅读财务报表附注，了解企业采用的会计原则和会计处理方法，并观察该指标连续几期的数值，再进行评价。

11.5.3 总资产增长率

总资产增长率是从企业资产总规模扩张方面衡量企业成长能力的财务比率。其计算公式为

总资产增长率＝(期末资产总额－期初资产总额)/期初资产总额×100%

总资产增长率越高，表明企业资产规模扩张的速度越快。该指标的大小应与企业资产的使用效率和使用效果结合起来分析。如果资产规模快速扩大，而其使用效益却没有同步增长，说明企业可能存在盲目扩大生产经营规模的现象。

11.5.4 股东权益增长率

股东权益增长率是从企业主权资本的扩张方面衡量企业发展能力的财务比率。其计算公式为

股东权益增长率＝(期末股东权益－期初股东权益)/期初股东权益×100%

股东权益增长率越高，表明企业股东权益增长得越快。为正确判断和预测企业股东权益规模的发展趋势和发展水平，应将企业不同时期的股东权益增长率进行比较。一个持续增长型企业，其股东权益应不断增长，如果股东权益时增时减，则反映企业发展不稳定，同时也说明企业并不具备良好的发展能力。

值得注意的是，仅仅计算和分析企业某个时期的收入增长率、利润增长率、资产增长率或股东权益增长率是不全面的，应将一个企业连续3～5年的各种增长率分别进行纵向比较，并将各种增长率的变化状况相结合，才能正确评价企业的整体发展能力。

11.6 企业财务状况的趋势分析

企业财务状况的趋势分析主要是通过比较企业连续几个会计期间的财务报表或财务比率，来了解企业财务状况变化的趋势，并以此来预测企业未来的财务状况，判断企业的发展前景。一般来说，进行企业财务状况的趋势分析，主要应用比较财务报表、比较百分比财务报表、比较财务比率和图解法等方法。

11.6.1 比较财务报表

比较财务报表是将同一企业连续几期的同一张会计报表各项目的金额平行列示在一起，通过比较企业连续几期财务报表各项目的数据，分析其增减变化的幅度及原因，从而判断企业财务状况的发展趋势。这种方法选择的期数越多，分析结果的准确性越高。需要特别强调的是，在进行比较分析时，必须考虑各期数据的可比性。因会计准则的修订等特殊原因，某一时期的某项财务数据可能变化较大，缺乏可比性，因此，在分析过程中应该排除非可比因素，使各期财务数据具有可比性。

11.6.2 比较百分比财务报表

比较百分比财务报表是将同一企业不同时期的同一张结构百分比报表列示在一起形成的财务报表。百分比财务报表是将财务报表中的数据用百分比来表示，即在每一张报表中列示各项目占总体的百分比。

比较财务报表只能反映资产负债表、利润表、现金流量表等各项目金额的变动状况，不能反映企业财务报表中资产、负债、所有者权益、利润总额、净利润、现金净流量等各主要项目的构成状况的变化。比较百分比财务报表是在比较财务报表的基础上发展而来的。比较财务报表是比较各期报表中的绝对金额，而比较百分比财务报表则是通过比较财务报表中各项目占总体的构成比例的变化，分析企业财务状况及经营成果的发展趋势。可见，这种方法比较财务报表更加直观地反映了企业的发展趋势。表 11－5 和表 11－6 分别是某公司简化的比较百分比资产负债表和比较百分比利润表。

表 11－5　某公司简化的比较百分比资产负债表(%)(2003—2005 年)

年度 项目	2003 年末	2004 年末	2005 年末
流动资产	48.77	36.39	33.59
非流动资产	51.23	63.61	66.41
资产总额	100	100	100
流动负债	19.14	31.46	26.96
长期负债	4.70	11.29	17.91
负债总额	23.84	42.75	44.87
股东权益	76.16	57.25	55.13
负债及股东权益总额	100	100	100

表11-6 某公司简化的比较百分比利润表(2003—2005年)

项目＼年度	2003年(%)	2004年(%)	2005年(%)
一、主营业务收入净额	100	100	100
减：主营业务成本	84.74	76.81	79.74
主营业务税金及附加	0.44	0.57	0.48
二、主营业务利润	14.82	22.62	19.78
加：其他业务利润	0.18	0.15	−0.02
减：营业费用	0.24	0.57	0.71
管理费用	1.41	1.85	1.95
财务费用	0.09	0.55	−0.49
三、营业利润	13.26	19.80	17.59
四、利润总额	12.75	19.55	17.34
减：所得税	4.39	6.29	5.50
五、净利润	8.36	13.26	11.84

通过比较百分比资产负债表，可以分析企业流动资产、固定资产等各项资产在总资产中所占的比重，即企业资产结构的变动状况、分析企业负债、所有者权益占资金总额即企业资金结构的变动状况，进而深入分析企业财务状况变动的原因。

通过比较百分比利润表，可以分析企业各项收入、成本费用及利润占营业收入总额的百分比的变动状况，可以进一步深入分析企业经营成果变动的原因。

11.6.3 比较财务比率

比较财务比率就是将同一企业连续几期的同一财务比率进行对比，从而分析企业财务状况的发展趋势。这种方法实际上是比率分析法与比较分析法的结合。与前面两种方法相比，这种方法更加直观地反映了企业财务状况的变动趋势。

通过比较财务比率，可以分析企业流动比率、速动比率、资产负债率等偿债能力比率的变化状况，从而可以反映企业偿债能力的变动趋势；可以分析企业应收账款周转率、存货周转率、流动资产周转率、固定资产周转率及总资产周转率的变动状况，从而反映企业资产的利用效率的变动趋势及原因；可以分析企业销售利润率、成本利润率、总资产报酬率、净资产收益率等获利能力指标的变化状况，从而可以反映企业获利能力的变化趋势及变动原因。综上所述，通过比较财务比率，可以深入分析企业生产经营各环节可能存在的问题，并提出切实可行的改进措施。

比较财务报表、比较百分比财务报表及比较财务比率，既可用于同一企业不同时期财务状况的纵向比较，分析本企业偿债能力、营运能力、获利能力等的变动趋势，也可以用于本企业与同行业其他企业之间或与同行业平均数之间的横向比较，分析本企业与同行业其他企业财务状况的差异及其原因。

11.7 企业财务状况的综合分析

综合分析是对各种财务指标进行系统、综合、深入的分析，从而对企业的财务状况作出全面、合理的评价。常见的财务综合分析方法主要有杜邦分析法和财务比率综合评分法两种。

11.7.1 杜邦分析法

利用趋势分析法，虽然可以了解企业各方面财务状况的变动趋势，但是无法揭示企业各种财务比率之间的相互关系，不能反映企业各方面财务状况之间的关系。实际上，企业的财务状况是一个完整的系统，内部各种因素都是相互依存、相互作用的，任何一个因素的变动都会引起企业整体财务状况的改变。因此，财务分析者在进行财务状况综合分析时，必须深入了解影响企业财务状况的各项因素及其相互之间的关系，这样才能比较全面地揭示企业财务状况的全貌。

杜邦分析(Du Pont analysis)法是利用几种主要的财务比率之间的关系来综合分析企业的财务状况。因这种分析法是由美国杜邦公司首先提出的，故称杜邦分析法。这种分析法一般用杜邦系统图来表示。图 11.1 就是甲公司 2006 年的杜邦分析系统图。

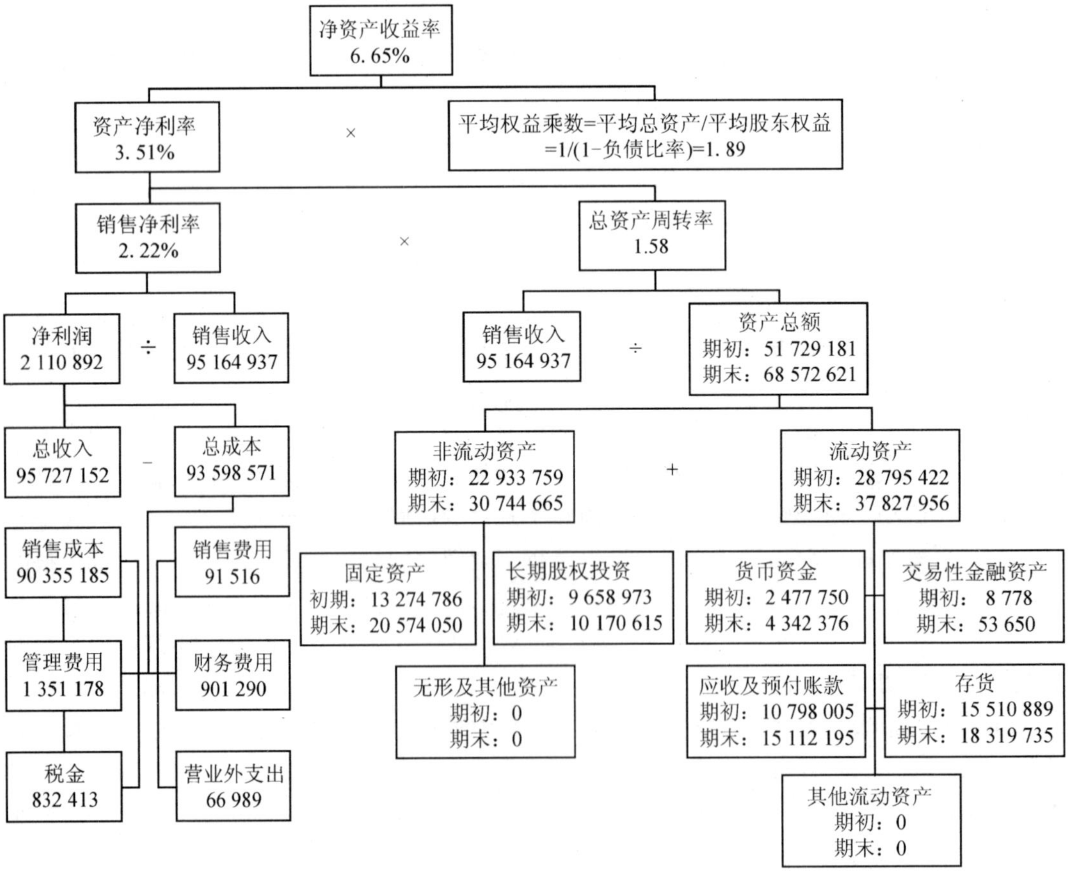

图 11.1 甲公司 2006 年杜邦分析系统图

杜邦分析系统主要反映了以下几种主要的财务比率关系：

(1) 净资产收益率与资产净利率及权益乘数之间的关系为

$$净资产收益率=资产净利率\times权益乘数$$

(2) 资产净利率与销售净利率及总资产周转率之间的关系为

$$资产净利率=销售净利率\times总资产周转率$$

(3) 销售净利率与净利润及销售收入之间的关系为

$$销售净利率=净利润/销售收入$$

(4) 总资产周转率与销售收入及资产总额之间的关系为

$$总资产周转率=销售收入/总资产平均占用额$$

应用案例 11-1

销售利润率高就好吗？

对一个企业来说，销售净利率高不是坏事，但别忘了另外一个变量——周转率。大家都会想销售利润率，而看不到周转率。销售利润率高不一定能赚钱，周转率同样重要。沃尔玛是经销商，一块钱的成本投进去，周转一次2%的毛利并不高，但是它一块钱资产一年周转24次。一块钱资本一年就能挣四毛八分钱。这是沃尔玛挣钱的原因。

杜邦分析系统在揭示上述几种关系之后，再将净利润、总资产进行层层分解，这样就可以全面、系统地揭示出企业的财务状况以及该系统内各个因素之间的相互关系。杜邦分析是对企业财务状况进行的综合分析，通过几种主要的财务指标之间的关系，直观、明了地反映出企业的财务状况。从杜邦分析系统可以了解到下面的财务信息：

(1) 净资产收益率是一个综合性极强、最有代表性的财务比率，它是杜邦分析系统的核心。企业财务管理的重要目标之一就是实现企业价值的最大化，净资产收益率反映了股东投入资金的获利能力，这一比率反映了企业筹资、投资和生产运营等各方面经营活动的效率。净资产收益率取决于企业资产净利率和权益乘数。资产净利率主要反映企业在运用资产进行生产经营活动的效率，而权益乘数则主要反映了企业的筹资情况，即企业资金来源结构如何。

(2) 资产净利率是反映企业获利能力的一个重要财务比率，揭示了企业生产经营活动的效率，综合性极强。企业的销售收入、成本费用、资产结构、资产周转速度以及资金占用量等各种因素，都直接影响到资产净利率的高低。资产净利率是销售净利率与总资产周转率的乘积。因此，可以从企业的销售活动与资产管理两个方面来进行分析。

(3) 销售净利率反映了企业净利润与销售收入之间的关系。一般来说，销售收入增加，企业的净利润也会随之增加，但是，要想提高销售净利率，必须一方面提高销售收入，另一方面降低各种成本费用，这样才能使净利润的增长高于销售收入的增长，从而使销售净利率得到提高。由此可见，提高销售净利率必须在以下两个方面下工夫：

① 开拓市场，增加销售收入。在市场经济中，企业必须深入调查、研究市场情况，了解市场的供需关系。在战略上，从长远利益出发，努力开发新产品；在策略上，保证产品的质量，加强营销手段，努力提高市场占有率。这些都是企业面向市场的外在工夫。

② 加强成本费用控制，降低耗费，增加利润。从杜邦分析系统中可以分析企业的成本费用结构是否合理，以便发现企业在成本费用管理方面存在的问题，为加强成本费用管理提供依据。企业要想在激烈的市场竞争中立于不败之地，不仅要在营销与产品质量上下工夫，还要尽可能降低产品的成本，这样才能增强产品在市场上的竞争力。同时，要严格控制企业的管理费用、财务费用等各种期间费用，降低耗费，增加利润。这里尤其要研究分析企业的利息费用与利润总额之间的关系，如果企业所承担的利息费太多，就应该进一步分析企业的资金结构是否合理，负债比率是否过高，不合理的资金结构当然会影响企业所有者的收益。

(4) 资产结构(assets structure)的合理性及资产运用的效率性。具体包括以下两个方面：

① 分析企业的资产结构是否合理，即流动资产与非流动资产的比例是否合理。资产结构实际上反映了企业资产的流动性，它不仅关系到企业的偿债能力，也影响企业的获利能力。一般来说，如果企业流动资产中货币资金所占比重过大，就应当分析企业现金持有量是否合理，有无现金闲置现象，因为过量的现金会影响企业的获利能力；如果流动资产中的存货与应收账款过多，就会占用大量的资金，影响企业的资金周转。

② 结合销售收入，分析企业的资产周转情况。资产周转速度直接影响企业的获利能力，如果企业资产周转较慢，就会占用大量资金，增加资金成本，减少企业的利润。资产周转情况的分析，不仅要分析企业总资产周转率，更要分析企业的存货周转率与应收账款周转率，并将其周转情况与资金占用情况结合分析。

从上述两方面的分析，可以发现企业资产管理方面存在的问题，以便加强管理，提高资产的利用效率。

总之，从杜邦分析系统可以看出，企业的获利能力涉及生产经营活动的方方面面。净资产收益率与企业的筹资结构、销售规模、成本水平、资产管理等因素密切相关，这些因素构成一个完整的系统，系统内部各因素之间相互作用。只有协调好系统内部各个因素之间的关系，才能实现企业价值最大化的理财目标。

传统杜邦分析体系自构建以来得到了广泛的运用而且效果明显，但是随着市场经济的发展，传统杜邦分析系统在现代企业财务分析中的不足已日益显现。

(1) 没有充分考虑企业的资金增值能力。传统杜邦分析体系只强调对获利能力、营运能力和偿债能力的分析，而没有充分考虑对企业的资金增值能力的分析。在现代市场经济环境下，企业之间的竞争日趋激烈，为了保证企业的可持续发展，企业必须关注自身的资金增值能力和发展能力。但在传统杜邦分析体系中有关企业的资金增值能力和发展能力的分析还远远不够。

(2) 忽视对现金流量的分析。传统杜邦分析体系中忽视了对现金流量的分析。现金流量是用来反映企业内在价值的重要基础指标之一，世界各国基本上都以法律或法规的形式，规定企业应定期编制现金流量表。由于现金流量的计算是以收付实现制为基础的，剔除了尚未收到现金的收入和尚未支付现金的成本费用，因此，现金流量的多少能更准确地反映企业的支付能力和偿债能力。但是，传统杜邦分析系统中有关现金流入、流出状况的分析很少。

（3）忽视对企业风险的分析。传统杜邦分析体系没有涉及企业经营和理财风险的相关指标，不便于进行风险分析，不利于正确、全面地进行财务决策。

（4）缺少对成本的性态结构和产品贡献能力的分析。传统杜邦分析体系中对成本费用只是按其用途构成来反映的，没有反映成本的性态结构，不便于分析产品的贡献能力，不便于根据成本的性态特征进行有效的成本控制。

应用案例 11-2

销售收入现金含量揭示企业销售状况

【案情简介】

长安汽车(00625)是一家主要从事微型汽车及发动机的开发制造和销售的上市公司。产品包括各种型号的长安牌微型厢货车、微型货车、奥拓微型轿车以及用于微型汽车的江陵牌汽车发动机。

随着中国汽车消费的迅速崛起，公司的销售形势持续向好。我们用“销售商品、提供劳务收到现金/主营业务收入”这个主营收入现金含量指标对长安汽车的销售进行分析(见下表)，发现该指标自1999年起逐年走高，更为可贵的是，企业的主营业务收入也逐年增长。因此，分析者可以大致得出结论，该企业销售收入回笼现金情况良好，并且还不断收回前期的应收账款，营业收入的质量越来越高。通常情况下，营业收入与营业收入现金含量两个指标联袂走高的经济含义是企业的销售环境和内部管理都处于非常良好的状况。这样的公司，在2002年的证券市场上成为资金追捧的对象就不奇怪了。

长安汽车1999—2001年每元主营业务收入现金含量表

	1999年	2000年	2001年
每元主营业务收入现金含量	0.86	1.081	1.287

11.7.2 财务比率综合评分法

财务比率综合评分法，最早是在20世纪初，由亚历山大·沃尔选择7项财务比率对企业的信用水平进行评分所使用的方法，所以也称为沃尔评分法。这种方法是通过对选定的几项财务比率进行评分，然后计算出综合得分，并据此评价企业的综合财务状况。

财务比率综合评分法的分析原理：首先，选择能反映企业偿债能力、营运能力、获利能力等具有代表性的财务比率，根据其重要性程度确定其标准评分值(各指标标准值评分之和等于100)；其次，确定各项财务比率的标准值，通常可参照当时的行业平均水平，并经调整后确定；再次，计算企业一定时期各财务比率的实际值及关系比率，关系比率指各指标的实际值与标准值的比值；最后，将各财务比率的关系比率与其标准评分值相乘，计算其实际得分，各财务比率的实际得分之和即为企业的总得分，根据总得分的高低对企业的综合财务状况作出评价。企业的综合得分越接近于100分，说明企业的财务状况越接近标准状况，企业的综合财务状况越好；相反，企业的综合得分低于100分越多，说明企业的综合财务状况越差，应采取措施加以改善。

【例 11-29】 下面采用财务比率综合评分法，对某公司 2000 年的财务状况进行综合评价，见表 11-7。

表 11-7 某公司 2000 年财务比率综合评分表

财务比率	评分值 (1)	上/下限 (2)	标准值 (3)	实际值 (4)	关系比率 (5) =(4)/(3)	实际得分 (6) =(1)×(5)
流动比率	10	20/5	2	1.98	0.99	9.90
速动比率	10	20/5	1.2	1.29	1.08	10.80
资产/负债	12	20/5	2.10	2.17	1.03	12.36
存货周转率	10	20/5	6.50	6.60	1.02	10.20
应收账款周转率	8	20/4	13	12.72	0.98	7.84
总资产周转率	10	20/5	2.10	2.05	0.98	9.80
资产净利率	15	30/7	31.50%	30.36%	0.96	14.40
股权报酬率	15	30/7	58.33%	57.19%	0.98	14.70
销售净利率	10	20/5	15%	14.79%	0.99	9.90
合 计	100					99.90

(资料来源：荆新．财务管理学．北京：中国人民大学出版社，2006.)

根据表 11-7 的财务比率综合评分，该公司财务状况的综合得分为 99.90 分，非常接近 100 分，说明该公司的财务状况是优良的，与选定的标准基本是一致的。

11.7.3 图解法

图解法的常用方法是雷达图法。雷达图(又可称为戴布拉图、蜘蛛网图)是财务分析图表的一种。即将一个公司的各项财务分析所得的数字或比率，就其比较重要的项目集中划在一个圆形的图表上，来表现该公司各项财务比率的情况，使用者能一目了然的了解公司各项财务指标的变动情况及其趋向。

雷达图是将反映企业财务状况指标，如长期偿债能力、短期偿债能力、盈利能力、营运能力和成长能力的分布组合在一张非常像雷达形状的图上，见图 11.2。雷达图的绘制方法：先画 3 个同心圆，把圆分为 5 个区域(每个区为 72 度)，分别代表企业的长期偿债能力、短期偿债能力、盈利能力、营运能力和成长能力，然后再细分为若干具体指标。同心圆中最小的圆代表同行业平均水平的 1/2 值或最差的情况；中心圆代表同行业的平均水平或特定比较对象的水平，称为标准线；大圆表示同行业平均水平的 1.5 倍或 2 倍。在 5 个区域内，以圆心为起点，以放射线的形式画出相应的财务比率线。然后，在相应的比率线上标出本企业各种财务比率。将本企业的各种比率值用线联结起来后，就形成了一个不规则闭环图。把本企业财务状况与标准线相比，就可以清楚地看出本企业的成绩和差距。

因为财务指标包括正指标(单项指标越高越好)、逆指标(单项指标越低越好)和非正非逆指标(如资产负债率、流动比率、速动比率等)。因此，分析雷达图必须结合指标的性质进行。如果企业的正指标财务比率位于标准线以内，则说明企业财务比率值低于同行业的平均水平，应认真分析原因，提出改进方向；如果企业的逆指标财务比率值高于中心圆

(标准线)，则说明企业相关财务状况存在问题，需推出改进措施；如果企业的非正非逆指标财务比率偏离中心圆或标准线过大，也表明企业财务政策过于谨慎、保守或财务风险过高。

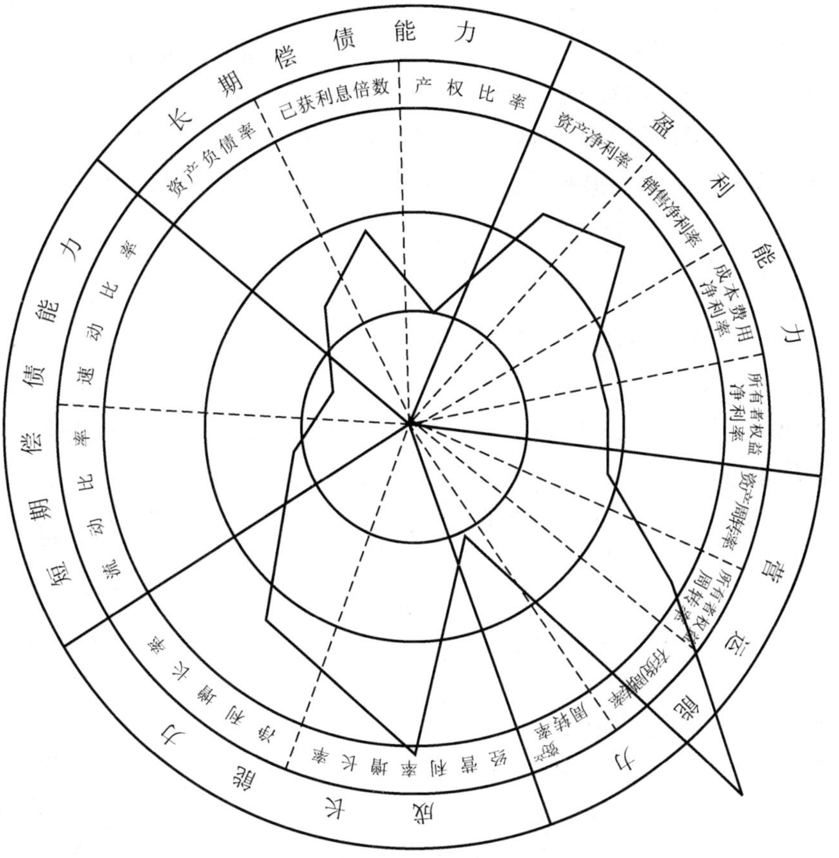

图 11.2　雷达图简图

习　　题

1. 单项选择题

(1) 下列比率中，属于效率比率的是(　　)。

A. 流动比率　　　　B. 销售净利率

C. 资产负债率　　　　D. 流动资产占全部资产的比重

(2) 下列财务比率反映企业短期偿债能力的有(　　)。

A. 现金流量比率　B. 资产负债率　C. 债务偿还期　D. 利息保障倍数

(3) 某企业现在的流动比率为 2∶1，下列哪项经济业务会引起该比率降低(　　)。

A. 开出短期票据借款　　　　B. 发行股票收到银行存款

C. 收回应收账款　　　　D. 用银行存款偿还应付账款

(4) 下列经济业务会使企业的速动比率提高的是(　　)。

A. 销售产成品　　B. 收回应收账款

C. 购买短期债券　　D. 用固定资产对外进行长期投资

(5) 下列各项经济业务不会影响流动比率的是(　　)。

A. 赊购原材料　　B. 用现金购买短期债券

C. 用存货对外进行长期投资　　D. 向银行借款

(6) 下列各项经济业务会影响到企业资产负债率的是(　　)。

A. 以固定资产的账面价值对外进行长期投资

B. 接受所有者以固定资产进行的投资

C. 收回应收账款

D. 用现金购买股票

(7) 某企业年初流动比率为2.2，速动比率为1；年末流动比率为2.4，速动比率为0.9。发生这种情况的原因可能是(　　)。

A. 当存货增加　　B. 应收账款增加　　C. 应付账款增加　　D. 预收账款增加

(8) 某公司2004年年末流动比率为4，速动比率为2，销货成本为600万元，销售毛利率为40%，按年末存货计算的存货周转率为2.5次，销售现金比率为0.6，则该公司的现金与流动负债比为(　　)。

A. 2.25　　B. 2.5　　C. 2.2　　D. 5

(9) 下列各项中会使企业实际短期偿债能力大于财务报表所反映的能力是(　　)。

A. 存在将很快变现的存货　　B. 存在未决诉讼案件

C. 为其他企业提供信用担保　　D. 未使用的银行信贷限额

(10) 下列财务比率反映企业营运能力的有(　　)。

A. 资产负债率　　B. 流动比率　　C. 存货周转率　　D. 总资产报酬率

(11) 下列业务中，能够降低企业短期偿债能力的是(　　)。

A. 企业采用分期付款方式购置一台大型机械设备

B. 企业从某银行获得贷款1 000万元

C. 企业增发配股

D. 企业发放股票股利

(12) 某企业存货周转次数(以销售成本为基础确定)为30次，销售毛利率为40%，则存货(以销售收入为基础确定)周转次数为(　　)次。

A. 12　　B. 40　　C. 25　　D. 50

(13) 有关资产净利率，下列说法正确的是(　　)。

A. =利润总额/净资产平均余额　　B. =资产周转率×销售净利率

C. =销售净利率×平均权益乘数　　D. =资产周转率×平均资产负债率

(14) 某上市公司2007年12月31日流通在外的普通股股数为2000万股，2008年3月30日增发新股200万股，2008年9月1日经批准回购本公司股票150万股，2008年的净利润为210万元，派发现金股利为120万元，则2008年的每股收益为(　　)元。

A. 0.04　　B. 0.1　　C. 0.5　　D. 0.12

(15) 某企业今年与上年相比，销售收入增长10%，净利润增长8%，资产总额增加12%，负债总额增加9%。可以确定，该企业净资产收益率比上年(　　)。

A. 上升

B. 下降

C. 不变

D. 不一定，取决于净资产和净利润的增长幅度

(16) 通过杜邦财务分析体系分析可知，净资产收益率是个综合性最强、最具代表性的指标，但不能通过以下途径改善(　　)。

A. 加强销售管理，提高销售净利率　B. 加强负债管理，提高产权比率

C. 加强负债管理，降低资产负债率　D. 加强资产管理，提高其利用率和周转率

(17) 某企业资产净利率为20%，若产权比率为1。则净资产收益率为(　　)。

A. 15%　B. 20%　C. 30%　D. 40%

(18) 某企业无优先股，去年每股收益为4元，每股发放股利2元，留存收益在过去一年中增加了500万。年底每股净资产为30元，负债总额5000万元，则该企业资产负债率为(　　)。

A. 30%　B. 33%　C. 40%　D. 44%

2. 多项选择题

(1) 下列财务比率属于反映企业短期偿债能力的有(　　)。

A. 现金比率　B. 资产负债率　C. 到期债务偿付比率

D. 现金流量比率　E. 股东权益比率

(2) 下列经济业务会影响流动比率的有(　　)。

A. 销售产成品　B. 偿还应付账款　C. 用银行存款购买固定资产

D. 用银行存款购买短期有价证券　E. 用固定资产对外进行长期投资

(3) 某企业长期资产超过长期资本，则下列表述正确的是(　　)。

A. 净营运资本为负数

B. 有部分长期资产由流动负债提供资金来源

C. 财务风险较大

D. 企业没有任何短期偿债压力

E. 企业净资产为负数

(4) 下列经济业务会影响企业存货周转率的是(　　)。

A. 收回应收账款　B. 销售产成品　C. 期末购买存货

D. 偿还应付账款　E. 产品完工验收入库

(5) 某公司当年经营利润很多，却不能偿还当年债务。为查清原因，应检查的财务比率有(　　)。

A. 资产负债率　B. 流动比率　C. 存货周转率

D. 应收账款周转率　E. 已获利息倍数

(6) 某公司目前的速动比率为1.25，以下业务导致速动比率降低的有(　　)。

A. 用所生产的产品抵偿应付购买设备款
B. 从银行借入短期借款用以购买短期股票做投资
C. 赊购原材料一批
D. 用银行支票购买一台机床

(7) 影响应收账款周转率正确计算的因素包括( )。
A. 季节性经营 B. 现销和赊销的比例
C. 大量使用分期付款结算 D. 年末销量大减

(8) 关于资产净利率的正确说法有( )。
A. 资产净利率指标集中体现了资金运动速度和资金利用效率的关系
B. 企业的资产总额越高，利润越大，资产净利率就越高
C. 资产净利率综合反映了企业经营管理水平的高低
D. 资产净利率等于销售利润率乘以总资产周转天数
E. 资产净利率越高，资金利用效果越好

(9) 影响资产净利率高低的因素主要有( )。
A. 产品价格 B. 单位成本的高低 C. 销售量 D. 资产周转率

(10) 下列经济业务会影响到产权比率的是( )。
A. 接受所有者投资
B. 建造固定资产
C. 可转换债券转换为普通股
D. 偿还银行借款
E. 以大于固定资产账面净值的评估价值作为投资价值进行对外投资

3. 复习思考题

(1) 企业进行财务分析的目是什么?
(2) 企业资产负债率的高低应如何评价?
(3) 企业应如何提高其营运能力?
(4) 你认为股份公司获利能力评价的核心指标是什么? 为什么?
(5) 你认为杜邦分析法有什么不足? 应如何改进?

4. 计算题

(1) 某企业2006年简化的资产负债表见下表：

2006年12月31日 (单位：万元)

资　　产	年初数	年末数	负债及所有者权益	年初数	年末数
货币资金	100	95	流动负债	220	218
应收账款净额	135	150	长期负债	290	372
存货	160	170	负债合计	510	590
待摊费用	30	35			

续表

资　　产	年初数	年末数	负债及所有者权益	年初数	年末数
流动资产合计	425	450			
固定资产净值	800	860	所有者权益	715	720
合 计	1 225	1 310	合 计	1 225	1 310

另外，2006 年的销售收入净额 1 014 万元(其中赊销收入 570 万元)，净利润 253.5 万元 。

要求：根据以上资料，计算该公司 2006 年的如下财务指标。

① 流动比率、速动比率、产权比率、资产负债率和权益乘数；

② 应收账款周转率、流动资产周转率和总资产周转率；

③ 销售利润率、净资产收益率。

(2) 某企业 1998 年销售收入为 20 万元，毛利率为 40%，赊销比例为 80%，销售净利润率为 16%，存货周转率为 5 次，期初存货余额为 2 万元；期初应收账款余额为 4.8 万元，期末应收账款余额为 1.6 万元，速动比率为 1.6，流动比率为 2，流动资产占资产总额的 28%，该企业期初资产总额为 30 万元。该公司期末无待摊费用和待处理流动资产净损失。

要求：① 计算应收账款周转率。

② 计算总资产周转率。

③ 计算资产净利率。

(3) 某股份有限公司本年利润分配及年末股东权益的有关资料见下表。该公司当前股票市场价格为 10.50 元，流通在外的普通股为 3 000 万股。

要求：① 计算普通股每股利润。

② 计算该公司股票当前的市盈率、每股股利、股利支付率。

③ 计算每股净资产。

净利润	2 100	股本(每股面值 1 元)	3 000
加：年初未分配利润	400	资本公积	2 200
可供分配利润	2 500	盈余公积	1 200
减：提取法定盈余公积金	500	未分配利润	600
可供股东分配的利润	2 000		
减：提取任意盈余公积金	200		
已分配普通股股利	1 200		
未分配利润	600	所有者权益合计	7 000

(4) 某公司 2006 年、2007 年有关的财务比率见下表：

财务比率	2007年同行业平均	2006年本公司	2007年本公司
应收账款回收期(天)	35	36	36
存货周转率	2.50	2.59	2.11
销售毛利率	38%	40%	40%
销售营业利润率(息税前)	10%	9.6%	10.63%
销售利息率	3.73%	2.4%	3.82%
销售净利率	6.27%	7.20%	6.81%
总资产周转率	1.14	1.11	1.07
固定资产周转率	1.4	2.02	1.82
资产负债率	58%	50%	61.3%
已获利息倍数	2.68	4	2.78

说明：该公司正处于免税期。

要求：①运用杜邦财务分析原理，比较2007年该公司与同行业平均的净资产收益率，定性分析其差异的原因。

② 运用杜邦财务分析原理，比较2007年与2006年的净资产收益率，定量分析其变化的原因。

5. 案例分析

东方公司财务分析案例

东方公司××年度部分财务比率

项目＼月份	1	2	3	4	5	6	7	8	9	10	11	12
流动比率	2.2	2.3	2.4	2.2	2.0	1.9	1.8	1.9	2.0	2.1	2.2	2.2
速动比率	0.7	0.8	0.9	1.0	1.1	1.15	1.2	1.15	1.1	1.0	0.9	0.8
资产负债率(%)	52	55	60	55	53	50	42	45	46	48	50	52
资产净利率(%)	4	6	8	13	15	16	18	16	10	6	4	2
销售净利率(%)	7	8	8	9	10	11	12	11	10	8	8	7

思考题：

(1) 该企业生产经营有什么特点?

(2) 流动比率与速动比率的变动趋势为什么会产生差异? 怎样消除这种差异?

(3) 资产负债率的变动说明了什么问题? 3月份资产负债率最高能说明什么问题?

(4) 资产净利率与销售净利率的变动程度为什么不一致?

（资料来源：王化成．财务管理教学案例．北京：中国人民大学出版社，2001.）

附录　资金时间价值系数表

附表一　1元复利终值表

期数	1%	2%	3%	4%	5%	6%	7%	8%	9%	10%
1	1.0100	1.0200	1.0300	1.0400	1.0500	1.0600	1.0700	1.0800	1.0900	1.1000
2	1.0201	1.0404	1.0609	1.0816	1.1025	1.1236	1.1449	1.1664	1.1881	1.2100
3	1.0303	1.0612	1.0927	1.1249	1.1576	1.1910	1.2250	1.2597	1.2950	1.3310
4	1.0406	1.0824	1.1255	1.1699	1.2155	1.2625	1.3108	1.3605	1.4116	1.4641
5	1.0510	1.1041	1.1593	1.2167	1.2763	1.3382	1.4026	1.4693	1.5386	1.6105
6	1.0615	1.1262	1.1941	1.2653	1.3401	1.4185	1.5007	1.5809	1.6771	1.7716
7	1.0721	1.1487	1.2299	1.3159	1.4071	1.5036	1.6058	1.7138	1.8280	1.9487
8	1.0829	1.1717	1.2668	1.3686	1.4775	1.5938	1.7182	1.8509	1.9926	2.1436
9	1.0937	1.1951	1.3048	1.4233	1.5513	1.6895	1.8385	1.9990	2.1719	2.3579
10	1.1046	1.2190	1.3439	1.4802	1.6289	1.7908	1.9672	2.1589	2.3674	2.5937
11	1.1157	1.2434	1.3842	1.5395	1.7103	1.8983	2.1049	2.3316	2.5804	2.8531
12	1.1268	1.2682	1.4258	1.6010	1.7959	2.0122	2.2522	2.5182	2.8127	3.1384
13	1.1381	1.2936	1.4685	1.6651	1.8856	2.1329	2.4098	2.7196	3.0658	3.4523
14	1.1495	1.3195	1.5126	1.7317	1.9799	2.2609	2.5785	2.9372	3.3417	3.7975
15	1.1610	1.3459	1.5580	1.8009	2.0789	2.3966	2.7590	3.1722	3.6425	4.1772
16	1.1726	1.3728	1.6047	1.8730	2.1829	2.5404	2.9522	3.4259	3.9703	4.5950
17	1.1843	1.4002	1.6528	1.9479	2.2920	2.6928	3.1588	3.7000	4.3276	5.0545
18	1.1961	1.4282	1.7024	2.0258	2.4066	2.8543	3.3799	3.9960	4.7171	5.5599
19	1.2081	1.4568	1.7535	2.1068	2.5270	3.0256	3.6165	4.3157	5.1417	6.1159
20	1.2202	1.4859	1.8061	2.1911	2.6533	3.2071	3.8697	4.6610	5.6044	6.7275
21	1.2324	1.5157	1.8603	2.2788	2.7860	3.3996	4.1406	5.0338	6.1088	7.4002
22	1.2447	1.5460	1.9161	2.3699	2.9253	3.6035	4.4304	5.4365	6.6586	8.1403
23	1.2572	1.5769	1.9736	2.4647	3.0715	3.8197	4.7405	5.8715	7.2579	8.2543
24	1.2697	1.6084	2.0328	2.5633	3.2251	4.0489	5.0724	6.3412	7.9111	9.8497
25	1.2824	1.6406	2.0938	2.6658	3.3864	4.2919	5.4274	6.8485	8.6231	10.835
26	1.2953	1.6734	2.1566	2.7725	3.5557	4.5494	5.8074	7.3964	9.3992	11.918
27	1.3082	1.7069	2.2213	2.8834	3.7335	4.8823	6.2139	7.9881	10.245	13.110
28	1.3213	1.7410	2.2879	2.9987	3.9201	5.1117	6.6488	8.6271	11.167	14.421
29	1.3345	1.7758	2.3566	3.1187	4.1161	5.4184	7.1143	9.3173	12.172	15.863
30	1.3478	1.8114	2.4273	3.2434	4.3219	5.7435	7.6123	10.063	13.268	17.449
40	1.4889	2.2080	3.2620	4.8010	7.0400	10.286	14.794	21.725	31.408	45.259
50	1.6446	2.6916	4.3839	7.1067	11.467	18.420	29.457	46.902	74.358	117.39
60	1.8167	3.2810	5.8916	10.520	18.679	32.988	57.946	101.26	176.03	304.48

续表

期数	12%	14%	15%	16%	18%	20%	24%	28%	32%	36%
1	1.1200	1.1400	1.1500	1.1600	1.1800	1.2000	1.2400	1.2800	1.3200	1.3600
2	1.2544	1.2996	1.3225	1.3456	1.3924	1.4400	1.5376	1.6384	1.7424	1.8496
3	1.4049	1.4815	1.5209	1.5609	1.6430	1.7280	1.9066	2.0872	2.3000	2.5155
4	1.5735	1.6890	1..7490	1.8106	1.9388	2.0736	2.3642	2.6844	3.0360	3.4210
5	1.7623	1.9254	2.0114	2.1003	2.2878	2.4883	2.9316	3.4360	4.0075	4.6526
6	1.9738	2.1950	2.3131	2.4364	2.6996	2.9860	3.6352	4.3980	5.2899	6.3275
7	2.2107	2.5023	2.6600	2.8262	3.1855	3.5832	4.5077	5.6295	6.9826	8.6054
8	2.4760	2.8526	3.0590	3.2784	3.7589	4.2998	5.5895	7.2058	9.2170	11.703
9	2.7731	3.2519	3.5179	3.8030	4.4355	5.1598	6.9310	9.2234	12.166	15.917
10	3.1058	3.7072	4.0456	4.4114	5.2338	6.1917	8.5944	11.806	16.060	21.647
11	3.4785	4.2262	4.6524	5.1173	6.1759	7.4301	10.657	15.112	21.199	29.439
12	3.8960	4.8179	5.3503	5.9360	7.2876	8.9161	13.215	19.343	27.983	40.037
13	4.3635	5.4924	6.1528	6.8858	8.5994	10.699	16.386	24.759	36.937	54.451
14	4.8871	6.2613	7.0757	7.9875	10.147	12.839	20.319	31.691	48.757	74.053
15	5.4736	7.1379	8.1371	9.2655	11.974	15.407	25.196	40.565	64.359	100.71
16	6.1304	8.1372	9.3576	10.748	14.129	18.488	31.243	51.923	84.954	136.97
17	6.8660	9.2765	10.761	12.468	16.672	22.186	38.741	66.461	112.14	186..28
18	7.6900	10.575	12.375	14.463	19.673	26.623	48.039	86.071	148.02	253.34
19	8.6128	12.056	14.232	16.777	23.214	31.948	59.568	108.89	195.39	344.54
20	9.6463	13.743	16.367	19.461	27.393	38.338	73.864	139.38	257.92	468.57
21	10.804	15.668	18.822	22.574	32.324	46.005	91.592	178.41	340.45	637.26
22	12.100	17.861	21.645	26.186	38.142	55.206	113.57	228.36	449.39	866.67
23	13.552	20.362	24.891	30.376	45.008	66.247	140.83	292.30	593.20	1178.7
24	15.179	23.212	28.625	35.236	53.109	79.497	174.63	374.14	783.02	1603.0
25	17.000	26.462	32.919	40.874	62.669	95.396	216.54	478.90	1033.6	2180.1
26	19.040	30.167	37.857	47.414	73.949	114.48	268.51	613.00	1364.3	2964.9
27	21.325	34.390	43.535	55.000	87.260	137.37	332.95	784.64	1800.9	4032.3
28	23.884	39.204	50.066	63.800	102.97	164.84	412.86	1004.3	2377.2	5483.9
29	26.750	44.693	57.575	74.009	121.50	197.81	511.95	1285.6	3137.9	7458.1
30	29.960	50.950	66.212	85.850	143.37	237.38	634.82	1645.5	4142.1	10143.
40	93.051	188.83	267.86	378.72	750.38	1469.8	5455.9	19427	66521	*
50	289.00	700.23	1083.7	1670.7	3927.4	9100.4	46890	*	*	*
60	897.60	2595.9	4384.0	7370.2	20555.	56348.	*	*	*	*

* >99999

附表二　1元复利现值表

期数	1%	2%	3%	4%	5%	6%	7%	8%	9%	10%
1	.9901	.9804	.9709	.9615	.9524	.9434	.9346	.9259	.9174	.9091
2	.9803	.9712	.9426	.9246	.9070	.8900	.8734	.8573	.8417	.8264
3	.9706	.9423	.9151	.8890	.8638	.8396	.8163	.7938	.7722	.7513
4	.9610	.9238	.8885	.8548	.8227	.7921	.7629	.7350	.7084	.6830
5	.9515	.9057	.8626	.8219	.7835	.7473	.7130	.6806	.6499	.6209
6	.9420	.8880	.8375	.7903	.7462	.7050	.6663	.6302	.5963	.5645
7	.9327	.8606	.8131	.7599	.7107	.6651	.6227	.5835	.5470	.5132
8	.9235	.8535	.7874	.7307	.6768	.6274	.5820	.5403	.5019	.4665
9	.9143	.8368	.7664	.7026	.6446	.5919	.5439	.5002	.4604	.4241
10	.9053	.8203	.7441	.6756	.6139	.5584	.5083	.4632	.4224	.3855
11	.8963	.8043	.7224	.6496	.5847	.5268	.4751	.4289	.3875	.3505
12	.8874	.7885	.7014	.6246	.5568	.4970	.4440	.3971	.3555	.3186
13	.8787	.7730	.6810	.6006	.5303	.4688	.4150	.3677	.3262	.2897
14	.8700	.7579	.6611	.5775	.5051	.4423	.3878	.3405	.2992	.2633
15	.8613	.7430	.6419	.5553	.4810	.4173	.3624	.3152	.2745	.2394
16	.8528	.7284	.6232	.5339	.4581	.3936	.3387	.2919	.2519	.2176
17	.8444	.7142	.6050	.5134	.4363	.3714	.3166	.2703	.2311	.1978
18	.8360	.7002	.5874	.4936	.4155	.3503	.2959	.2502	.2120	.1799
19	.8277	.6864	.5703	.4746	.3957	.3305	.2765	.2317	.1945	.1635
20	.8195	.6730	.5537	.4564	.3769	.3118	.2584	.2145	.1784	.1486
21	.8114	.6598	.5375	.4388	.3589	.2942	.2415	.1987	.1637	.1351
22	.8034	.6468	.5219	.4220	.3418	.2775	.2257	.1839	.1502	.1228
23	.7954	.6342	.5067	.4057	.3256	.2618	.2109	.1703	.1378	.1117
24	.7876	.6217	.4919	.3901	.3101	.2470	.1971	.1577	.1264	.1015
25	.7798	.6095	.4776	.3751	.2953	.2330	.1842	.1460	.1160	.0923
26	.7720	.5976	.4637	.3604	.2812	.2198	.1722	.1352	.1064	.0839
27	.7644	.5859	.4502	.3468	.2678	.2074	.1609	.1252	.0976	.0763
28	.7568	.5744	.4371	.3335	.2551	.1956	.1504	.1159	.0895	.0693
29	.7493	.5631	.4243	.3207	.2429	.1846	.1406	.1073	.0822	.0630
30	.7419	.5521	.4120	.3083	.2314	.1741	.1314	.0994	.0754	.0573
35	.7059	.5000	.3554	.2534	.1813	.1301	.0937	.0676	.0490	.0356
40	.6717	.4529	.3066	.2083	.1420	.0972	.0668	.0460	.0318	.0221
45	.6491	.4102	.2644	.1712	.1113	.0727	.0476	.0313	.0207	.0137
50	.6080	.3715	.2281	.1407	.0872	.0543	.0339	.0213	.0134	.0085
55	.5785	.3365	.1968	.1157	.0683	.0406	.0242	.0145	.0087	.0053

续表

期数	12%	14%	15%	16%	18%	20%	24%	28%	32%	36%
1	.8929	.8772	.8696	.8621	.8475	.8333	.8065	.7813	.7576	.7353
2	.7972	.7695	.7561	.7432	.7182	.6944	.6504	.6104	.5739	.5407
3	.7118	.6750	.6575	.6407	.6086	.5787	.5245	.4768	.4348	.3975
4	.6355	.5921	.5718	.5523	.5158	.4823	.4230	.3725	.3294	.2923
5	.5674	.5194	.4972	.4762	.4371	.4019	.3411	.2910	.2495	.2149
6	.5066	.4556	.4323	.4104	.3704	.3349	.2751	.2274	.1890	.1580
7	.4523	.3996	.3759	.3538	.3139	.2791	.2218	.1776	.1432	.1162
8	.4039	.3506	.3269	.3050	.2660	.2326	.1789	.1388	.1085	.0854
9	.3606	.3075	.2843	.2630	.2255	.1938	.1443	.1084	.0822	.0628
10	.3220	.2697	.2472	.2267	.1911	.1615	.1164	.0847	.0623	.0462
11	.2875	.2366	.2149	.1954	.1619	.1346	.0938	.0662	.0472	.0340
12	.2567	.2076	.1869	.1685	.1373	.1122	.0557	.0517	.0357	.0250
13	.2292	.1821	.1625	.1452	.1163	.0935	.0610	.0404	.0271	.0184
14	.2046	.1597	.1413	.1252	.0985	.0779	.0492	.0316	.0205	.0135
15	.1827	.1401	.1229	.1079	.0835	.0649	.0397	.0247	.0155	.0099
16	.1631	.1229	.1069	.0980	.0709	.0541	.0320	.0193	.0118	.0073
17	.1456	.1078	.0929	.0802	.0600	.0451	.0259	.0150	.0089	.0054
18	.1300	.0946	.0808	.0691	.0508	.0376	.0208	.0118	.0068	.0039
19	.1161	.0829	.0703	.0596	.0431	.0313	.0168	.0092	.0051	.0029
20	.1037	.0728	.0611	.0514	.0365	.0261	.0135	.0072	.0039	.0021
21	.0926	.0638	.0531	.0443	.0309	.0217	.0109	.0056	.0029	.0016
22	.0826	.0560	.0462	.0382	.0262	.0181	.0088	.0044	.0022	.0012
23	.0738	.0491	.0402	.0329	.0222	.0151	.0071	.0034	.0017	.0008
24	.0659	.0431	.0349	.0284	.0188	.0126	.0057	.0027	.0013	.0006
25	.0588	.0378	.0304	.0245	.0160	.0105	.0046	.0021	.0010	.0005
26	.0525	.0331	.0264	.0211	.0135	.0087	.0037	.0016	.0007	.0003
27	.0469	.0291	.0230	.0182	.0115	.0073	.0030	.0013	.0006	.0002
28	.0419	.0255	.0200	.0157	.0097	.0061	.0024	.0010	.0004	.0002
29	.0374	.0224	.0174	.0135	.0082	.0051	.0020	.0008	.0003	.0001
30	.0334	.0196	.0151	.0116	.0070	.0042	.0016	.0006	.0002	.0001
35	.0189	.0102	.0075	.0055	.0030	.0017	.0005	.0002	.0001	*
40	.0107	.0053	.0037	.0026	.0013	.0007	.0002	.0001	*	*
45	.0061	.0027	.0019	.0013	.0006	.0003	.0001	*	*	*
50	.0035	.0014	.0009	.0006	.0003	.0001	*	*	*	*
55	.0020	.0007	.0005	.0003	.0001	*	*	*	*	*

* <.0001

附表三　一元年金终值表

期数	1%	2%	3%	4%	5%	6%	7%	8%	9%	10%
1	1.0000	1.0000	1.0000	1.0000	1.0000	1.0000	1.0000	1.0000	1.0000	1.0000
2	2.0100	2.0200	2.0300	2.0400	2.0500	2.0600	2.0700	2.0800	2.0900	2.1000
3	3.0301	3.0604	3.0909	3.1216	3.1525	3.1836	3.2149	3.2464	3.2781	3.3100
4	4.0604	4.1216	4.1836	4.2465	4.3101	4.3746	4.4399	4.5061	4.5731	4.6410
5	5.1010	5.2040	5.3091	5.4163	5.5256	5.6371	5.7507	5.8666	5.9847	6.1051
6	6.1520	6.3081	6.4684	6.6330	6.8019	6.9753	7.1533	7.3359	7.5233	7.7156
7	7.2135	7.4343	7.6625	7.8983	8.1420	8.3938	8.6540	8.9228	9.2004	9.4872
8	8.2857	8.5830	8.8923	9.2142	9.5491	9.8975	10.260	10.637	11.028	11.436
9	9.3685	9.7546	10.159	10.583	11.027	11.491	11.978	12.488	13.021	13.579
10	10.462	10.950	11.464	12.006	12.578	13.181	13.816	14.487	15.193	15.937
11	11.567	12.169	12.808	13.486	14.207	14.972	15.784	16.645	17.560	18.531
12	12.683	13.412	14.192	15.026	15.917	16.870	17.888	18.977	20.141	21.384
13	13.809	14.680	15.618	16.627	17.713	18.882	20.141	21.495	22.953	24.523
14	14.947	15.974	17.086	18.292	19.599	21.015	22.550	24.214	26.019	27.975
15	16.097	17.293	18.599	20.024	21.579	23.276	25.129	27.152	29.361	31.772
16	17.258	18.639	20.157	21.825	23.657	25.673	27.888	30.324	33.003	35.950
17	18.430	20.012	21.762	23.698	25.840	28.213	30.840	33.750	36.974	40.545
18	19.615	21.412	23.414	25.645	28.132	30.906	33.999	37.450	41.301	45.599
19	20.811	22.841	25.117	27.671	30.539	33.760	37.379	41.446	46.018	51.159
20	22.019	24.297	26.870	29.778	33.066	36.786	40.995	45.752	51.160	57.275
21	23.239	25.783	28.676	31.969	35.719	39.993	44.865	50.423	56.765	64.002
22	24.472	27.299	30.537	34.248	38.505	43.392	49.006	55.457	62.873	71.403
23	25.716	28.845	32.453	36.618	41.430	46.996	53.436	60.883	69.532	79.543
24	26.973	30.422	34.426	39.083	44.502	50.816	58.177	66.765	76.790	88.497
25	28.243	32.030	36.459	41.646	47.727	54.863	63.249	73.106	84.701	98.347
26	29.526	33.671	38.553	44.312	51.113	59.156	68.676	79.954	93.324	109.18
27	30.821	35.344	40.710	47.084	54.669	63.706	74.484	87.351	102.72	121.10
28	32.129	37.051	42.931	49.968	58.403	68.528	80.698	95.339	112.97	134.21
29	33.450	38.792	45.219	52.966	62.323	73.640	87.347	103.97	124.14	148.63
30	34.785	40.568	47.575	56.085	66.439	79.058	94.461	113.28	136.31	164.49
40	48.886	60.402	75.401	95.026	120.80	154.76	199.64	259.06	337.88	442.59
50	64.463	84.579	112.80	152.67	209.35	290.34	406.53	573.77	815.08	1163.9
60	81.670	114.05	163.05	237.99	353.58	533.13	813.52	1253.2	1944.8	3034.8

续表

期数	12%	14%	15%	16%	18%	20%	24%	28%	32%	36%
1	1.0000	1.0000	1.0000	1.0000	1.0000	1.0000	1.0000	1.0000	1.0000	1.0000
2	2.1200	2.1400	2.1500	2.1600	2.1800	2.2000	2.2400	2.2800	2.3200	2.3600
3	3.3744	3.4396	3.4725	3.5056	3.5724	3.6400	3.7776	3.9184	3.0624	3.2096
4	4.7793	4.9211	4.9934	5.0665	5.2154	5.3680	5.6842	6.0156	6.3624	6.7251
5	6.3528	6.6101	6.7424	6.8771	7.1542	7.4416	8.0484	8.6999	9.3983	10.146
6	8.1152	8.5355	8.7537	8.9775	9.4420	9.9299	10.980	12.136	13.406	14.799
7	10.089	10.730	11.067	11.414	12.142	12.916	14.615	16.534	18.696	21.126
8	12.300	13.233	13.727	14.240	15.327	16.499	19.123	22.163	25.678	29.732
9	14.776	16.085	16.786	17.519	19.086	20.799	24.712	29.369	34.895	41.435
10	17.549	19.337	20.304	21.321	23.521	25.959.	31.643	38.593	47.062	57.352
11	20.655	23.045	24.349	25.733	28.755	32.150	40.238	50.398	63.122	78.998
12	24.133	27.271	29.002	30.850	34.931	39.581	50.895	65.510	84.320	108.44
13	28.029	32.089	34.352	36.786	42.219	48.497	64.110	84.853	112.30	148.47
14	32.393	37.581	40.505	43.672	50.818	59.196	80.496	109.61	149.24	202.93
15	37.280	43.842	47.580	51.660	60.965	72.035	100.82	141.30	198.00	276.98
16	42.753	50.980	55.717	60.925	72.939	87.442	126.01	181.87	262.36	377.69
17	48.884	59.118	65.075	71.673	87.068	105.93	157.25	233.79	347.31	514.66
18	55.750	68.394	75.836	84.141	103.74	128.12	195.99	300.25	459.45	770.94
19	63.440	78.969	88.212	98.603	123.41	154.74	244.03	385.32	607.47	954.28
20	72.052	91.025	102.44	115.38	146.63	186.69	303.60	494.21	802.86	1298.8
21	81.699	104.77	118.81	134.84	174.02	225.03	377.46	633.59	1060.8	1767.4
22	92.503	120.44	137.63	157.41	206.34	271.03	469.06	812.00	1401.2	2404.7
23	104.60	138.30	159.28	183.60	244.49	326.24	582.63	1040.4	1850.6	3271.3
24	118.16	158.66	184.17	213.98	289.49	392.48	723.46	1332.7	2443.8	4450.0
25	133.33	181.87	212.79	249.21	342.60	471.98	898.09	1706.8	3226.8	6053.0
26	150.33	208.33	245.71	290.09	405.27	567.38	1114.6	2185.7	4260.4	8233.1
27	169.37	238.50	283.57	337.50	479.22	681.85	1383.1	2798.7	5624.8	11198.0
28	190.70	272.89	327.10	392.50	566.48	819.22	1716.1	3583.3	7425.7	15230.3
29	214.58	312.09	377.17	456.30	669.45	984.07	2129.0	4587.7	9802.9	20714.2
30	241.33	356.79	434.75	530.31	790.95	1181.9	2640.9	5873.2	12941.	28172.3
40	767.09	1342.0	1779.1	2360.8	4163.2	7343.2	22729.	69377.	*	*
50	2400.0	4994.5	7217.7	10436.	21813.	45497.	*	*	*	*
60	7471.6	18535.	29220.	46058.	*	*	*	*	*	*

* >99999

附表四　1元年金现值表

期数	1%	2%	3%	4%	5%	6%	7%	8%	9%
1	0.9901	0.9804	0.9709	0.9615	0.9524	0.9434	0.9346	0.9259	0.9174
2	1.9704	1.9416	1.9135	1.8861	1.8594	1.8334	1.8080	1.7833	1.7591
3	2.9410	2.8839	2.8286	2.7751	2.7232	2.6730	2.6243	2.5771	2.5313
4	3.9020	3.8077	3.7171	3.6299	3.5460	3.4651	3.3872	3.3121	3.2397
5	4.8534	4.7135	4.5797	4.4518	4.3295	4.2124	4.1002	3.9927	3.8897
6	5.7955	5.6014	5.4172	5.2421	5.0757	4.9173	4.7665	4.6229	4.4859
7	6.7282	6.4720	6.2303	6.0021	5.7864	5.5824	5.3893	5.2064	5.0330
8	7.6517	7.3255	7.0197	6.7327	6.4632	6.2098	5.9713	5.7466	5.5348
9	8.5660	8.1622	7.7861	7.4353	7.1078	6.8017	6.5152	6.2469	5.9952
10	9.4713	8.9826	8.5302	8.1109	7.7217	7..3601	7.0236	6.7101	6.4177
11	10.3676	9.7868	9.2526	8.7605	8.3064	7.8869	7.4987	7.1390	6.8052
12	11.2551	10.5753	9.9540	9.3851	8.8633	8.3838	7.9427	7.5361	7.1607
13	12.1337	11.3484	10.6350	9.9856	9.3936	8.8527	8.3577	7.9038	7.4869
14	13.0037	12.1062	11.2961	10.5631	9.8986	9.2950	8.7455	8.2442	7.7862
15	13.8651	12.8493	11.9379	11.1184	10.3797	9.7122	9.1079	8.5595	8..0607
16	14.7179	13.5777	12.5611	11.6523	10.8378	10.1059	9.4466	8.8514	8.3126
17	15.5623	14.2919	13.1661	12.1657	11.2741	10.4773	9.7632	9.1216	8.5436
18	16.3983	14.9920	13.7535	12.6896	11.6896	10.8276	10.0591	9.3719	8.7556
19	17.2260	15.6785	14.3238	13.1339	12.0853	11.1581	10.3356	9.6036	8.9601
20	18.0456	16.3514	14.8775	13.5903	12.4622	11.4699	10.5940	9.8181	9.1285
21	18.8570	17.0112	15.4150	14.0292	12.8212	11.7641	10.8355	10.0168	9.02922
22	19.6604	17.6580	15.9369	14.4511	13.4886	12.3034	11.0612	10.2007	9.4424
23	20.4558	18.2922	16.4436	14.8568	13.4886	12.3034	11.2722	10.3711	9.5802
24	21.2434	18.9139	16.9355	15.2470	13.7986	12.5504	11.4693	10.5288	9.7066
25	22.0232	19.5235	17.4131	15.6221	14.0939	12.7834	11.6536	10.6748	9.8226
26	22.7952	20.1210	17.8768	15.9828	14.3752	13.0032	11.8258	10.8100	9.9290
27	23.5596	20.7059	18.3270	16.3296	14.6430	13.2105	11.9867	10.9352	10.0266
28	24.3164	21.2813	18.7641	16.6631	14.8981	13.4062	12.1371	11.0511	10.1161
29	25.0658	21.8444	19.1885	16.9837	15.1411	13.5907	12.2777	11.1584	10.1983
30	25.8077	22.3965	19.6004	17.2920	15.3725	13.7648	12.4090	11.2578	10.2737
35	29.4086	24.9986	21.4872	18.6646	16.3742	14.4982	12.9477	11.6546	10.5668
40	32.8347	27.3555	23.1148	19.7928	17.1591	15.0463	13.3317	11.9246	10.7574
45	36.0945	29.4902	24.5187	20.7200	17.7741	15.4558	13.6055	12.1084	10.8812
50	39.1961	31.4236	25.7298	21.4822	18.2559	15.7619	13.8007	12.2335	10.9617
55	42.1472	33.1748	26.7744	22.1086	18.6335	15.9905	13.9399	12.3186	11.0140

续表

期数	10%	12%	14%	15%	16%	18%	20%	24%	28%	32%
1	0.9091	0.8929	0.8772	0.8696	0.8621	0.8475	0.8333	0.8065	0.7813	0.7576
2	1.7355	1.6901	1.6467	1.6257	1.6052	1.5656	1.5278	1.4568	1.3916	1.3315
3	2.4869	2.4018	2.3216	2.2832	2.2459	2.1743	2.1065	1.9813	1.8684	1.7663
4	3.1699	3.0373	2.9173	2.8550	2.7982	2.6901	2.5887	2.4043	2.2410	2.0957
5	3.7908	3.6048	3.4331	3.3522	3.2743	3.1272	2.9906	2.7454	2.5320	2.3452
6	4.3553	4.1114	3.8887	3.7845	3.6847	3.4976	3.3255	3.0205	2.7594	2.5342
7	4.8684	4.5638	4.2882	4.1604	4.0386	3.8115	3.6046	3.2423	2.9370	2.6775
8	5.3349	4.9676	4.6389	4.4873	4.3436	4.0776	3.8372	3.4212	3.0758	2.7860
9	5.7590	5.3282	4.9164	4.7716	4.6065	4.3030	4.0310	3.5655	3.1842	2.8681
10	6.1446	5.6502	5.2161	5.0188	4.8332	4.4941	4.1925	3.6819	3.2689	2.9304
11	6.4951	5.9377	5.4527	5.2337	5.0286	4.6560	4.3271	3.7757	3.3351	2.9776
12	6.8137	6.1944	5.6603	5.4206	5.1971	4.7932	4.4392	3.8514	3.3868	3.0133
13	7.1034	6.4235	5.8424	5.5831	5.3423	4.9095	4.5327	3.9124	3.4272	3.0404
14	7.3667	6.6282	6.0021	5.7245	5.4675	5.0081	4.6106	3.9616	3.4587	3.0609
15	7.6061	6.8109	6.1422	5.8474	5.5755	5.0916	4.6755	4.0013	3.4834	3.0764
16	7.8237	6.9740	6.2651	5.9542	5.6685	5.1624	4.7296	4.0333	3.5026	3.0882
17	8.0216	7.1196	6.3729	6.0472	5.7487	5.2223	4.7746	4.0591	3.5177	3.0971
18	8.0216	7.2497	6.4674	6.1280	5.8178	5.2732	4.8122	4.0799	3.5294	3.1039
19	8.3649	7.3658	6.5504	6.1982	5.8775	5.3162	4.8435	4.0967	3.5386	3.1090
20	8.5136	7.4694	6.6231	6.2593	5.9288	5.3527	4.8696	4.1103	3.5458	3.1129
21	8.6487	7.5620	6.6870	6.3125	5.9731	5.3837	4.8913	4.1212	3.5514	3.1158
22	8.7715	7.6446	6.7429	6.3587	6.0113	5.4099	4.9094	4.1300	3.5558	3.1180
23	8.8832	7.7184	6.7921	6.3988	6.0442	5.3421	4.9245	4.1371	3.5592	3.1197
24	8.9847	7.7843	6.8351	6.4338	6.0726	5.4509	4.9371	4.1428	3.5619	3.1210
25	9.0770	7.8431	6.8729	6.4641	6.0971	5.4669	4.9476	4.1474	3.5640	3.1220
26	9.1609	7.8957	6.9061	6.4906	6.1182	5.4804	4.9563	4.1511	3.5656	3.1227
27	9.2372	7.9426	6.9352	6.5135	6.1364	5.4919	4.9636	4.1542	3.5669	3.1233
28	9.3066	7.9844	6.9607	6.5335	6.1520	5.5016	4.9697	4.1566	3.5679	3.1237
29	9.3696	8.0218	6.9830	6.5509	6.1656	5.5098	4.9747	4.1585	3.5687	3.1240
30	9.4269	8.0552	7.0027	6.5660	6.1772	5.5166	4.9789	4.1601	3.5693	3.1242
35	9.6442	8.1755	7.0700	6.6166	6.2153	5.5386	4.9915	4.1644	3.5708	3.1248
40	9.7791	8.2438	7.1050	6.6418	6.2335	5.5482	4.9966	4.1659	3.5712	3.1250
45	9.8628	8.2825	7.1232	6.6543	6.2421	5.5523	4.9986	4.1664	3.5714	3.1250
50	9.9148	8.3045	7.1327	6.6605	6.2463	5.5541	4.9995	4.1666	3.5714	3.1250
55	9.9471	8.3170	7.1376	6.6636	6.2482	5.5549	4.9998	4.1666	3.5714	3.1250

参 考 文 献

[1] 中国注册会计师协会．财务成本管理．北京：经济科学出版社，2007.

[2] 财政部会计资格评价中心．财务管理．北京：中国财政经济出版社，2007.

[3] 财政部会计司．企业内部控制规范讲解．北京：经济科学出版社，2010.

[4] 罗金明，祝锡萍．新编会计学．杭州：浙江大学出版社，2007.

[5] 宋常．财务分析学．北京：中国人民大学出版社，2007.

[6] 李敏感，李嘉毅．企业财务通则应用指南．上海：上海财经大学出版社，2007.

[7] 乐艳芬．成本管理会计．上海：复旦大学出版社，2007.

[8] [美] 约翰·A. 特雷西．管理者会计课堂．张绎景译．北京：机械工业出版社，2007.

[9] 徐国良，王进．企业管理案例精选精析．北京：中国社会科学出版社，2006.

[10] 贾国军．财务管理学．北京：经济管理出版社，2006.

[11] 王斌．财务管理．北京：中央广播电视大学出版社，2006.

[12] 许金叶．管理会计．北京：经济管理出版社，2006.

[13] 张鸣，王蔚松，陈文浩．财务管理学习题与案例．上海：上海财经大学出版社，2006.

[14] 陈启盛，王锦蕾．企业财务管理实务．北京：中国纺织出版社，2006.

[15] 本书编写组．新会计制度下的财务管理．北京：中国市场出版社，2006.

[16] 张先治，陈友邦．财务分析．大连：东北财经大学出版社，2007.

[17] 秦志敏．财务管理习题与案例．大连：东北财经大学出版社，2005.

[18] 吴井红．财务预算与分析．上海：上海财经大学出版社，2005.

[19] 王静刚．管理会计精要与个案．北京：科学出版社，2004.

[20] 骆珣．管理会计教程．北京：机械工业出版社，2004.

[21] 罗福凯．财务理论专题．北京：经济管理出版社，2004.

[22] 荆新，王化成，刘俊彦．财务管理学．北京：中国人民大学出版社，2003.

[23] 王化成．财务管理教学案例．北京：中国人民大学出版社，2001.

[24] 代凯军．管理案例博士评点．北京：中华工商联合出版社，2000.

[25] 吴晓求．证券投资学．北京：中国人民大学出版社，2000.

[26] 陆正飞．财务管理学．南京：南京大学出版社，2000.

[27] 张文贤．中国会计案例选．上海：复旦大学出版社，1998.

[28] 卢家仪，蒋冀．财务管理．北京：清华大学出版社，1997.

[29] 石人瑾，钱嘉福．英汉汉英会计词典．上海：立信会计出版社，1994.

[30]《中国会计报》.2010 年—2012 年 .

北京大学出版社本科财经管理类实用规划教材（已出版）

财务会计类

序号	书　名	标准书号	主　编	定价	序号	书　名	标准书号	主　编	定价
1	基础会计（第2版）	7-301-17478-4	李秀莲	38.00	23	基础会计学学习指导与习题集	7-301-16309-2	裴　玉	28.00
2	基础会计学	7-301-19403-4	窦亚芹	33.00	24	财务管理理论与实务	7-301-20042-1	成　兵	40.00
3	会计学	7-81117-533-2	马丽莹	44.00	25	税法与税务会计实用教程（第2版）	7-301-21422-0	张巧良	45.00
4	会计学原理（第2版）	7-301-18515-5	刘爱香	30.00	26	财务管理理论与实务（第2版）	7-301-20407-8	张思强	42.00
5	会计学原理习题与实验（第2版）	7-301-19449-2	王保忠	30.00	27	公司理财原理与实务	7-81117-800-5	廖东声	36.00
6	会计学原理与实务（第2版）	7-301-18653-4	周慧滨	33.00	28	审计学	7-81117-828-9	王翠琳	46.00
7	会计学原理与实务模拟实验教程	7-5038-5013-4	周慧滨	20.00	29	审计学	7-301-20906-6	赵晓波	38.00
8	会计实务	7-81117-677-3	王远利	40.00	30	审计理论与实务	7-81117-955-2	宋传联	36.00
9	高级财务会计	7-81117-545-5	程明娥	46.00	31	会计综合实训模拟教程	7-301-20730-7	章洁倩	33.00
10	高级财务会计	7-5655-0061-9	王奇杰	44.00	32	财务分析学	7-301-20275-3	张献英	30.00
11	成本会计学	7-301-19400-3	杨尚军	38.00	33	银行会计	7-301-21155-7	宗国恩	40.00
12	成本会计学	7-5655-0482-2	张红漫	30.00	34	税收筹划	7-301-21238-7	都新英	38.00
13	成本会计学	7-301-20473-3	刘建中	38.00	35	基础会计学	7-301-16308-5	晋晓琴	39.00
14	管理会计	7-81117-943-9	齐殿伟	27.00	36	公司财务管理	7-301-21423-7	胡振兴	48.00
15	管理会计	7-301-21057-4	形芳珍	36.00	37	财务管理学实用教程（第2版）	7-301-21060-4	骆永菊	42.00
16	会计规范专题	7-81117-887-6	谢万健	35.00	38	政府与非营利组织会计	7-301-21504-3	张　丹	40.00
17	企业财务会计模拟实习教程	7-5655-0404-4	董晓平	25.00	39	预算会计	7-301-22203-4	王筱萍	32.00
18	税法与税务会计	7-81117-497-7	吕孝侠	45.00	40	统计学实验教程	7-301-22450-2	裘雨明	24.00
19	初级财务管理	7-301-20019-3	胡淑姣	42.00	41	基础会计实验与习题	7-301-22387-1	左　旭	30.00
20	财务管理学原理与实务	7-81117-544-8	严复海	40.00	42	基础会计	7-301-23109-8	田凤彩	39.00
21	财务管理学	7-5038-4897-1	盛均全	34.00	43	财务会计学	7-301-23190-6	李柏生	39.00
22	财务管理学	7-301-21887-7	陈　玮	44.00					

工商管理、市场营销、人力资源管理、服务营销类

序号	书　名	标准书号	主　编	定价	序号	书　名	标准书号	主　编	定价
1	管理学基础	7-5038-4872-8	于干千	35.00	28	市场营销学	7-301-21056-7	马慧敏	42.00
2	管理学基础学习指南与习题集	7-5038-4891-9	王　珍	26.00	29	市场营销学：理论、案例与实训	7-301-21165-6	袁连升	42.00
3	管理学	7-81117-494-6	曾　旗	44.00	30	市场营销学	7-5655-0064-0	王槐林	33.00
4	管理学	7-301-21167-0	陈文汉	35.00	31	国际市场营销学	7-301-21888-4	董　飞	45.00
5	管理学	7-301-17452-4	王慧娟	42.00	32	市场营销学（第2版）	7-301-19855-1	陈　阳	45.00
6	管理学原理	7-5655-0078-7	尹少华	42.00	33	市场营销学	7-301-21166-3	杨　楠	40.00
7	管理学原理与实务（第2版）	7-301-18536-0	陈嘉莉	42.00	34	国际市场营销学	7-5038-5021-9	范应仁	38.00
8	管理学实用教程	7-5655-0063-3	邵喜武	37.00	35	现代市场营销学	7-81117-599-8	邓德胜	40.00
9	管理学实用教程	7-301-21059-8	高爱霞	42.00	36	市场营销学新论	7-5038-4879-7	郑玉香	40.00
10	管理学实用教程	7-301-22218-8	张润兴	43.00	37	市场营销理论与实务（第2版）	7-301-20628-7	那　薇	40.00
11	通用管理知识概论	7-5038-4997-8	王丽平	36.00	38	市场营销学实用教程	7-5655-0081-7	李晨耘	40.00
12	管理学原理	7-301-21178-6	雷金荣	39.00	39	市场营销学	7-81117-676-6	戴秀英	32.00
13	管理运筹学（第2版）	7-301-19351-8	关文忠	39.00	40	消费者行为学	7-81117-824-1	甘瑁琴	35.00
14	统计学原理	7-301-21061-1	韩　宇	38.00	41	商务谈判（第2版）	7-301-20048-3	郭秀君	49.00
15	统计学原理	7-5038-4888-9	刘晓利	28.00	42	商务谈判实用教程	7-81117-597-4	陈建明	24.00
16	统计学	7-5038-4898-8	曲　岩	42.00	43	消费者行为学	7-5655-0057-2	肖　立	37.00
17	应用统计学（第2版）	7-301-19295-5	王淑芬	48.00	44	客户关系管理实务	7-301-09956-8	周贺来	44.00
18	统计学原理与实务	7-5655-0505-8	徐静霞	40.00	45	公共关系学	7-5038-5022-6	于朝晖	40.00
19	管理定量分析方法	7-301-13552-5	赵光华	28.00	46	非营利组织	7-301-20726-0	王智慧	33.00
20	新编市场营销学	7-81117-972-9	刘丽霞	30.00	47	公共关系理论与实务	7-5038-4889-6	王　玫	32.00
21	公共关系理论与实务	7-5655-0155-5	李泓欣	45.00	48	公共关系学实用教程	7-81117-660-5	周　华	35.00
22	质量管理	7-5655-0069-5	陈国华	36.00	49	跨文化管理	7-301-20027-8	晏　雄	35.00
23	企业文化理论与实务	7-81117-663-6	王水嫩	30.00	50	企业战略管理	7-5655-0370-2	代海涛	36.00
24	企业战略管理	7-81117-801-2	陈英梅	34.00	51	员工招聘	7-301-20089-6	王　挺	30.00
25	企业战略管理实用教程	7-81117-853-1	刘松先	35.00	52	服务营销理论与实务	7-81117-826-5	杨丽华	39.00
26	产品与品牌管理	7-81117-492-2	胡　梅	35.00	53	服务企业经营管理学	7-5038-4890-2	于干千	36.00
27	东方哲学与企业文化	7-5655-0433-4	刘峰涛	34.00	54	服务营销	7-301-15834-0	周　明	40.00

序号	书　名	标 准 书 号	主　编	定价	序号	书　名	标 准 书 号	主　编	定价
55	运营管理	7-5038-4878-0	冯根尧	35.00	69	服务性企业战略管理	7-301-20043-8	黄其新	28.00
56	生产运作管理（第 2 版）	7-301-18934-4	李全喜	48.00	70	服务型政府管理概论	7-301-20099-5	于干千	32.00
57	运作管理	7-5655-0472-3	周建亨	25.00	71	新编现代企业管理	7-301-21121-2	姚丽娜	48.00
58	组织行为学	7-5038-5014-1	安世民	33.00	72	创业学	7-301-15915-6	刘沁玲	38.00
59	组织行为学实用教程	7-301-20466-5	冀　鸿	32.00	73	公共关系学实用教程	7-301-17472-2	任焕琴	42.00
60	现代组织理论	7-5655-0077-0	岳　澎	32.00	74	现场管理	7-301-21528-9	陈国华	38.00
61	人力资源管理（第 2 版）	7-301-19098-2	颜爱民	60.00	75	现代企业管理理论与应用（第 2 版）	7-301-21603-3	邸彦彪	38.00
62	人力资源管理经济分析	7-301-16084-8	颜爱民	38.00	76	服务营销	7-301-21889-1	熊　凯	45.00
63	人力资源管理原理与实务	7-81117-496-0	邹　华	32.00	77	企业经营 ERP 沙盘应用教程	7-301-20728-4	董红杰	32.00
64	人力资源管理实用教程（第 2 版）	7-301-20281-4	吴宝华	45.00	78	项目管理	7-301-21448-0	程　敏	39.00
65	人力资源管理：理论、实务与艺术	7-5655-0193-7	李长江	48.00	79	公司治理学	7-301-22568-4	蔡　锐	35.00
66	政府与非营利组织会计	7-301-21504-3	张　丹	40.00	80	管理学原理	7-301-22980-4	陈　阳	48.00
67	会展服务管理	7-301-16661-1	许传宏	36.00	81	管理学	7-301-23023-7	申文青	40.00
68	现代服务业管理原理、方法与案例	7-301-17817-1	马　勇	49.00	82	人力资源管理实验教程	7-301-23078-7	畅铁民	40.00

经济、国贸、金融类

序号	书　名	标 准 书 号	主　编	定价	序号	书　名	标 准 书 号	主　编	定价
1	宏观经济学原理与实务（第 2 版）	7-301-18787-6	崔东红	57.00	22	金融市场学	7-81117-595-0	黄解宇	24.00
2	宏观经济学（第 2 版）	7-301-19038-8	蹇令香	39.00	23	财政学	7-5038-4965-7	盖　锐	34.00
3	微观经济学原理与实务	7-81117-818-0	崔东红	48.00	24	保险学原理与实务	7-5038-4871-1	曹时军	37.00
4	微观经济学	7-81117-568-4	梁瑞华	35.00	25	东南亚南亚商务环境概论	7-81117-956-9	韩　越	38.00
5	西方经济学实用教程	7-5038-4886-5	陈孝胜	40.00	26	证券投资学	7-301-19967-1	陈汉平	45.00
6	西方经济学实用教程	7-5655-0302-3	杨仁发	49.00	27	证券投资学	7-301-21236-3	王　毅	45.00
7	西方经济学	7-81117-851-7	于丽敏	40.00	28	货币银行学	7-301-15062-7	杜小伟	38.00
8	现代经济学基础	7-81117-549-3	张士军	25.00	29	货币银行学	7-301-21345-2	李　冰	42.00
9	国际经济学	7-81117-594-3	吴红梅	39.00	30	国际结算（第 2 版）	7-301-17420-3	张晓芬	35.00
10	发展经济学	7-81117-674-2	赵邦宏	48.00	31	国际结算	7-301-21092-5	张　慧	42.00
11	管理经济学	7-81117-536-3	姜保雨	34.00	32	金融风险管理	7-301-20090-2	朱淑珍	38.00
12	计量经济学	7-5038-3915-3	刘艳春	28.00	33	金融工程学	7-301-18273-4	李淑锦	30.00
13	外贸函电（第 2 版）	7-301-18786-9	王　妍	30.00	34	国际贸易理论、政策与案例分析	7-301-20978-3	冯　跃	42.00
14	国际贸易理论与实务（第 2 版）	7-301-18798-2	缪东玲	54.00	35	金融工程学理论与实务（第 2 版）	7-301-21280-6	谭春枝	42.00
15	国际贸易（第 2 版）	7-301-19404-1	朱廷珺	45.00	36	金融学理论与实务	7-5655-0405-1	战玉峰	42.00
16	国际贸易实务（第 2 版）	7-301-20486-3	夏合群	45.00	37	国际金融实用教程	7-81117-593-6	周　影	32.00
17	国际贸易结算及其单证实务	7-5655-0268-2	卓乃坚	35.00	38	跨国公司经营与管理（第 2 版）	7-301-21333-9	冯雷鸣	35.00
18	政治经济学原理与实务（第 2 版）	7-301-22204-1	沈爱华	31.00	39	国际金融	7-5038-4893-3	韩博印	30.00
19	国际商务	7-5655-0093-0	安占然	30.00	40	国际商务函电	7-301-22388-8	金泽虎	35.00
20	国际贸易实务	7-301-20919-6	张　肃	28.00	41	国际金融	7-301-23351-6	宋树民	48.00
21	国际贸易规则与进出口业务操作实务（第 2 版）	7-301-19384-6	李　平	54.00					

法律类

序号	书　名	标 准 书 号	主　编	定价	序号	书　名	标 准 书 号	主　编	定价
1	经济法原理与实务(第2版)	7-301-21527-2	杨士富	39.00	5	劳动法和社会保障法(第 2 版)	7-301-21206-6	李　瑞	38.00
2	经济法实用教程	7-81117-547-9	陈亚平	44.00	6	金融法学理论与实务	7-81117-958-3	战玉锋	34.00
3	国际商法理论与实务	7-81117-852-4	杨士富	38.00	7	国际商法	7-301-20071-1	丁孟春	37.00
4	商法总论	7-5038-4887-2	任先行	40.00	8	商法学	7-301-21478-7	周龙杰	43.00

电子商务与信息管理类

序号	书　名	标 准 书 号	主　编	定价	序号	书　名	标 准 书 号	主　编	定价
1	网络营销	7-301-12349-2	谷宝华	30.00	8	电子商务概论（第 2 版）	7-301-17475-3	庞大莲	42.00
2	数据库技术及应用教程（SQL Server 版）	7-301-12351-5	郭建校	34.00	9	网络营销	7-301-16556-0	王宏伟	26.00
3	网络信息采集与编辑	7-301-16557-7	范生万	24.00	10	电子商务概论	7-301-16717-5	杨雪雁	32.00
4	电子商务案例分析	7-301-16596-6	曹彩杰	28.00	11	电子商务英语	7-301-05364-5	覃　正	30.00
5	管理信息系统	7-301-12348-5	张彩虹	36.00	12	网络支付与结算	7-301-16911-7	徐　勇	34.00
6	电子商务概论	7-301-13633-1	李洪心	30.00	13	网上支付与安全	7-301-17044-1	帅青红	32.00
7	管理信息系统实用教程	7-301-12323-2	李　松	35.00	14	企业信息化实务	7-301-16621-5	张志荣	42.00

序号	书　名	标准书号	主　编	定价	序号	书　名	标准书号	主　编	定价
15	电子商务法	7-301-14306-3	李　瑞	26.00	29	商务智能与数据挖掘	7-301-17671-9	张公让	38.00
16	数据仓库与数据挖掘	7-301-14313-1	廖开际	28.00	30	管理信息系统教程	7-301-19472-0	赵天唯	42.00
17	电子商务模拟与实验	7-301-12350-8	喻光继	22.00	31	电子政务	7-301-15163-1	原忠虎	38.00
18	ERP 原理与应用教程	7-301-14455-8	温雅丽	34.00	32	商务智能	7-301-19899-5	汪　楠	40.00
19	电子商务原理及应用	7-301-14080-2	孙　睿	36.00	33	电子商务与现代企业管理	7-301-19978-7	吴菊华	40.00
20	管理信息系统理论与应用	7-301-15212-6	吴　忠	30.00	34	电子商务物流管理	7-301-20098-8	王小宁	42.00
21	网络营销实务	7-301-15284-3	李蔚田	42.00	35	管理信息系统实用教程	7-301-20485-6	周贺来	42.00
22	电子商务实务	7-301-15474-8	仲　岩	28.00	36	电子商务概论	7-301-21044-4	苗　森	28.00
23	电子商务网站建设	7-301-15480-9	臧良运	32.00	37	管理信息系统实务教程	7-301-21245-5	魏厚清	34.00
24	网络金融与电子支付	7-301-15694-0	李蔚田	30.00	38	电子商务安全	7-301-22350-5	蔡志文	49.00
25	网络营销	7-301-22125-9	程　虹	38.00	39	电子商务法	7-301-22121-1	郭　鹏	38.00
26	电子证券与投资分析	7-301-22122-8	张德存	38.00	40	ERP 沙盘模拟教程	7-301-22393-2	周　菁	26.00
27	数字图书馆	7-301-22118-1	奉国和	30.00	41	移动商务理论与实践	7-301-22779-4	柯　林	43.00
28	电子化国际贸易	7-301-17246-9	李辉作	28.00	42	电子商务项目教程	7-301-23071-8	芦　阳	45.00

物流类

序号	书　名	书号	编著者	定价	序号	书　名	书号	编著者	定价
1	物流工程	7-301-15045-0	林丽华	30.00	31	国际物流管理	7-301-19431-7	柴庆春	40.00
2	现代物流决策技术	7-301-15868-5	王道平	30.00	32	商品检验与质量认证	7-301-10563-4	陈红丽	32.00
3	物流管理信息系统	7-301-16564-5	杜彦华	33.00	33	供应链管理	7-301-19734-9	刘永胜	49.00
4	物流信息管理	7-301-16699-4	王汉新	38.00	34	逆向物流	7-301-19809-4	甘卫华	33.00
5	现代物流学	7-301-16662-8	吴　健	42.00	35	供应链设计理论与方法	7-301-20018-6	王道平	32.00
6	物流英语	7-301-16807-3	阚功俭	28.00	36	物流管理概论	7-301-20095-7	李传荣	44.00
7	第三方物流	7-301-16663-5	张旭辉	35.00	37	供应链管理	7-301-20094-0	高举红	38.00
8	物流运作管理	7-301-16913-1	董千里	28.00	38	企业物流管理	7-301-20818-2	孔继利	45.00
9	采购管理与库存控制	7-301-16921-6	张　浩	30.00	39	物流项目管理	7-301-20851-9	王道平	30.00
10	物流管理基础	7-301-16906-3	李蔚田	36.00	40	供应链管理	7-301-20901-1	王道平	35.00
11	供应链管理	7-301-16714-4	曹翠珍	40.00	41	现代仓储管理与实务	7-301-21043-7	周兴建	45.00
12	物流技术装备	7-301-16808-0	于　英	38.00	42	物流学概论	7-301-21098-7	李　创	44.00
13	现代物流信息技术	7-301-16049-7	王道平	30.00	43	航空物流管理	7-301-21118-2	刘元洪	32.00
14	现代物流仿真技术	7-301-17571-2	王道平	34.00	44	物流管理实验教程	7-301-21094-9	李晓龙	25.00
15	物流信息系统应用实例教程	7-301-17581-1	徐　琪	32.00	45	物流系统仿真案例	7-301-21072-7	赵　宁	25.00
16	物流项目招投标管理	7-301-17615-3	孟祥茹	30.00	46	物流与供应链金融	7-301-21135-9	李向文	30.00
17	物流运筹学实用教程	7-301-17610-8	赵丽君	33.00	47	物流信息系统	7-301-20989-9	王道平	28.00
18	现代物流基础	7-301-17611-5	王　侃	37.00	48	物料学	7-301-17476-0	肖生苓	44.00
19	现代企业物流管理实用教程	7-301-17612-2	乔志强	40.00	49	智能物流	7-301-22036-8	李蔚田	45.00
20	现代物流管理学	7-301-17672-6	丁小龙	42.00	50	物流项目管理	7-301-21676-7	张旭辉	38.00
21	物流运筹学	7-301-17674-0	郝　海	36.00	51	新物流概论	7-301-22114-3	李向文	34.00
22	供应链库存管理与控制	7-301-17929-1	王道平	28.00	52	物流决策技术	7-301-21965-2	王道平	38.00
23	物流信息系统	7-301-18500-1	修桂华	32.00	53	物流系统优化建模与求解	7-301-22115-0	李向文	32.00
24	城市物流	7-301-18523-0	张　潜	24.00	54	集装箱运输实务	7-301-16644-4	孙家庆	34.00
25	营销物流管理	7-301-18658-9	李学工	45.00	55	库存管理	7-301-22389-5	张旭凤	25.00
26	物流信息技术概论	7-301-18670-1	张　磊	28.00	56	运输组织学	7-301-22744-2	王小霞	30.00
27	物流配送中心运作管理	7-301-18671-8	陈　虎	40.00	57	物流金融	7-301-22699-5	李蔚田	39.00
28	物流项目管理	7-301-18801-9	周晓晔	35.00	58	物流系统集成技术	7-301-22800-5	杜彦华	40.00
29	物流工程与管理	7-301-18960-3	高举红	39.00	59	商品学	7-301-23067-1	王海刚	30.00
30	交通运输工程学	7-301-19405-8	于　英	43.00	60	项目采购管理	7-301-23100-5	杨　丽	38.00

相关教学资源如电子课件、电子教材、习题答案等可以登录 www.pup6.com 下载或在线阅读。

扑六知识网(www.pup6.com)有海量的相关教学资源和电子教材供阅读及下载(包括北京大学出版社第六事业部的相关资源)，同时欢迎您将教学课件、视频、教案、素材、习题、试卷、辅导材料、课改成果、设计作品、论文等教学资源上传到 pup6.com，与全国高校师生分享您的教学成就与经验，并可自由设定价格，知识也能创造财富。具体情况请登录网站查询。

如您需要免费纸质样书用于教学，欢迎登录第六事业部门户网(www.pup6.com)填表申请，并欢迎在线登记选题以到北京大学出版社来出版您的大作，也可下载相关表格填写后发到我们的邮箱，我们将及时与您取得联系并做好全方位的服务。

扑六知识网将打造成全国最大的教育资源共享平台，欢迎您的加入——让知识有价值，让教学无界限，让学习更轻松。联系方式：010-62750667，wangxc02@163.com，lihu80@163.com，欢迎来电来信。